중국은 어떻게 실패하는가

마이클 베클리 Michael Beckley

터프츠대학교 정치학 부교수이자 미국기업연구소의 방문 연구원이다. 하버드대학교 케네디 행정대학원, 미 국방부, 랜드연구소, 카네기 국제평화재단 등에서 일했고, 미국 정부의 정보기관과 미 국방부에 자문하고 있다. 강대국 패권 경쟁에 관한 연구로 미국 정치학회와 국제관계학회로부터 수상했다. 《파이낸셜타임스》, 《포린어페어스》, 《포린폴리시》, 《뉴욕타임스》, 《워싱턴포스트》 등 여러 언론 매체에 출연하거나 기고했다. 지은 책으로는 《미국이 세계 유일의 초강대국으로 남게 되는 이유Why America Will Remain the World's Sole Superpower》가 있다.

할 브랜즈 Hal Brands

존스홉킨스대학교 고등국제문제연구소의 국제관계학 교수이자 미국기업연구소 선임 연구원이다. 블룸버그 오피니언의 칼럼니스트이기도 하다. 2015년부터 2016년까지 미 국방부 전략기획담당 특별보좌관을 지냈고, 미국 국방전략위원회의 수석필자를 맡았으며, 정보 및 국가안보 분야의 다양한 정부기관 및 기구에 자문하고 있다. 《트럼프 시대의 미국 대전략American Grand Strategy in the Age of Trump》, 《단극의 순간 만들기Making the Unipolar Moment》, 《대전략이란 무엇인가What Good is Grand Strategy?》, 《라틴 아메리카의 냉전Latin America's Cold War》, 《베를린에서 바그다드까지From Berlin to Baghdad》, 《과거의 패권국The Power of the Past》, 《마지막 카드》, 《비극의 교훈The Lessons of Tragedy》, 《코로나 팬데믹과 세계 질서COVID-19 and World Order》 등의 저서를 쓰거나 편집했다.

중국은
어떻게 실패하는가

미중 패권 대결 최악의 시간이 온다

DANGER
ZONE

마이클 베클리, 할 브랜즈 지음 | 김종수 옮김

부·키

옮긴이 김종수

서울대학교 국제경제학과를 졸업하고 한국개발연구원(KDI) 연구원, 중앙일보 워싱턴 특파원, 경제부장, 논설위원으로 일했다. 코람코자산신탁 사장을 거쳐 현재 바람길 네트웍스 대표로 있다. 《경제는 당신이 대통령이야》와 《경제가 민주화를 만났을 때》에 공저자로 참여했고, 《숫자에 약한 사람을 위한 우아한 생존전략》, 《미국이 몰락하는 날》, 《승자독식》, 《기쁨 없는 경제》, 《팩트를 알면 두렵지 않다》 등을 번역했다.

중국은 어떻게 실패하는가

2023년 2월 6일 초판 1쇄 발행 | 2024년 10월 29일 초판 9쇄 발행

지은이 마이클 베클리, 할 브랜즈
옮긴이 김종수
펴낸곳 부키(주)
펴낸이 박윤우
등록일 2012년 9월 27일 | 등록번호 제312-2012-000045호
주소 서울시 마포구 양화로 125 경남관광빌딩 7층
전화 02) 325-0846 | 팩스 02) 325-0841
홈페이지 www.bookie.co.kr | 이메일 webmaster@bookie.co.kr
ISBN 978-89-6051-969-5 03340

미중 경쟁, 한반도의 운명과
우리의 삶을 좌우할 결정적 요소

《중국은 어떻게 실패하는가》는 미국과 중국 두 강대국 간의 패권 경쟁에 관한 책이다. 보다 정확히 말하자면 미중 경쟁을 객관적 시각에서 분석했다기보다는 현재의 패권국인 미국이 떠오르는 신흥 강국 중국의 도전에 어떻게 대처할 것인지를 미국의 입장에서 제시한 책이다. 한마디로 미국의, 미국에 의한, 미국을 위한 대對중국 봉쇄 전략 지침서인 셈이다. 과연 이런 책이 한국 독자들에게 어떻게 비치고 무슨 의미를 가질 것인가. 이런 의문이 번역하는 내내 머릿속을 떠나지 않았다.

번역을 마칠 즈음엔 처음 가졌던 의문이 가급적 많은 한국 독자들에게 이 책을 읽도록 권하고 싶다는 의욕으로 바뀌었다. 미중 패권 경쟁의 전개와 그 귀결이야말로 한반도의 운명과 그곳에 살고 있는 우리의 삶을 좌우할 결정적 요소라는 생각이 들었기 때문이다. 당장 미중 갈등은 북한의 핵 위협 속에서 선택을 강요받고 있는 우리의 외교 안보 전략의 방향을 결정할 핵심 변수가 되고 있다. 미중 패권 경쟁의 양상이 어떻게 전개되느냐에 따라 동북아시아의 지정학적 환경이 변할 것이고, 그에 따라 우리의 외교 안보 전략도 바뀔 수밖에 없다. 중국에 진출했거나 중국과의 거래가 많은 기업도 미중 경쟁의 향배를 감안해서 경영 전략을 짜야 한다. 중국산 제품을 소비하거나 중국 주식에 투자하고 있는 개인들도 미중 대결의 여파에서 자유롭지 않다.

이런 상황에서 미중 패권 경쟁의 전개 과정을 이해하고 앞으로의 전망을 가늠해 볼 수 있는 것과 그렇지 않은 것은 우리의 판단과 의사결정에 큰 차이를 낳는다. 이 점에서 미중 경쟁의 한 당사자이자 현재의 세계 질서를 주도하는 미국의 대對중국 전략과 그에 대한 중국의 대응 전략을 치밀하게 분석한 이 책은 한국 독자들이 읽어 볼 만한 가치가 충분하다고 생각한다.

그동안 미중 경쟁의 양상을 분석하고 양국의 충돌 가능성을 예측한 저작물은 적지 않게 나왔다. 특히 중국의 부상과 패권 도전의 야심을 강조한 책은 미국에서 베스트셀러에 올랐고 우리나라에도 많이 소개되었다. 《100년의 마라톤》(마이클 필스베리, 2015)과 《예정된 전쟁》(그레이엄 엘리슨, 2017), 《롱 게임》(러쉬 도시, 2021) 등이다. 국제정치와 미국의 대외 전략, 강대국의 패권 경쟁을 오랫동안 연구해 온 할 브랜즈와 마이클 베클리가 공동으로 저술한 《중국은 어떻게 실패하는가》 역시 중국의 부상과 야심에 관해서는 이들 저작물과 비슷한 분석과 관점을 담았다. 그러나 향후 미중 경쟁의 양상과 대책에 대해서는 기존에 나온 저작물과는 확연히 다른 전망과 처방을 내놓는다.

가장 큰 차이는 긴급성urgency이다. 기존의 저작물은 중국의 성장

세가 지속될 것을 전제하고 미중 대립이 장기적으로 진행될 것으로 내다본다. 그에 반해 이 책은 중국이 이미 정점을 지나 하락세에 접어들었고, 바로 그런 중국의 내재적 불안 요인이 단기적으로 중국이 무력 도발을 포함한 무모한 팽창 전략을 추구할 위험성을 키우고 있다고 본다. 저자들은 중국이 2020년까지 미국과의 격차를 무서운 속도로 줄여 왔으나 그 후 성장 동력이 떨어지면서 경제적으로 쇠락의 길에 접어들었으며 앞으로도 그런 추세는 바뀌지 않을 것으로 예상한다. 특히 미국을 위시한 서방 국가들이 중국에 대한 각종 제재와 견제를 강화하고, 중국이 경제활동인구가 급감하는 인구 재앙에 직면하면, 중국 경제는 본격적인 침체에 빠질 가능성이 크다는 것이다.

경제는 쇠락하고 있어도 중국은 군사력을 계속 키워 왔다. 저자들은 이런 상황을 가장 위험한 시기라고 우려한다. 시진핑의 중국이 암울한 미래를 타개할 탈출구로 대만 침공을 포함한 군사 도발을 감행하려는 유혹에 빠질 가능성이 크다는 것이다. 저자들은 그 시기를 2030년 이전, 구체적으로는 앞으로 4~5년간이라고 본다. 그만큼 미중 경쟁이 무력 충돌의 위기로 비화할 위험이 눈앞에 다가왔다는 것이다. 이 책의 원제《Danger Zone》은 미중 경쟁이 바로 이 '위험 구간'에 들어섰다는 의미다. ('Danger Zone'은 통상 '위험 지대'로 번역되지만 이 책에서는 공간적 개념인 위험 지대보다는 시간적 개념인 '위험 구간'으로 번역했다.)

저자들이 2020년대를 위험 구간으로 보는 논거는 미중 대결의 전개 과정과 작금의 국제 정세를 이해하는 데 신선하고도 설득력 있는 관점을 제시한다. 그동안 미중 관계를 다룬 저작들은 패권국인 미국에 떠오르는 신흥 강국인 중국이 도전하면서 대립이 격화되고 결국은 패권 이행이 이루어진다는 이른바 '투키디데스 함정'의 개념을 주로 차용했다. 시진핑 스스로도 이에 근거해서 중국의 패권 야욕을 드러낸 바 있다. 이에 반해 저자들은 강대국 간의 무력 충돌은 도전하는 신흥 강국이 정점을 지나 쇠락기에 접어들었을 때 제국주의적 팽창의 유혹을 느끼고 무모한 전쟁을 일으킬 위험이 커진다고 주장한다. 국력 상승에서 나온 자신감이 아니라 암울한 미래에 대한 불안감이 패권 도전국을 폭력적인 도발에 나서게 한다는 것이다. 역사적으로 1차 세계 대전을 일으킨 독일제국이 그랬고, 진주만 폭격으로 태평양전쟁을 일으킨 일본제국이 그랬다. 중국이 바로 이런 국면에 들어섰다는 것이 저자들의 판단이다. 즉 중국은 경제 성장이 둔화되면서 미국을 추월해 세계 패권국으로 올라설 가망이 없다고 여길 때, 가용할 수 있는 수단(군사력)을 총동원해서 마지막 승부수를 던질 가능성이 크다는 것이다.

저자들이 제시한 '정점에 이른 강대국의 함정'(본문에서는 '레닌 함정'으로 표현했다)이라는 개념은 2022년 우크라이나를 침공한 러시아의 상황에도 꼭 들어맞는다. 푸틴은 러시아의 국력이 상승해서가 아니라 국내 경제의 부진과 독재 정치의 불안 등으로 궁지에 몰린 끝에 이를 타개하기 위한 돌파구로 제국주의적 영토 확장이란 무모한 도박에 나섰다는 것이다.

저자들은 미국이 미중 경쟁의 위험 구간을 무사히 건너가기 위해서는 긴급하고도 치밀한 대對중국 봉쇄 전략을 구사해야 한다고 주장한다. 그 전략은 크게 두 가지 갈래로 추진된다. 단기적으로 중국의 군사 도발을 예방하면서, 장기적으로는 중국을 국제 사회에서 배제하고 고립시키자는 것이다. 2차 세계대전 이후 벌어진 미소 간의 냉전기에 그랬던 것처럼 단기적인 무력 충돌에 적극적으로 대처하면서, 동시에 장기적으로 중국의 경제력을 무력화할 봉쇄 수단을 다각적으로 강구해 그들의 패권 야욕 자체를 무산시키자는 것이다. 이런 미국의 전략에서 저자들이 꼽는 가장 핵심적인 수단의 하나가 미국을 중심으로 우호 세력을 결집시키는 것이다. 미국의 동맹국과 협력적인 동반 국가들을 다층적이고 신축적인 다수의 연합체로 끌어들여 국제적인 반反중국 연합진선을 펼치자는 것이다.

이 책에서 제시한 미국의 대對중국 봉쇄 전략 가운데 상당수가 이미 실행에 옮겨졌거나 추진 중에 있다. 중국의 디지털 전제주의 확산의 첨병인 화웨이와 ZTE를 사실상 서방 진영으로부터 퇴출시켰고, 첨단 반도체 공급망에서 중국을 배제하기 위한 반도체 동맹의 결성을 추진 중이다. 군사적으로는 대만의 방어력을 키우는 한편, 미군의 태평양 전력과 일본의 군사력을 대만 인근으로 전진 배치시키고 있다. 미국, 인도, 일본, 호주가 참여하는 4자 안보 대화Quad는 단순한 회의체를 넘어 인도-태평양 지역의 군사 경제적 연합체로 발전하고 있다. 물론 이 책에서 제시한 전략이 모두 미국의 정책에 반영되는 것도 아니고, 미국이 원한다고 해서 모든 전략이 그대로 실현되는 것은 아니다. 그러나 저자들이 제시한 미국의 대對중국 봉쇄 전략의 기본 방향이 미국에서 초당적 지지를 받고 있고 대부분의 서방 국가도 사실상 이에 동조한다는 사실에 주목할 필요가 있다. 앞으로 국제 정세가 미국이 주구하는 전략적 구상의 틀 속에서, 아니면 적어도 그런 전략의 영향을 크게 받는 양상으로 전개될 것이기 때문이다.

이 점에서 이 책이 동북아의 지정학적 환경과 미중 경쟁 상황에서 큰 몫을 차지하는 한반도 문제와 한국의 역할을 거의 다루지 않은 것은 아쉬운 일이 아닐 수 없다. 당장 북한의 핵 위협과 남북한의 긴장 고조는 중국의 대만 침공 위협은 물론 동북아의 군사적 힘의 균형에 결정적 변수가 될 수 있다. 또 미국의 대對중국 봉쇄 전략에서 핵심 요소인 반反중국 연합전선의 구축에도 한국은 경제적, 군사적으로 중요한 구성 요소일 수밖에 없다. 그럼에도 한반도 문제와 한국의 역할이 미국의 전략적 구상에서 거의 언급되지 않은 것은 그동안 한국이 미국과 중국 사이에서 어정쩡한 태도를 취해 온 결과로 보인다. 과거의 이른바 안미경중安美經中(안보는 미국, 경제는 중국) 또는 사실상의 친중親中 정책으로 인해 한국이 미국의 신뢰를 잃었기 때문일 수도 있다. 그러나 이제는 한국도 어떤 방식이든 전략적 입장을 분명히 표명해야 할 시점에 이르렀다고 본다.

이와 관련하여 저자의 한 사람인 할 브랜즈는 2023년 1월 5일 자《조선일보》와의 인터뷰(A16면 2023 신년기획 석학 인터뷰)에서 책에서 언급하지 않은 한국의 역할에 관한 의견을 피력했다. 그는 "중국의 대만 침공이 현실화된다면 이는 동아시아 지역 전체를 포괄하는 역사적인 군사적 충돌이 될 것"이라며 "전 세계의 관심은 향후 인도-태평양 지역에 점점 집중될 것이고, 이곳에서 일본이나 호주가 (한국보다는) 미국과 적극적인 관계를 맺고 있지만, 미 정부는 한국에도 같은 기대를 갖고 있다"라고 말했다. 이어서 미국과 중국과의 관계에 관해 "한국 등 동맹국들은 미국이 제공하는 안보 공약 및 지원의 토대 위에서 중국과 경제적으로 교류하고 있으며, 만약 미국의 안보 지원이 사라진다면 중국은 한국과 독단적인 관계를 시작할 것"이라면서 "한국은 미국이 기존의 안보 환경을 유지할 수 있도록 미국의 요청 사항에 주의를 기울여야 한다"라고 언급했다. 사실상 미국의 반중국 연합에 한국이 더 적극적으로 참여할 것을 요구한 셈이다. 그는 중국의 대만 침공 가능성과 관련해서는 더욱 직접적으로 한국의 역할을 강조했다. "(중국이 대만을 침공할 경우) 아시아 지역 내 미국의 항공 정보 자산은 한국에 주로 기반을 두고 있기 때문에 한국의 역할은 초기부터 상당히 도움이 될 것"이라면서 "하지만 한국 영토에 있는 시설의 사용을 놓고 한미 정부 간 꽤 치열한 논의가 있을 것"이라고 예상했다. 이어서 "유사시 미국은 이 지역 동맹국들에게 할 수 있는 모든 방법으로 도와달라고 특별한 압력을 가할 것"이라며 "만약 미국이 대만을 지키기 위한 전쟁에서 진다면, 특히 인근 동맹국들이 도와주지 않아 미국이 진 것처럼 보인다면 동맹국들로서는 매우 불편한 입장이 될 것"이라고 경고했다. 그의 인터뷰는 미국의 대중국 전략에서 한국에 대한 요구 사항은 분명하지만 한국의 전략적 선택에 관해서는 미국이 여전히 유보적인 판단을 하고 있음을 은연중 드러내고 있다.

첫머리에 언급한 대로 이 책은 철저하게 미국 입장에서 쓰인 미국의 대對중국 전략서다. 이를 한국의 정치 지도자와 정책 당국자, 기업의 경영전략 입안자, 미중 관계와 국제 정세에 관심이 있는 일반 독자들이 어떻게 받아들이고 여기서 얻은 통찰과 안목을 어떻게 활용할지는 각자의 몫일 수밖에 없다. 번역자로서는 독자들의 현명한 판단과 생산적인 대책 마련에 도움이 되기를 바랄 뿐이다.

김종수

차례

Part 2 | 미국은 어떻게 중국을 봉쇄할 것인가

들어가는 말

때는 2025년 1월 18일. 바야흐로 전쟁이 막 시작될 참이다. 미국 대통령 취임식이 불과 이틀 앞으로 다가왔지만 선거 결과를 두고 논란이 계속되고 있다. 민주당과 공화당의 두 후보가 서로 승리를 주장하며 각자 취임 선서를 준비하는 가운데, 수백만 명의 양측 지지자들이 거리에서 충돌한다. 이 선거는 미국에서 두 번 연속으로 논란이 된 선거다. 다만 이번에는 지구 반대편에서 일어난 위기를 동반한다는 점이 다르다.

중국은 대만해협에서 대규모 해상 훈련을 벌이고 있다. 또 인민해방군(PLA)은 공수부대와 상륙 공격부대, 공격용 항공기, 수천 기의 탄도미사일 등 위협적인 각종 전력을 대만해협 맞은편에 배치해 놓았다. 이러한 중국의 무력 시위는 지난 5년에 걸쳐 정기적으로 행하는 행사가 되었다. 중국이 변절한 자치 지역으로 여기는 대만 섬에 대해 자신의 완력을 과시하는 모양새다. 중국공산당(CCP)

의 최고 지위에 오른 지 이제 13년이 된 시진핑習近平은 대만이 중국에 굴복하고 중국의 관할권에 편입되어야 한다고 여러 차례 밝힌 바 있다. 미국에게는 대만 문제에 개입하지 말라고 경고했다. 시진핑은 "중국의 전진을 늦추려는 자는 누구든 강철 만리장성에 머리가 깨져 피를 흘리게 될 것"이라고 말하곤 했다.[1] 이와 같은 맥락에서 중국공산당의 선전 기관들은 대만군과 미군이 인민해방군의 공격을 받아 살육당하는 모의실험 영상물을 배포하기 시작했다.[2] 인민해방군은 심지어 일본이 방해하면 일본의 도시 몇 곳을 핵무기로 증발시켜 버리겠다고 위협했다.[3]

서태평양 상공에서는 미국의 정찰위성이 중국의 군사 동향을 감시하고 있다. 미국은 세계 최고 수준의 신호정보 수집 역량을 통해 중국군이 대규모 병력을 동원하고 있음을 포착했다. 그러나 미국의 분석가들은 이번에도 시진핑의 상습적인 무력 위협의 또 하나의 사례일 뿐이라고 추정한다. 대만 국민을 불안하게 만들고 대만군을 무리하게 혹사시킬 의도로 벌이는 속임수 작전으로 여기는 것이다.

그들은 잘못 판단하고 있었다.

미국 동부 시간 오후 10시 01분(중국과 대만은 다음날 아침), 중국군이 지옥의 문을 연다. 수많은 중단거리 미사일이 대만 전역의 비행장, 정부 정사, 군사 시설물을 무차별적으로 폭격하는 동시에 오키나와와 괌에 있는 미국의 핵심적 지역 거점 공군기지를 타격한다. 미국이 이 지역에 배치한 유일한 항공모함인 USS 로널드 레이건함은 대함 탄도미사일의 직격탄을 맞았다. 침공에 앞서 대만에 은밀히 침투한 중국 특수부대는 대만의 인프라를 파괴하고, 대만 고위 지도자들을 살해해서 정부의 최고 의사 기구를 제거하고 국민의 공황 심리를 조장한다. 중국의 사이버 전사는 대만의 전력망을 마비시켜 암흑 상태에 빠뜨리고 미국의 위성을 도용한다. 한편 중국은 이번 위기의 책임을 대만에 돌리고 혼란스러운 미국 정계를 요동치게 만드는 역정보 활동을 전 세계적으로 전개한다.

이 모든 것은 본격적인 침공의 준비 작업에 불과하다. 훈련 중이던 중국 함대는 이제 태세를 전환해 대만에서 가장 접근성이 높은 서부 해변에 상륙 작전을 개시한다. 대만해협을 오가는 중국의 민간 페리선이 갑자기 소형 수륙양용 상륙정을 쏟아 낸다. 중국 본토에서는 공수부대가 수십만 명에 달하는 주력 공격부대의 길을 열기 위해 대만의 비행장과 항구를 점령할 준비를 한다. 오랫동안 우려했던 중국의 대만 침공이 드디어 시작된 것이다. 동시에 미국의 대응 전력을 목표로 다방면의 공격도 시작되었다.

대만에서는 상황이 돌이킬 수 없는 지경까지 악화된다. 워싱턴에서도 암울한 소식이 들려온다. 보좌관들은 병석에 있는 바이든 대통령에게 시간이 별로 없고 가용할 만한 선택지도 없다고 알린다.

미국은 대만 국민 2500만 명을 배신하고, 필리핀과 일본과의 동맹에 대한 신뢰를 깨뜨리지 않는 한 대만을 포기할 수 없다. 중국의 통제를 받는 대만은 중국이 동아시아는 물론 그 너머로 팽창하기 위한 디딤돌이 될 수 있을 것이다. 그러나 미국은 2차 세계대전 이래 그 어떤 전쟁보다 규모가 크고 비용이 많이 들 수 있는 전쟁을 무릅쓰지 않고서는 중국의 공격을 멈출 수 없다.

백악관 상황실에서는 국방장관이 바이든에게 서태평양에서 피투성이가 된 미군의 전력으로는 중국의 침공을 물리칠 수 없다고 보고한다. 하와이에서 페르시아만까지 세계 각지에 흩어져 있는 미국의 항공기와 전함, 잠수함 등 추가 전력이 미사일과 기뢰, 방공망 등으로 무장한 중국의 집중 공격을 뚫고 대만해협을 향해 전진하려고 시도할 수는 있다. 그러나 그러기에는 몇 주까지는 아니더라도 적어도 며칠은 걸릴 테고, 그 과정에서 성공한다는 보장도 없이 막대한 희생을 치러야 한다. 다른 대안으로는 미 해군이 중국의 에너지 수입과 식량 공급을 차단할 수 있겠지만, 이러한 목줄 조이기 전략은 시행하는 데 몇 달은 걸리고 대만은 그럴 만한 시간이 없다.

결국 중국의 침공을 멈추게 할 확실한 방법 한 가지가 남는다. 중국 주력군이 항구와 비행장에서 함선과 항공기에 탑승할 때 저위력 핵무기로 타격하는 것이다. 백악관 자문관들은 미국이 여전히 중국보다 힘센 강대국이라고 바이든에게 말한다. 이 싸움에 미국이 가지고 있는 모든 것을 던진다면 전쟁에서 이길 수 있다. 그러나 그러한 대격돌은 대만을 구하기 위해 대만을 파괴하는 결과를 빚을 수 있다. 또 미국과 중국 모두에게 파국적인 재앙이 될 수 있다.

★

미국과 중국은 어쩌다 3차 세계대전 직전까지 가게 되었을까?

중국의 대만 침공 시나리오에서 분석가들 대부분은 시진핑의 공격 결정이 중국의 힘과 자신감이 커진 필연적 결과라고 추정했다. 2025년에 이르기까지 수년 동안 중국은 세계 최대의 해군, 방공 시스템, 미사일 전력을 구축했다. 중국은 2차 세계대전 이래 어떤 나라도 해내지 못한 속도로 새로운 전함을 바다에 띄웠다. 극초음속 무기와 기타 첨단 전력 분야에서도 비약적인 발전을 이루어 미국을 깜짝 놀라게 했다.[4] 더불어 인공지능과 양자 컴퓨터와 같은 핵심 기술 분야에서 우위를 점하기 위한 경쟁을 벌이고 있다. 중국은 디지털 실크로드Digital Silk Road 구상을 통해 21세기형 세력권을 구축하고 있다. 시진핑은 권력을 집중하여 이오시프 스탈린Iosif Vissari-onovich Stalin 이래 세계에서 가장 강력한 독재자가 되었다. 반면에 미국의 정치권은 진영으로 갈린 채 난맥상이 계속되었고, 전 세계에 걸친 위기와 분쟁으로 인해 미국의 주의력이 분산되었다. 지금까지 중화인민공화국(PRC)이 경쟁국에 대해 이 정도의 군사적 강점과 경제적 영향력을 가진 적은 없었다. 겉으로 보면 아시아는 물론 전 세계에서 중국을 지배적인 지위로 올려놓겠다는 시진핑의 야심인 이른바 '중국몽中國夢'은 현실이 되기 직전이었다.

그러나 시진핑은 중국이 몰락하는 악몽에 시달렸다. 수년 동안 중국공산당을 향한 압력이 고조되어 왔기 때문이다. 한때 거침없이 치솟던 경제 성장은 바닥을 길 정도로 둔화되었다. '한 자녀' 정책의 유산은 인구학적 재앙이 되었다. 금세기 중반까지 중국에서 거의 2억 명의 경제활동인구가 감소할 것으로 예상된다. 국내에서 일어나는 반발이 갈수록 두려워짐에 따라 중국 정권은 더욱 억압적으로 변해 갔다. 코로나(COVID-19) 팬데믹 기간과 그 후 몇 년간 중국이 보인 호전성에 대응해서 민주주의 국가는 중국의 부상을 억제하기 위해 점차 똘똘 뭉치기 시작했다. 대만은 중국과의 통일에 관한 그 어떤 제안도 국민이 거부함에 따라 드디어 미흡한 군사적 방어력을 보강하기 시작했다. 독재 국가를 무너뜨리는 데 독보적인 재능을 가진 미국은 중국 경제에 맞서 기술 전쟁과 관세 전쟁을 벌이는 한편 인민해방군에 대적할 수 있도록 군을 재정비하고 있다.

전쟁 전야까지 세계는 여전히 중국을 떠오르는 신흥 강국으로 보았다. 그러나 시진핑은 침체와 전략적 포위, 몰락으로 점철된 중국의 미래를 보았다. 따라서 동북아 지역은 물론 전 세계에 파국적 결과를 가져다줄 위험을 무릅쓰고 도박을 걸었다. 시진핑은 자신이 가진 기회의 시기가 오래 계속되지 않으리라는 것을 알고 있었다.

'중국의 부상'은 21세기 들어 가장 많이 읽혔던 뉴스 기사일 것이다.[5] 워싱턴과 그 밖의 지역 분석가들 사이에서 일치된 의견은 상승하는 중국이 쇠퇴하는 미국을 추월하겠다고 위협한다는 것이다.[6] 2021년 바이든 대통령은 "우리가 빨리 시작하지 않으면 중국이 우리의 점심까지 빼앗아 먹을 것"이라고 말했다.[7] 관록 있는 아시아 담당 한 외교관은 "세계 모든 지역의 국가가 중국이 세계 1위가 되는 세상을 대비하고 있다"라고 보고했다.[8]

중국은 확실히 스스로 세계를 주도하기를 원하는 것처럼 행동하고 있다. 중국공산당은 중국 중심의 아시아를 만들고, 중국이 국제적 위계질서에서 자신이 차지해야 할 정당한 자리라고 생각하는 최고의 지위를 되찾을 계획을 세우고 있다. 중국은 자신의 권력을 보호하고 잔혹한 권위주의 정권의 영향력을 확대하기 위해 다양한 군사적, 경제적, 외교적, 기술적, 이념적 수단을 사용하고 있다. 미국도 나름대로 여러 세대에 걸쳐 정착시킨 자유주의 국제 질서를 방어하고, 중국이 21세기를 전제주의가 득세하는 시대로 만들지 못하도록 막기 위해 애쓰고 있다. 따라서 미국과 중국은 격렬한 세계적 투쟁에 빠진 상태다. 워싱턴에서는 미국과 중국 두 나라가 한 세기 동안 지속될 수도 있는 '초강대국 간의 마라톤'을 벌이고 있다는 견해가 상식이 되었다. 이는 진영 논리로 극심하게 분열된 미국의 수도 워싱턴에서는 드물게 이룬 합의점이다.[9]

이 책에서 우리의 핵심 주장은 이런 상식이 두 가지 논점에서 모두 틀렸다는 것이다. 미국인은 시급히 중미 경쟁을 100년이 걸리는 마라톤 경주로 인식하기보다는 10년 동안 하는 맹렬한 단거리 경주로 봐야 할 필요가 있다. 중국은 사람들 대부분이 생각하는 것보다 훨씬 빨리 '쇠락하는 강대국'이 될 것이기 때문이다.

중국과 미국의 경쟁이 조만간 해소되지는 않으리라는 건 확실하다. 이 경쟁이 서로 충돌하는 이념과 전략적 이익에 의해 주도되고 있기 때문이다. 그러나 가장 오래 끄는 경쟁 관계에서도 그 강도는 시간이 가면서 완화될 수 있다. 지난 역사와 중국이 걷고 있는 현재의 궤적은 모두 중미 경쟁이 이번 10년, 즉 2020년대 중에 가장 위험한 순간을 맞이하게 될 것임을 시사한다.

그 이유는 중국이 신흥 강국의 생애주기에서 가장 위험한 단계에 도달했기 때문이다. 즉 중국은 기존 질서를 공격적으로 방해할 수 있을 만큼 강하지만 시간이 자기편이라는 자신감은 잃기 시작하는 지점에 이르렀다는 것이다.

중국의 경제력과 군사력은 냉전 이래 줄곧 천정부지로 치솟았다. 어떤 의미에서는 그런 성과가 시진핑의 끝없는 야심을 부추겨 왔다고 할 수 있다. 힘의 균형이 중국에 유리하게 바뀜에 따라 대만 해협 문제에서부터 미중 경쟁에 이르기까지 중요한 분야에서 중국의 구미를 당기는 기회가 열렸다. 최근까지 민주 국가들은 중국의 움직임에 대응하는 과정에서 무기력했던 데다 정확히 초점을 맞추지도 못했다. 오늘날에도 시진핑은 중국에서 시작된 팬데믹에 의해 무너진 세계와 자멸하는 듯한 모습을 자주 보이는 초강대국 미국을 지긋이 살펴보고 있다. 시진핑이 표현했듯이 중국은 지금 자신이 지배적인 위치에 서게 될 미래를 위해 분투하고 있다.[10]

그러나 중국은 서두르는 게 좋을 것이다. 그러지 않으면 그 미래가 상당히 험악해 보이기 때문이다. 수십 년에 걸친 중국의 기적적인 상승세는 강한 순풍의 도움을 받았다. 그런데 이제 그 바람이 역풍으로 바뀌었다.

중국은 통치 체제를 실존적으로 위협하는 심각한 경기 둔화를 10년 이상 숨기고 있었다. 슬로모션처럼 천천히 진행되는 인구 재앙은 몇 년 안에 혹독한 경제적, 정치적 부담을 초래할 것이다. 중국의 공격적인 전랑戰狼, wolf warrior 외교와 히말라야에서부터 남중국해에 이르는 분쟁 지역에서의 도발적인 행동으로 인해 중국은 스스로에게 전략적 덫을 놓았다. 즉 유라시아 대륙 전역의 잠재적 경쟁국들을 위협함으로써 이들이 단합하도록 만든 것이다. 특히 중국공산당은 지난 세기 동안 확립된 국제정치의 첫 번째 규범을 어겼다. 바로 '미국을 적으로 만들지 말라'는 것이다.

우리는 영원히 상승하는 중국의 시대가 아니라 이미 '정점에 도달한 중국'의 시대에 살고 있다. 중국은 세계를 재편하고자 하는 현상 변경 강대국revisionist power이지만 그럴 수 있는 시간은 이미 끝나기 시작했다.

역사적으로 볼 때 이처럼 기회와 불안감이 뒤섞이면 치명적인 혼합물을 만들어 낸다. 고대로부터 현재에 이르기까지 한때 떠오르던 신흥 강국들은 자신의 행운이 다하고 주변의 적들은 크게 늘어나고 있으며, 지금 영광스러운 미래를 향해 손을 뻗지 않으면 영원히 그런 순간은 오지 않는다는 사실을 깨닫는 시점에 가장 공격적으로 바뀌는 경우가 잦았다. 빠르게 성장하는 국가가 긴 경기 침체에 빠지면 발작적인 팽창 정책으로 대응했다. 경쟁국들에게 포위될 것을 우려하는 나라는 절박하게 그 포위의 고리를 깨려고 시도한다. 역사상 가장 참혹했던 전쟁 가운데 몇몇은 자신감이 넘치는 상승기의 강대국이 아니라, 1914년의 독일과 1941년의 일본처럼 이미 정점에 도달한 뒤 하락하기 시작한 나라에 의해 시작되었다. 블라디미르 푸틴Vladimir Putin이 구舊소련 지역에서 벌이는 최근의 전쟁은 이 분석틀에 딱 들어맞는다. 시진핑 정권은 국제 문제에서 우려스럽지만 익숙한 궤적을 따르고 있다. 짜릿한 상승에 이어 급전직하로 추락하는 롤러코스터를 탄 것 같은 모양새다.

중국이 처한 곤경은 미국에게 좋은 소식과 나쁜 소식을 모두 내놓는다. 좋은 소식은 장기적으로 중국의 도전이 많은 비관주의자가 지금 믿고 있는 것보다는 어느 정도 관리할 만한 것으로 드러날 수도 있다는 점이다. 건강하지 못한 전체주의 국가인 중국은 힘들이지 않고 미국을 추월해서 세계를 주도하는 강대국이 되지는 못할 것이다. 우리는 언젠가 지금 옛 소련을 보듯이 중국을 되돌아보는지 모른다. 즉 겉으로 보이는 강점들로 인해 치명적인 결함을 제대로 보지 못한 강적이었다고 말이다. 나쁜 소식은 장기전으로 끌고 가기가 쉽지 않다는 점이다. 2020년대 동안 경쟁의 속도는 격렬해질 것이고 전쟁의 가능성은 놀랄 만큼 현실적으로 다가올 것이다.

특히 중국은 이전에 정점에 도달했던 강대국들이 했던 일을 그대로 따라 할 것이다. 장기적인 취약성의 창이 열리기 전에 단기적인 기회의 창을 다급하게 이용하려고 들 것이다. 중국은 세계 각국으로부터 양보를 얻어 내게 해 줄 경제 제국의 선설을 강력히 추진할 것이다. 또 국내외에서 기술 권위주의를 강화함으로써 민주적 공동체를 약화시키려고 시도할 것이다. 가장 우려스러운 것은 중국이 (일본이나 인도, 필리핀에게 교훈을 주기 위해서든 혹은 민주 국가인 대만을 굴복시키기 위해서든) 설사 미국과의 전쟁을 불사하고서라도 이웃 국가들을 상대로 무력을 사용할 강력한 유인을 갖고 있다는 점이다. 중국공산당은 이들 지역에 여러 해에 걸쳐 구축한 선제적 조치의 이점을 십분 이용할 수 있으며, 이러한 과감한 조치가 중국을 임박한 몰락으로부터 구할 수 있기를 기대할 것이다. 중국이 재빠르게 움직이는 동안 미국과 이 지역의 다른 국가는 점증하는 위협에 대처가 늦었다.

　미국이 중국의 이러한 팽창적이고 적극적인 공세를 성공적으로 약화시킬 수 있다면 중국을 상대로 한 장기적인 경쟁에서 승리할 수 있다. 미국이 실패한다면 중국이 세계적인 세력 균형을 뒤엎거나, 세계를 분란과 비극으로 끌고 들어갈 수 있다. 길고도 불확실한 싸움에서 시간은 미국 편이다. 그러나 이번 10년을 규정하는 도전 과제는 무엇보다 위험 구간danger zone을 무사히 지나가는 것이 될 것이다.

러시아가 유럽에서 본격적인 전쟁을 시작한 해에 다가오는 중국과의 갈등을 경고하는 책을 왜 쓰는가? 간단한 대답은 우크라이나에서 러시아의 공세로 인해 중국을 성공적으로 봉쇄하는 일이 더욱더 필수적인 과제가 되었다는 것이다.

　중국이 러시아의 발자국을 따라 아시아에서 폭력적인 팽창을 꾀한다면 유라시아 대륙 전체가 분쟁에 휘말리게 될 것이다. 미국은 또다시 두 개의 전선에서 전쟁을 수행해야 할 가능성에 맞닥뜨리게 되는 것이다. 단지 이번에는 공동의 국경을 따라 서로 등을 맞대고 싸우는, 핵으로 무장한 두 침략국을 동시에 상대해야 한다는 점이 다를 뿐이다. 미군은 능력을 벗어나 과도하게 전선을 넓힐 수밖에 없고 결국 적들에게 압도당할 가능성이 크다. 미국의 동맹 체제는 감당하기 힘든 스트레스를 받게 될 수도 있다. 유라시아 대륙 전역에 걸쳐 각 나라가 자국을 방어하면서 동시에 경제 위기와 난민 유입 등 주요 강대국 간 전쟁에 따른 연쇄반응에 대처하기 위해 서로 경쟁적으로 다투게 되면, 전후 국제 질서는 붕괴할 수도 있다. 이미 러시아의 공격으로 크게 흔들린 세계는 중국의 공세로 인해 산산이 부서질 수도 있다.

우리가 중국에 초점을 맞춘 또 다른 이유는 중국이 특히 위험한 나라이기 때문이다. 중국 경제는 러시아보다 열 배나 크고, 중국의 국방 예산은 러시아의 네 배 규모다. 러시아는 기본적으로 군사력과 에너지 자원에서 영향력을 끌어내는 이차원적 강대국인 반면에 중국은 더 광범위하고 다양한 강압 수단을 보유하고 있으며, 거의 모든 지정학적 경쟁의 장場에서 미국과 그 동맹국들에게 도전할 수 있는 능력을 지녔다.

시진핑은 지구상에서 가장 규모가 큰 군대와 (구매력으로 측정했을 때) 가장 덩치가 큰 경제 위에 군림하고 있다. 중국 관리들은 세계 주요 국제기구 가운데 다수의 기구에서 지도적인 자리를 차지하고 있다. 전 세계 국가의 절반 이상이 이미 미국보다 중국과 더 많은 교역을 하고 있다. 중국은 또한 최근에 세계 최대의 해외 차관 공여국이 되었다. 세계은행World Bank이나 국제통화기금(IMF) 또는 (세계 주요 차관 공여국 모임인) 파리클럽의 22개 회원국을 합친 것보다 더 많은 신용을 제공했다.[11] 중국의 경제력은 정점을 지나고 있을지 모르지만, 다른 어떤 나라도 중국만큼 세계적으로 미국에 도전할 만한 능력을 갖지 못했다.

전제적인 러시아가 아무리 사악하다고 해도 우리 시대를 규정하는 지정학적 경합은 역시 미국과 중국의 경쟁이 될 공산이 크다. 여러 가지 문제를 안고 있지만 여전히 독보적으로 강력한 이 경쟁국에 맞선 싸움에서 미국이 승리하지 못하면 세계사적인 파장을 낳게 될 것이다.

이 책은 왜 중국이 분석가들 대부분이 생각하는 것보다 더 큰 곤경에 빠져 있는지, 왜 그런 추세가 장래에 그토록 위험한지, 그리고 어떻게 미국이 곧 닥칠 폭풍에 대비할 수 있는지를 설명함으로써 중국에 관한 기존 통념과 반대되는 관점을 제시한다.[12] 또 우리는 주요 전쟁의 기원과 강대국의 흥망에 관한 기존 상식에 이의를 제기한다. 학계는 오랫동안 이런 주제를 연구해 왔다. 그러나 그들의 연구 작업은 공통적으로 잘못된 가정에 기초하고 있다. 말하자면 국가는 반드시 상승하거나 아니면 하락하는 두 가지 상태 중 어느 한 상태에 있다는 가정이다. 오름세를 탄 국가는 전진하고 내리막길에 들어선 국가는 물러선다는 것이다. 기존 학설에 따르면 체제를 뒤흔드는 대규모 전쟁은 상승하는 도전국이 기력이 다한 패권국을 추월하는 '패권 이행기'에 일어날 가능성이 가장 크다. 이런 발상의 기원은 투키디데스Thucydides까지 거슬러 올라간다. 그는 펠로폰네소스전쟁이 일어난 원인이 스파르타를 무너뜨린 아테네의 발흥이라고 썼다. 이런 발상은 터보엔진을 장착한 중국이 4기통 엔진을 가진 미국을 압도함에 따라 갈등이 빚어질 확률이 크게 높아질 것이라고 경고하는 세계적인 베스트셀러 저작물에서 두드러지게 나타나는 특징이다.[13] 그러나 이런 인식의 많은 부분이 실상을 호도하거나 사실과 어긋난다.

국가는 상승하면서 동시에 하락할 수 있다. 국가는 경제가 허덕이거나 넘어지더라도 영토를 빼앗거나 급속히 무력을 증강할 수 있다. 상승하는 국력에서 나오는 자신감이 아니라, 상대적인 하락세로 인해 촉발된 불안감이 야심 찬 강대국을 탈선시키고 폭력적으로 만들 수 있다. 마지막으로 종말론적 전쟁은 패권 이행이 없더라도 일어날 수 있다. 한때 상승하던 도전국은 다른 방법으로는 도저히 따라잡지 못할 경쟁국에게 무리하게 도발했다고 깨달은 순간 싸움에서 지고 패망했다. 과거 사례로부터 이러한 치명적인 패턴(이를 '정점에 이른 강대국의 함정'이라고 부르자)을 이해하는 것은 여러분이 생각하는 것보다 빨리 펼쳐질 암울한 미래에 대비하는 데 결정적으로 중요하다.

여기에 걸린 위험은 학문적인 문제가 아니라 현실적인 문제다. 더글러스 맥아더Douglas MacArthur 장군은 1940년 "전쟁에서 패배한 역사는 거의 대부분 두 단어로 요약할 수 있다. 그것은 '너무 늦었다too late'는 말이다. 잠재적인 적의 치명적 의도를 이해하는 데 너무 늦었고, 대비 태세를 갖추는 데 너무 늦었으며, 저항을 위해 가능한 모든 세력을 규합하는 데 너무 늦었고, 우방국과 공동 보조를 취하는 데 너무 늦었다"라고 설명했다. 맥아더는 "만일 미국이 '결정적으로 중요한 순간'을 포착하는 데 실패한다면 역사상 가장 큰 전략적 실수가 될 것"이라고 덧붙였다.[14]

맥아더의 말은 스스로에게 예언적이었다. 준비되지 않은 그의 필리핀 주둔 부대들과 태평양 전역의 미군은 일본과의 전쟁 첫 단계에서 참패했다. 따라서 2021년 미군 인도-태평양 지역 정보 총책임자가 똑같은 말을 사용해서 중국으로부터의 새로운 전체주의적 위협을 묘사한 것은 언급해 둘 만하다. 그는 "그들은 이미 진군 중이다. 전쟁은 단지 시간문제일 뿐"이라고 설명했다.[15]

정말로 시간이 문제다. 미국은 중국과의 경쟁에서 결정적으로 중요한 국면에 들어서고 있다. 전쟁의 위험이 최고조에 달했고, 지금 하거나 혹은 하지 않은 결정이 앞으로 수십 년간 국제정치의 틀을 형성할 것이기 때문이다. 또 다른 '결정적으로 중요한 순간'이 우리 앞에 다가왔다. 그리고 미국은 또다시 너무 늦기 전에 반드시 대비해야만 한다.

Part 1

단 하나의 초강대국을 꿈꾸는 중국

1

중국몽

최악의 지정학적 재앙은 야망과 절박함이 교차할 때 일어난다. 시진핑의 중국은 조만간 이 두 가지 요인이 넘쳐나면서 그에 휘둘릴 것이다.

우리는 이 절박함의 원인을 설명할 것이다. 둔화하는 경제와 서서히 다가오는 고립과 몰락의 느낌 말이다. 그러나 먼저 시진핑의 중국이 성취하려 애쓰는 원대한 야망을 펼쳐 보일 필요가 있다. 중국이 얼마나 높이 올라가려고 목표로 하는지를 이해하지 않고는 중국이 얼마나 격심하게 몰락할지를 파악하기 어렵다. 중국이 겨냥하는 목표는 웅대하다. 중국공산당(CCP)Chinese Communist Party은 아시아를 훌쩍 넘어 세계 질서의 규칙을 다시 쓰겠다는 엄청난 프로젝트를 수행하고 있기 때문이다. 중국은 국제 시스템 속에 있는 여러 강대국 중 하나일 뿐인 초강대국이 되기를 바라지 않는다. 중국은 세계가 중국을 중심으로 삼아 돌아가는 지정학적 태양 즉 유일한 초강대국이 되는 것을 원한다.

시진핑은 2017년 10월, 비록 현상 변경 세력revisionist powers이 본래의 의도를 흐리려고 사용하곤 하는 불투명한 표현으로나마 그 야망의 대강을 밝혔다. 제19차 중국공산당 대표회의에서였다. 5년마다 비공개로 열리는 이 회의는 중국의 통치자가 자신의 업적을 과시하고 장래의 계획을 미리 선보이는 자리로 이용한다. 시진핑은 이 회의에서 '시진핑 사상'을 헌법에 명기하고 잠재적 후계자들을 배제하며, 자신을 마오쩌둥毛澤東 이래 중국의 가장 지배적인 지도자로 확고히 자리매김함으로써 이 대회를 기억할 만한 행사로 만들었다. 시진핑은 국내에서 권력을 장악함과 동시에 무려 세 시간이 넘는 마라톤 연설을 통해 중국이 해외에서도 힘의 균형을 흔들 준비가 되었음을 시사했다.

시진핑은 "공산당의 지도 아래 중국이 일어섰고 부유하게 성장했으며 강해지고 있다"라고 선언했다. 한때 서구가 자신들의 민주적 전례를 따르기를 바랐던 나라가 이제는 "다른 개발도상국이 본받으려는 새로운 길을 개척하고 있다"라고 했다. 그는 중국이 이미 국제 문제의 '중심무대'에 가까이 다가섰으며 오는 2049년 중화인민공화국 수립 100주년까지 '국력과 국제적 영향력 면에서' 세계의 선도국가가 될 것이라고 말했다. 시진핑은 중국이 국가 부흥을

완전히 달성할 수 있는 보다 '안정적인' 세계 질서를 건설할 것이라고 천명했다.[1]

시진핑의 발언은 훈련 받지 않은 관찰자에게는 다소 완곡하게 들렸을지 모른다. 그러나 그 자리에 참석한 공산당 당료들은 자신들이 들은 말이 무엇을 의미하는지 이해했을 것이다. 그것은 바로 중국이 전 세계에 걸쳐 미국에 도전장을 내밀 역량을 갖춘 강대국이라는 선언이었다. 시진핑 자신은 수년 전에 했던 그다지 알려지지 않은 연설에서 이를 직설적으로 표현했다. 앞으로 갈 길은 험난할 것이고 그 길을 가기 위해서는 "위대한 전략적 결단"이 필요할 것이라고 설명했다. 그러나 목적지는 분명했다. 중국은 "자본주의보다 우월한 사회주의 체제"를 건설하고 "중국이 주도권을 쥐고 지배적인 지위를 가지는 미래"를 확고히 구축하겠다는 것이다.[2]

이런 야망은 이제 중국공산당 간부들의 발언에서 거의 빠지지 않는다. 중국의 야심은 세계 최고의 해군 함선 건조 계획에서 유라시아 대륙의 전략적 지도를 재구성하려는 노력에 이르기까지 중국공산당이 실제로 취하는 행동에서 훨씬 더 분명하게 드러난다. 중국의 원대한 전략은 국내에서 공산당의 권력 장악을 공고히 하는 한편, 중국이 미약했던 시절 빼앗겼던 영토를 되찾는 것과 같은 자국과 밀접한 목표를 추구하는 것을 포함한다. 여기에는 또 지역 세력권을 개척하고 세계적 규모로 미국과 힘을 겨루는 등의 팽창 목표도 포함된다. 중국공산당의 정책 목표는 중국의 역사적 운명이라는 인식을 21세기의 현대적인 실행 수단에 접목시키는 것이다. 이는

수많은 강대국에게 동기를 부여한 영원한 지정학적 야심과 중국의
권위주의 체제를 괴롭히는 끝없는 불안 요소에 뿌리를 두고 있다.

　세계를 재편하려는 중국의 시도는 시진핑 이전에 시작되었지
만 최근 몇 년 동안 급격히 가속화하고 있다. 오늘날 중국공산당 간
부들은 떠오르는 중국이 쇠락하는 미국의 빛을 가리고 있다는 확신
을 공공연히 밝힌다. 그러나 중국 지도자들은 마음속으로 중국몽이
그저 꿈에 그칠지 모른다고 이미 우려하고 있다.

중국이 진정으로 원하는 것

중국이 진정으로 무엇을 원하는지 알아차리기는 쉽지 않다. 현상을
뒤엎고자 하는 나라는 자신의 진정한 목적을 숨겨야 할 충분한 이
유가 있기 때문이다. 더욱이 중국공산당은 외부인은 물론이고 심지
어 자국민을 속이는 데에도 거리낌이 없는 비밀스러운 권위주의적
정당이다. 그 결과 중국의 원대한 전략(중국이 달성하려고 하는 목표의
진정으로 중요한 개념)은 상세하고 단계적인 미래 계획이라기보다는
공산당 엘리트 사이의 대략적인 합의의 형태로 나타나는 것이 전형
적이다.[3] 그러나 자세히 들여다보면 중국공산당이 네 가지 핵심적
인 목표로 이루어진 단호하고 다층적인 대전략을 추구하고 있다는
충분한 증거가 있다.

　중국공산당이 이러한 목표 가운데 어느 한 가지를 추구할 만

한 위치에 있다는 것 자체가 지난 반세기 동안 국제정치에 엄청난 변화가 일어났음을 입증한다. 바로 중국이 주요 강대국으로 부상한 것이다. 1949년 중화인민공화국 수립 당시 중국은 기술적으로 낙후되었고 가난에 찌든 나라였다. 미국의 전략분석가 조지 케넌George Kennan은 이를 두고 "아무도 책임지지 않으려 하는 거대한 빈민구호소"라고 썼다.[4] 1976년 마오쩌둥이 사망했을 때에도 중국은 처참한 저개발국가로 남아 있었다. 그러나 시간이 가면서 중국은 행운과 현명한 경제 개혁이 맞물린 덕에 사회주의적 침체 상태에서 번성하는 자본주의로 이행했다. 그 결과로 나타난 경제 성장은 놀라웠다. 실질 국내총생산은 1978년부터 2018년 사이 37배나 증가했다.[5] 오늘날 중국의 (구매력평가지수로 측정한) 경제 규모와 제조업 생산, 무역 흑자, 외환 보유고는 세계 최대다. 2018년 중국은 128개국에 대해 최대의 교역 대상국이었다.[6] 이 모든 성취는 중국 지도자들이 무언가 원대한 꿈을 품을 수 있게 되었다는 것을 의미한다.

첫째, 중국공산당은 모든 독재 정권이 가지는 영원한 야심을 품고 있다. 바로 권력 장악과 유지다. 중국은 미국인이 생각하듯이 공개 토론과 선거를 거쳐 국정을 운영하는 정상 국가가 아니다. 중국에도 정치적 토론이 있지만 중국공산당의 우위가 헌법에 명시된 유일정당 내에서만 배타적으로 이루어진다. 1949년 이래 중국 정권은 국내외 적들과의 투쟁에서 헤어나지 못하고 있다고 여겨 왔다. 중국 지도자들은 위대한 사회주의 국가를 몰락시킨 소비에트연방 붕괴의 충격에 시달리고 있다. 그들은 중국공산당 지도 체제의 붕괴는 개인적으로 중국 지도자들에게 재앙이 될 것이며 아마도 치명적 결과를 가져올 것임을 잘 안다. 그 결과 나타난 제로섬 풍조는 한 중국학자가 썼듯이 다음과 같은 냉혹한 공식에서 잘 드러난다. "네가 죽어야 내가 산다."[7]

중국 정치에서 편집증은 악惡이 아니라 선善이다. 언젠가 중국 국무원 총리 원자바오溫家寶는 이렇게 말했다. "왜 위험이 다가오는지를 생각하면 안전이 보장될 것이다. 왜 혼란이 일어나는지를 생각하면 평화를 확보할 것이다. 왜 국가가 추락하는지를 생각하면 생존이 보장될 것이다."[8] 중국공산당은 권력을 수호하기 위해서라면 어떤 일도 서슴지 않았다. 문화혁명 동안에는 온 나라를 광기로 몰아넣었고, 1989년 천안문광장 시위 와중에는 수백, 수천 명의 자국민을 살해했다. 중국공산당의 권위를 영속화하겠다는 목적은 모든 중요한 결정의 핵심이다. 2017년 한 관리가 설명한 대로 시진핑의 근본 의도는 "인민 생활의 모든 측면에서 공산당의 지도적 역할을 확고히 하는 것"이었다.[9]

둘째, 중국공산당은 내부 봉기와 외국의 침략으로 점철된 이전 시기에 상실한 영토를 되찾아서 중국을 완전한 형태로 복구하기를 원한다. 이 목적 역시 수십 년 전부터 제기되었다. 중국공산당은 중국 대륙의 권력을 장악한 직후 티베트를 점령하고 병합시켰다. 오늘날 시진핑이 그리는 중국 지도에는 홍콩과 대만이 포함된다. 홍콩은 중국공산당 주도의 국가 체제로 완전히 재편입되었고 그 작업은 사실상 마쳤다. 대만을 중화인민공화국의 통제권으로 되돌리는 작업은 꾸준히 진행되어 왔다. 시진핑은 (대만에 대해) "자치권을 가진 이 섬의 비정상적인 상태를 세대에서 세대로 넘길 수는 없다"라고 말했다. 중국은 이 이탈 지역이 자발적으로 되돌아오기를 영원히 기다릴 수 없다는 것이다.[10]

중국공산당은 인도에서 일본에 이르는 변경의 다른 지역에서도 여러 국가와 해소되지 않은 국경 분쟁을 벌이고 있다. 중국은 또 세계에서 상업적으로 가장 활발한 해로인 남중국해의 90퍼센트를 자국 영해라고 주장한다. 중국 관리들은 이 문제에 관한 한 타협의 여지가 없다고 말한다. 시진핑은 2018년 제임스 매티스James Mattis 미 국방장관에게 "우리는 우리 조상이 물려준 영토를 단 한 치도 잃을 수 없다"라고 말하고, "우리는 다른 나라의 영토는 전혀 원치 않는다"라고 덧붙였다.[11]

중국이 주권을 주장하는 동중국해와 남중국해 수역은 중국 해안으로부터 수백 마일에 이른다. 이 때문에 이러한 '주권 문제'를 동아시아 지역의 지배권을 장악하려는 더 큰 전략적 행동과 구별하기 어렵다. 중국공산당의 세 번째 목표는 "아시아인을 위한 아시아"를 만들어 내는 것이다. 즉 미국을 밀어낸 후 중국이 주도하는 지역 세력권을 형성하겠다는 말이다.

중국은 아마도 냉전 시기에 소련이 동유럽에서 행사한 것과 같은 노골적인 물리적 지배를 구상하는 것 같지는 않다. 아시아 전역에서 군사적으로 무리한 행동을 하지는 않을 것이라는 말이다. 중국공산당의 구상은 그보다는 회유와 강압적 수단을 적절히 섞어

아시아의 해양 경제 국가들이 미국보다는 중국을 지향하고, 약소국들이 중국에 적당히 복속하도록 보장하는 것이다. 그리고 미국이 중국의 앞마당에 동맹국을 가지거나 지역 군사기지를 두거나 중국에 문제를 일으킬 만한 영향력을 더 이상 행사하지 못하도록 하는 것이다. 즈비그뉴 브레진스키Zbigniew Brzezinski가 전에 썼듯이 "중국이 구상하는 세력권은 역내의 각 나라가 '이 문제에 대한 중국의 견해가 무엇일까?'를 가장 먼저 염두에 두어야 하는 상태로 정의할 수 있다."[12]

시진핑이 이러한 야심을 공개적으로 선언한 가장 가까운 사례는 2014년 그가 "'아시아인을 위한 아시아'란 아시아인들이 아시아의 현안을 직접 처리하고, 아시아의 문제를 해결하며, 아시아의 안전을 보장하는 것"이라고 밝힌 때였다. 시진핑의 발언은 미국이 아시아 지역에서 쫓겨나 이 지역 국가들이 중국의 힘에 도저히 저항하지 못하게 된 상태를 우회적으로 표현한 것이다.[13] 다른 관리들은 더 노골적으로 이러한 야심을 드러냈다. 2010년 중국 외교부장 양제츠杨洁篪는 10개 동남아시아 국가를 상대로 "중국은 대국이고 당신들은 소국이며 그것이 사실이기" 때문에 중국의 뜻에 따라야 한다고 말했다.[14]

그러나 중국은 아시아에서의 지역 패권 이상을 원한다. 중국 전략의 네 번째 목표는 세계적인 강대국으로 부상하고, 궁극적으로는 글로벌 초강대국의 지위를 획득하는 데 초점을 맞추고 있다. 중국의 국영 매체와 당 관리들은 점차 강해진 중국이 미국 주도의 체제 안에서 안주할 수 없다는 점을 설파해 왔다. 중국 외교부 고위 관리인 푸잉傅瑩은 2016년 미국이 주도하는 체제는 "더는 맞지 않게 된 양복"이라고 썼다.[15] 시진핑은 글로벌 "운명 공동체"를 창설하자고 말했다.[16] 이 공동체는 "천하天下가 한 가족"이며 아마도 중국공산당의 자애로운 지도 방침을 추종한다는 뜻을 담고 있다. 중국공산당의 국영 뉴스 매체인 신화통신은 일단 중국의 국가 부흥이 달성된 이후 누가 국제적 현안을 주도할 것인지를 두고 조금도 거리낌 없이 밝힌다. "중국을 상처와 굴욕의 시기로 떨어뜨렸던 아편전쟁 이후 200년이 지난 2050년까지 중국은 국력을 회복하여 세계 최고의 지위로 재부상할 것이다."[17] 중국의 국수주의적 신문인 환구시보環球時報는 "세계 최고가 되기 위한 투쟁은 … '인민'의 전쟁"이라고 주장한다. "그 투쟁은 대하大河와 같이 광대하고 강력할 것이며 멈출 수 없는 물결이 될 것이다."[18]

중국 정부는 당연히 중국 주도의 세계 질서에 대해 상세한 계획을 제시하지 않았다. 몇 년 전까지 중국공산당 관리들은 신중하게 처신하며 중국이 미국을 추월하는 것은 물론 미국에 도전한다는 암시조차 피했었다. 그러나 시진핑의 연설과 중국 정부의 백서, 기타 자료를 보면 중국이 국제적으로 무력을 행사할 수 있을 정도로 세계 수준의 군사력을 구축하고, 경제력과 군사력을 창출하는 첨단 산업에서 우위를 이루기 위해 분투하고 있음은 의심의 여지가 없다.[19] 중국 중심의 세계에서 미국의 국제적 동맹 네트워크는 약화되고 무력화될 것이다. 중국은 자체적인 전략적 관계망과 중국의 의

도대로 움직일 수 있는 국제기구를 기반으로 글로벌 주도권을 행사하게 될 것이다. 특히 중국 주도의 시대에는 권위주의 정부가 보호받는 것은 물론이고 심지어 우대 받을 것이며, 민주주의가 주도하는 시대는 종말을 고할 것이다.[20]

중국 전문가 나데즈 롤랜드Nadege Rolland는 중국이 "세계를 완전히 지배하려 하지는 않을 것"이라며 "서구 민주주의 국가들의 영향력이 최소화되고, 세계의 많은 지역이 중국의 세력권과 유사하게 된 세계에서 중국의 지배적인 지위를 확고히 하는 것만으로 충분할 것"이라고 썼다.[21] 또 다른 중국 전문가 리자 토빈Liza Tobin은 시진핑이 내세우는 "운명 공동체"에 대해 냉정한 평가를 내린다. "중국을 중심으로 한 글로벌 동반자partnership 네트워크는 조약에 의한 미국의 동맹 체제를 대체할 것이고, 국제 사회는 중국의 권위주의적 통치 모델을 서구의 선거에 의한 민주주의보다 우월한 대안으로 간주하게 될 것이며, 세계는 중국공산당을 다른 국가들이 뒤따를 정도로 평화와 번영, 현대화로 가는 새로운 길을 개척한 공로자로 여길 것이다."[22]

이러한 평가들이 지적하듯이 네 개의 층으로 구성된 중국의 대전략은 모두 서로 연관되어 있다. 중국공산당은 중국이 오직 자신들의 지도력 아래에서만 오랫동안 기다려 온 '국가 부흥'을 이루어 낼 수 있다고 주장한다. 지역적, 세계적 패권을 추구하는 길은 결과적으로 국내에서 중국공산당의 권위를 강화시키고, 정권의 근본 이념인 사회주의가 폐기되었을 때에도 중국의 국수주의를 부추김으로써 정통성을 제공할 수 있다. 세계 패권은 국제적으로는 물론이고 국내에서도 중국 통치자들의 위신을 높여 줄 것이다. 또 중국이 국제적인 비판을 묵살하고 독재 국가를 보호하는 국제 기준을 만들어 낼 수 있는 능력을 갖도록 할 수 있다.[23]

따라서 중국의 대전략은 중국과 중국의 통치 체제를 방어하기 위한 것이라는 좁은 개념보다 훨씬 넓은 범위를 포괄한다. 이런 목표는 중국이 지역적, 국제적 질서의 획기적인 변화를 추구한다는 사실과 맞닿아 있다. 이런 형태의 국제 질서 변화는 한 패권 국가가 몰락하고 새로운 패권 국가가 부상할 때 일어난다. 헨리 키신저Henry Kissinger는 "제국은 하나의 국제 체제 안에서 활동하는 데 관심이 없다"라며 "그들은 자신이 바로 그 국제적 체제이기를 열망한다"라고 썼다.[24] 이것이 오늘날 중국이 국정 운영의 근본으로 삼고 있는 야심이다.

중국의 행동에서 드러난 증거

얼마 전까지도 많은 미국 관리들은 이런 평가가 지나치게 불필요한 우려를 자아낸다고 보았다. 2016년 오바마Barack Obama 대통령은 이 복잡한 세계를 이끌어 나가는 부담을 중국이 건설적으로 분담할 수 있도록 미국이 "중국의 성공과 부상"을 응원해야 한다고 주장했다.[25] 최근에는 미국의 시각이 좀 더 부정적으로 바뀌었지만 중국이 아시아와 세계에 완전히 다른 세상을 만들려 하고 있다는 생각은 일부 사람들에게는 여전히 회의적 반응을 불러일으키고 있다.[26] 그러나 그 증거는 중국의 행동에서 그대로 드러난다.

우선 중국의 끊임없는 군사력 확충을 들 수 있다. 인플레이션을 조정한 중국의 국방비 지출액은 1990년부터 2020년 사이 열 배로 불어났다. 이는 현대사에서 유례를 찾아볼 수 없는 지속적인 팽창률이다.[27] 중국은 이 막대한 자금을 대함 탄도미사일에서 저소음 공격용 잠수함에 이르기까지 각종 무기를 확충하는 데 사용해 왔다. 이들 무기는 서태평양에서 미국 함선과 항공기를 내몰고, 중국이 대만과 인근의 적대국을 마음대로 공격할 수 있도록 하는 데 필요하다. 중국은 현재 아시아 전체 군비 지출 가운데 절반 이상을 차지한다. 이들은 세계 최대의 탄도미사일 전력과 세계에서 가장 많은 함정을 보유한 해군력, 세계 최대의 통합 방공시스템을 자랑한다.[28] 중국군은 미국과 그 동맹국들에 대항해 '속전속결速戰速決'을 준비하고 있다. 중국공산당이 대만을 정복할 수 있는 개혁을 완수하려고 속도전을 펼치는 것이다. 중국 인민해방군은 또 핵무기를 급속히 늘리는 한편 더욱 정교한 핵무기 운반 수단을 개발하고 있다. 중국은 2030년까지 미국과 대등한 핵무장국이 되기 위해 속도를 내고 있다. 또 항공모함을 건조하고 해외 기지를 획득하며 인도양은 물론 궁극적으로는 전 세계에 무력을 행사할 수 있는 능력을 발전시키고 있다. 한 통계에 따르면 2014년과 2018년 사이에 중국은 영국, 인도, 스페인, 대만, 독일의 함대를 합친 것보다도 더 많은

함선을 진수시켰다.[29]

군비 증강은 중국의 야심을 실행에 옮기는 한 가지 방법에 불과하다. 중국은 10년 이상에 걸쳐 남중국해의 통제력을 강화하려고 다양한 강압적 수단을 사용해 왔다. 무엇보다도 이 수역의 해양 지형에 인공섬을 건설한 후 그 위에 공군기지와 미사일 포대, 기타 군사 시설물을 설치했다. 중국은 필리핀으로부터 분쟁 수역에 대한 통제권을 장악했고, 해상 석유 굴착 설비와 어업 선단, 준공식적 해상 무장 세력을 주변 국가의 배타적 경제 수역에 배치했다. (중국 선박들은 또 인근의 암초와 해양 지형에 대량의 분뇨를 투기해 왔다. 이런 행위는 한 환경 전문가로부터 "중국은 난사군도南沙群島, Spratly Islands에 대한 배설을 중단하라"는 항의를 촉발하기도 했다.[30]) 시진핑은 2017년 필리핀 대통령에게 "우리는 귀국과의 분쟁을 원치 않는다. 그러나 귀국이 이 문제를 강요하면 전쟁도 불사하겠다"라고 말했다.[31] 분쟁 범위를 더 넓혀 보면 중국 인민해방군은 동중국해에서 센카쿠열도를 둘러싸고 일본 자위대의 공군과 해군 방위력을 시험해 왔다. 또 히말라야 산맥에서는 인도를 군사적으로 교란해 왔으며 대만에게는 살벌한 위협을 가해 왔다. 한 인민해방군 장교는 만일 중국이 침공하면 대만은 "존립할 여지가 없을 것"이라고 비아냥거리기까지 했다.[32]

일대일로—帶—路 구상(BRI)은 훨씬 더 대담하다. 이는 시진핑이 "세기의 프로젝트"라고 부르는 것으로, 전 세계를 망라하는 무역과 인프라스트럭처 및 투자 구상이다.[33] 일대일로 구상은 다양한 방식과 동기가 있는데 그 가운데 일부는 상대적으로 평범하다. 그러나 일대일로 구상의 전략적 핵심에는 유라시아 대륙의 역사적 중심부를 중국 중심의 지정학적 공간으로 전환하기 위한 1조 달러 규모의 추진 계획이 담겨 있다.[34]

중국은 동남아시아에서 남유럽에 이르기까지 자원, 시장, 영향력을 확보하기 위해 인프라 프로젝트와 차관, 무역 등의 수단을 활용하고 있다. 전쟁이 발발했을 경우 긴요한 석유와 식량의 해상 운송을 미국 해군이 방해하지 못하도록 육상 공급 노선을 구축하고 있으며, 중국과 긴 국경을 맞대고 있는 중앙아시아 접경 지역에서 영향력을 확대하기 위해 각종 개발 프로젝트를 활용하고 있다. 또 인도양에 대한 중국의 접근성을 높이고 인민해방군의 전략적 활동 범위를 확장하려고 이 지역의 항만과 기타 시설에 대한 접근권을 획득하고 있다. 결국 중국은 일대일로 구상을 실현하기 위해 중국 국유기업에서 해군에 이르기까지 정부가 활용할 수 있는 모든 조직을 동원하고 있는 셈이다. 여기서 중국의 근본적인 야심이 세계 최대의 육지인 유라시아 대륙에 중국의 세력권을 조성하는 것임이 드러난다. 중국 전문가 대니얼 마키Daniel Markey는 "중국이 유라시아 대륙의 자원, 시장, 항만에 접근할 수 있다면 그들은 동아시아의 강대국에서 글로벌 초강대국으로 변신할 수 있을 것"이라고 썼다.[35]

일대일로 구상과 중국이 현재 추진하는 그 밖의 모든 정책에서 기술 우위를 추구하는 일은 대단히 중요하다. 중국공산당은 과거 오랫동안 세계적 수준의 지적 재산 탈취 프로그램과 강제적인 기술이전, 산업스파이 활동 등을 통해 중국의 부상을 앞당겨 왔다.

중국은 이제 '디지털 실크로드Digital Silk Road' 프로젝트를 통해 화웨이와 ZTE(중싱통신) 같은 중국 기업을 통신 기반 시설과 첨단 감시 장비 분야에서 세계 최고 공급자의 위치에 올려놓으려 하고 있다. 2018년 화웨이는 100개 이상의 나라에서 첨단기술을 적용한 700개 이상의 '안전도시safe city' 프로젝트를 수행하고 있다고 주장했다.[36] 중국은 이들 기업을 통해 인터넷의 물리적 연결망을 구성하는 광섬유 케이블과 데이터센터(대영제국이 과거 해저 전신 케이블 네트워크를 만들어 행사했던 영향력의 현대판 버전)를 구축하거나 매입하는 한편, 중국 정부가 이용할 수 있도록 전 세계의 데이터를 빨아들이려 하고 있다.[37] 이 모든 것의 바탕에는 '중국제조 2025中國製造, Made in China 2025' 프로젝트가 자리 잡고 있다. 이 프로젝트에는 미래의 경제력과 군사력의 균형을 형성하게 될 인공지능과 양자 컴퓨터 등의 핵심 기술에 대대적인 투자가 포함되어 있다. 시진핑은 "점차 격화되는 국제적 군비 경쟁 상황에서 혁신에 앞서는 국가만이 승리할 수 있다"라고 선언했다.[38]

중국공산당 역시 중국을 제도적 초강대국으로 자리매김하고 있다. 미국은 오랫동안 국제통화기금(IMF)이나 세계은행 같은 국제기구의 광범위한 네트워크를 통해 힘을 행사함으로써 자신의 체급 이상으로 영향력을 발휘해 왔다. 중국은 이를 교훈 삼아 세계보건기구(WHO)와 유엔인권위원회 등 국제기구에서 영향력을 쌓기 위해 경제적 지렛대를 활용하거나 자국민을 고위직에 진출시키는 등의 방법으로 정교하게 계산된 장기 전략을 추구해 왔다. 이와 마찬가지로 중국은 신기술 규제와 인터넷 운영 방식과 같은 난해하면서도 긴요한 문제를 다루는 국제기구에서도 주도적 역할을 담당했다. 이와는 다른 경우지만 글로벌 지배구조의 중심에 서기 위해 중국은 스스로 아시아인프라투자은행(AIIB)과 같은 독자적인 국제기구를 설립했다. 중국공산당의 국영 통신사는 국제기구에서의 영향력을 높이기 위한 싸움은 중국이 "위대한 현대 사회주의 국가로 부상하기에 우호적인 환경을 조성하는 방식"이라고 설명했다.[39]

그다음으로 이념 공세가 있다. 중국은 광신적으로 자신들의 정치 모델을 지구 끝까지 확산시키려는 메시아적 마르크스 체제는 아닐지 모른다. 그러나 중국이 취하고 있는 정책이 세계를 보다 더 전제주의적인 곳으로 만들고 있음은 의심의 여지가 없다. 중국은 국내에서 첨단 감시 시스템을 운용하고, 외국 관리들에게 억압적 통치 기술을 훈련시키고 있으며, 멀리 아프리카와 남미 등지의 궁지에 몰린 독재자들을 지원해 왔다. 국제무대에서 중국은 정치적 자유보다 경제 개발을 더 강조하는 방식으로 인권 개념을 왜곡하고 있다. 중국은 주권sovereignty이란 참견하기 좋아하는 민주주의자들로부터 독재자를 보호하는 것을 의미한다는 왜곡된 인식을 옹호한다.[40] 또 권위주의적 자본주의라는 중국식 혼합물을 해외로 수출하는 데 있어 과거에 한때 가졌던 최소한의 겸양마저도 벗어던졌다. 시진핑은 2013년 "중국식 사회주의 체제의 우월성이 갈수록 명백해지는 것은 필연적"이라고 전망했다. "필연적으로 우리가 나아가는 길은 더욱 넓어질 것이고, 필연적으로 우리나라의 발전 방식이 세계에 점점 더 큰 영향력을 발휘할 것이다."[41]

　　마지막으로 중국은 자신의 정책을 국제적으로 강요할 수 있는 수단을 개발해 왔다. 한 중국 외교관은 "우리는 친구에게는 고급 와인을 대접하지만 적에게는 엽총을 준비해 두고 있다"라고 호언했다.[42] 2016년 한국이 미국의 고고도 미사일 방어 체계(사드)를 유치하기로 합의하자 중국은 지속적인 경제 제재로 대응했다. 2010년 중국의 반체제 인사에게 노벨 평화상이 수여되자 중국은 노르웨이를 격렬하게 비난하고 무역 제재로 공격했다. 호주에서 리투아니아에 이르기까지 여러 나라가 비슷한 운명을 겪었다. 그러나 눈에 보이는 이런 강압 조치는 더 깊고 음흉한 공세의 드러난 모습일 뿐이다. 중국의 은밀한 공세에는 뇌물, 정치 비자금 공여, 역정보 등이 동원되고, 심지어 중국계 해외 거주자로 하여금 민주주의 국가에서 이루어지는 공개토론을 변질시키도록 하는 일마저 벌인다. 시진핑은 이러한 수법이 경쟁 국가들 내에서 불화를 일으키고 중국이 최강국에 이르는 길을 여는 "마법의 무기magical weapons"라고 말했다.[43] 동시에 중국은 자국 국경을 넘어선 외국에서 자국의 법규를 적용하거나 반체제 인사의 납치와 강제송환 등을 자행하려는 움직임을 갈수록 확대하고 있다.[44]

　　우리는 중국이 세계 질서를 재편하기 위해 추진하는 일을 수없이 열거할 수 있다. 그러나 근본적인 논점은 똑같다. 중국의 선택은 모든 의미에서 '원대하다'는 것이다. 중국의 전략은 강대국이 되려면 대양 해군을 구축하고 해안을 지배해야 한다고 주장한 앨프리드 세이어 머핸Alfred Thayer Mahan의 지정학적 통찰과, 단일 국가가 유라시아 대륙의 '중심부'를 지배한다면 난공불락의 지정학적 요새가 될 수 있다는 견해를 보급한 해퍼드 매킨더Halford Mackinder의 통찰을 합친 것이다.[45] 이 전략은 중국이 주변 지역 내에서 압도적으로 탁월한 위치에 오른 뒤, 이를 발판으로 세계적 영향력을 발휘하는 초강대국으로 도약한다는 구상이다. 중국의 전략은 광범위한 군사적, 경제적, 외교적, 이념적 목표를 달성하기 위해 아주 다양한 수단을 사용하는 것이다. 중국의 전략은 이를 달성하는 최종 방식에서도 웅대하다. 미국과의 치열한 경쟁 혹은 처절한 대결을 요구하기 때문이다.

중국의 영향력에 장애물인 미국

중국 지도자들이 '미국은 다른 나라를 무너뜨리겠다는 결의로 가득 찬 위험하고 적대적인 국가'라고 인식하고 있다는 사실을 알면 많은 미국인이 놀랄지도 모른다. 2010년 당시 국무장관이었던 힐러리 클린턴Hillary Clinton은 미국이 "중국을 견제하는 데 골몰한다"라는 발상에 코웃음을 치며 "중국은 미국 주도의 세계 질서 안에서 경이적인 성장과 발전을 경험했다"라고 지적했다.[46] 그러나 중국이 아무리 '팍스 아메리카나Pax Americana' 내에서 여러 해 동안 번영을 누려왔다고 해도 중국 지도자들은 오랫동안 중국공산당이 원하는 거의

모든 것을 미국이 위협한다고 우려해 왔다.[47]

이와 관련해 역사는 한 가지 인상적인 그림자를 드리운다. 미국이 많은 중소中小 경쟁국은 물론 당대의 가장 강력한 세계적 도전자들(독일제국과 일본제국, 나치 독일, 소련 등)을 모두 무너뜨린 혁혁한 전적을 기록했다는 사실은 중국의 정책 결정자들의 관심을 끌 수밖에 없다. 한 중국 고위 관료는 2014년 "국제정치의 영안실에는 사회주의 국가의 시체가 산더미처럼 쌓여 있다"라고 지적했다.[48] 중국 관리들은 미국이 중국공산당이 추진하는 모든 사안을 방해할 태세를 갖추고 있다는 점 또한 잊지 않는다.

마오쩌둥에서 시진핑에 이르기까지 중국 지도자들은 미국을 중국공산당의 정치적 우위를 위협하는 존재로 인식해 왔다. 미국과 중국이 공공연한 적대국이었던 냉전 초기, 미국은 중국 공산 정권에 대항해 싸우던 티베트 반군을 지원했고 대만의 장제스蔣介石가 중국의 합법적인 통치자라는 주장을 지지했다. 최근 몇십 년간 미국 지도자들은 중국의 성공을 바란다는 점을 강조해 왔다. 그러면서도 빌 클린턴Bill Clinton이 언급했듯이, "중국의 권위주의 정치 체제가 중국을 역사의 그릇된 편에 세우고 있다"라는 점도 분명히 지적해 왔다.[49] 천안문광장 학살 이후, 그리고 최근에는 중국공산당이 위구르 주민에게 저지른 잔혹 행위에 대한 대응으로 미국은 동맹국 늘과 함께 중국에 경제 제재를 가하는 데 앞장섰다. 한 중국 지도자는 (미국의) 속임수를 꿰뚫어 보고 있다면서 "미국은 사회주의 체제를 전복시키려는 의도를 포기한 적이 없다"라고 설명했다.[50]

미국이 의도적으로 독재자들을 약화시킬 생각이 없을 때조차 미국은 독재자들에게 위협이 될 수밖에 없다. 미국의 존재 자체가 반체제 인사들에게 희망의 등대로 작용하기 때문이다. 중국공산당원들은 2019년부터 2020년까지 중국식 권위주의 통치 방식을 적용하는 데 저항하는 홍콩의 시위자들이 미국 국기를 내걸었다는 사실에 주목했다. 이는 30년 전 천안문광장 시위대가 거대한 자유의 여신상 복제품을 세운 것과 일맥상통하기 때문이다. 이들은 미국의 언론 매체가 중국에서 벌어지는 관료들의 범죄와 부패를 다룬 상세한 폭로기사를 보도하면 분노에 치를 떤다.[51] 예컨대 인권이나 정부 책임에 초점을 맞춘 비정부기구의 활동처럼 미국인들이 아무렇지도 않게 생각하는 일이 자신들의 권력은 무제한이라고 여기는 중국공산당에게는 체제를 전복하려고 노리는 위협으로 비치는 것이다.

미국이 전 세계의 자유와 운명적으로 결부된 자유민주주의 체제라는 자신의 정체성을 포기하지 않는 한 중국공산당에 대한 미국의 위협은 멈출 수가 없다. 2012년 중국의 영향력 있는 학자 왕지스王缉思가 "중국 정권은 미국이 중국공산당의 지도부를 무너뜨리고 중국을 미국의 속국으로 만들려는 사악한 의도를 가지고 있다는 지속적이고도 강한 믿음을 품고 있다"라고 쓴 것도 별로 놀라운 일은 아니다.[52]

미국은 다른 방식으로도 중국이 위대한 국가로 부상하는 길을 가로막고 있다. 중국공산당은 대만을 수복하지 않고는 중국을 완전체로 만들 수 없다. 그러나 미국은 무기 판매와 외교적 지원, 암묵적인 군사 지원 약속 등을 하면서 대만을 중국의 압력으로부터 보호하고 있다. 이와 유사하게 남중국해의 미국 해군력과 이 해역에서의 자유 통행권을 주장하는 미국의 요구는 남중국해를 지배하려는 중국의 행보에 큰 걸림돌이 되고 있다. 아시아에서 미국과의 군사 동맹과 안보 파트너십은 이 지역의 (군사적) 약소국들이 중국의 무력 공세에 저항할 배짱을 가질 수 있도록 하는 든든한 배경이 된다. 중국의 한 고위 장교는 "베트남, 필리핀, 일본은 아시아에서 미국의 주구走狗 노릇을 하는 세 나라"라고 지적했다.[53]

미국은 전 세계적으로 운용할 수 있는 군사력을 유지하고 있으며, 중국이 이와 유사한 군사력을 갖추려 하자 경계심을 곤두세우고 있다. 미국은 이러한 군사적 영향력을 활용해 각 나라가 어떻게 행동해야 하고 어떤 종류의 정치 체제가 가장 적법한지에 관한 국제 여론을 형성한다. 이와 관련해 중국의 한 분석가는 "중국은 각국 정부의 옳고 그름을 결정하는 서방의 도덕적 우위를 깨뜨려야 한다"라고 지적했다.[54] 중국공산당 엘리트가 보기에는 거의 모든 분야에서 미국의 영향력이 중국의 영향력에 장애물이 되고 있는 것이다.

분명히 말하자면 중국이 미국 주도의 질서를 모두 전면적으로 거부하는 것은 아니다. 중국공산당은 개방적인 세계 경제 시스템에 접근해 성공적으로 이용해 왔고, 중국군은 유엔 평화유지 임무에도 참여해 왔다. 그럼에도 불구하고 중국 지도자들은 그러한 관계에 근본적으로 대립하는 무언가가 있다는 점을 미국인들보다 더 잘 깨닫고 있다. 중국공산당은 현존하는 질서를 약화시키고 분열시켜 궁극적으로 이를 대체하지 않고서는 자신들의 이익과 가치를 반영하는 국제 환경을 성공적으로 조성할 수 없다고 여긴다. 왕지스가 썼듯이, "중국의 많은 정치엘리트들은 … 역사의 잘못된 편에 선 것은 중국이 아니라 미국이라고 의심한다." 그들은 "중국의 부상을 … 미국이 누리는 초강대국 지위에 심각한 도전으로 간주해야 할 것"이라고 이해한다.[55]

미국과 중국의 관계가 우호적으로 보였던 순간조차 중국 지도자들은 미국에게 극도로 편향된 시각을 가졌다. 덩샤오핑은 그가 추진한 경제 개혁이 미국의 시장과 기술에 의존했음에도 불구하고, 미국이 중국공산당을 전복시키기 위해 "연기 없는 3차 세계대전"을 벌이고 있다고 주장했다.[56] 2014년 두 명의 저명한 정치인은 미국의 대對중국 정책이 다섯 가지 방식으로 순환하고 있다는 믿음이 중국 내에 팽배했다고 보고했다. "중국 고립화, 중국 봉쇄, 중국 폄훼, 중국 내부의 분열, 중국 지도부를 향한 방해 공작 등이다."[57] 이러한 인식은 중국의 꿈을 실현하기 위해서는 궁극적으로 힘의 대결이 필요하다는 믿음으로 이어진다. 시진핑은 2019년 중국공산당이 미국과의 관계에서 "새로운 대장정大長征"에 직면하고 있다고 말했다. 그것은 "패권과 생존을 쟁취하기 위한 위험한 투쟁"이다.[58]

미국과 중국 두 나라가 충돌을 피할 수 없는 상황이라는 점에서 시진핑의 말은 맞다. 중국공산당의 대전략grand strategy은 어떤 적대국가도 동아시아와 서태평양 지역을 지배하지 못하게 한다는 미국의 오랜 기득권을 위태롭게 한다. 중국의 전략은 또한 유라시아 대륙의 패권을 차지하는 경쟁국이 전 세계적으로도 미국에 도전장을 내밀 수 있을 것이라는 미국의 오랜 우려를 불러일으키고 있다. 미국 펜타곤의 총괄전략평가국Office of Net Assessment의 전설적인 국장 앤드류 마셜Andrew Marshall은 일찍이 2002년 "미국은 유라시아 대륙과 태평양 연안 지역에서의 경쟁력과 영향력, 지위를 강화하기 위한 준비를 해야 한다"라고 주장했다.[59] 기술 우위를 차지하려는 중국의 발 빠른 움직임 역시 좋지 않은 전조이다. 첨단기술로 무장한 독재 국가가 세계의 중심 국가로 떠오르면 민주주의의 존립을 보장하기 어려울지 모른다.

오늘날 미중 관계가 이토록 긴장 상태에 이르게 된 근본적인 이유는, 중국공산당이 지난 세기에 미국이 이룬 세계 질서를 뒤엎겠다고 위협하는 방식으로 다음 세기를 주도하려 하기 때문이다. 이는 다음과 같은 보다 심오한 의문을 제기한다. 왜 중국은 미국과의 위험한 경쟁을 불사하고서라도 세계 질서를 근본적으로 재편하려 하는가?

중국은 왜 미국과의 위험한 경쟁을 불사하는가

그 답은 지정학, 역사, 이념에 있다. 어떤 면에서 중국의 패권 도전은 세계에서 가장 오래된 서사의 새로운 장章이다. 새로 발흥하는 국가는 전형적으로 영향력, 존중, 세력을 추구하기 마련이다. 어떤 나라가 일단 강해지기 시작하면 그 나라가 약했을 때는 감내할 수 있었던 굴욕을 더는 참을 수 없게 된다. 또 이전의 영향권을 넘어선 곳에서 사활적인 국가 이익을 찾는다. 19세기 말에서 20세기 초에 걸쳐 새롭게 부상한 독일은 자신의 권리를 주장했다. 남북전쟁 이후 경제적으로 상승세를 탄 미국은 서반구에서 경쟁국들을 밀어냈고 자신의 영향력을 전 세계로 확산시키기 시작했다. 위대한 현실주의 학자인 니컬러스 스파이크먼Nicholas Spykman은 "역동적으로 성장하는 국가가 확장을 멈추거나 … 겸허하게 자신이 목표로 삼는 영향력에 한계를 둔 사례는 사실 매우 드물다"라고 썼다.[60]

이런 관점에서 볼 때 단 한 가지 중국에 특이한 점은 놀라운 역동성이다. 현대 시대에 중국만큼 그토록 오랫동안 빠르게 성장한 나라는 없었다. 현대 시대에 중국만큼 세계를 바꿀 만한 역량이 극적으로 확대되는 것을 보여 준 나라도 없었다. 이런 상황에서 중국이 미국 주도의 세계에 순순히 안주할 리가 없다. 중국이 미국 주도의 세계 질서에 안주하려 했다면, 미국이 대만을 보호하는 상황과 미국의 군사 동맹국들이 중국 영해 주변을 따라 배치된 것과 같은 현재의 구조를 수용해야 했을 것이다. 이런 구조는 어떤 강대국도 영구히 감내하지 않을 것이다. 미국이 글로벌 초강대국으로 부상할 때 그랬던 것처럼 중국이 주변 지역을 제압하려 하는 것은 불가피하다. 중국은 주변 지역을 넘어 더 먼 지역으로 영향력을 확산하려 들 것이고, 세계가 중국의 열망에 순응하도록 만들 것이다. 위대한 싱가포르 총리 리콴유李光耀는 "급상승하는 중국은 당연히 미국의 패권에 도전할 것"이라며, "중국이 아시아에서 일등 국가가 되고 결국은 세계 최강국이 되려고 열망하지 않을 리가 없다"라고 지적했다.[61]

그러나 중국이 냉철한 지정학적 논리에 따라 움직이는 것은 아니다. 중국은 역사적 운명으로서 국가의 영광을 이루려고 노력한다. 중국 지도자들은 스스로를 기록된 역사에서 대부분의 기간을 초강대국으로 군림했던 전통적인 중국 국가Chinese state의 계승자라고 여긴다. 일련의 중국 제국들은 천하天下, All under Heaven가 자신들 손에 있다고 주장했다. 이들은 제국의 변방에 있는 작은 나라들에게 복종을 요구했다. 아시아 전문가 마이클 슈먼Michael Schuman은 "이러한 역사는 중국인과 중국 국가가 현재는 물론이고 먼 미래까지 영원히 세계에서 수행할 역할에 대한 확고한 믿음을 중국인들 속에 심었다"라고 썼다.[62]

중국의 관점에서 보면 중국이 차상위권 강대국에 머물 수밖에 없는 미국 주도의 세계 질서는 역사적으로 정상이 아닐뿐더러 몹시 분통 터지는 상황이 아닐 수 없다. 현재의 국제 질서는 분열된 중국이 탐욕스러운 외세에 의해 약탈당했던 '굴욕의 한 세기'가 끝날 무렵인 2차 세계대전 이후에 형성되었다. 중국을 다시 최정상의 자리에 되돌려 놓음으로써 역사를 바로잡는 일은 중국공산당의 당연한 사명이다. 2014년 시진핑은 "1840년대 아편전쟁 이래 중국 인민들은 위대한 국가 부흥을 실현하는 꿈을 오랫동안 소중히 간직해 왔다"라며 "중국공산당 통치 아래에서 중국은 그 어떤 나라에 의한 침탈도 용인하지 않을 것"이라고 말했다.[63] 시진핑이 중국공산당이 주도하는 "공동 운명체"란 구상을 제기하고, 중국이 합당한 존중을 받도록 세계 질서를 재편해야 한다고 말한 것은 중국의 패권이 만물의 자연적 질서라는 뿌리 깊은 믿음을 밝힌 것이다.

특히 여기에는 이념적으로 불가피한 측면도 있다. 강력하고 자부심 넘치는 중국은 설사 자유민주주의 국가일지라도 미국에게는 문제가 될 수 있다. 그러나 중국은 국내에서 자유주의를 무자비하게 탄압하기로 작정한 전제적 정권이 통치하는 나라다. 이런 사실은 중국이 현재의 세계 질서를 재편하려는 노력을 가속화한다. 권위주의 국가는 근본적으로 피통치자들로부터 자발적인 동의를 얻지 못하기 때문에 스스로의 통치 방식에 결코 안심할 수 없다. 이런 정권은 자유주의적 국제 규범이 반자유주의적 국내 관행을 위협하기 때문에 민주주의가 지배하는 세계 질서를 결코 안전하다고 여길 수 없다. 미국의 중국 전문가 민신 페이裴敏欣는 "전제 국가가 국내에서는 권위주의 통치 방식을 유지하면서 국제적으로는 자유주의를 실천하는 것이 본질적으로 불가능하다"라고 썼다.[64]

이것은 과장이 아니다. 시진핑 주석 체제 출범과 함께 발행된 악명 높은 '9번 문서Document No 9'는 중국공산당이 자유주의적 세계 질서를 내재적인 위협으로 인식하고 있음을 여실히 보여 준다. "중국에 적대적인 서구 세력과 국내의 반동분자들이 여전히 우리의 이념적 영역에 끊임없이 침투하고 있다."[65] 권위주의 정권이 끊임없이 불안정하다는 점은 중국의 국정 운영 방식에 큰 영향을 미쳤다.

중국 지도자들은 국제 규범과 국제기구를 반反자유주의적 통치 방식에 좀 더 친화적으로 바꾸려는 충동을 느낀다. 그들은 위험한 자유주의의 영향을 중국 국경 밖으로 몰아내려 한다. 권위주의를 파멸로 이끈 오랜 역사를 가진 민주적 초강대국에게서 국제적 권위를 박탈해야 한다고 생각하는 것이다. 그리고 중국이 강성해짐에 따라 중국의 영향력과 중국식 통치 방식을 확대하는 방법의 일환으로 해외에서 반자유주의 세력의 강화를 고려하게 된다.[66]

중국의 이러한 행태가 특이한 것은 아니다. 미국이 세계적 강국이 되었을 때 미국도 민주적 가치에 우호적인 세계 질서를 세웠다. 소련이 동유럽을 지배했을 때 소련 역시 공산주의 정권을 받아들이도록 만들었다. 고대로부터 강대국 간의 경쟁에서 이념적 균열은 지정학적 분열을 격화시켰다. 정부가 자국 국민을 바라보는 관점의 차이는 세계를 보는 시각에도 근본적 차이를 낳는다.

중국은 현상 변경 국가revisionist state의 전형적인 특징을 보인다. 한편으로는 오랫동안 염원해 온 국제적 지위를 되찾으려는 제국이자, 다른 한편으로는 끝없는 불안에서 자기주장을 찾는 전제 국가인 것이다. 그것은 강력하면서도 불안한 조합이다.

지금 같은 시기는 없었다

이 모든 것이 의미하는 바는 중국이 취하는 행동의 연원淵源이 어느 한 지도자에 국한되지 않는다는 점이다. 미국이 직면하고 있는 상황은 시진핑 한 사람의 문제가 아니라 중국이라는 나라의 문제라는 말이다. 중국공산당의 현상 변경 프로젝트는 시진핑이 집권하기 이전에 시작되었다. 그것은 국제정치의 본질과 중국 정권의 본성에 깊이 뿌리내렸다. 그러나 중국의 도전이 시간이 가면서 더욱 첨예해진 것만은 분명하다.

일찍이 1980년대와 1990년대에 중국공산당 지도자들은 자신들의 중국 부흥 계획이 결국은 미국의 우월한 국제적 지위와 충돌하게 될 것임을 알고 있었다. 그러나 덩샤오핑은 중국이 평온한 국제 환경과 글로벌 경제에 접근하는 길을 간절히 필요로 하는 상황에서 세계 유일의 초강대국과 소원해지는 것이 자멸自滅까지는 아니더라도 어리석은 일임을 알아차렸다. 덩샤오핑은 "우리는 어떠한 문호도 폐쇄하지 않을 것"이라며 "우리가 과거의 경험에서 배운 가장 큰 교훈은 스스로를 세계로부터 고립시키지 않아야 한다는 점"이라고 언급했다.[67] 이 말이 "도광양회韜光養晦"라는 등소평 지침의 기원이다. 풀이하자면 중국은 자신의 능력을 숨기고 때를 기다려야 한다는 말이다. 중국이 드러내 놓고 자신의 주장을 펼칠 수 있을 만큼 충분히 강해질 때까지는 미국과의 정면 대결을 피하고 교묘하게 미국의 힘을 약화시킬 방법을 찾아야 한다는 것이다. 덩샤오핑은 "중국이 일단 선진국 수준에 도달하면 중국의 힘과 국제무대에서의 역할은 사뭇 달라질 것"이라고 명확히 밝혔다.[68]

1990년대에 중국은 결코 "팽창이나 패권"을 추구하지 않겠다고 약속함으로써 미국을 안심시키는 정책을 폈다. 중국은 자국의 발전을 촉진하고 미국이 중국을 고립시키기 힘들게 만드는 방편으로 미국과 무역 및 금융 면에서 깊은 유대 관계를 쌓아 나갔다. 또한 미국이 다시 결속시키려 시도할지 모르는 어떤 식의 연합체로부터 아시아 주변 국가를 떼어 놓기 위해 이들의 마음을 사로잡는 외교적 공세를 추구했다.[69] 동시에 중국 인민해방군은 미국의 첨단 군사력을 저지할 수 있는 능력을 개발함으로써 만일의 분쟁에 대비하기 시작했다. 심지어 동남아시아국가연합(ASEAN)과 같은 지역 국제기구와의 유대도 강화했다. 이들 국제기구가 내부로부터 공동화 空洞化하고 이들이 반중反中 목표로 돌아설 수 없도록 하기 위해서다. 중국의 학자 옌쉐퉁閻学通은 "이런 활동의 포괄적인 목표는 중국이 글로벌 초강대국으로 부상하는 것을 막는 데 미국이 집중하지 못하도록 하는 것"이라고 인정했다.[70] 이처럼 중국은 눈에 띄지 않게 은밀히 부상하려 했다.

　중국의 국정 운영은 시간이 갈수록 점차 이전의 세심한 접근 방식에서 벗어났다. 9.11사태 이후 미국이 중동에서 벌인 일련의 전쟁은 미국이 태평양에서 멀리 떨어진 분쟁에 휘말리게 됨으로써 중국 지도자들이 이른바 "전략적 기회의 시기"라고 부르는 상황을 조성했다. 2008년부터 2009년 사이의 글로벌 금융 위기는 (한 미국 관리가 언급했듯이) 많은 중국 분석가로 하여금 "미국이 쇠락의 길로 들어섰거나 주의가 산만해졌거나 혹은 그 두 가지 모두 해당하는 상태"라고 여기게 했다.[71] 남중국해에 대한 통제권 요구와 아시아에서 중국의 우위를 인정하는 것을 포함해 "새로운 강대국 관계 모델"을 미국이 수용하라고 요청한 일 등이 모두 이 기간에 일어났다. 여기에 더해 중국은 시진핑의 시책인 '적극적으로 성취한다'는 '유소작위有所作爲'를 내세우려고 기존의 '도광양회' 전략을 폐기했다. 옌쉐통은 "과거에는 다른 나라가 강한 반면에 우리는 약했기 때문에 저자세를 유지해야 했지만, 이제는 … 인접 국가에게 우리는 강하고 당신들은 약하다는 사실을 적시하고 있다"라고 강조했다.[72]

변화는 2016년 이후 다시 빨라졌다. 도널드 트럼프Donald Trump의 대통령 당선과 2016년 영국의 탈퇴 결정 이후의 유럽연합 위기, 그 밖의 여러 혼란스러운 상황으로 인해 기존 국제 질서는 대혼돈의 상태에 빠졌다. 중국 관리들은 공개적으로 미국의 리더십에서 벗어나는 역사적 전환의 가능성을 말하기 시작했다. 중국은 국제기구에서 입지를 강화하고 일대일로 구상 및 디지털 실크로드 전략을 진척시켰다. 또 미국과 동맹국 사이에 분열을 조장하고 중국의 심기를 건드리는 국가를 응징하는 등의 공세를 취했다. 중국은 점차 미국을 제치고 나아가겠다는 의도를 숨기지 않고 드러내는 발표를 내놓기 시작했다. 2019년 시진핑은 "어떤 강대국도 우리의 위대한 모국의 지위를 흔들 수 없으며, 어떤 세력도 중국 인민과 중국 국가의 전진을 멈출 수 없다"라고 말했다.[73]

이 모든 것이 코로나(COVID-19) 사태의 전주곡이었다. 초기에 이 글로벌 팬데믹 위기로 미국이 큰 타격을 받은 반면에 중국은 상대적으로 빠르게 정상을 회복했다. 중국은 이를 기회 삼아 여러 방면에서 공세를 취했다. 대만에 군사적 압력을 증가시켰고, 마지막 남은 홍콩의 정치적 자치권마저 박탈했으며, 접경 국가들과의 분쟁을 동시에 (때로는 폭력적으로) 확대했다. 또 중국의 행동에 문제를 제기하는 국가에게는 초강경 외교 공세인 이른바 '전랑戰狼, wolf warrior 외교'를 펼쳤다.[74] 그리고 2020년 말과 2021년 초 미국에서 대통령 선거 결과를 둘러싼 논란과 폭도들의 의회 의사당 공격 등으로 무질서한 상황이 심화하자 눈에 거슬리는 중국의 도발적인 정책이 거의 노골적으로 드러났다. 2021년 3월 미국과 중국의 관리들이 회동한 자리에서 양제츠는 미국이 중국에 대해 '강자의 입장 position of strength'에서 발언한다는 발상을 대놓고 조롱했다.[75] 미국의 정보 당국자는 중국 지도자들이 '획기적인 지정학적 전환'이 이미 시작되었음을 확신하고 있다고 평가했다.[76]

중국의 최고위층은 확실히 이러한 인식을 분명히 드러냈다. 시진핑은 2021년 1월 "동양은 떠오르고 있고 서양은 쇠락하고 있다"라고 선언했다. 미국 패권의 시대는 끝나가고 있고 중국 주도의 시대가 도래했다는 것이다.[77]

이것이 현재 미국과 세계가 익히 알고 있는 중국의 모습이다. 욱일승천의 기세를 다고 확신에 차 있으며, 기의 모든 분야에서 막강한 영향력을 주장하는 듯이 보이는 모습이다. 혼란스럽고 분열된 미국이 휘청거리는 사이 성큼 앞으로 내딛는 나라의 모습으로 보인다.

그러나 시진핑과 그의 막료들이 겉으로 보이는 만큼 실제로도 자신감에 차 있는지에는 의문이 들지 않을 수 없다.

중국 정치를 관찰해 온 신중한 분석가들은 중국의 정부 보고서와 성명서에서 미묘한 불안감을 감지한다. 솟구치는 낙관론에는 "경계심과 깊은 불안감을 드러내는 단어들"이 혼재되어 있다.[78] 시진핑은 중국의 힘을 과시하면서도 "많은 분야에서 서양이 강하고 동양은 약하다"라고 인정했다. 그는 코로나 사태가 잠잠해진 이후에도 중대한 위험과 시험이 닥칠 것이라고 경고했다. 시진핑은 "누구도 우리를 억누르거나 질식시키지 못하도록 중국을 천하무적의 강국으로 만들어야 한다"라고 선언했다. 그리고 그의 핵심 간부들에게 다가오는 잔혹한 투쟁에 대비하라고 권고했다.[79]

시진핑이 우려하는 것도 하등 잘못이 아니다. 자세히 들여다보면 복합적인 국내 문제와 해외의 다양한 적들에게 시달리는 또 다른 중국이 있다는 사실이 드러난다. 중국의 선전선동가들이 뭐라고 말하든 중국은 장기적으로 미국을 추월하기 위해 분투할 것이다. 바로 그런 이유 때문에 중국은 가까운 장래에 더욱 위험해질는지 모른다.

2

정점에 도달한 중국

중국공산당이 우려하는 위협적인 대상은 미국만이 아니다. 2021년 중국공산당은 중국이 부흥하는 데 치명적인 또 다른 적을 정조준했다. 바로 '이혼'이다.

중국 당국은 이혼을 신청하는 부부에게 30일간의 숙려기간을 의무화했다. 이 기간 동안 부부 중 어느 한쪽이라도 이혼을 취소할 수 있다. 여성의 권리를 옹호하는 사람들은 새로운 정책으로 인해 매 맞는 아내가 폭력적인 남편으로부터 벗어나기가 더 어렵게 될 것이라고 경고하고, 이 시책이 더 광범위한 정책 변화의 일환임을 지적했다. 2018년 중국 판사들은 법정에 제기된 이혼 소송 가운데 단 38퍼센트만 이혼을 받아들였다. 이는 사상 최저의 이혼 허용 비율이다. 코로나 팬데믹 기간 동안 중국 관리들은 봉쇄 기간의 연장이 활발한 애국적 임신으로 이어질 것이라는 희망을 공공연히 피력했고, 아이가 없는 부부에게는 특별 세금을 발의했다. 심지어 중국 공산당은 정관수술을 단속하기도 했다.

중국 정부는 이러한 조치가 가족의 가치를 증진시키려는 노력이라고 설명했다. 그러나 정말로 문제가 되는 것은 인구 감소에 따른 극심한 공포다. 수십 년간 중국의 출산율은 현재의 인구 규모를 유지하기 위해 필요한 수준을 크게 밑돌았다. 인구 감소와 노령화는 탄탄한 경제 성장을 가져올 수 없다. 탄탄한 경제 성장이 뒷받침되지 않으면 중국몽은 한낱 환상에 불과하다. 중국공산당의 관점에서 이혼이나 자녀 없는 여성, 정관시술을 한 남성은 중국의 지정학적 장래에 위협을 의미한다.

미국 정치인들이 대외 정책은 국내에서 시작된다고 말하곤 한다면, 중국공산당은 이 경구를 문자 그대로 받아들이고 있다. 또 중국공산당은 특유의 성격대로 어떤 골칫거리가 생길 기미라도 보일라치면 이를 극구 부인하거나 틀어막아 버린다. 2021년 4월 영국의 《파이낸셜타임스》는 마오쩌둥의 대약진운동으로 3000만 명이 희생된 1960년대 이래 처음으로 중국 인구가 감소하기 직전이라고 보도했다. 그러자 중국 국가통계국은 바로 "중국 인구는 계속 증가하고 있다"라는 한 문장짜리 성명서를 다급히 발표했다.[1]

오늘날 중국에 관해 미국에서 이루어지는 논의는 주로 확신에 찬 신흥 강국이 제기하는 문제에 초점을 맞추고 있다. 즉 기존의 강대국 스파르타에 새로 발흥하는 아테네가 도전한다는 식의 상투적인 공식을 따른다. 그러나 미국은 실제로는 더 복잡하고 불안정한 위협에 직면하고 있다. 바로 중국이 이미 강력해졌지만 불안정한 신흥 강국이라는 점이다. 중국은 낙관론만큼이나 큰 불안감을 가지고 자신의 미래를 바라보고 있다. 지난 수십 년간의 급속한 성장 덕분에 중국은 미국과 기존의 국제 질서에 근본적으로 도전할 만한 경제력과 군사력을 갖추었다. 그러나 이 나라는 겉으로 보이는 것만큼 잘하고 있지는 않다.

중국은 몇 년 동안 급격한 경제 둔화를 겪고 있으나 이를 숨겨 왔다. 또 정치적으로 점증하는 병리 현상과 악화되는 자원 부족 사태, 엄청난 인구 재앙에 맞닥뜨리고 있다. 특히 중국공산당은 중국의 상승을 도왔던 개방적이고 호의적인 세계를 활용할 기회를 잃고 있다. 중국은 1970년대 이래 중국 현대사에서 유례가 없는 축복을 누렸기 때문에 줄곧 매우 빠르고 높은 성장을 구가해 왔다. 그러나 이제 그러한 축복이 사라지고 있으며, 중국은 침체와 경기 후퇴라는 힘겨운 미래를 내다보고 있다. 바야흐로 중국의 절정기가 지나가고 있는 것이다. 중국은 현상을 타파하려는 신흥 강국의 유형 중에서 가장 위협적인 형태로 급속하게 변모하고 있다. 그것은 기회의 창窓이 열리기 시작했지만 열린 상태가 오래 지속되지 않는 유형이다.

기적을 만든 다섯 가지 요소

중국의 부상은 너무나 경이적이고 오래 지속되어서 관찰자들 중 많은 수가 중국의 상승세를 당연하다고 생각한다. 오늘날 세계 인구의 절반 이상은 1980년 이후에 태어났다. 중국이 어떤 나라인지에 관해 이들이 알고 있는 것은 오직 이 나라가 줄기차게 성장하고 있었다는 것뿐이다. 중국의 부상에 대해 미리 정해진 것은 아무것도 없으며, 중국공산당 간부들도 이를 잘 알고 있다. 중국은 1970년대 초부터 뜻하지 않게 얻은 다섯 가지 요소가 결합하면서 큰 혜택을 누렸다. 그것은 전에 없이 호의적인 지정학적 환경과 경제 개혁에 열성적인 지도부, 1인 통치를 희석시키고 전문 관료의 권한을 강화한 제도 변화, 사상 최대의 인구배당효과demographic dividend, 풍부한 천연자원 등이다. 중국의 부상을 가능하게 한 요인을 이해하면 중국의 미래가 왜 험난해질 것인지를 아는 데 도움이 된다.

중국에 호의적인 세계

1969년 마오쩌둥은 퇴역한 네 명의 인민해방군 원수元帥들에게 중국의 지정학적 상황을 분석하라고 지시했다. 상황은 좋지 않았다.

중국은 마오쩌둥이 집권한 1949년 이래 미국과의 적대 관계가 고착되어 있었다. 공식적인 선전포고는 없었지만 중국은 한국과 베트남에서 미국과 혈전을 치렀다. 그러나 이제 새로운 위협이 북쪽에서 다가왔다. 명목상으로는 중국의 동맹국인 소련이 위협을 가해 온 것이다. 두 공산주의 강대국이 앙숙으로 갈라서면서 국경 분쟁과 핵전쟁의 공포로 치달았다. 퇴역 원수들은 "소비에트 수정주의자들이 미제국주의자들보다 더 적대적인 상대가 되었다"라는 결론을 내렸다.[2] 이후 3년에 걸쳐 마오쩌둥은 공동의 적인 소련을 봉쇄하기 위해 은밀히 미국과의 편의적인 결속을 모색했다. 1972년 리처드 닉슨Richard Nixon이 극적으로 중국을 방문했을 때 마오쩌둥은 "이것은 세계를 바꾼 한 주일"이었다고 선언했다.[3] 닉슨의 중국 방문은 확실히 중국의 전략적 입장을 혁명적으로 바꿔 놓았다.

역사적으로 중국은 험난한 주변국에 둘러싸인 곳에서 살아왔다.[4] 중국이 차지하고 있는 영토는 유라시아 대륙과 태평양이 연결되는 유달리 취약한 지역에 자리 잡고 있다. 이로 인해 중국은 동북아시아, 동남아시아, 남아시아, 중앙아시아, 오세아니아 등 다섯 개의 주변 지역과 얽혀 있다. 중국이 그 중심부에 위치해서 생긴 긍정적 측면은 영향력이다. 중국은 거의 자동적으로 세계 정치의 주요 참여자가 되기 때문이다. 부정적 측면은 외부의 불안 요소와 압력에 전방위적으로 노출된다는 점이다.

중국이 처한 상황을 더욱 어렵게 하는 것은, 중국의 영토가 자연적으로 결속되어 있지 않다는 사실이다. 중국 정치의 중심부와 농경지 대부분이 화북평원華北平原, North China Plain에 집중되어 있다. 홍수와 가뭄이 빈번하게 일어나는 이 지역은 수천 년 동안 수십 개 때로는 수백 개의 군벌軍閥 사이에 벌어진 참혹한 전쟁의 참화를 겪었다. 그에 반해 중국 담수의 대부분과 주요 항만들은 중국 남부에 위치한다. 이 지역은 빽빽한 밀림과 험준한 고지대로 중국의 나머지 지역과 분리되어 있다. 중국 남부의 많은 해안 도시는 오랫동안 북부의 명목상 동포들보다 외국 상인들과 더 많은 경제 교류를 해왔다. 마지막으로 대부분의 중국 광물과 주요 하천의 발원지가 중국 서부에 위치한다. 이 지역은 중국 육지 면적의 75퍼센트를 차지하지만 거의 사막과 툰드라, 지구상 최고봉들로 이루어져 있다. 과거에 이 지역은 침략과 봉기의 진출로였다. 이 지역에는 오늘날까지 스스로를 중국인으로 여기지 않고 중국의 통치에 저항하는 수많은 소수 민족이 있다.

중국이 처한 엄혹한 환경은 근대사에서 대부분의 기간 동안 갈등과 고난을 치르게 했다. 1839년 1차 아편전쟁으로부터 1949년 국공내전國共內戰의 종식에 이르기까지, 중국은 외세에 의해 영토가 분할되고 내부 반란으로 황폐화되었으며 빈곤과 기아로 고통을 겪었다. 중국은 이 '굴욕의 세기' 동안 자국 땅에서 수십 번의 전쟁을 치러야 했다. 그 결과 국토는 폐허가 되었고 영토는 분할되었다. 또 사상 유례가 없는 두 차례의 참혹한 내전을 치렀다. 하나는 1850년부터 1864년까지 벌어진 '태평천국의 난Taiping Rebellion'으로 2000만~3000만 명이 사망했다. 또 하나는 700만~800만 명이 사망한 국공내전(1927~1949)이다.

1949년 중국이 통일된 이후에도 안보 상황은 끔찍했다. 일본에 맞서 미국이 참전한 덕분에 중국은 2차 세계대전을 비껴 갈 수 있었고 국토의 대부분을 온전히 보전할 수 있었다. 그러나 마오쩌둥이 이끄는 공산주의자들이 내전에서 승리한 후 소련으로 기울어지자, 미국은 중국공산당의 전복을 노리고 중국 주변을 군사기지로 에워싸는 한편 중국과 소련의 관계를 단절시키기 위해 계획한 '압박 정책'으로 대응했다.[5] 미국은 대만에 있는 장제스의 국민당 정부를 무장시키고 동맹을 맺었다. 또 중국을 세계 경제로부터 사실상 차단하는 가혹한 제재 조치를 부과했다. 1950년대 대만해협에 위기가 발생했을 때 미국은 중화인민공화국에 핵 공격을 가하겠다고 위협했다. 이후 국경을 맞댄 거대 권위주의 국가들 사이에 불가피하게 발생하는 갈등과 이념 논쟁으로 인해 중소中蘇 동맹이 파탄 나면서 상황은 더 악화되었다. 1960년대 말에는 중소 접경 지대가 지구상에서 가장 중무장한 국경선으로 변모했고, 중국은 사면이 적대 세력으로 둘러싸인 형국이 되었다.

그러나 소련의 호전성은 결과적으로 중국에 소중한 자산이었다는 사실이 드러났다. 그로 인해 마오쩌둥이 미국에 문호를 개방할 수 있었기 때문이다. 이 절묘한 전략적 선택은 세 가지 면에서 중국이 오늘날 우리가 아는 모습으로 떠오를 수 있도록 했다.

첫째, 미국을 치명적인 적국에서 준準동맹국으로 바꿔 놓았다. 미국은 베트남과 대만에서 군사력을 철수하기 시작했다. 냉전에서 소련을 견제하는 균형추로서 중국을 지원한 것이다. 헨리 기신서는 소련군의 동향에 관한 민감한 정보를 중국과 공유했고, 중국을 향한 공격은 미국의 사활적 이익이 걸린 공격으로 간주할 것이라고 소련 측에 경고했다.[6] 1979년 중국이 소련의 동맹국인 베트남을 침공했을 때 미국은 다시금 소련에게 개입하지 말라는 경고를 보냈다.[7] 냉전의 기묘한 지정학적 상황 덕분에 중국은 세계 유일의 초강대국을 자기편에 두게 되었다.

둘째, 미국에 대한 문호 개방은 중국이 더 넓은 세계로 편입되는 시간을 크게 줄여 주었다. 국제연합(UN)은 대만이 아니라 중화인민공화국을 유엔총회와 안전보장이사회의 중국 몫 의석 보유국으로 지명했다. 중화인민공화국은 세계은행 및 국제통화기금과 같은 국제기구에 참여하기 시작했다. 많은 나라가 줄지어 대만에서 중국으로 외교 관계를 전환했다. 중국의 역사적 숙적인 일본은 중국에 대한 최대 차관 공여국이 되었다. 이러한 새로운 외교적 연계를 바탕으로 중국은 일본, 이란, 서독에 이르는 소련의 접경 국가들과 동반자 관계를 쌓으면서 역으로 소련을 고립시킬 수 있었다.

셋째, 미국과의 화해는 중국이 경제적 감금 상태에서 벗어날수 있도록 해 주었다. 중화인민공화국은 처음으로 군사비 지출을 줄이고 경제 개발에 집중할 수 있었다. 서방과 이루어진 적대 관계의 종식은 중국에게 국제 무역에 참여하고 해상 운송의 안전을 누리는 것을 의미했다. 중국은 자국 영토의 안전 보장, 외국의 자본과 기술, 소비자에게 접근하기 용이함 등 전 세계에서 최상의 여건을 갖추게 되었다. 현재의 미중 간 반목이 매우 기이한 것은 중국이 미국과 화해를 이룸으로써 끝없는 불안정과 비참한 상태에서 벗어났기 때문이다. 그리고 그 타이밍이 더 이상 잘 맞아떨어질 수 없을 만큼 절묘했다. 중국이 미국과 화해한 시점에 마침 그 기회를 이용할 수 있는 정부가 존재했기 때문이다.

개혁과 개방 정책

미국과 화해한 이후에도 마오쩌둥은 중국의 개발을 가로막는 요지부동의 장애물을 남겨 놓았다. 최악의 인위적 경제 참사인 대약진운동을 창시한 마오쩌둥은 자신이 실행한 정책에 그 어떤 비판도 허용하지 않았다. 그는 자신의 네 번째 부인이 주도한 중국공산당 내 과격파 그룹인 이른바 '4인방四人帮'이 경제 개혁과 정치 개혁을 방해하도록 조장했다.

이런 교착 상태는 1976년 마오쩌둥이 사망하고 나서야 해소되었다. 2년 후 덩샤오핑鄧小平이 최고지도자가 되었다. 덩샤오핑과 그의 몇몇 핵심 참모는 마오쩌둥식 자력갱생 경제 모델과 스스로 자초한 정치적 혼란이 중국을 퇴보시키고 있음을 알았다. 그들은 '중국식 사회주의'를 구하기 위해서는 자본주의를 받아들일 필요가 있다는 것을 깨달았다.[8] 중국공산당은 농촌의 지역 공동체들이 규제를 덜 받는 마을 기업을 설립하는 등 국지적으로 제한된 (자본주의) 실험을 할 수 있도록 허용했다. 외국 기업은 특별경제구역Special Economic Zone에서 자유롭게 활동할 수 있도록 허용했다. 이들이 중국에 자본과 기술을 가져다줄 것이기 때문이다.

개혁 운동은 천안문 대학살 이후 중국공산당의 강경파가 개혁 조치의 대부분을 이전 상태로 되돌리면서 거의 해체되었다. 그러나 강경파에게는 중국을 발전시키기 위한 실효성 있는 경제 프로그램이 없었다. 1992년 초 당시 반쯤은 은퇴 상태에 있던 덩샤오핑이 다시 등장해 세간의 이목을 집중시킨 이른바 '남방순시南方巡視, Southern Tour'에 나섰다. 이 순시에서 덩샤오핑은 10년 전에 조성된 특별경제구역을 방문하고 개방 정책을 지지했다. 그해 말 개혁파가 공산당대회에서 우위를 점했고, 이 자리에서 '사회주의적 시장경제'라는 모순적인 개념이 채택되었다. 1993년 중국공산당은 중국에 보다 현대적인 법 제도와 규제 체계, 견고한 조세 징수 시스템을 도입하는 내용의 광범위한 경제 개혁 프로그램을 승인했다.

그 결과 외국인 투자가 물밀듯이 중국으로 들어왔고, 비대했던 국영 부문이 극적으로 축소되었다. 경쟁이 심화되고 국가 지원이 줄어듦에 따라 국영 부문의 고용이 1992년 7600만 명에서 2005년 4300만 명으로 감소했다.[9] 중국의 시장경제 전환은 2001년 중국이 세계무역기구(WTO) 가입함으로써 정점을 찍었다. 종합적으로 볼 때 이러한 개혁 조치가 초고속 경제 성장의 시대를 촉발했고, 이는 당시 중국 정권이 철저하게 개혁과 개방 정책을 수행하는 데 전념했기에 가능했다.

사실 중국은 급변하는 세계 경제에서 성공할 수 있는 완벽한 위치에 있었다. 1970년부터 2007년 사이 세계 교역량은 여섯 배나 급증했다. 중국은 낮은 생산 비용을 앞세워 초세계화hyperglobalization의 물결에 올라탔다.[10] 중국의 교역량은 1984년부터 2005년 사이 30배나 증가했다. 국내총생산(GDP)에서 차지하는 대외 무역의 비중은 65퍼센트에 달했다. 이는 중국 정도의 경제 규모에서는 실로 경이적인 비율이었다.[11] 외국의 기술, 자본, 노하우 등이 대거 유입됨에 따라 중국은 세계의 공장으로 변모했고, 수천만 명의 중국 국민이 극도로 비참한 빈곤에서 벗어났다. 결과적으로 이러한 개혁의 동력을 유지한 것은 중국공산당이 약간이나마 완화된 형태의 억압적 통치 체제를 받아들일 뜻이 있었기 때문이다.

세련된 전제 정치

중국공산당은 권위주의가 아니었던 적이 없다. 그들은 위협을 받으면 거의 주저하지 않고 가장 치명적인 억압 수단을 사용했다. 그러나 모든 전제주의 정권이 다 똑같은 것은 아니다. 중국공산당이 억압적 독재 체제에 접근하는 방식은 시대에 따라 달랐다.

마오쩌둥 집권기는 신격화된 1인 통치의 전형적인 모습을 드러냈다. 터무니없는 개인 숭배와 극도의 권력 집중에 뒤따르는 과격한 정책 변화가 특징이었다. 그의 후계자들은 마오쩌둥의 통치 방식이 일등 국가로 나아가는 데 필요한 안정과 성장, 혁신 등과 양립할 수 없다는 점을 알았다. 마오쩌둥 사후 약 35년 동안 중국은 (단속적이고 부분적이긴 하지만) 보다 세련된 형태의 전제주의 체제로 진화했다.

중국공산당은 최고지도자의 권력을 약화시켰다. 이제 중국의 최고지도자는 '동등한 권력자들 가운데 1인자first among equals' 정도의 권한을 가지게 되었다. 최고 지위에 임기 제한을 도입해서 한 사람의 '폭군bad emperor'이 한 세대 또는 그 이상 군림할 가능성을 낮췄다. 같은 맥락에서 공산당의 정치 엘리트들은 (특히 천안문 사태 이후) 당 내부에서 합의를 구하는 과정을 중시했다. 중국공산당은 또 관료 조직 내에서 기술 관료들의 업무 역량과 지역 및 지방 수준에서의 경제적 성과에 대해 보상해 주기 시작했다. 정치는 여전히 중국공산당의 배타적인 전유물로 남겨 뒀다. 그러나 일당독재 체제 속에서도 중국 정부는 더 책임 있고 덜 자멸적인 모습으로 변모했다.[12]

이러한 변화가 결정적이었다. 이 변화는 외부 사람들에게 중국의 정책 방향에 더 큰 신뢰를 심어 줌으로써 자본과 기술의 유입을 촉진했다. 또 이러한 변화가 없었다면 중국이라는 독재 정권과의 거래를 복잡하게 만들었을지 모르는 외부인들의 도덕적 거부감을 완화해 주었다. 중국의 변화는 시간이 갈수록 덜 위협적인 방식으로 바뀌어 간다고 외부 세계를 안심시키는 데 기여했다. 또 중국의 경제적 성공을 위한 강력한 정치적 토대를 마련함으로써 중국이 수 세대 동안 경험해 보지 못했던 상당한 정도의 내부 안정을 되찾았다. 모든 강대국은 자신이 가진 다른 자질을 활용할 수 있도록 하는 효과적인 제도를 필요로 한다. 1976년 이후 중국의 제도는 발전을 저해하지 않을 만큼 효과적이었다.

생산성에 최적화된 인구 구조

중국이 사상 최대의 인구배당효과demographic dividend를 누렸다는 점도 중국의 발전에 도움이 되었다. 경제가 성장하려면 건전한 정책뿐 아니라 사람도 필요하다. 경제활동 연령대에 있는 대규모의 건강한 인구는 경제적 성공에 필수불가결한 요소다.[13] 지난 40년간 중국의 인구 구조는 경제학자들이 꿈에 그리던 모습이었다.

2000년대에 중국은 놀랍게도 65세 이상 노령 인구 한 명당 경제활동 연령대의 성인 인구 열 명을 보유하고 있었다.[14] 주요 경제 대국 대부분은 평균 다섯 명에 가깝다. 극도로 유리한 중국의 인구 구조는 인구 정책의 급격한 변동 과정에서 나타난 다행스러운 결과였다.

1950년대와 1960년대 중국공산당은 경제활동인구를 늘리기 위한 방편으로 여성에게 많은 자녀를 출산하도록 장려했다. 당시 중국의 경제활동인구는 수년간 치른 전쟁과 기아로 인해 급격히 감소했었다. 중국의 각 가정은 의무적으로 출산 장려 정책을 충실히 따르도록 했고, 인구는 30년 만에 80퍼센트나 폭증했다.[15] 1970년대 말 중국 정부는 고삐 풀린 인구 증가를 걱정하게 되었고, 각 가구당 한 자녀로 제한하는 정책을 도입했다.

그 결과 1990년대에 중국에는 돌봐야 할 고령의 부모나 어린 자녀가 상대적으로 적으면서 경제활동의 전성기에 들어서는 엄청난 규모의 베이비붐 세대가 등장했다. 어떤 나라도 이처럼 생산성에 최적화된 인구 구조를 갖지 못했다. 인구 통계학자들은 이러한 불균형만으로도 1990년대와 2000년대 중국의 급속한 성장에 4분의 1을 기여했다고 본다.[16]

풍부한 자원

마지막으로 강대국이 되려면 자원이 필요하다. 19세기 초 영국이 다른 나라에 앞서 강대국으로 떠오를 수 있었던 이유는 부분적으로 철도, 증기선 및 공장에 연료를 공급한 대규모 석탄 매장량을 보유한 덕분이었다.[17] 미국이 19세기 후반 급속히 강대국 대열에 올라설 수 있었던 요인 중 일부는 다른 어떤 나라보다 많은 경작지와 내부 수로를 보유한 한편에 막대하게 매장된 석유가 새로운 제조업 붐을 촉발했기 때문이다.[18]

오늘날에는 많은 천연자원이 세계 시장에서 팔리고 있다. 그러나 여러 연구 결과는 풍부한 자원과 국부國富 사이에 강한 상관관계가 있음을 보여 준다.[19] 경작지, 에너지, 수자원 등이 풍부한 나라는 대개 부유하다. 반면에 이러한 천혜의 자원이 부족한 나라는 대체로 가난하다. 자원의 희소성은 또한 분쟁을 유발한다. 대부분의 전쟁이 일어난 원인은 부분적으로는 절박한 (또는 탐욕스러운) 자원 확보 때문이었다.

지난 40년 동안 중국은 운이 좋았다. 식량과 수자원, 대부분의 원자재를 거의 자급할 수 있었기 때문이다. 이러한 투입요소를 저렴하게 구할 수 있었던 데다 값싼 노동 비용과 느슨한 환경 기준이 더해진 덕분에 중국은 산업 강국으로 변모했다. 중국 기업은 시멘트와 철강 등의 분야에서 외국의 경쟁 기업을 능가했고 산업을 석권할 수 있었다. 개혁과 개방이 막 시작될 시기에 딱 맞춰 중국이 비교적 때 묻지 않은 환경과 손대지 않은 자원을 보유하고 있었다는 사실이 결정적인 영향을 미쳤다.

뜻밖의 행운이 사라질 때

중국은 천혜의 자원과 환경, 인력, 적절한 정책 등 강대국으로 도약하는 데 필요한 모든 요소를 갖추었다. 그러나 한 시대에 한 번 있을까 말까 한 뜻밖의 횡재가 영원히 지속되지는 않는 법이다. 지난 10년간 중국의 부상을 가능케 했던 여건이 악화되어 왔다. 한때 중국을 끌어올렸던 자산이 빠르게 중국을 끌어내리는 부채가 되고 있다.

인구 재앙

우선 중국은 인력 특히 경제 성장을 뒷받침했던 건강한 경제활동 연령대의 인구가 소진되고 있다. 바로 최근까지도 유례없는 인구배당효과의 덕을 봐 왔던 중국이 이제 전쟁 기간이 아닌 평화 시기에 사상 최악의 인구 재앙을 겪기 일보 직전이다.

바로 '한 자녀' 정책 탓이다. 중국이 처음 이 정책을 시행했을 때는 신분 상승을 지향하면서 (자녀 양육의) 부담이 상대적으로 적은 부모 세대를 탄생시킴으로써 강력한 경제적 자극을 제공했다. 그러나 그 대가를 지불해야 할 시점이 다가오고 있다. 이제는 이들 부모 세대를 대체할 자녀가 없기 때문이다. 2050년에는 중국에서 은퇴자 한 명을 부양할 수 있는 경제활동인구가 단 두 명에 그칠 것이다. (2000년대 초 은퇴자 한 명당 경제활동인구가 열 명이었던 것과 비교해 보라.) 그리고 전체 인구의 거의 3분의 1이 60세를 넘기게 될 것이다.[20] 중국의 인구는 금세기 말까지 현재 규모의 절반으로 줄어들 것이고, 어쩌면 그 시기가 2060년대로 앞당겨질 수도 있다.[21] 그 경제적 결과는 대단히 심각할 것이다.

현재의 예측으로는 중국이 다음 30년에 걸쳐 지출해야 할 노령화 비용은 GDP의 10퍼센트에서 30퍼센트로 세 배가 늘어나야 한다. 노인이 길거리에서 사망하지 않도록 하는 정도의 기초적인 수준의 노인 복지만 제공하는 경우에도 그렇다.[22] 이를 감안하여 현재 중국의 정부 지출 총액이 GDP의 약 30퍼센트라는 점을 생각해 보라. 2억 명의 경제활동인구가 줄어드는 반면에 2억 명의 노인 인구가 불어나는 가운데, 중국은 무너지는 세수稅收 기반과 생산성이 떨어지는 노동인구로부터 어떻게든 천문학적인 액수의 세입歲入을 거둬들여야 한다. 특히 중국은 전통적 사회안전망이었던 가족이 없는 상태에서 팽창하는 노령 인구를 돌봐야 한다. 현재 30대 연령층의 평균적인 중국인은 약 50명의 사촌이 있다. 조부모를 부양할 수 있는 생계비 조달 인원이 그만큼 많다는 얘기다. 그러나 2050년대가 되면 그 숫자가 5분의 1로 떨어진다. 그 시점에는 50세 이하 중국인의 40퍼센트가 늙어 가는 부모 외에는 가까운 혈족이 거의 없는 외둥이들이다. 이들은 어쩔 수 없이 홀로 부모를 부양할 수밖에 없다.[23]

중국 정부는 사태의 심각성을 인지하고 있으나 이를 바꿀 만한 여력이 없다. '고령화를 눈앞에 둔 엄청난 인구와 이들을 부양해야 할 소수의 한 자녀 세대'라는 왜곡된 중국의 인구 구조는 이미 나타났다. 2016년 중국은 부모에게 두 자녀까지 가질 수 있도록 허용하기 시작했고, 나중에 그 한도를 세 명으로 늘렸다. 그러나 2016년부터 2020년까지 출산율이 거의 50퍼센트 가까이 떨어졌다.[24] 중국에서 2020년 태어난 신생아 수는 사상 최악의 기근을 겪었고, 인구 규모가 지금의 절반에 불과했던 1961년 이래 가장 적었다. 중국 정부는 가까운 장래에 출산율이 더 떨어질 것으로 예상한다.[25] (일부 예측에 따르면 2025년에는 중국에서 성인용 기저귀 판매량이 아기용 기저귀 판매량을 추월할 수도 있다.[26]) 출산율 감소의 한 가지 원인은 가임 연령대 여성의 극심한 부족이다. '한 자녀' 정책은 부모가 아들을 얻기 위해 딸을 낙태하도록 장려하는 결과를 빚었다.[27] 이제 중국은 그 대가를 치르고 있다. 중국의 20대 여성 인구는 2010년부터 2021까지 3500만 명이나 감소했다.[28] 중국의 미혼 남성 인구는 같은 연령대의 미혼 여성보다 약 4000만 명이 많다.[29] 설상가상으로 결혼하거나 가정을 꾸리려는 여성이 줄어들고 있다. 2014년에서 2019년 사이 결혼율은 거의 3분의 1이 떨어진 반면에 이혼율은 4분의 1이 올라갔다.[30] 중국의 인구가 스스로 붕괴하기 직전이라는 것은 외면할 수 없는 사실이며, 이로 인해 지속적인 경제 성장은 거의 불가능해질 것이다.

중국의 인구 재앙은 또 다른 문제를 일으킨다. 인구 노령화에 충분히 대비하지 못한 정부에 부담이 가중됨에 따라 중국 내부에서는 정치적 긴장이 고조될 수 있다. 국내에서 폭력이 급증할지도 모른다. 이는 지나치게 많은 남성이 너무나 적은 여성을 두고 경쟁하는 사회에서 공통적으로 나타나는 현상이다. 남아도는 남성 인구를 처리할 다른 방법이 없다면 중국 정부가 더 적극적으로 전쟁을 일으키려 할지 모른다. 인구학적으로 황폐해진 중국은 과거 그랬던 것만큼 역동적인 모습을 거의 보이지 못할 것이며, 아마도 더욱 무모한 행태를 보일 것이다.[31]

줄어드는 자원

중국에서 단지 인력만 부족한 것이 아니다. 자원 역시 바닥나고 있다. 중국의 놀라운 경제적 성과는 지속될 수 없는 성장의 전형적인 모습이다. 바로 성장 과정에서 환경을 마구 파괴했기 때문이다. 그 결과 중국은 이제 기초적인 자원에 대해서조차 할증료를 물어야 할 판이고, 경제 성장의 대가는 갈수록 커지고 있다.

이것이 의미하는 바를 이해하려면 중국의 자본산출비율capi-tal-output ratio을 봐야 한다. 이 비율은 단위당 산출물을 생산하는 데 필요한 지출 비용을 측정한다. 원자재 값이 싼 나라는 이 비율이 낮은 경향이 있고, 투입요소의 값이 비싼 나라는 이 비율이 높다. 중국의 자본산출비율은 2007년 이래 세 배로 상승했다. 이 말은 같은 양의 산출물을 생산하기 위해 세 배의 경제적 투자를 해야 한다는 뜻이다.[32] 중국의 자본산출비율은 최근 미국 등 선진국의 평균치를 추월했다. 대체로 개발도상국이 선진국에 비해 투자 기회가 더 많

다는 점을 감안하면 이는 주목할 만한 현상이다.[33]

중국의 환경 위기는 여러 통계에서 찾아볼 수 있다. 그러나 직접 중국의 공기와 물을 마셔 보면 환경 파괴의 규모를 생생하게 실감할 수 있다. 중국의 하천수 절반과 지하수 90퍼센트는 음용하기에 적합지 않다.[34] 중국 하천수의 4분의 1과 지하수의 60퍼센트는 너무나 오염되어서 중국 정부조차 "사람이 만지기에 적합지 않고" 농업용수나 공업용수로도 쓸 수 없다고 공표했다.[35] 중국의 1인당 물 가용량可用量은 대략 세계 중앙값의 절반에 불과하며, 중국 주요 도시의 절반이 극도의 물 부족에 시달리고 있다.[36] 중국에서 한 사람이 쓸 수 있는 물의 양은 대략 사우디아라비아와 같다. 중국은 지구상에서 수자원을 가장 비효율적으로 사용하고 있는 데다 남부에 있는 양쯔강의 수로를 북부 지역의 건조한 도시와 농지로 돌리는 바람에 이러한 위기를 악화시키고 있다. 물 부족 문제에 대처하기 위해 중국은 정부 지출과 생산성 감소라는 형태로 매년 적어도 1400억 달러의 비용을 치르고 있으며, 그 비용은 시간이 갈수록 증가할 것이다.[37]

중국의 식량 안보 상황 역시 악화하고 있다. 식량 소비가 증가한 결과 경작지가 파괴되고 있기 때문이다.[38] 식량 소비의 증가는 좋은 일이지만 경작지 파괴는 나쁜 일이다. 2008년 중국은 곡물 순수입국이 되었다. 전통적인 식량 자급 정책을 폐기한 것이다.[39] 2011년 중국은 세계 최대의 농산물 수입국이 되었다. 정부는 농가에 막대한 보조금을 주어서 식량 자급 능력을 회복하려 했으나, 그러한 정책은 오히려 농경지 훼손을 가속화하기만 했다. 2014년 신화통신은 중국 경작지의 40퍼센트 이상이 지나친 사용으로 인한 토질 악화를 겪고 있다고 보도했다.[40] 공식 연구에 따르면 벨기에 면적에 해당하는 중국 경작지의 거의 20퍼센트가 오염으로 인해 쓸모없게 되었다.[41] 추가로 100만 제곱마일(약 256만 제곱킬로미터)의 농경지가 사막화했다. 그 결과 2만4000개의 촌락이 이주해야 했고, 고비사막의 경계선이 베이징에서 50마일(약 80킬로미터) 안까지 밀려들어 왔다.[42] 식량 공급을 늘릴 만한 대안이 별로 없는 중국 정부는 허리띠를 졸라매는 방식에 의존했다. 2021년에는 음식 낭비와 호화 연회를 금지하고, 출장 요식업체들로 하여금 고객들에게 음식 주문량을 줄이라는 권고를 하도록 의무화하기 시작했다. 식량 배급제가 확대되고 있는 것이다.[43]

마지막으로, 맹렬한 속도로 성장해 온 중국은 세계 최대의 에너지 수입국이 되었다. 불과 10년 전만 해도 외국산 석유에 의존하는 것을 걱정한 이들은 미국인이었다. 오늘날 중국은 석유 사용량의 거의 75퍼센트와 천연가스의 45퍼센트를 수입한다. 반면에 미국은 셰일가스 채굴 혁명에 힘입어 에너지 순수출국으로 변모했다.[44] 중국은 에너지 수입 비용으로 매년 5000억 달러를 쓴다.[45] 중국은 또 에너지 수입의 안정성을 확보하기 위해 중앙아시아를 관통하는 육상 송유관을 건설하고, 인도양과 페르시아만의 해상 수송로 보호를 위해 대양 해군을 구축하는 등 값비싼 에너지 안보 비용을 치르고 있다. 페르시아만의 석유 운송에 조금이라도 차질이 빚어지면 중국은 1970년대 미국을 강타했던 석유 위기보다 훨씬 큰 에너지 위기에 봉착하게 될 것이다.

제도적 붕괴

컴퓨터에 강력하고 효율적인 운영 시스템이 필요하듯이 국가에는 합법적이고 신뢰할 수 있는 제도와 국가 기구가 필요하다.[46] 좋은 정부는 권한과 책임 사이에 균형을 유지한다. 정부는 법을 집행하고 정책을 수행할 수 있는 권력을 갖는다. 그러나 이와 함께 사회에 책임을 져야 하고, 정치적 인맥이 아니라 공민권에 근거해서 국민을 동등하게 대우해야 한다.

중국은 비록 최선은 아닐지라도 부분적으로 통치 방식을 개선한 제도 개혁을 이루어 1970년대 이래 번영을 지속할 수 있었다. 그러나 법을 지키고 책임감 있으면서 동시에 전제적인 통치 시스템을 무한정 유지하기는 어렵다.[47] 시진핑 치하에서 중국은 이제 신新 전체주의neo-totalitarianism로 회귀하고 있고, 이러한 제도적 퇴행은 경제 성장의 기반을 잠식하고 있다.

중국이 지난 10년 동안 과거의 억압적인 행태로 회귀해 온 것은 명백하다. 시진핑이 2012년 집권한 이래 집단지도 체제의 허울을 벗어던지고 스스로 모든 주요 위원회를 총괄하는 '만물의 주석chairman of everything' 지위에 올랐다. 2017년 당대회에서 ('마오쩌둥 사상'을 의식적으로 반영한) '시진핑 사상'이 국가 지도 이념의 일부로 채택되었다. 정치적 세뇌 작업이 각급 학교 교육과 일상생활의 모든 면에서 보다 광범위하게 시행되었다. 위대한 지도자에 반기를 드는 사람은 (재벌 총수와 스타 영화배우조차) 단번에 대중의 시야에서 사라졌다. 만일의 사태에 대비해 시진핑은 정부의 고위층을 자신의 추종 세력으로 채웠고 주석 임기의 제한을 없앴다.[48] 사실상 그는 마오쩌둥 사후에 1인 독재를 방지하려고 마련한 안전장치를 체계적으로 제거해 온 것이다. 이제 중국은 한 사람의 독재자가 종신토록 지배하는 엄격한 과두정치 체제가 되었다.

시진핑이 계몽적인 경제 개혁가였다면 이러한 체제가 그렇게 나쁜 것만은 아닐는지 모른다. 그러나 그는 일관되게 경제적 효율성보다 정치적 통제를 우선시한다. 예컨대 민간기업이 중국 국부의 대부분을 창출하지만, 시진핑 치하에서는 정치적으로 연결된 국유기업이 은행에서 배분하는 대출과 보조금의 80퍼센트를 받는다.[49] 국영 좀비기업은 막대한 정부 지원을 받아 온 반면에 자본이 고갈된 민간기업은 보호를 받기 위해 어쩔 수 없이 공산당 간부들에게 뇌물을 줘야 했다.

다른 예를 들어 보자. 중국의 경제 발전을 선봉에 서서 이끈 것은 지방정부가 추진한 혁신이었다.[50] 그러나 시진핑은 내부자에서 반체제로 돌아선 한 인사가 (마오쩌둥의 '대약진운동'에 빗대어-옮긴이 주) "대후진운동great leap backward"이라고 지칭한 대로, 마오쩌둥 시대로의 회귀를 가속화했다.[51] 시진핑은 잔혹하고도 광범위한 부패 척결 운동을 하면서 지방 지도자들이 새로운 경제 실험을 하지 못하도록 위협했다. 이들이 불법적인 정치 후원 네트워크를 교란시키거나 나중에 이를 부정행위라고 비판하지 못하도록 하기 위한 조치였다.[52] 한편 독자적인 경제 전문가와 언론인에게 감시와 검열을 해서 이들 입을 막는 방식으로 합리적인 개혁과 조정을 거의 불가능하게 만들었다. 시진핑의 정치공작 시책 또한 기업가 정신을 억눌렀다. 종업원 50인 이상의 모든 기업은 공산당 정치위원을 정규직으로 두도록 의무화했다.

시진핑 치하에서 중국공산당은 반대 의견을 철저히 말살하고, 사회의 거의 모든 부문에 통제력을 강화하고 있다. 2021년 중국 정부는 경제 분야에서 인터넷과 기술 관련 모든 부문에 가혹한 규제를 부과하는 내용의 5개년 계획을 발표했다. 규제 대상에는 건강의료, 교육, 운송, 음식료품 배달, 비디오 게임, 보험 등 언뜻 보기에는 전략 산업이 아닌 것 같은 산업 부문까지 포함되었다. 이들 기업은 모든 데이터를 국가에 넘겨주어야 한다. 또 중국 정부의 승인과 지침 없이는 대출, 해외 상장, 합병 또는 데이터 보안과 소비자 개인 정보 보호와 관련된 조치를 할 수 없다. 이러한 규제를 시행한 결과 2021년 가을까지 중국의 거대 기술 기업은 이미 시가총액에서 1조 달러 이상을 날렸다.[53] 이는 정치적 통제를 강화하면 경제는 침체한다는 공식을 그대로 보여 주는 사례다.[54]

적대적인 지정학적 환경

마지막으로, 중국 바깥의 국제 정세는 중국의 손쉬운 성장에 더는 도움이 되지 않는다. 냉전 시대의 정치 구조는 중국이 끊임없는 군비 강화의 부담에서 벗어나 한숨 돌릴 수 있도록 하여 경제 기적을 이룰 수 있게 했다. 그러나 중국은 이제 전혀 새로운 상황에 직면하고 있다.

돌이켜 보면 그 전환점은 2008년부터 2009년에 걸쳐 벌어진 글로벌 금융 위기였다. 미국과 서방의 여러 민주주의 국가가 글로벌 금융 위기로 큰 타격을 입게 되자, 중국이 부상하는 상황을 두고 우려가 더욱 커졌다.《중국이 세계를 지배하면When China Rules the World》과《미국은 중국의 개가 되고 있다Becoming China's Bitch》,《중국이 세상을 지배하는 그날Death by China》등과 같은 제목의 책이 베스트셀러가 되었다. 서방의 정보기관은 중국이 미국을 제치고 세계 경제의 선두주자가 될 것이라고 예측했다. 이러한 두려움은 중국이 세계 경제를 좌우하는 무역 대국으로 성장할 것이라는 우려를 증폭시켰다. 한 연구에 따르면 중국의 세계무역기구(WTO) 가입으로 미국은 240만 개의 일자리를 잃은 것으로 드러났다. 다국적기업이 노동 집약적 제조 공정을 중국으로 이전했기 때문이다.[55] 중국은 이제 경제 부문에서 잠재적 경쟁자가 되었고, 미국과 여타 국가가 경제적으로 더욱 어려워지면서 분노의 표적이 되었다.

한편 위기를 살려 급부상한 중국은 해외에서는 자신만만했으나 국내에서는 여전히 불안했다. 이는 치명적으로 위험한 조합이다. 중국 지도자들은 해외 시장으로의 수출에 크게 의존하는 중국식 성장 모델이 지속 가능할지 우려하기 시작했다. 이제 그 시장이 닫히고 있기 때문이다.[56] 이러한 암울한 경제 전망은 중국공산당을 진퇴양난의 곤경에 빠뜨렸다. 중국공산당은 정치적 격변을 무릅쓸 각오를 하지 않는 한 지속적인 경기 하락을 받아들일 수 없었다. 그러나 동시에 공산당의 권력 장악을 지탱해 온 부패한 정실 자본주의 네트워크를 무너뜨리지 않고서는 서구식 경제 개혁을 시행할 수도 없었다.

국내 질서를 유지하면서 성장을 북돋기 위해 중국 정부는 국내에서 반체제 인사를 탄압하는 한편 대외적으로는 보호무역 장벽을 세우는 방법을 택했다. 해외에서는 일대일로一帶一路 구상과 같은 정책을 실행하며 자원과 시장, 경제적 영향력 등을 확보하는 등 중상주의적 팽창 정책을 펼쳤다.

미국과 서방 주요국의 강력한 이익집단은 곧 중국의 움직임에 주목했다. 중국의 보호주의적 경제 정책과 중상주의적 팽창 정책은 서구 경제계에 경각심을 불러일으켰다. 홍수처럼 밀려드는 값싼 중국산 수입품을 결코 반긴 적이 없었던 조직된 노동자 집단은 무역 보복 조치를 취하라고 아우성쳤다. 2012년 미국 공화당 대통령 후보 밋 롬니Mitt Romney는 자신이 대통령에 당선되면 '취임 첫날' 중국의 무역 관행을 응징하겠다고 공약했다. 4년 후 도널드 트럼프는 더 노골적으로 "우리는 중국이 미국을 겁탈하도록 계속 놔둘 수 없다"라고 선언했다.[57]

중국의 정책이 해외에서 격한 대응을 불러일으킨 분야가 단지 무역만은 아니었다. 그러나 일단은 그 최종 결과가 무역 장벽과 투자 및 기술 제한, 공급망 변경 등의 급증으로 나타났다는 점을 언급해 두는 것으로 충분할 듯하다. G20을 구성하는 세계 20대 주요 경제 강국은 2008년부터 2019년 사이 2000건 이상의 제한 조치를 중국 기업에 내렸다.[58] 중국은 2008년부터 2021년 사이 해외에서 거의 1만1000개에 이르는 새로운 무역 장벽에 직면했다.[59] 2021년 까지 대략 12개 나라가 중국의 일대일로 구상에서 탈퇴했고, 서방의 경제 대국을 중심으로 16개 나라가 자국의 통신망을 중국의 영향권으로부터 차단했다. 미국과 미국의 여러 동맹국은 주요 중국 기업에게 가혹한 기술이전 금지 조치를 내렸다. 반도체 등 핵심적인 투입요소를 중국 기업에 제공하지 못하게 하여 이들의 장기적 생존을 위협하는 조치를 내린 것이다. 오늘날 많은 국가가 중국을 자국의 공급망에서 제외하는 방안을 적극적으로 강구하고 있다. 일본 등 몇몇 국가는 자국 기업이 중국에서 철수하는 데 따르는 보상금을 지급하고 있다.

중국은 과거에 누렸던 해외 시장, 기술, 자본 등에 접근할 기회를 잃어 가고 있다. 중국의 상승을 가능하게 했던 초세계화 시대는 끝나고 있다. 그리고 그 종말이 최악의 시기에 다가오고 있다.

수렁에 빠진 중국 경제

중국의 놀라운 경제적 성과는 결코 영원히 계속되지 못할 것이다. 어떤 나라든 일단 경제 발전의 손쉬운 과실을 다 얻은 후에는 성장이 둔화되기 마련이다. 어떤 나라가 저임금과 거대한 노동력을 바탕으로 세계 경제의 슈퍼스타가 되는 과정에 적용되는 경제 원리가 성숙한 정보화 시대의 경제로 이행할 때 적용되는 경제 원리와 똑같지 않다. 그러나 성숙 단계에 들어선 경제에서는 항상 역풍이 불가피하다고 해도, 막상 그 역풍이 얼마나 격렬한지 알게 되면 놀랄지도 모르겠다. 중국은 그동안 누적된 여러 문제 때문에 마오쩌둥 사후에 가장 지속적인 경기 둔화 국면에 들어섰다. 그 끝이 어딘지는 보이지 않는다.

이를 잘 보여 주는 통계가 있다. 중국의 공식 국내총생산(GDP) 성장률이 2007년 15퍼센트에서 2019년 6퍼센트로 떨어졌다. 이는 30년 안에 가장 낮은 성장률이었다. 이어서 코로나 팬데믹이 중국 경제를 적자 상태에 빠뜨렸다.

6퍼센트의 성장률이 사실이라면 그것만으로도 여전히 놀라운 성과다. 전력 사용량과 건축 건수, 조세 수입, 철도화물 수송량 등 객관적으로 검증할 수 있는 데이터에 근거한 엄밀한 연구 결과에 따르면, 중국의 실제 성장률은 대략 공식 발표 수치의 절반 정도이고, 중국의 경제 규모는 보도된 것보다 20퍼센트 작은 것으로 나타났다.[60] 전직 중국 국가통계국장과 현 중국 총리를 포함한 고위 관리들은 중국 정부가 경제 통계를 조작한다는 사실을 인정했다.

설상가상으로 2008년 이래 중국의 사실상 모든 GDP 성장은 중국 정부의 대규모 자본 투입에서 비롯된 것이다. 어떤 경제학자는 정부의 경기부양 지출을 제외하면 중국 경제는 전혀 성장하지 않았을지 모른다고 주장했다.[61] 부의 창출에 필수 요소인 총 요소생산성total factor productivity은 2008년부터 2019년 사이 연평균 1.3퍼센트씩 하락했다. 이 수치는 중국이 해마다 더 많은 지출을 하고도 더 적게 생산하고 있다는 것을 의미한다.[62]

중국이 장기간 비생산적인 성장을 한다는 징후는 쉽게 포착할 수 있다. 중국은 텅 빈 사무실과 아파트, 쇼핑몰, 공항 등으로 이루어진 유령 거대도시를 50개 이상 건설했다.[63] 전국적으로 주택의 20퍼센트 이상이 비어 있고, 이러한 공실 부동산의 규모는 독일 전체 인구보다 많은 약 9000만 명 이상이 사용하기에 충분한 물량이다.[64] 유휴 공장과 창고에서 썩어 가는 상품 등 주요 산업의 과잉 생산 능력은 30퍼센트에 달한다.[65] 중국의 사회간접자본 프로젝트의 3분의 2는 예상되는 경제적 수익보다 건설 비용이 더 많이 든다. 이 모든 낭비로 인한 총 손실을 정확히 계산하기는 어렵다. 그러나 중국 정부는 '비효율적 투자'로 2009년부터 2014년 사이에만 적어도 6조 달러의 손실을 봤을 것으로 추산한다.[66]

1980년대의 소련 이래 세계적으로 생산성이 이토록 급격히 떨어진 적은 없었다.[67] 물론 당시 소련은 석유로 거둬들이는 수입收入의 감소와 국방비 지출의 급증 등 중국과는 다른 문제를 안고 있었다. 반면에 중국은 시장 지향적인 민간 부문과 중산층의 증가 등 추가적인 이점을 갖고 있다. 그러나 중국의 생산성 저하 문제는 소련을 괴롭혔던 문제와 놀랍도록 유사하다. 바로 국가 주도의 투자가 경제의 비효율적인 부문에 쌓여 가는 것이다. 중국의 민간 부문은 활기 있고 역동적이지만, 가치를 창출하기보다 오히려 파괴하는 비대한 국가 부문에 발목이 잡혀 있다.[68]

이러한 비효율적 시스템의 결과가 막대한 부채라는 사실은 전혀 놀랍지 않다. 중국의 총 부채는 2008년부터 2019년 사이 여덟 배로 급증했고, 코로나 팬데믹 직전에는 GDP의 335퍼센트를 넘어섰다.[69] 전시 상황이나 팬데믹으로 인한 엄청난 충격을 제외하면 지난 100년 동안 이처럼 부채가 불어난 나라는 없었다.[70] 더 심각한 문제는 중국의 상위 1000대 기업 중 약 4분의 1이 벌어들이는 총수입보다 지급해야 할 이자 부담이 더 크다는 점이다. 중국에서는 모든 신규 대출의 절반이 기존 대출의 이자를 지급하는 데 쓰이고 있다. 바로 '돌려막기 금융Ponzi finance'으로 알려진 현상이다.[71]

한 조사에 따르면 전체 은행가의 93퍼센트가 중국의 부채 문제가 위에 제시한 데이터가 보여 주는 것보다 훨씬 심각하다고 여기는 것으로 나타났다. 많은 중국 기업이 거래내역이 공식 통계에 잡히지 않는 이른바 '그림자 은행shadow bank'으로부터 대출을 받고 있기 때문이다.[72] 더군다나 대략 2010년부터 정부가 단속을 시작한 2020년까지 휴대전화를 이용한 개인 간 직접금융거래(P2P 대출)peer-to-peer lending가 중국 국민 사이에 성행했다. 정상적인 제도권 금융 창구를 거쳐서는 불가능한 대출을 받기 위해서다. 이러한 '뒷골목 금융back-alley banking'이 중국의 부채 문제를 극심하게 악화시켰다.[73] 2010년부터 2012년까지 중국의 그림자 금융업자가 제공한 대출 잔액은 5조8000억 달러에 달했다. 중국 GDP의 69퍼센트에 해당하는 규모다. 2012년부터 2016년까지 중국의 그림자 대출은 매년 추가로 30퍼센트씩 늘어났다. 중국은 3조 달러에 달하는 외환

보유고를 자랑하고 있으나 이는 중국 총 부채의 10분의 1에도 미치지 못한다.[74]

　　우리는 이 이야기의 결말이 어떻게 끝날지 알고 있다. 과잉 투자에 따른 거품이 꺼지면 결국 장기간의 경제 침체로 이어지기 마련이다. 중국과 유사하게 생산성을 초과한 성장 모델을 추구했던 많은 나라의 경우에서 드러났듯이, 비효율적인 시스템에 더 많은 자금을 투입할수록 수익은 줄어든다. 일본에서는 거의 제로성장에 가까운 '잃어버린 30년'을 초래했다. 미국에서는 과잉 대출이 '대공황Great Recession'을 불러왔다. 과중한 부채에 짓눌렸던 인도네시아 경제는 1997~1998년간의 아시아 금융 위기 와중에 무너지고 말았다. 중국의 거품 붕괴는 훨씬 더 심각한 결과를 불러올 수 있다. 중국의 부채는 규모 면에서 인도네시아를 훨씬 능가하는 데다, 소련 이후 어떤 나라보다도 오랫동안 무조건적 개발 확대에 의존해 왔기 때문이다. 2021년 말 중국의 거대 부동산 개발업체 헝다그룹Evergrande을 강타한 일련의 금융 위기는 앞으로 다가올 사태의 예고편에 불과할지 모른다.

　　이처럼 점증하는 경제적 폭풍의 조짐은 중국공산당에게 실존적인 위협을 가한다. 이는 중국공산당이 잠재적으로 치명적일 수 있는 부채 중독을 떨쳐 버리기 어려워하는 한 가지 이유이기도 하다. 1970년대 이래 중국공산당의 정통성을 유지해 온 주된 요인은 임금 인상과 생활수준 향상을 가져다준 것이다. 눈부신 경제적 성과를 바탕으로 중국공산당은 국민과 단순하면서도 엄격한 사회적 계약을 맺을 수 있었다. 바로 '당은 절대적인 권력을 갖고 인민은 더 많은 부를 얻는다'는 것이다. 그걸로 족했다. 선거도 없고, 독립적인 언론 매체도 없으며, 허가 받지 않은 항의 시위도 없고, 조직된 정치적 반대 세력은 전혀 존재할 수 없다. 이러한 기본적인 합의는 중국의 정치 시스템을 강력하지만 극도로 불안정하게 만들었다. 이러한 정치 체제는 경제의 엔진이 계속 잘 돌아가야만 작동하기 때문이다.

경제적 성과가 없다면 중국공산당은 1970년 이전과 같은 정통성 부재의 상태로 추락할 수밖에 없다. 바로 공격적인 국수주의와 저항 세력에 맞서 강경한 탄압 및 투옥과 처형 등이 빈번하게 일어나는 상태 말이다. 그러한 체제는 과거 중국을 만성적인 빈곤과 갈등, 분란에 빠뜨렸다. 따라서 중국 지도자들이 급속한 성장의 불씨를 다시 살리겠다고 다짐하는 것은 놀라운 일이 아니다.

그들에게는 불운하게도 선택지가 별로 없다. 한 가지 길은 사유재산권을 확실히 보장하고, 자본과 노동의 자유로운 이동을 허용하며, 경쟁 확대를 장려함으로써 경제를 완전히 자유화하는 것이다. 그러나 역사적으로 볼 때 권위주의 정권은 자유주의적 개혁을 실행하고 싶어 하지 않는다. 그런 경로를 따르려면 친정부적인 국영기업들에게 보조금을 중단해야 한다. 대출 받을 수 있는 기회는 정치적 인맥이 아니라 경제적 가치와 자격을 근거로 주어져야 한다. 비효율적인 국영기업은 도태되도록 내버려 둬야 하고, 정보의 자유로운 유통도 허용해야 한다. 말할 필요도 없이 이러한 정책은 기득권 세력의 격렬한 저항에 직면할 것이다. 그런 사례가 있었다. 2013년 11월 중국공산당은 시장이 자원 배분에 결정적인 역할을 하도록 허용하여 중국의 성장 모델을 전환할 의도로 60개 개혁안을 발표했다. 하지만 이 가운데 실제로 실행에 옮긴 것은 10퍼센트도 되지 않는다.[75]

두 번째 길은 중국이 경제 문제에서 벗어날 수 있는 획기적인 방법을 찾는 것이다.[76] 2006년 이래 중국은 연구개발(R&D) 분야에 지출을 세 배로 늘렸고, 어떤 나라보다도 많은 과학자와 엔지니어를 고용했으며, 사상 유례가 없을 만큼 광범위한 산업스파이 활동을 벌였다. 그러나 지금까지 이러한 방법으로는 침체된 생산성을 높이는 데 실패했다. 중국에는 경제적 우위를 점하는 소수의 발전한 분야가 있다. 중국은 몇몇 제조업 분야에서 세계적으로 앞서 있다. 특히 가전제품, 섬유, 철강, 태양광 패널, 간단한 드론 등의 생산에 강점을 가진다. 이들 분야의 중국 기업이 저임금과 넉넉한 정부 보조금 덕분에 값싼 제품을 쏟아 내기 때문이다. 중국은 또 세계 최대의 전자상거래 시장과 모바일 결제 시스템을 보유하고 있다. 이를 통해 디지털 암호화폐를 개발하고 공급해 왔다. 이와 함께 중국은 인터넷 소프트웨어와 통신 장비 시장에서 세계적으로 상당한 점유율을 차지하고 있다. 이는 기본적으로 중국 정부가 외국 인터넷 및 통신 기업의 중국 내 영업 활동을 막음으로써 알리바바와 바이두, 텐센트 같은 중국 기업이 14억 인구의 시장을 독점하도록 했기 때문이다.

그러나 제약, 생명공학, 반도체 등 첨단과학의 연구 결과를 상업적으로 응용하는 분야와 항공기, 의료 장비, 시스템 소프트웨어와 같이 공학 기술과 복잡한 부품을 통합해야 하는 분야를 포함하는 첨단기술 산업에서는 이야기가 달라진다. 이들 분야에서 중국은 미국과 일본 또는 유럽의 강국들에 비해 세계 시장에서 차지하는 점유율이 대체로 작다.[77] 그 주된 이유는 중국의 하향식top-down 연구개발 시스템이 비록 자원을 동원하는 데는 탁월할지 몰라도 지속적인 첨단기술 혁신에 필수적인 정보의 자유로운 유통과 기존 통념에 도전하려는 열의를 억압하고 있기 때문이다.

컴퓨터를 구성하는 핵심 요소로서 결국은 현대 경제에 필요불가결한 근간이 되는 반도체를 예로 들어 보자. 중국은 이 분야에서 선두주자가 되기 위해 수백억 달러를 썼다. 그러나 고급 반도체나 반도체 제조 장비는 여전히 미국과 그 동맹국들로부터의 수입에 의존하고 있다. 이런 상황은 최근 미국이 화웨이나 ZTE 등 중국 기업을 압박하기 위해 사용하는 약점이 되고 있다.[78] 중국의 국가대표 반도체 기업인 SMIC中芯国际集成电路制造有限公司, Semiconductor Manufacturing International Corporation는 아직도 수입의 40퍼센트를 보조금에 의존하고 있다. (반면에 미국 반도체 기업의 보조금 의존도는 3퍼센트일 뿐이다.) 또 이 회사가 생산하는 반도체 칩은 외국의 경쟁 회사에 비해 5년은 뒤처져 있다. 컴퓨터 수요자를 두고 벌어지는 격전장에서 이 정도의 격차는 한 세기나 마찬가지다.[79]

적색경보

중국 지도자들은 다가오는 재앙의 조짐을 이미 알고 있다. 그들은 투자 주도의 성장 방식이 기력을 다해 가고 있고, 인구는 곧 노령화하여 대규모로 줄어들 것이며, 국토는 황량한 불모지가 되어 가고 있고, 위로부터 혁신을 도모하려는 노력이 제대로 진행되지 않으리란 것을 잘 안다. 그들은 또 장기간의 경제 부진이 중국의 국가적인 상승세와 어쩌면 중국공산당 자체의 종말을 가져온다는 점도 잘 인식하고 있다. 경제가 지속적으로 성장하지 않으면, 중국 지도자들이 강력한 이익집단(국유기업 수장과 지방정부 그리고 무엇보다 군부와 공안기관 등)을 통제하기 위해 이용하는 보조금과 뇌물이라는 '노다지 열차'는 멈춰 서게 될 것이다. 중국이 해외에서 다른 나라의 동조를 구할 수 있는 능력도 마찬가지로 사라질 것이다. 해외의 협력 국가에게 나눠 줄 뭉칫돈이 없다면 중국의 소프트파워(간접적인 무형의 영향력-옮긴이 주)에서 남는 게 무엇이겠는가? 성장 둔화는 또 중국공산당이 군사력에 필요한 무기 구입과 노령 인구를 부양하는 사회 서비스 사이에서 고통스러운 선택을 해야 하는 상황으로 내몰 것이다. 중국 지도자들이 인민보다 군사력을 우선시한다면 국민의 저항을 무릅써야 한다. 그러나 사회보장 재원을 충당하기 위해 국방비 지출을 삭감한다면 과거에 잃어버린 영토를 수복하겠다는 꿈은 접어야 할지 모른다.

이러한 양자택일의 딜레마 외에도 중국 지도자들을 괴롭히는 문제는 또 있다. 중국 경제의 심장부에 투자한 자신들의 개인 재산을 걱정해야 하는 상황 말이다. 중국공산당은 중국 토지의 거의 전부를 소유하고 있으며, 대형 은행과 거대 기업 전체를 포함해 중국의 자산 3분의 2를 가지고 있다. 여기에다 당 간부는 중국의 거대 민간기업 95퍼센트에서 임원 자리를 차지하고 있다.[80] 경제 성장의 둔화는 중국공산당의 국내에서의 정통성과 국제적 영향력을 위협할 뿐 아니라 8000만 명에 이르는 당원들의 생계마저 위협하는 셈이다.

공개적인 자리에서 중국 지도자들은 중국의 경제 상황에 대해 평온한 분위기를 유지하고 있다. 그러나 막후에서는 그들의 불안감을 뚜렷하게 감지할 수 있다. 중국 정부의 내부 보고서는 중국의 경제 상황을 비관적으로 그리고 있으며 막대한 부채와 줄어드는 수익, 인구 및 환경 위기 등을 적나라하게 묘사한다.[81] 2007년 수년에 걸친 경제 호황이 한창일 무렵 원자바오 총리는 중국의 성장 모델은 "불안정하고 불균형하며 부조화하고 지속 가능하지 않은 상태"가 되었다고 경고했다.[82] 그의 후임인 리커창李克强 총리는 2021년에 똑같은 평가를 반복했다.[83] 그리고 중국의 승리를 가장 열렬히 신봉하는 시진핑조차 여러 차례 행한 내부 연설에서 '검은 백조와 회색 코뿔소'(체제 붕괴를 초래하는 경제 위기를 뜻하는 투자 전문용어)로 촉발된 소련식 붕괴의 잠재적 가능성을 경고했다.[84]

부정적인 경제 뉴스가 중국 내에서 언급되지 않거나 혹은 언급이 허용되지 않는다는 점에서 경제를 바라보는 중국공산당의 우려가 오히려 분명히 드러난다. 시진핑 치하에서 중국 정부는 성장이 둔화하고 지방정부의 부채가 증가하며 또 소비자의 신뢰가 떨어지는 조짐 등을 보여 주는 비공식 통계를 포함해 부정적인 경제 뉴스를 모두 철저히 금지했다.[85] 객관적인 경제 분석은 정부의 선전물로 대체되고 있으며 전문 관료들은 당의 정치 일꾼들로 교체되고 있다. 시진핑 정부는 중국 중앙은행이 과거에 누렸던 상대적인 자율성마저 줄여 버렸다.[86]

중국 국민 다수는 정부가 내놓는 경제에 관한 이야기의 앞뒤가 맞지 않는다는 걸 안다. 그리고 그들은 행동으로 거부 의사를 드러내기 시작했다. 부자는 일제히 자신의 돈과 자녀를 해외로 빼돌리고 있다. 매년 중국을 떠나거나 떠날 계획이 있다고 말하는 중국의 백만장자와 억만장자가 30~60퍼센트에 이른다.[87] 2008년 이후 10년간 전 세계 '황금 비자golden visa'의 68퍼센트를 중국 사람이 받았다. 황금 비자란 해당 국가에 거액을 투자하면 영주권을 받을 수 있는 비자를 말한다.[88] 중국 노동자는 자신들의 '피와 땀'에 대한 보상을 요구하며 매년 수천 건의 항의 시위를 벌이고 있다.[89] 한 나라의 엘리트들이 해외로 도주하고 노동자들이 들고일어나는 것은 결코 좋은 조짐이 아니다. 중국의 한 재벌 총수는 몰타Malta로 이민을 떠난 후, "중국 경제는 마치 벼랑을 향해 가는 거대한 배와 같다. … 근본적인 변화가 없다면 배는 좌초하고 승객들은 모두 죽을 수밖에 없을 것"이라고 언급했다.[90]

그러나 가장 나쁜 징후는 중국 정부의 탄압이 기하급수적으로 증가하고 있다는 사실이다. 중국의 국내 공안 예산은 2008년부터 2014년 사이 두 배로 늘었는데, 2010년에 이미 국방비 지출을 추월했으며 이후에도 전체 정부 지출액보다 3분의 1 이상 빠르게 증가해 왔다.[91] 중국의 주요 도시 가운데 절반은 촘촘한 격자 모양의 관리 아래 놓여 있다. 도시의 모든 구획마다 공안 관리가 팀을 이루어 순찰을 돌고 24시간 카메라의 감시를 받는다.[92] 중국은 이제 국민 모두를 상시적으로 감시하고 바로 처벌하려고 음성 및 안면인식 기술을 이용하는 이른바 '사회적 신용정보 집중제social credit registry'를 내놓았다. 중국공산당은 "이 시스템을 도입한 덕분에 믿을 만한 사람은 천하 어디든 자유롭게 돌아다닐 수 있는 반면에 신뢰할 수 없는 사람은 단 한 발짝도 떼지 못할 것"이라고 밝혔다.[93]

조지 오웰 식의 전체주의적 경찰국가 체제를 건설하는 것은 활력 있는 경제 초강대국임을 보증하는 증명서가 전혀 아니다. 정치적 경쟁자가 될 수 있을 것으로 보이는 인물을 투옥하거나 처형하거나 혹은 실종시키는 것이 시진핑 집권 이후 최우선 과제였다는 사실 역시 마찬가지다. 2012년 말 이래 중국 공안당국은 거의 300만 명에 이르는 관리들을 조사해, 이 가운데 10여 명의 정치국원급 고위 지도자와 20여 명의 군 장성을 포함해 150만 명 이상을 처벌했다.[94] 이는 중국공산당 고위층의 한 세대를 완전히 숙청한 것이나 마찬가지로, 달리 말하면 경세적 기반이 무너지기 시작했음을 깨닫게 된 정권의 편집증적 행태라고 할 수 있다.

★

오해하지는 말기 바란다. 우리는 중국 경제가 붕괴하기 직전이라거나 자금이 부족하다거나, 혹은 국제적으로 중요한 문제를 제기할 역량이 없다고 말하는 게 아니다. 다만 중국의 상승세를 두고 그간의 일반적인 통념에 오류가 있다는 점을 지적하는 것이다. 다른 이들이 급속한 중국의 성장을 보는 곳에서, 우리는 막대한 부채와 소련 수준의 비효율성을 본다. 다른 사람들이 중국의 엄청난 수출 물량을 보는 곳에서, 우리는 취약한 공급망과 국내의 소비 부족 현상을 본다. 그리고 다른 이들이 경제적 우위를 이루려고 종합계획을 바탕으로 이를 자신 있게 추진하는 계몽적인 중국 지도부를 보는 곳에서, 우리는 오늘날 중국의 실상을 우리와 거의 비슷하게 인식하고 있는 부패한 엘리트층을 본다. 그들이 국내에서 사상 유례가 없는 최첨단 보안 시스템을 구축하는 이유도 현재의 중국 상황을 우리와 유사하게 인식하기 때문이다.

우리가 이 장에서 강조한 중국의 여러 가지 문제 (급증하는 부채, 떨어지는 생산성, 외국의 보호무역주의, 환경 악화 등) 가운데 어느 하나만으로도 중국 경제는 궤도에서 이탈할 수 있다. 종합적으로 보면 중국이 지속적으로 심각한 경기 둔화를 겪으리라는 것은 거의 확실하다. 그리고 경제 부진은 중국의 국가 체제를 내부로부터 속속들이 뒤흔들 것이다. 여기에 때맞춰 '전략적 포위strategic encircle-ment'라는 또 다른 위협이 시작되고 있다.

3

닫히는 포위의 고리

2020년 6월 15일 밤부터 16일 새벽까지, 인도와 중국 사이의 히말라야 국경 분쟁 지대를 따라 이어진 외딴 지역 갈완강Galwan River 계곡에서 끔찍한 일이 벌어졌다. 앞이 거의 보이지 않는 암흑 속에서 일어난 백병전으로 인도와 중국의 군인 수십 명이 목숨을 잃은 것이다. 중국 입장에서 이 유혈 참극은 작게는 전술적 승리였지만 크게는 전략적 패배였다.

갈완 계곡 충돌의 원인은 수십 년을 거슬러 올라간다. 1950년대 이래 아시아의 두 거인은 지구상에서 가장 험준한 산악 지형에서 국경선의 위치를 두고 분쟁을 벌여 왔다. 1962년 말 전 세계가 쿠바 미사일 위기에 관심이 집중된 사이 중국과 인도가 대규모 전쟁을 벌였다. 이 전쟁은 인도의 패배로 끝났다. 이후 인도와 중국은 버마(현 미얀마)와 네팔 간 국경 지역의 동부 지구와 네팔과 파키스탄 사이 서부 지구 두 곳에서 모두 우위를 점하려고 계속 다퉈 왔다. 2020년 이전 몇 년간 분쟁의 강도가 점차 높아졌다.

2017년 중국 인민해방군은 부탄이 자국 영토라고 주장하는 지역의 전략적 요충지에 도로를 건설하기 시작했다. 당시 인도는 부탄을 우호적인 완충국가로 여기고 있었다. 그 후 두 나라는 장기간에 걸쳐 군사적 대치 상태를 이어 갔다. 심지어 중국은 국제적으로 부탄의 영토로 인정되는 지역 전체에 버젓이 촌락을 건설하고 인민해방군을 주둔시켰다. 2019년에는 중국이 사실상의 인도 국경을 침범하는 사례가 눈에 띄게 늘어났다.[1] 이 기간 동안에도 인도와 중국 순찰대 사이에는 줄곧 주기적인 충돌이 있었으나, '총기 금지와 살인 금지'라는 오랜 암묵적 규칙이 적용되고 있었다. 이러한 규칙 덕분에 폭발 직전의 긴장 상태가 겨우 비등점 밑에서 유지되고 있었다. 2020년 결국 이 행동 수칙이 깨지면서 히말라야의 국경선 훨씬 너머까지 그 여파가 미쳤다.

그해 5월 중국군이 인도가 자국 영토라고 주장하는 지역을 일시적으로 점령하고 폭죽놀이를 시작했다. 인도군이 반발했고, 그에 따른 다툼은 처음에는 그간의 익숙한 관례에 따라 진행되었다. 그러나 6월 15일 어둠이 깔린 이후 양국 군대의 소규모 실랑이가 목숨을 건 싸움으로 번졌다. 중국 병사들이 한 인도 순찰병을 못이 박힌 몽둥이 같은 원시적이지만 치명적인 살상무기로 공격했다. 보도에 따르면 인민해방군 군인들은 심지어 인도 군인들 머리 위로 바위를 굴러 떨어뜨려 이들을 깔아뭉개려고도 했다.[2] 이어서 양측 병력 600명이 가담한 총력전이 벌어졌고, 전투는 6시간 동안 계속되었다. 어둠 속에서 정확히 무슨 일이 벌어졌는지는 여전히 불분명하다. 양국 정부가 사후에 완전히 반대되는 주장을 하고 있기 때문이다. 그러나 이 싸움은 결국 약 20여 명의 인도군 병사와 숫자 미상의 중국군이 사망하는 것으로 끝났다. 이들 중 상당수는 산등성이에서 실족하거나 떠밀려서 계곡 아래 강물에 빠져 죽은 것으로 보인다.

좁게 보면 이 사건은 중국의 승리였다. 이 충돌로 인민해방군이 얼마나 손쉽게 인도가 주장하는 영토의 일부를 장악할 수 있는지를 보여 주었다. 또 인도 정부로서는 자신보다 강한 중국을 상대로 전쟁 확대를 각오하지 않고서는 그들의 도발에 대응하기가 얼마나 어려운지를 절실히 알게 되었다. 그럼에도 중국은 얻은 것보다 잃은 게 더 많았다.

인도 관리들은 중국의 야심을 알고 오랫동안 우려해 왔다. 나렌드라 모디Narendra Modi 총리가 이끄는 인도의 국수주의 정부는 최근 중국이 스리랑카와 파키스탄에서 벌이는 일대일로 프로젝트가 인도를 사방에서 압박하기 위한 수단으로 쓰이고 있다고 우려했다. 갈완 사건 이후 인도의 반발은 거셌다. 인도 군중은 중국제 스마트폰을 부수고 시진핑의 인형을 불태웠다. 모디 총리는 "온 나라가 상처 입고 분노하고 있다. … 어떤 나라도 감히 우리 국토의 한 치도

넘볼 수 없다"라고 경고했다.[3]

　모디 총리의 발언은 단지 의례적인 말이 아니었다. 인도는 국방력을 강화하기 위해 러시아제 제트전투기와 다른 군사 자산을 긴급하게 구입하고 나섰다. 인도 정부는 중국이 주도하는 디지털 사업에 의존도를 억제하려고 틱톡TikTok과 위챗WeChat 같은 중국의 모바일 애플리케이션 수십 종의 사용을 금지하고, 화웨이와 ZTE 등 중국의 정보통신(IT) 기업이 인도의 5G 통신 사업에 참여하지 못하도록 막았다. 무엇보다 중요한 것은 오랫동안 더디게 진행되던 인도와 미국과의 관계 개선이 속도를 내고 있다는 점이다.

　2020년 6월 이후 한 해 동안 미국, 호주, 인도, 일본의 4개국 안보 협의체인 쿼드(Quad)Quadrilateral Security Dialogue를 중심으로 부산한 외교 활동이 벌어졌다. 쿼드는 흡사 인도 태평양 지역에 있는 민주 국가들이 결속한 반反중국 동맹처럼 보인다. 2021년 3월 인도 정부는 동남아시아 코로나 백신 계획을 위한 백신 제조 거점을 인도에 설치하기로 합의했다. 이 계획은 동남아시아 지역에 10억 회 접종 분량의 백신을 공급함으로써 이 지역에 대한 중국의 영향력을 이전 수준으로 되돌리려고 구상된 것이다. 화상 회의로 이루어진 쿼드 정상회담에서 인도 모디 총리와 다른 정상들은 비록 중국을 공개적으로 직접 거명하지는 않았지만, (자유롭고 개방된 인도 태평양 지역을 보전하는 데 협력함으로써) 중국의 지정학적 야욕을 좌절시키겠다고 사실상 선언한 것이나 다름없었다.[4] 2021년 여름, 인도는 수만 명의 추가 병력을 국경 지역으로 이동시키는 한편, 미국이 중국의 전시戰時 해상 수송로를 차단하도록 도울 수 있는 방안을 강구하기 시작했다.[5] 미국 관리들은 인도를 대對중국 전략의 핵심이라고 공개적으로 언급하기 시작했다.[6]

중국과 인도 관계 전문가들은 1년 전에 중국이 인도와의 국경 분쟁을 고조시켰던 동기가 미국과 협력하는 인도를 응징하기 위한 것이었다고 추측했다.[7] 만일 그렇다면 시진핑은 상황을 오판한 것이다. 그리고 그런 오판이 처음은 아니었다. 갈완 계곡에서의 유혈 분쟁은 중국의 공세적 행동이 역효과를 불러온 하나의 사례에 불과하다.

냉전 이후 한 세대 동안 중국은 야심만만했던 유라시아의 여러 패권국에게 닥쳤던 운명을 비껴 갈 수 있었다. 바로 패권국을 견제하기 위해 결집한 대항 세력 연합체의 출현 말이다. 중국이 이룬 성취는 이제 과거의 일이 되었다. 중국은 스스로 과욕을 부리는 바람에 중국이 부흥하도록 지원을 아끼지 않았던 초강대국을 적으로 돌리고 말았다. 중국은 가까운 나라와 먼 나라를 가리지 않고 도처에서 공포와 저항을 불러일으켰다. 중국이 수십 년간 누려 왔던 전략적 호시절은 끝났다. 중국공산당의 경쟁자들이 사방에서 포위해 들어오면서 전략적으로 중국을 옥죄고 있기 때문이다.

지정학적 가마솥 유라시아

전략적 포위가 시진핑의 중국에게는 예상치 못한 자각일지 모르지만 역사를 깊이 천착한 사람들에게는 익숙한 상황이다. 과거 수 세기의 역사가 우리에게 가르쳐 주는 교훈은, 풍부한 국내 자원을 보유하고 우방을 이웃으로 둔 나라가 국제적 저항을 불러일으키지 않으면서 글로벌 패권을 차지할 가능성이 가장 크다는 점이다. 경쟁국들로 둘러싸인 나라는 대외 팽창이 스스로의 고립과 패배를 초래할 것이라는 두려움에 끊임없이 시달릴 수밖에 없다. 국제정치에서는 부동산 시장에서와 마찬가지로 위치가 중요하다. 유라시아의 지정학적 가마솥 밖에 편안하게 자리 잡은 나라는 그 안에 갇힌 나라들보다 패권을 차지하기에 훨씬 유리한 위치에 있다.

　　미국과 중국의 차이를 보면 그 이유를 알 수 있다. 미국이 지정학적으로 고립된 덕에 항상 '공짜 안보'를 누렸던 것은 아니다. 미국은 처음 한 세기 동안 북미 대륙의 지배권을 두고 유럽의 여러 제국 및 아메리카 원주민과 전투를 치렀다.[8] 그러나 본국의 수도에서 수천 마일이나 떨어진 곳의 재산을 지켜야 했던 미국의 경쟁국에게 북미 대륙에서의 경쟁은 '원정 경기away game'일 수밖에 없었다. 이런 사실은 미국에 결정적으로 유리하게 작용했다. 19세기 말에는 서반구에서 어떤 국가들이 연합한다고 해도 미국의 안보에 유의미한 위협을 가할 수 없었다. 당시 미국에 도전할 만한 유럽의 유일한 강대국 영국은 자신의 뒷마당에서 독일의 위협을 받고 있었고, 결국 미국에 도전하는 대신 타협하는 쪽을 택했다.[9] 미국은 서반구에서 유일한 초강대국이 되었고, 자신의 영향력을 전 세계에 뻗칠 수 있었다.

미국은 자국의 국경을 강력하게 요새화하기보다 대양 해군을 구축하는 데 전념할 수 있었다. 미국은 20세기의 두 차례 세계대전에 다른 강대국보다 늦게 참전할 수 있었고, 개전 초기에 치른 전투와 인명 손실의 부담을 유럽과 아시아 국가가 지도록 할 수 있었다. 미국은 유럽과 아시아에서 상당히 멀리 떨어져 있었기 때문에, 그 지역의 국가가 미국에 의해 정복당할까 두려워하기보다는 인근의 포식자에게 대항하는 동맹에 참여해 달라고 요청할 가능성이 더 컸다. 이는 1940년대에 서유럽 국가들이 미국을 북대서양조약기구(NATO)에 끌어들인 데서 잘 드러난다. 1970년대 중국이 스스로 미국과의 관계 개선에 나선 것도 마찬가지다. 마오쩌둥은 미국 쪽으로의 선회를 "멀리 있는 오랑캐를 이용해 가까운 오랑캐를 견제하는 방법(以夷制夷)"이라고 설명했다.[10] 미국은 구舊세계(유럽, 아시아, 아프리카)에 속하지 않은 덕분에 오히려 그 지역에서 막강한 영향력을 행사하는 위치에 서게 되었다.

미국이 자신의 영향력을 사용하는 방식 역시 매우 중요하다. 자유주의 정치 원리에 입각해서 건국한 미국은 상대적으로 자유로운 지정학적 구조를 만들었다. 미국은 개방적인 세계 경제를 장려했으며, 미국의 우방이 수익성 좋은 미국 시장에 들어올 수 있도록 허용했다. 미국은 또 여러 동맹을 창설해 주요 국가를 보호함으로써 서유럽과 동아시아의 대량 학살 전쟁터를 상대적인 평화 지대로 변모시켰다.[11] 유리한 지리적 위치와 민주주의 정치 체제의 결합으로 미국은 상당히 온건한 초강대국이 되었고, 그 결과 다른 나라가 미국의 패권을 지지함으로써 이득을 얻었다.

그에 반해 중국은 지정학적으로 저주받은 위치에 자리 잡고 있다. 유라시아 대륙은 땅덩어리는 크지만 상대적으로 붐비는 공간이다. 하나가 아니라 많은 강대국이 근거를 두고 있는 터전이다. 어떤 한 국가가 유라시아를 지배하면 그 영향권 내에 위치한 주변 국가는 주권은 말할 것도 없고 생존에도 치명적인 위협을 받는다. 이는 한 강대국이 부상하면 반드시 다른 국가의 반발을 일으킬 수밖에 없다는 것을 의미한다. 수 세기 동안 유라시아 대륙에서 공격적으로 팽창 정책을 펼친 국가는 불안해진 인근 국가들로부터 조만간 이를 상쇄하는 반작용을 불러왔다. 이들 주변 국가는 일반적으로 (19세기의 대영제국과 최근의 미국과 같은) 해외의 강력한 동맹국과 공동전선을 펼치는 것으로 자신의 상대적 약점을 보완하기 마련이다.

이것이 근대에 글로벌 초강대국이 되려 했던 모든 유라시아 국가가 파멸을 맞게 된 이유다. 나폴레옹의 프랑스는 유럽 대부분을 정복했으나 대영제국이 주도한 경쟁국 연합 세력에 희생되었다. 20세기 들어 독일은 유럽의 숙적이 미국과 연합하는 바람에 (두 번이나) 궤멸되었다. 냉전 기간에 소련의 야욕은 동북아시아에서 서유럽까지 미국의 엄호를 받는 일련의 적대국에 의해 좌절되었다. 오랫동안 패권을 노린 야심은 유라시아 내에 위치한 국가들을 파멸로 이끌었다. 한 무리의 적에게 궁지에 몰리고 죽임을 당할 가능성이 그만큼 크다는 얘기다.

중국은 특히 이러한 곤경에 빠질 위험에 노출되어 있다. 미국은 단 두 개의 우방국(캐나다와 멕시코)과 육지의 국경을 맞대고 있다. 반면에 중국은 20개국에 둘러싸여 있고, 역사적인 숙적들과 사방에서 맞닥뜨리고 있다. 북쪽으로는 러시아가 있고, 동쪽으로 일본, 남쪽으로 베트남, 서쪽으로는 인도가 있다. 중국의 인접국에는 15개의 세계적인 인구 대국이 포함되어 있고, 이 가운데 4개국은 핵무기로 무장하고 있으며, 5개국은 과거 80년 이내에 중국과 전쟁을 벌인 적이 있고, 10개국은 여전히 중국의 영토 일부를 자신들의 영토라고 주장하고 있다. 여기에다 중국은 미국이 아시아 전역에 촘촘하게 구축한 동맹, 동반자 관계partnership, 군사기지들 때문에 미국을 사실상의 인접 국가로 두고 있는 셈이다. 중국은 과거 한때 유라시아의 제국이었을지 모른다. 그러나 한 중국 학자가 썼듯이, "오늘날 중국은 강대국 가운데 가장 가혹한 지정학적 안보 상황에 처해 있다."[12]

사실 이러한 지리적 위치가 중국에게 전략적 덫을 놓고 있다. 사방에 위험이 도사리고 있다는 중국의 인식은 밖으로 팽창하려는 강한 충동을 불러일으켰다. 중국은 대외적으로 팽창해야만 국경을 확고히 지키고, 공급선을 보호하며, 가혹한 환경이 덧씌운 굴레를 깨뜨릴 수 있다고 여긴다.[13] 그러나 바로 그 충동이 다른 나라의 불안감을 부채질하고, 결국 이들이 중국에 대항하여 결속하도록 유도하는 빌미가 된다. 또 중국공산당은 국내에서 무자비하게 권력을 휘두르고 있기 때문에, 해외에서는 자신들의 영향력을 책임 있게 행사할 것이라고 다른 나라를 설득하기가 어려운 내재적 모순을 안고 있다.

따라서 떠오르는 중국이 어떻게 해도 과거 세력 확대에 나섰던 다른 유라시아 국가에게 닥쳤던 운명을 피할 수 없다면, 결국은 포위되어 패퇴할 가능성이 크다. 이 점에서 수년 동안 중국은 행운이 따랐고 교묘하게 불운을 피했다. 그러나 이제 그 운이 다해 가고 있다.

전략적 호시절의 끝

중국이 누렸던 전략적 호시절은 냉전 시대의 현실주의적 방편으로 시작되었다. 미국의 적의 적이 미국의 친구가 된 것이다. 그러나 아무리 냉철한 현실주의자도 그다음에 일어날 일을 예측하기는 어려웠을 터이다. 중국의 전략적 호시절은 소련이라는 위협이 사라진 후에도 한 세대 동안 지속되었다. 천안문광장 사태를 통해 중국공산당은 통치 권력을 유지하기 위해서라면 가장 극악무도한 수단이라도 기꺼이 사용할 용의가 있다는 것이 여실히 드러난 이후에도, 중국은 미국과의 밀월 관계를 유지했다. 토머스 크리스텐센Thomas Christensen 전 국무부 관리는 2015년 "미국의 접근 방식은 냉전 기간 내내 소련에게 펼쳤던 봉쇄 정책을 거의 반대로 뒤집은 것"이었다고 썼다.[14] 중국의 부상과 관련하여 가장 놀라운 사실은 세계가 중국의 행태에 반발하기 시작하는 데까지 너무나 오랜 시간이 걸렸다는 점이다.

미국이 완전히 방심하고 있었던 것은 아니었다. 냉전 이후 몇몇 예리한 관찰자들은 번영하는 중국이 언젠가는 국지적으로나 세계적으로 미국의 경쟁자가 될 수 있다는 사실을 깨달았다. 역대 미국 행정부는 태평양 지역에 강력한 공군력과 해군력을 보유하는 것으로 그런 가능성에 대비했다. 그러나 미국은 중국의 폭발적인 성장을 계속 부채질했다. 미국 관리들은 중국이 국제적 현안에 더 적극적으로 영향력을 발휘하도록 부추겼다. 크리스텐센은 "미국의 정책은 중국의 상승을 방해하고 지연시키는 것이 전혀 아니었고, 중국이 계속 성장하는 데 도움이 되는 경제적, 외교적 지원을 강조했다"라고 썼다.[15]

미국이 이러한 무사안일주의에 빠진 이유의 하나는 탐욕이었다. 1990년대 초만 해도 중국은 군사적 위협이 적고 돈벌이 기회는 엄청났기 때문에 미국의 포용 정책이 나름대로 논리적인 것처럼 보였다. 13억 인구와 함께 남아시아 중심부에 긴 해안선을 가졌으며, 대규모 사업을 위해서라면 반체제 인사를 탄압하고 환경 파괴를 서슴지 않는 권위주의 정치 체제를 가진 나라라 하더라도 소비 시장과 저임금 생산기지로서 중국을 놓치기에는 너무나 아까운 기회였다. 그리하여 서방의 다국적기업과 금융가는 중국을 글로벌 공급망에 더욱 깊숙이 통합시키도록 자국 정부를 압박했다. 서방의 각국 정부는 기꺼이 그렇게 했다. 이들은 중국공산당의 터무니없는 인권 유린을 언급할 때조차 중국이 경제적으로 더 개방되면 결국에는 정치적으로도 더 개방적으로 바뀔 것이라고 주장했다. 조지 W. 부시 George W. Bush 는 "중국과 자유롭게 교역하면 시간은 우리 편"이라고 밝혔다.[16]

이러한 확신은 중국의 호시절을 지속시킨 두 번째 이유와도 연관된다. 바로 냉전 이후의 시대에 서방 세계가 가졌던 지나친 자기 확신 또는 자만심이다. 미국이 압도적으로 지배하던 시기에는 중국을 적극적으로 봉쇄할 필요가 거의 없었다. 당시의 중국은 여전히 상대적으로 빈곤했고 기술적으로 낙후되었다는 점을 감안하면 중국의 성장을 굳이 억누를 필요도 없었다. 미국이 주도하는 세계 경제가 중국을 부유하게 만들어 주고 있었다는 점을 감안하면, 중국은 당연히 미국 주도의 체제를 지지할 가치가 있다고 보게 될 것이었다. 또 많은 권위주의 정권이 민주주의가 세계적으로 확산되면서 무너졌다는 점을 감안하면, 당연히 중국도 결국에는 마찬가지 경로를 밟게 될 것으로 여겨졌다. 중국이 미국 주도의 세계 질서를 뒤흔들 기회를 잡기 훨씬 전에, 미국이 중국을 '책임 있는 이해 당사자' 또는 자유민주주의 국가로 변모시킬 것으로 예상했다.[17]

미국의 포용적인 정책 구도가 흔들린 적이 몇 차례 있었다. 1995년부터 1996년 사이 인민해방군이 대만 주변에 미사일을 발사하며 도발했을 때였다. 미 국방부는 두 대의 항공모함 전단을 급파해 중국 정부가 물러서도록 했다. 당시 미국 국방장관이었던 윌리엄 페리William Perry는 "중국이 군사 대국일지 모르지만 서태평양에서 최고의 군사 강국은 미국"이라고 지적했다.[18] 2000년 대통령 선거 유세 길에 부시는 중국을 "전략적 경쟁자"라고 부르면서, 자신이 대통령에 당선되면 (중국에 대해) 강경노선을 취하겠다고 약속했다.[19] 그러나 그런 일은 일어나지 않았다. 중국 문제에 주의를 집중할 수 없도록 만든 새로운 요인이 발생했기 때문이다.

9.11 테러 공격은 10년간 미국의 관심을 완전히 바꿔 놓았고, 미국은 '테러와의 전쟁'에서 중국의 지지에 더욱 의존하게 되었다. 오바마 행정부는 당시 '아시아로의 선회' 정책의 기반을 재구축하려 했으나, 중동에서 수년간 계속된 전쟁과 이슬람국가(ISIS)의 확산에 대응하느라 이중고를 겪었을 뿐이었다. 중국 문제는 미래의 과제, 어쩌면 한 세대 후의 문제로 밀려났다. 당장 눈앞의 문제에 대처하는 것만으로도 벅찼기 때문이다. 미국의 한 정보 담당 관리는 이런 상황을 일컬어 "중국은 언젠가는 읽겠다고 늘 생각하는 두꺼운 책과 같았다"면서 "그러나 언제나 다음 여름을 기약하면서 읽지 못하고 말았다"라고 말했다.[20]

나라 사이에서도 믿을 만한 나라를 신뢰해야 하는 법이다. 중국은 그동안 미국이 정책 전환을 미루고 꾸물거리도록 분위기를 만들어 왔다. 덩샤오핑의 '노상양회' 성책은 중국이 얼마나 위협적인 상대인지 우려하지 못하도록 마음을 누그러뜨렸다. 또 중화인민공화국은 민주주의 국가를 교묘하게 이간질했다. 예를 들어 미국이 너무 강하게 나오면 미국의 보잉사 대신에 유럽의 에어버스사로부터 항공기를 구매하겠다고 위협하는 식이다. 중국이 점차 공세적으로 바뀌면서 중국공산당은 심지어 미국의 경쟁 지향적 조치가 핵확산이나 기후 변화 문제에서 양국 간 협력을 저해할 것이라고 경고하기까지 했다. 시진핑 정부의 외교관들은 이를 조롱하듯이 "냉전식 사고는 상생win-win 협력의 걸림돌이 될 것"이라고 말했다.[21]

이러한 전략은 놀라울 정도로 잘 먹혔고 중국공산당은 20년의 유예기간을 철저히 이용했다. 중국은 서방의 기술과 자본을 빨아들였고, 자국 시장은 서방에 비해 폐쇄적으로 유지하면서 해외 시장에 자국 물품을 마구 쏟아 냈다. 또 중국 관리를 각종 국제기구의 요직에 앉히는가 하면, 한편으론 군사력을 증강하면서 다른 한편으로는 평화적 의도를 내세웠다. 중국은 국제정치에 죽기 살기win-lose 식으로 접근하는 자신들의 무자비한 외교 방식을 감추기 위해 '상생 외교'라는 환상을 이용하는 데 뛰어난 기량을 발휘했다.[22] 그러나 그런 수법이 영원히 통할 수는 없다.

잠재적인 경쟁자를 고립시키는 대신 통합시키는 쪽을 택한 미국의 정책은 중국의 성공에 대단히 중요한 역할을 했다. 그러나 그러한 정책은 냉전 이후 미국이 확실한 우위에 서 있다는 자신이 있고, 포용 정책이 중국을 올바른 방향으로 이끌 것이란 확신을 가졌을 때만 지속할 수 있다. 글로벌 금융 위기의 여파로 더욱 커진 중국의 영향력은 포용 정책을 지탱해 온 첫 번째 기둥을 흔들고 있으며, 중국의 강압적이고 전제적인 통치 행태는 두 번째 기둥마저 내부에서 허물어 뜨리고 있다. 중국이 그동안 잠복되어 있던 온갖 지정학적 불안 요소를 일제히 표면에 드러내기 시작하자, 미국의 대對중국 정책의 추는 이제 반대쪽으로 움직여 갈 태세를 갖췄다.

중국은 아시아에서 해상 압박을 강화함으로써 이 지역의 다른 나라들에게 중국이 서태평양에서 기존 질서를 받아들이고 있다는 믿음을 갖기 어렵게 했다. 미국의 한 해군 제독은 남중국해에서 "모래 장성great wall of sand"을 급조하는 나라가 책임 있는 이해 당사자가 되지는 못할 것이라고 비꼬듯이 말했다.[23]

대략 20년이 지난 후에 중국의 군비 증강은 우려할 만한 수준에 도달했다. 미국의 유력한 연구기관들은 미 국방부가 대만해협과 다른 분쟁 지대에서 우위를 상실하고 있다는 보고서를 잇달아 내놓았다.[24] 2014년 미 국방차관 프랭크 켄달Frank Kendall은 "미국의 군사적 우위는 수십 년 동안 유례가 없을 정도로 도전받고 있다"라고 인정하고, "이는 먼 미래의 문제가 아니라 지금, 이곳에 있는 문제"라고 말했다.[25]

미국의 주의를 촉구하는 경고는 이것이 전부가 아니다. 에릭 슈미트Eric Schmit 구글 최고경영책임자(CEO) 같은 첨단기술 산업계의 거물은 미국이 인공지능(AI) 분야에서 경쟁 우위를 잃을 수 있다고 경고했다.[26] 한편 중국은 사이버 공격과 지적 재산권 탈취를 기반으로 미국 기업들로부터 매년 수백억 달러를 강탈했다. 이를 두고 최근 미국 국가안보국(NSA) 국장에서 퇴임한 키스 알렉산더Keith Alexander는 "사상 최대의 국부 이전"이라고 일컬었다.[27] 2013년 일대일로 구상의 출범으로 중국이 미국 주도의 체제에 편입하는 게 아니라 중국 스스로의 체제를 만들고 있다는 증거가 훨씬 더 많이 드러났다. 마지막으로 시진핑 치하에서 놀랄 만큼 집중된 권력은 결정적으로 개혁 시대의 종말을 불러왔다. 포용 정책은 더 유연하고 자유로운 중국이 태동할 것을 의도했으나, 그 대신 더욱 적대적이고 강력한 전제 국가를 만들어 내고 말았다.

2015년 중국 문제 전문가이자 때때로 정부의 자문역을 맡아 온 마이클 필스베리Michael Pillsbury는 새로운 기류를 감지했다. 그의 베스트셀러 저서인 《백년의 마라톤The Hundred Year Marathon》에서 필스베리는 미국이 세계 지배를 추구하고 나선 중국공산당 강경파에게 속아 왔다고 주장했다.[28] 머지않아 미국은 '누가 중국을 놓쳤는지'를 두고 본격적인 논쟁에 들어갈 것이고, 비평가들은 포용 정책을 역사적 패착이라고 조롱하게 될 것이다.

포용 정책이 중국공산당을 순화시키거나 변화시키는 데 실패한 것은 맞다. 그러나 중국 역시 '파멸적인 성공'을 기록함으로써 실패하기는 마찬가지였다. 중국은 성공했지만 그 성공이 결국 애초에 중국이 상승할 수 있도록 해 주었던 우호적인 국제 환경을 무너뜨리고 말았다. 세계 각국은 중국의 오랜 호시절에 종지부를 찍기 시작했다. 그 길에 앞장선 나라가 바로 한때의 협력자였던 미국이다.

처음엔 서서히 그다음엔 갑자기

어니스트 헤밍웨이Ernest Hemingway의 소설《태양은 다시 떠오른다The Sun Also Rises》에서 한 등장인물은 자신이 두 가지 방식으로 파산했다고 우스갯소리처럼 말한다. "처음엔 서서히, 그다음엔 갑자기." 이 말은 미중 관계가 파탄에 이르는 과정을 잘 묘사해 준다.

미국 관리들이 어느 날 깨어나서 갑자기 중국이 지정학적으로 최대의 적이라는 사실을 발견한 것은 아니다. 2000년대 초 미국이 이른바 '책임 있는 이해 당사자'라는 개념을 내세우고 있을 때에도, 조지 W. 부시 행정부는 조용히 (그리고 아주 조심스럽게) 태평양 지역에서 미군의 전투 태세를 강화하고 있었다. 오바마의 '아시아 선회' 정책은 이 지역에서 미국의 동맹 관계를 격상시켜 공군력과 해군력을 추가 배치하고 중국의 인공섬 조성 활동을 억제하는 것을 포함하고 있었다. (이 정책은 중국의 인공섬 건설을 막는 데는 그다지 효과적이지 못했다.) 그러나 2016년에도 포용 정책은 여전히 폐기되지 않고 남아 있었다. 백악관은 심지어 미 국방부가 공개적으로 중국을 경쟁국으로 표현하지 못하도록 금지했다.[29]

미중 관계의 파열은 2017년에서야 나타났다. 미국에서 가장 이례적인 대통령이었던 도널드 트럼프가 포용 정책의 패러다임을 산산조각 내고 선면적인 경쟁 체제로 전환했을 때였다. 트럼프 시대의 전략 문서는 분노의 표현으로 가득했다. 2017년 12월, 트럼프 행정부의 '국가안보전략National Security Strategy'이란 문건은 중국을

"미국의 가치와 국익"에 상반되는 방식으로 세계를 재편하려는 무법자로 묘사했다. 한 달 뒤 미 국방부는 '국가방위전략National Defense Strategy'이란 문서에서 "현상 변경적인 수정주의 세력과의 장기적이고 전략적인 경쟁"이 미국의 전략적 지침이라고 선언했다. 국가안보회의(NSC)가 작성한 보고서는 중국이 기술 혁신의 우월한 고지를 장악하지 못하도록 하고, 자유세계를 위협하지 못하도록 하며, 서태평양을 중국의 내해內海로 편입하지 못하도록 막기 위한 상세한 세부 계획을 제시했다.[30]

이에 뒤질세라 미 국무부는 (냉전 초기 조지 케넌의 유명한 '장문의 전보Long Telegram'를 본떠서) "중국공산당은 본래 악성적인 공격 성향을 지녔다"라고 주장하는 장문의 문건을 발표했다. 미 국무장관 마이크 폼페이오Mike Pompeo는 중국이 '분수'를 지키도록 하기 위해 민주주의 국가가 국제적으로 연합할 것을 요청했다.[31] 이는 닉슨의 중국 방문 이래 미중 관계에서 가장 극적인 변화였다. 그리고 그것은 그저 으레 하는 말이 아니었다.

국방 예산을 상당히 증액하여 미 국방부는 해군력과 미사일 전력을 30년 내에 최대 규모로 확대할 수 있었다. 트럼프는 중국에 2차 세계대전 이래 가장 지속적이고 공격적인 보복 관세를 부과해 큰 타격을 주었다. 미국 정부는 화웨이를 무력화하고 중국의 5G 공급업체들을 세계 시장에서 차단할 목적으로, 투자와 기술이전을 하는 데 가장 엄격한 제한 조치를 켜켜이 쌓았다. 미 의회는 중국의 일대일로 구상에 대응하기 위해 600억 달러 규모의 국제개발금

융공사International Development Financial Corporation를 창설했고, 미 연방수사국(FBI)은 중국의 만연한 스파이 활동과 영향력 확대를 위한 공작 활동을 대대적으로 추적하기 시작했다. FBI 국장 크리스토퍼 레이Christopher Wray는 "약 10시간마다 한 건씩 중국과 관련된 방첩 사건을 수사하기 위해 착수하고 있다"라고 밝혔다.[32] 미 중앙정보국(CIA) 국장 지나 해스펠Gina Haspel은 CIA의 역할을 한 세대 동안 전념해 온 대對테러 분야에서 벗어나 위협적인 거대 국가에 초점을 맞추도록 바꿨다.[33] 미국의 국가안보조직이 중국을 정면으로 겨냥해 타의 추종을 불허하는 역량을 키우고 있는 것이다.

미국의 정책은 여러 방면에서 예리해졌고 심지어 공격적으로 바뀌었다. 미국은 2019년부터 2020년 사이 홍콩의 정치적 자유를 파괴하는 데 간여한 중국공산당 간부들에게 제재 조치를 부과했다. 미 국무부는 중국의 위구르인에게 행한 대규모 투옥, 강제 불임 시술, 조직적인 학대 정책은 대량 학살 행위나 마찬가지라고 선언했다. 미 해군은 남중국해에서 중국의 영유권 주장에 대응하는 항행의 자유freedom of navigation 작전을 확대했다. 미국은 이 해역의 최전선에 있는 취약한 국가에게 무기 판매와 군사 지원을 늘렸다. 트럼프 행정부의 장관들은 전 세계를 누비며 유럽과 아프리카, 라틴아메리카 등지의 청중을 상대로 중국의 신제국주의 망령을 강력히 경고했다. 심지어 무역 협상도 유력한 무기가 되었다. 2019년 체결된 미국-멕시코-캐나다 간 무역 협정은 사실상 서명국들이 중국과 별도의 자유무역협정을 맺지 못하도록 금지했다. 미국이 중국과의 경쟁에서 잃어버린 시간을 만회하기에 바쁜 것처럼 보였다면 그것은 트럼프의 참모들이 정확히 그런 시각으로 상황을 바라봤기 때문이다.[34]

잘 알려졌다시피 미국의 정책이 항상 효과적이거나 일관되지는 않았다. 이는 시진핑 정권이 트럼프가 집권하는 기간 동안 위협 못지않게 많은 기회를 엿볼 수 있었던 이유였다. 트럼프 대통령이 전 세계를 상대로 추진한 '미국 우선America First' 정책은 그의 본능적인 반중反中 기조를 퇴색시켰다. (트럼프의 '미국 우선' 정책은 미국이 적대국뿐 아니라 동맹국으로부터도 피해를 보고 있다는 그의 믿음에서 비롯되었다.) 트럼프는 취임하자마자 환태평양경제동반자협정(TPP) Trans-Pacific Partnership의 무역 협상에서 철수했다. TPP는 이전의 두 행정부가 중국의 영향력을 상쇄하는 균형추로 여겨 왔던 협정이었다. 그는 미국과 가장 가까운 민주주의 협력국을 상대로 무역 전쟁을 시작하는 한편, 수십 년을 이어온 동맹 관계를 깨뜨리는 것에서 파괴적인 쾌감을 얻었다. 무엇보다 기이한 것은 스스로 대장부를 자임하는 트럼프가 시진핑의 잔혹한 국내 통치를 동경했고 때로는 칭송하기까지 했다는 점이다. 심지어 트럼프 행정부가 바로 그러한 중국의 범죄 행위를 응징하는 방안을 강구하고 있었던 와중에도 그랬다.[35] 그러나 트럼프의 모순적 행태가 무엇이었든 간에 그는 미중 관계의 틀을 돌이킬 수 없을 만큼 깨뜨렸고, 워싱턴 정가는 대부분 그의 행동에 박수갈채를 보냈다.

코로나 팬데믹이 트럼프가 시작했던 대對중국 정책의 선회에 마침표를 찍었다. 중국공산당의 놀랍도록 냉소적이고 이기적인 행동은 중국의 국제적 평판을 완전히 땅에 떨어뜨렸다. 외부에 유출된 중국 정부의 보고서와 독립적인 서방의 분석에 따르면, 중국을 향한 부정적 시각이 천안문 사태 이래 유례를 찾아볼 수 없을 정도로 치솟았다. 중국을 비판적으로 보는 미국인의 비율이 2017년 47퍼센트에서 2020년 73퍼센트로 높아졌다.[36] 2020년 미국 대통령 선거는 중국 때리기의 경연장이 되었다. 그리고 트럼프가 선거에서 패했으나 미국 정책의 기본 방향은 거의 변하지 않았다. 한때 시진핑과의 친밀한 관계를 자랑했던 조 바이든Joe Biden 대통령은 이제 중국공산당에 대항해 극단적인 경쟁 정책을 추진하겠다고 약속했다.[37]

바이든은 자신이 원래 의도했던 것처럼 행동에 나섰다. 미 국방부는 대중국 비상대책반을 짰다. 이 조직은 인민해방군의 군비 증강에 대응하기 위한 더 나은 해법을 최단기간에 찾아내는 임무를 부여 받았다. 동시에 미국 관리들은 만일의 경우 대만 방어를 위해 동맹국을 결집시키는 방안을 마련하기 시작했다. 바이든 대통령은 트럼프가 중국에 부과했던 제재 조치 대부분을 그대로 유지하는 한편, 미국의 반도체 산업을 육성하기 위해 500억 달러 규모의 지원책을 제시했다. 그는 인민해방군 및 중국공산당의 정보기구와 연관된 중국 기업을 미국 자본 시장에서 내쫓기 시작했다.[38] 과학기술 연구에 미국의 투자를 늘리고, 중국을 핵심 공급망에서 배제시키며, 미국의 역량을 강화할 목적으로 중국에 초점을 맞춰 발의된 법안은 초당적으로 광범위한 지지를 받았다. 바이든은 또 이념 문제에도 도전에 나섰다. 그는 민주주의와 권위주의 사이에 역사적인 투쟁이 벌어지고 있다고 선언했다. 미국이 중국의 억압적 통치 모델을 물리치기 위해서는 기술과 무역, 국방 및 기타 현안에 관해 동료 민주 국가들과 공동 보조를 맞춰야 한다는 것이다.[39] 중국 외교부 부부장은 2021년 7월, "미국 정부 전체와 미국 사회 전체가 중국을 파멸시키기 위해 총력전을 펼치고 있다"라고 불평했다.[40]

주지하다시피 이러한 조치는 단지 경쟁 전략의 시작에 불과했다. 그러나 중국 입장에서 봐도 중국공산당이 스스로를 글로벌 초강대국의 주된 표적이 되도록 처신했다는 것이 냉정한 현실이었다. 중국의 한 군사 전문가는 "미국에 하나의 연합전선이 형성되었다"면서 "중국을 향한 적대감이 워싱턴에서 초당적인 합의를 이루었다"라고 썼다.[41] 1970년대 이래 미국이 중국에 우호적으로 접근하면서 수많은 기회의 문이 열렸던 것과 마찬가지로, 미국의 중국 배척은 그 문을 닫는 데 기여했다. 미국이 주도한 세계 질서로부터 혜택을 받았던 나라는 중국이 주도하는 국제 체제의 위험성을 깨닫기 시작했다. 중국이 우위에 서려고 애쓰는 거의 모든 곳에서 경쟁국들이 반발하고 있다.

사방에 펼쳐진 전선

우선 중국은 싸우지 않고서 대만을 되찾을 기회를 잃었다. 수십 년 간 중국은 대만과의 경제적 연계를 구축하는 한편, 다른 나라가 대만과의 외교 관계를 단절하도록 회유해서 돈으로 재통일을 이룰 수 있다고 생각했다. 그러나 평화적인 통일의 가능성은 빠르게 사라지고 있다. 대만 국민 대부분이 적대적인 신新전체주의 국가에서 사는 것을 원치 않는 것으로 드러났기 때문이다.

2020년에 대만 인구의 64퍼센트는 자신들의 정체성을 중국인이 아니라 전적으로 대만인이라고 여기는 것으로 나타났다. 이 비율은 2018년의 55퍼센트에서 크게 높아진 기록적 수치였다.[42] 중국과 통일하는 데에서 대중의 지지도는 지난 10년 동안 급격히 추락했다. 중국과 친밀한 관계를 선호하는 것으로 보이는 대만 국민당은 선거에서 연거푸 국민에게 외면당했다. 대만은 또 뒤늦게나마 날카로운 가시로 자신을 방어하는 '전략적 고슴도치'로의 변신을 꾀하고 있다. 2020년 중국이 홍콩을 집어삼키는 과정을 지켜본 이후 대만 정부는 군사비 지출을 10퍼센트 증액하며 대담한 신新국방전략을 승인했다.[43] 대만은 이 계획에 따라 이동식 미사일 발사대, 무장 무인기, 기뢰 등의 무기를 대량으로 확보해 비축하고 있다. 또 대만군으로 하여금 어떤 해안이라도 수만 명의 병력을 한 시간 내에 투입할 수 있는 태세를 갖추도록 했다. 이와 함께 대만의 도시, 산악, 밀림에서 게릴라식으로 싸울 수 있도록 훈련 받은 100만 명의 강력한 예비군이 정규군을 지원하도록 했다. 그리고 피비린내 나는 전쟁을 수개월 동안 견뎌 낼 수 있도록 국민을 심리적으로 준비시키기 위해 대규모 대피 시설과 함께 대량의 연료, 의약품, 식량, 식수 등을 비축할 수 있는 저장 시설을 만들었다. 대만 외무장관은 "우리는 마지막 날까지 스스로를 지킬 것"이라고 선언했다.[44] 2021년 또 다른 추가 국방비 지출 계획으로 보강된 대만의 방어 계획이 완전히 실행되면 대만은 물리적으로 정복하기가 극히 어려운 곳이 될 것이다.

미국은 이 모든 변화를 뒷받침하고 있다. 1970년대 미국과 중국이 외교 관계를 재개했을 때만 해도 미국이 결국 대만을 내버릴 것이 확실해 보였다. 그러나 미국과 대만의 관계는 지속되었고 중국의 압박 덕분에 오히려 상당히 단단해졌다. 미국은 호칭을 제외한 모든 면에서 대만을 독립 국가로 대우하고 있으며, 미국 정부는 대만에 군사 지원을 하는 것으로 이런 입장을 견지하고 있다.

트럼프 행정부와 바이든 행정부 모두 미국 관리가 대만을 더 쉽게 방문할 수 있도록 조치했다. 2020년 미 의회는 대만이 국제기구에서 입지를 강화할 수 있게 지원할 것을 미국 정부에 요구하는 법안을 통과시켰다. 동시에 트럼프 행정부는 거의 200억 달러어치에 달하는 무기를 대만에 판매했다. 이들 무기에는 대만이 상륙 공격을 물리치는 데 도움이 될 수 있는 미사일 발사대, 기뢰, 무인기 등이 들어 있다. 트럼프와 바이든 행정부에서 미 국방부는 대만 방어를 군사작전계획의 중심에 놓았다. 미국 관리는 대만을 위한 지원이 "바위처럼 굳건하다"고 말하며, 미국이 중국의 무력 침공에 바로 대응할 것임을 그 어느 때보다도 분명히 시사했다.[45] 대만해협에서의 군사적 균형은 중국에 유리한 쪽으로 변화해 왔으나 대만과 미국은 참을성 있게 반전의 시기를 기다리고 있다.

이런 양상은 아시아 전역의 다른 해양 국가들도 마찬가지다. 동중국해에서 중국이 압박하는 표적이 된 일본은 냉전 종식 이후 가장 결연하게 군비 확충에 나서고 있다. 일본은 10년 연속으로 국방비를 증액해 왔으며, 미사일 발사대와 고성능 잠수함을 적극 활용할 계획을 세웠다. 이들 미사일 부대와 잠수함 전단戰團은 중국이 태평양으로 진출하지 못하도록 차단하기 위해 류큐제도를 따라 이어진 좁은 해역에 배치되어 있다.[46] 전반적인 해군력 규모는 중국이 우세하지만 일본은 여전히 중국을 능가하는 해상 전투함 전력을 보유하고 있다. 여기에는 장거리 대함미사일을 장착한 F35 스텔스전투기를 위해 항공모함으로 용도를 변경한 대형 상륙함이 포함된다. 일본은 최근 F35 전력을 급속히 확대하고 있다.[47] 중국의 전략가들은 서태평양의 미국 동맹국과 동반자 국가들이 전략적 저지선으로 삼고 있는 '제1열도선First Island Chain'의 분쇄를 꿈꾸지만, 일본은 이를 처참하게 무산시킬 수 있는 능력을 갖추었다.

미일 동맹은 또한 반중反中 성향을 공유해 왔다. 역대 미국 대통령들은 이 동맹이 중국과 영유권 분쟁을 벌이는 센카쿠열도를 포함한다는 점을 분명히 해왔다. 만일 이 열도를 두고 일중日中 전쟁이 벌어지면 바로 미중 전쟁으로 비화한다는 경고다. 일본은 일본 나름대로 헌법을 재해석해 일본 자위대가 미국과 함께 전쟁에서 보다 적극적인 역할을 수행할 수 있도록 허용했다.

일본의 전함과 항공기는 종종 미국 전함과 항공기가 중국 근해를 통과할 때 이들을 호위하는 역할을 한다. 미국의 F35 전투기는 일본의 준準항공모함에 착륙하는 훈련을 하고 있다.[48] 중국 입장에서 가장 걱정스러운 일은, 중국이 대만을 침공할 경우 일본이 미국과 긴밀히 협력하기로 2021년에 합의했다는 사실이다. 일본의 부총리는 그러한 공격이 일본의 생존 자체에 위협 요건이 된다고 선언했다. 이어서 미국과 일본 정부는 공동 전술 계획을 세우는 데 착수했다. 여기에는 미국의 치명적인 장거리포를 대만에서 불과 140여 킬로미터 떨어진 일본 최남단 류큐제도에 배치하는 내용이 포함된 것으로 보도가 나왔다.[49] 한편 일본은 2017년 미국이 탈퇴한 환태평양경제동반자협정을 유지함으로써 중국의 경제적 패권에 대항하는 역내 반대 세력을 주도해 왔다. 중국 지도자들이 동중국해 건너편을 바라보면 그곳에는 작고 취약한 적이 아니라, 세계 최강대국의 후원을 받는 만만치 않은 지역 적대국이 보일 것이다.

남중국해 주변 국가들은 일본보다 국력이 약하고 반중反中 활동도 미미하다. 그러나 이들이 전혀 무방비 상태에 있는 것은 아니다. 이들은 중국의 진출을 막으려고 군사 역량을 발전시키며 전략적 우호 관계를 강화하고 있다. 베트남은 이동식 대함 순항미사일 해안포대, 러시아제 공격용 잠수함, 첨단 지대공미사일, 신형 전투기, 첨단 순항미사일을 장착한 수상함 등의 무기를 다수 확보하고 있다.[50] 이들 무기로 베트남은 자국 해안에서 320킬로미터 이내에서 작전을 벌이는 선박과 항공기를 파괴할 수 있다. 이러한 타격 범위는 남중국해의 서쪽 3분의 1과 하이난섬에 포진한 중국의 대규모 군사기지를 포함한다.[51] 베트남 정부는 또 미국 전함의 입항을 허용했다. 베트남과 미국의 관계는 그 어느 때보다도 밀접해졌다. 베트남 남쪽에 있는 싱가포르는 조용히 미국의 동남아시아 군사 활동의 중요한 거점이 되었다. 싱가포르는 미군의 해상 정찰기, 고속 연안전투함, 그 밖에 미군의 군사 자산을 다수 유치하고 있다. 미국의 한 고위 해군 지휘관은 이 도시국가가 미국과 조약을 맺은 동맹국은 아닐지 모르지만 사실상 동맹국처럼 행동한다고 언급했다.[52]

남중국해 주변의 다른 곳을 보면 인도네시아가 2020년에 국방비 지출을 20퍼센트 늘렸고 2021년에 추가로 16퍼센트를 증액했다. 수십 대의 F16 전투기와 장거리 대함 순항미사일로 무장한 신형 수상함정을 구입하기 위해서다.[53] 2021년 3월 인도네시아 정부는 일본제 방위 장비를 취득하고, 중국이 영유권을 주장하는 남중국해의 도서를 일본과 공동으로 개발하는 내용의 협정을 체결했다. 5월에는 중국의 해양 약탈 행위에 대응하는 조치로, 잠수함 함대를 세 배로 늘리고 소형 호위함인 신형 코르벳함Corbette을 구입하겠다고 밝혔다.[54] 여기에 더해 인도네시아 정부는 자국 영해에서 어로 활동이나 군사훈련을 하는 외국 선박은 모두 격침시킬 것이라고 선언했다. 인도네시아는 가끔 전국 TV로 나포한 중국 어선을 폭파시키는 장면을 생중계로 내보내는 것으로 이러한 경고를 실제로 이행했다.

　남중국해 동쪽에서는 필리핀이 로드리고 두테르테Rodrigo Duterte 대통령 치하에서 유화 정책과 대항 정책 사이를 오락가락했다. (필리핀은 이 해역에서 중국의 강압적 행동의 주요 피해자다.) 그러나 두테르테가 필리핀의 주권을 팔아서 얻으려 했던 중국의 경제적 보상이 전혀 이루어지지 않으면서 중국을 향한 불만이 커졌다. 2021년 초 외무장관 테오도르 록신 2세는 트위터에 중국의 괴롭힘을 두고 욕설 섞인 불만을 퍼부었다. 그러자 과거 버락 오바마를 '창녀의 아들'이라고 불렀을 만큼 입이 험하기로 이름난 두테르테는 오직 자기만 국정 운영의 수단으로 욕설을 사용해도 된다는 지침을 내렸다.[55] 그럼에도 필리핀 정부는 공중 및 해상 순찰을 강화했고, 미국과 합동 군사훈련을 실시했으며, 인도로부터 브라모스BrahMos 순항 미사일을 구매하려 나섰다.[56] 필리핀은 또 트럼프와 바이든 행정부 하에서 중국과의 교전이 발생할 경우 필리핀군에게 미국의 지원이 이루어지는 방식에서 보다 확실한 보장을 받아 냈다.[57]

　간단히 말해 중국은 남중국해에서 군사적 우위를 차지했으나, 그것은 많은 인접 국가가 중국에 등을 돌리게 하고 나서야 얻어 낸 결과일 뿐이었다. 또 이 해역에 대한 중국의 영유권 주장은 이 지역 해로의 운명을 국제적인 관심의 대상으로 만들어 버렸다. 일본부터 호주와 영국에 이르기까지 많은 나라가 이곳에 해군 순시선을 파견했고, 그러지 않으면 세계 해상 운송의 3분의 1이 통과하는 이 해역을 중국이 지배하는 것에 반대한다는 입장을 표명했다. 그리고 이 지역에 있는 미국의 동맹국들은 다자간 방위협력협정을 체결하고 있다. 이러한 협정 덕분에 동맹국들은 서로 밀접해지고 동시에 미국에 더욱 가까이 밀착하게 될 것이다.

사실 중국은 스스로 더 큰 영향력을 추구할수록 더 큰 적대 세력에 직면하게 되는 악순환에 빠졌다. 호주는 외국의 간섭에 전 사회가 단호하게 대항하기로 결정하면서 2020년 중국이 시작한 경제적 압박을 무사히 이겨 냈다. 호주 지도자들은 미국과 공동전선을 펴지 않을 경우 그 대안은 결국 중국에 종속되는 것임을 깨닫고, 미국과 중국 사이에서 굳이 선택하지 않아도 된다는 달콤한 환상을 버렸다. 호주는 이제 수 세대 만에 가장 대대적인 방위태세 정비에 나서고 있다. 미국의 함선과 항공기를 더 잘 수용하기 위해 북부의 군사기지를 대폭 확장했고, 재래식 장거리미사일에 투자하기 시작했으며, 남태평양의 전략적 위치에 있는 도서에서 중국의 영향력에 맞서 싸우고 있다.[58] 2021년 호주 국방장관은 대만을 둘러싼 전쟁에서 미국을 돕지 않는다는 것은 "상상도 할 수 없는 일"이라고 표현했다.[59] 같은 해 호주 정부는 핵 추진 공격용 잠수함을 미국 기술로 건조하는 내용의 획기적인 협상을 미국 및 영국과 최종 타결했다. 이 협약을 통해 호주 해군은 인도양과 남중국해에서 무시할 수 없는 세력으로 대두될 것이다. 또 영어권의 이들 세 국가는 반反중국 협약 안에서 굳건히 결속하게 될 것이다. 호주 정치권에서 친親중국 유화파Panda huggers는 이제 멸종 위기종이 된 반면에 반反중국 강경파Panda sluggers는 당당하게 활보하고 있다.

아시아 대륙에서 중국의 영향력 확대를 막는 주요 방벽인 인도에서도 똑같은 현상이 벌어지고 있다. 중국에 대한 우려 때문에 인도는 한 세대에 걸쳐 서서히 미국 쪽으로 기울어져 왔다. 그러나 최근 그 속도가 확실히 빨라지고 있다. 모디 총리는 "나는 인도가 발전을 꾀하고 있는 모든 부문에서 미국을 필요불가결한 동반자로 간주한다"라고 선언했다.[60] 2017년 인도는 10년 동안 빈사 상태에 있었던 쿼드(Quad: 미국, 인도, 호주, 일본의 4자 안보 대화)를 부활하기로 합의했다. 인도 해군은 다른 쿼드 참가국과 함께 베트남에서 남중국해에 이르는 해역에 전함을 파견했다. 인도는 전시戰時에 중국의 무역로를 차단할 수 있는 거점인 안다만 니코바르Andaman and Nicobar제도에 미사일 발사대를 설치하고 있으며, 세계 최첨단의 대함미사일로 무장한 함선을 건조하고 있다.[61] 비동맹은 여전히 인도에서 강력한 이념적 지주이지만 더는 실현 가능한 전략이 아니다. 인도 정부는 중국에서 다가오는 임박한 위협을 상쇄하기 위해 미국 쪽으로 기울어진 '불균형 삼각관계'를 추구하고 있다.

인도-태평양 지역을 넘어 더 넓게 보면 세계를 재패하려는 중국의 야심이 국제적인 반발을 불러일으키고 있다. 2019년 유럽연합은 중국을 '체제를 위협하는 경쟁자'로 규정했고, 많은 회원국이 각국의 5G 네트워크에 중국 기술이 참여하는 것을 금지하거나 조용히 배제했다.[62] 중국의 일대일로 계획을 지지하는 바람에 다른 동맹국을 경악시켰던 이탈리아는 2021년 이 결정을 사실상 번복했다. 서유럽의 3대 강국인 프랑스, 독일, 영국은 남중국해와 인도양에 해군 순시선을 파견하기 시작했다. 특히 프랑스는 2021년 쿼드 군사훈련을 앞장서서 주도했다. 2021년 10월 미국, 영국, 일본, 캐나다, 뉴질랜드, 네덜란드 등이 파견한 해군 함선들이 필리핀 해역에서 합동훈련을 실시했다. 일본, 호주, 영국, 프랑스에서는 고위급 관리들이 중국이 대만을 공격할 경우에 대만을 지원하는 방안을 은밀히 논의하기 시작했다.[63] 중국을 상대로 한 정책 기조의 전환은 영국에서 특히 급격하게 일어났다. 2015년 데이비드 캐머런David Cameron 영국 총리는 중국과의 유대가 '황금기golden age'에 들어섰음을 내외에 천명했다. 2019년 영국은 중국의 화웨이가 5G 네트워크를 지배하도록 허용하는 정책으로 중국에 기술적으로 종속될 위험에 처했다. 그러나 2020년부터 형세가 일변했다. 보리스 존슨Borris Johnson 정부는 중국과의 경쟁을 '글로벌 브리튼Global Britain' 전략의 핵심으로 삼는 한편, 그에 상응해 국방비 지출을 확대하겠다고 발표했다.[64]

반격에 나선 것은 이들 강대국만이 아니었다. 2020년 체코 공화국은 뜻밖에도 미국의 화웨이 공격에 동참했다. (체코는 유화 정책의 제물로 희생된다는 게 무엇을 의미하는지를 잘 아는 나라다.) 체코 상원의장은 대만을 방문해 존 F. 케네디John F. Kennedy의 유명한 서베를린 방문 연설을 염두에 둔 듯이 "내가 대만인이다"라고 선언했다.[65] 그 다음 해 캐나다는 외국 국민을 외교 인질로 억류하는 나라를 국제적으로 고립시키는 내용의 '58개국 외교 정책 계획'에 착수했다. 이러한 제재 조치의 대상은 중국이 2018년 캐나다 국민 두 명을 억류한 행위와 정확히 일치한다.[66] 리투아니아는 대만이 수도 빌뉴스에 (대사관 직전 단계인) 외교대표부 사무소를 개설하도록 허용하는 한편, 중부유럽과 동유럽에서 중국의 영향력이 확대되지 않도록 저지하는 활동을 벌이고 있다. 여기에 더해 지역의 경계를 넘어서 단합한 일단의 민주 국가들은 신장 지구의 인종 청소 대학살에 간여한 중국 관리들에게 제재 조치를 부과함으로써 중국공산당의 심장부에 타격을 가했다.

중국은 예상대로 극도로 분노에 찬 반응을 보였다. 중국공산당은 유럽의 관리들은 말할 것도 없고 심지어 유럽의 연구기관에까지 보복성 제재 조치를 내렸다. 그 결과는 중국이 미국과 유럽 사이를 갈라놓을 쐐기로 활용하기를 바랐던 유럽연합과 중국 간의 투자 협상이 불발로 끝난 것이었다. 한 학자는 "이것은 중국이 고압적이고 반사적인 공격성으로 인해 어떻게 손해를 보는지를 잘 보여 준다"라고 썼다. 중국의 무분별한 공격성은 중국공산당이 주도하는 세상에서 사는 것이 얼마나 혐오스러운 일인지를 전 세계 많은 나라가 떠올리게 하기 때문이다.[67]

중국의 어두운 미래

중국의 야심이 실행에 옮겨지지 않도록 하는 것이 중요하다. 그러나 국제 사회의 반反중국 협력은 불완전하게 유지되어 왔고 때때로 중단되었다. 너무나 많은 나라가 여전히 중국과의 무역에 코가 꿰인 것이 주된 이유다. 중국의 경제적 영향력은 동남아시아, 아프리카, 남아메리카, 그 밖의 개발도상 지역의 구석구석까지 침투했다. 싱가포르 총리 리셴룽李顯龍은 2019년 다른 나라가 중국과의 관계를 간단히 단절할 것이라고 기대하지 말라는 예리한 조언을 미국에 했다. 그는 "세계적으로 미국을 지지하는 세력이 어디에 있으며, 누가 장래에 미국 주도 체제에 남아 있을 것인가?"라고 물었다.[68]

미국과 가까운 동맹국인 프랑스와 독일조차 때로는 미온적인 태도를 보였다. 과거 냉전의 상처를 여전히 안고 있는 이들 국가는 세계를 다시 한 번 반쪽으로 갈라놓을 또 다른 냉전을 피하고 싶은 생각이 간절하다. 중국은 동남아국가연합(ASEAN)이나 혹은 유럽연합(EU)에서 자신의 경제적 영향력을 이용해 지역의 결속을 깨거나 무력화함으로써 이러한 어정쩡한 위험회피 성향을 부추긴다. 더욱이 각국 정부가 원하는 것과 경제계가 원하는 것은 다를 수 있다. 2020년부터 2021년 사이 미국과 일본 정부가 중국에 대한 의존을 제한하는 정책을 추진하는 동안에도, 미국과 일본의 민간 투자는 물밀듯이 중국으로 흘러들어 갔다.[69] 군사적 문제와 관련해서도 대만 방어와 서태평양의 안보 강화에 관한 다국적 협의는 여전히 미성숙한 상태. 미 국방부가 나토 동맹국과 함께 누리고 있는 수십 년간의 훈련과 전투로 다져진 깊은 협력 관계와는 비할 것이 아니다. 중국에 대항해 힘의 균형을 잡는 일은 2보 전진했다가 1보 후퇴한다는 느낌이다.

중국도 나름대로 전략적 고립에서 벗어나기 위한 위험회피 전략을 추구해 왔다. 중국은 푸틴의 러시아와 우호적인 협력 관계를 구축했다. 러시아는 중국과 마찬가지로 공격 성향을 선호하고 적을 만드는 데 특별한 재주가 있으며 분노에 차서 현상을 타파하려는 전제 국가다. 이들의 동반자 관계는 10년 전 서방의 관찰자들 대부분이 예측했던 것을 넘어서 경제적, 기술적, 외교적, 군사적으로 깊숙한 협력을 포함한다. 또 중국과 러시아가 한때 영유권 다툼을 벌였던 국경 지대에서 서로 간에 분쟁을 일으키지 않는 상황은 유라시아 대륙과 그 밖의 지역에서 미국과 그 동맹국들을 곤란하게 할 골칫거리를 극대화하겠다는 암묵적 합의를 담고 있다. 러시아의 우크라이나 침공 전야에 시진핑과 블라디미르 푸틴은 양국의 우정은 "무한하다no limits"라고 선언했다. 이어진 러시아의 공격과 그로 인해 초래된 국제적 안보 위기는 힘의 균형이 유럽과 아시아에서 동시에 위협받고 있음을 분명히 보여 준다. 이제까지는 중국과 러시아가 전통적으로 오랜 역사적 경쟁 관계를 누그러뜨리려고 애써 왔다면 지금은 당분간 반反미국, 반反민주주의라는 공통 의제가 그들을 결속시켜 주고 있다.[70]

이러한 연합의 전략적 효과는 잠재적으로 상당히 중요하다. 세계에 대해 근본적으로 다른 장기 비전을 가지고 서로를 불신하는, 애증이 엇갈리는 동반자였던 독일과 일본이 2차 세계대전이 격화되는 과정에서 각자의 군사적 공세로 야기된 혼란과 압력으로부터 서로 이득을 본 것과 마찬가지로, 중국과 러시아는 미국이 이 강력한 두 경쟁 상대 중 어느 한쪽에 전적으로 집중할 수 없다는 사실로부터 이익을 얻는다. 중국과 러시아 사이의 유대는 앞으로 몇 년간 훨씬 더 견고해질 수 있다. 러시아가 우크라이나 침공으로 인해 장기간의 고립에 직면한다면 경제적, 전략적으로 중국에 의존하는 상황은 더 심화될 것이다. 만일 중국이 미국과 그 동맹국들에 의해 더 힘든 형태의 봉쇄를 겪게 된다면 러시아와의 평온하고 생산적인 협력 관계가 중국에게 훨씬 더 가치 있게 될 것이다. 그렇게 되면 미국이 중국과 러시아라는 유사한 강적들을 각기 개별적으로 상대하는 경쟁 상황이 유라시아 대륙의 대부분을 차지하는 보다 일관된 하나의 거대한 전제주의 축과 경쟁하는 상태로 통합되는 시나리오도 더 이상 터무니없는 상상은 아니다.[71]

그러나 이런 경우조차 모든 면에서 중국에게 좋은 것만은 아니다. 시진핑이 히틀러라면 아마도 푸틴은 2차 세계대전 당시 일본의 도조 히데키東條英機나 이탈리아의 무솔리니 정도는 될 것이다. 시진핑의 입장에서 푸틴은 자신보다 약하지만 자칫 실수를 저지르면 자신에게 역풍으로 돌아오는 반항적인 동맹국인 셈이다.[72] 러시아의 우크라이나 침공은 시진핑에게 골칫거리를 안겨 주었다. 푸틴과의 밀접한 관계로 인해 시진핑에게 국제적인 감시와 의심을 불러왔기 때문이다.[73] 중국이 러시아와 가깝게 붙어 있으면 세계의 나머지 대부분의 국가와 멀어질 것이다. 푸틴의 침공이 전 세계적으로 전제주의의 공세에 대한 우려를 높임에 따라 중국에 대항하는 강력한 반발 역시 일으키게 될 것이다.

실제로 전반적인 추세는 분명하고 중국의 관점에서는 불길하기까지 하다. 중국의 힘을 견제하면서 중국을 전략적 틀 안에 가두어 놓기 위해 다양한 주체들이 세력을 결집하고 있다. 앞으로 이러한 일이 더 많이 벌어진다고 예상해 보라.

세계에서 가장 혁신적인 국가는 중국 기업을 서방의 생산 공정과 디지털 네트워크에서 차별적으로 배제시키는 기술 표준을 설정할 수 있다. 민주 국가들의 연합 세력은 세계적으로 자유주의 체제를 수호하려 나서기 시작하는 한편, 중국을 인권 침해 국가로 규정해 치욕을 안기고 제재 조치를 부과할 수 있다. 확대된 4자 안보 대화인 쿼드는 중국이 공세를 펼칠 경우 정보 공유와 군사 작전을 조율할 수 있고, 다시 활성화된 영어권 국가가 더 깊은 기술 및 안보 협력을 추구함에 따라 중국은 적지 않은 희생을 치르게 된다. G7(선진 7개국)을 중심으로 한 서방의 선진 부국들 연합체는 중국의 일대일로 구상과 경쟁하기 위해 자신들의 개발 및 인프라 자원을 결집시킬 수도 있다. 코로나 팬데믹의 여파로 생산 거점을 중국에서 인도나 베트남 등 우호적인 국가로 이전하려는 '공급망 동맹'이 널리 확산될지도 모른다.[74]

나토나 2차 세계대전 중에 있었던 대동맹Grand Alliance과 유사하게 전체를 망라하는 반反중국 단일 연합체가 출현할 것 같지는 않다. 그러나 세계적으로 이미 다수의 중첩적인 반중국 연합체가 형성되고 있다. 이 연합체를 통해 생각이 비슷한 국가가 공동 관심사를 다루고 있다. 그리고 이러한 전략적 역풍은 중국이 감당할 수 있는 것이 아니다.

중국은 몇 가지 국내총생산(GDP) 기준에서 미국을 추월했을
지 모른다. 그러나 다른 중요 지표들을 보면 여전히 매우 취약한 상
태다. 1인당 GDP는 한 나라가 글로벌 패권국이 되기 위해 국민으
로부터 끌어낼 수 있는 부의 규모를 측정하는 중요한 지표다. 이 기
준으로 보면 2019년 미국은 중국보다 6배나 더 부유하다.[75] 유엔과
세계은행이 발표한 총 국부國富 추정치에 따르면, (연간 생산액과는 반
대로) 미국이 현재까지는 훨씬 더 부유한 강대국인 것으로 나타났
다. 만일 중국 경제가 약화된다면 중국의 전망은 더 나빠질 수밖에
없다.[76] 중국에 더 유리한 통계에 따르더라도 미국과 그 동맹국들은
세계 군사비 지출과 경제적 생산에서 여전히 확실한 과반 이상을
차지한다.

어떤 나라도 그렇게 불리한 입장에서 영원히 싸울 수는 없다.
그리고 침체하는 전제 국가가 그럴 수 없다는 건 더욱 분명하다. 중
국공산당은 중국에 반대하는 나라를 분열시켜야만 자신의 장기적
목적을 달성할 수 있다. 그러나 중국의 그러한 분열 책동은 오히려
이들을 단결시키고 있다.

이러한 중요한 계산이 중국에서도 분명하게 나타나기 시작했
다. 2021년 중국 국방장관 웨이펑허魏凤和는 앞으로 다가오는 몇 년
간은 '봉쇄와 역봉쇄' 사이의 싸움이 될 것으로 예측했다. 중국은
미국이 주도하는 체제의 국제적 결속을 깨뜨리려 할 것이고, 반면
에 미국과 그 동맹국은 기존 질서를 유지하려 애쓸 것이라는 전망

이다.[77] 소수의 관찰자들(완곡하게나마 시진핑을 비판할 수 있을 정도로 너무 겁먹지 않는 사람들)은 보다 솔직하게 이 문제를 언급했다. 인민해방군의 고위 장교인 다이쉬戴旭는 10여 개의 동맹국을 가진 초강대국의 적개심을 자극하는 것이 얼마나 치명적일 수 있는지를 분명히 했다. 그는 "미제국주의자를 '종이호랑이'라고 생각하지 말라"면서 "미국은 사람을 죽일 수 있는 '진짜 호랑이'다"라고 썼다. 그는 "제국주의 미국이 당신을 '적'으로 간주한다면 당신은 이미 곤란한 상태에 빠졌다"라고 덧붙였다.[78]

흠잡을 데 없이 매파로서의 자격을 갖춘 이들을 포함해 다른 중국 분석가도 똑같은 메시지를 보냈다. 퇴역 인민해방군 공군 소장인 카오량乔良은 중국공산당이 미국의 영향력에 도전하도록 이끈 지적知的 대부 가운데 한 명으로 꼽히는 인물이다. 그러나 2020년 그는 지나치게 공격적인 행동은 중국의 위대한 부흥 과업을 위험에 빠뜨릴 수 있다고 경고했다. "코로나 팬데믹이 중국에게 '단기간의 전술적 기회'를 주었을지 모르지만, 그 기회의 창은 중국이 장래에 직면하게 될 전략적 딜레마를 해소할 만큼 충분히 크지 않다."[79] 전직 외교관이자 중국공산당의 충직한 당원인 위안난성袁南生도 마찬가지로 "사방에 적을 두는 것"은 대재앙을 부르는 길이라고 주장했다.[80] 옌쉐퉁은 2021년 7월 "미국의 다자간 클럽 전략이 중국을 고립시키고 있으며, 경제 개발과 외교 관계에도 심각한 곤란을 초래하고 있다"라고 인정했다.[81] 2021년 말 미국의 한 연구기관은 "미국이 다자간 국제기구와 미국의 동맹국 및 동반자 국가와의 긴밀한 관계를 중화인민공화국을 봉쇄하는 수단으로 삼고 있다"라는 것이 중국 분석가들 사이에 일치된 견해라는 보고서를 내놓았다.[82]

베테랑 중국 전문가인 리처드 맥그리거Richard McGregor는 시진핑이 지금 내부의 조용한 반발에 직면하고 있으며, 시진핑의 부하 몇몇은 그의 정책이 나라를 어디로 끌고 가는지에 대해 우려하고 있다고 썼다.[83] 중국 관리들은 코로나 이후의 세계를 탐욕스럽게 바라보고 있을지 모른다. 그러나 그들은 중국이 스스로 극복할 수 없는 집단적 적대감을 부채질하고 있다고 우려하는 것 또한 분명하다.

마크 트웨인Mark Twain은 역사는 스스로 반복하지 않는다고 했지만 역사는 어느 정도 운율을 맞추기는 한다. 과거가 결코 현재와 완전히 똑같이 보이지는 않는다 하더라도 기본적인 패턴은 재현되기 때문이다. 역사를 돌아보는 일은 오늘날 미국과 중국이 어디에 서 있는지를 이해하는 데 특히 유익하다.

중국은 여러 면에서 이미 정상권에 오른 강대국이다. 중국은 가공할 만한 지정학적 역량을 이미 갖추었거나 아니면 곧 갖게 될 것이다. 그러나 최상의 전성기가 어쩌면 이미 지나갔다는 의미에서도 중국은 역시 정점에 도달했다고 할 수 있다. 중국공산당은 이제 여러 가지 국내외 문제에 정면으로 맞딱뜨리고 있다. 이러한 문제는 중국이 장기적으로 원대한 전략적 목표를 이루기 매우 어렵게 할 것이다. 간단히 말해 중국은 국내에서는 수많은 악성 암癌이 퍼지고 있고, 국제적으로는 경계심을 곤두세운 여러 경쟁자에 둘러싸여 있다. 이런 나라가 어떻게 자신의 행동이 초래한 모든 저항과 반발을 영원히 넘어설 수 있을지는 의문이다.

중국이 처한 상황은 미국의 관점에서 희소식처럼 보일지 모른다. 그러나 전적으로 안심하기에는 이르다. 중국이 안고 있는 문제가 앞으로 몇 년간 더욱 악화됨에 따라 중국의 미래는 더욱 암울해질 것이다. 경제적 쇠퇴와 지정학적 포위라는 쌍둥이 망령이 중국 공산당 간부들을 쫓아다니며 무자비하게 괴롭힐 것이다. 그리고 그런 상황이야말로 우리가 정말 걱정해야 할 때다. 세계를 얻고자 하는 나라가 평화로운 방법으로는 그 목표를 달성할 수 없다는 결론에 이르게 되면 과연 무슨 일이 벌어지겠는가? 역사가 보여 주는 답은 결코 좋은 것이 아니다.

4

몰락하는 강대국의 위험

1914년 독일 황제 빌헬름 2세Wilhelm II는 표면적으로 낙관할 만한 이유가 충분했다. 한 세기 전 독일제국의 전신인 프러시아는 나폴레옹에게 패했다. 1850년대에 이르기까지 느슨한 연합체였던 독일은 나중에 영국의 한 관찰자가 표현했듯이, "하찮은 군주들이 지배하는 한 무리의 보잘것없는 국가들"이었다.[1] 그러나 1871년 이들 국가가 통일된 이래 독일은 강대국으로 형성되어 갔다.

　독일의 공장이 철과 강철 제품을 쏟아 내면서 독일은 한때 난공불락이었던 대영제국의 경제적 주도권을 허물어 버렸다. 독일은 유럽에서 견줄 상대가 없는 강력한 육군을 길러 냈고, 몸집을 불린 독일 해군은 해상에서 영국의 우위를 위협했다. 1900년대 초 독일은 해외 식민지와 글로벌 패권 장악을 목표로 해서 대담하게 '세계 정책world policy'을 추구하는 대륙의 중량급 강자가 되었다. 역사학자 A. J. P. 테일러Taylor는 "독일은 다른 모든 대륙 국가들 사이에서 단연 두각을 나타냈다"라고 썼다. 당시 독일은 당연히 유럽과 그 밖의 지역까지 지배할 것처럼 보였다.[2]

그러나 빌헬름 2세 황제와 그의 참모들은 확신을 갖지 못했다. 동쪽으로는 숙적 러시아가 육군을 증강하고 함대 규모를 확대하며 군대의 전쟁 준비에 필요한 기간을 대폭 단축하고 있었다. 서쪽으로는 또 다른 숙적 프랑스가 독일에 대적할 수 있을 만큼 획기적으로 육군을 증강하고 있었다. 설상가상으로 프랑스-러시아-영국 사이의 우호 협정을 맺어 세 나라가 독일을 포위한 반면에 황제의 동맹국들은 (빌헬름 2세가 불평했듯이) 썩은 과일처럼 떨어져 나가고 있었다.[3] 아마도 시간은 독일 편이 아니었을 것이다. 빌헬름 2세가 강대국으로의 도약을 곧 서두르지 않았다면, 독일의 군사적 지위와 세계 패권의 희망은 무너졌을지도 모르기 때문이다.

독일군 참모총장 헬무트 폰 몰트케Helmuth von Moltke는 1914년 "우리가 아직 승리할 가능성이 있는 동안 독일은 반드시 적을 공격하여 패배시켜야 한다"라며 "설사 그러한 공격이 가까운 장래에 전쟁을 일으키는 것을 의미하더라도 불가피하다"라고 선언했다.[4] 그해 여름 유럽에 외교적 위기가 발생했을 때 독일 정부는 이를 그대로 실행에 옮겼다. 오스트리아 황태자 암살 사건이 '1차 세계대전'으로 알려진 국제적 대전란으로 비화하도록 부추기는 결정을 내리며 위험을 무릅쓰고 모험에 나선 것이다. 독일의 국력 신장이 힘의 균형을 깨뜨릴 수 있는 수단을 가져다주었다면, 국력 쇠퇴가 임박했다는 위기감은 유럽을 암흑상태에 빠뜨리는 무모한 도박에 나서도록 밀어붙였다.

이러한 시나리오는 여러분이 생각하는 것보다 더 일반적인 현상이다. 정치학자들 사이에 통용되는 상식에 따르면, 강대국들은 상승하거나 아니면 쇠락하는 상태에 있다. 즉 새롭게 떠오르는 강대국은 앞으로 전진하고 쇠락하는 강대국은 뒤로 후퇴하는 것이다. 그리고 가장 큰 긴장과 가장 참혹한 전쟁은 떠오르는 도전자가 기존의 초강대국을 추월할 때, 다시 말해 정치학자들이 '권력 이행 power transition'이라고 부르는 시기에 발생한다. 현실은 더 복잡하다.

어떤 나라는 상승과 하락을 동시에 겪을 수 있다. 우리가 과거에 신흥 강대국으로 보았던 국가들은 흔히 경제 침체와 적대적인 주변국들에 둘러싸인 전략적 포위를 함께 겪었다. 위험하고 적대적인 행동을 일으키는 원인은 계속된 상승세로 생겨난 낙관주의가 아니라, 그 결과로 나타나는 하락에 대한 두려움이다. 성장이 둔화하면 대개 불안감에서 비롯된 팽창 정책이 뒤따른다. 어떤 나라가 적국으로 둘러싸이면 닫히는 고리를 깨기 위해 무리수를 시도할 수도 있다. 무엇보다 중요한 것은 '패권 이행 hegemonic transition'이 진행되지 않은 경우에도 충돌이 일어날 수 있다는 점이다. 이전에 한때는 떠오르는 도전자였던 나라가 적대국을 추월하지 못한다는 현실을 깨닫게 되면 진짜 덫에 빠질지 모른다. 현실에 만족하지 못하는 신흥 강대국에게 기회의 창이 닫히기 시작하고, 그 지도자들이 이전에 약속한 영광스러운 미래를 이룰 수 없다는 불안감에 휩싸이면, 아무리 승리할 가망이 없는 무모한 돌격일지라도 치욕적인 추락보다는 나은 선택으로 보일 수 있다.

달리 말하자면 그동안 중국이 걸어온 행적이 우려스러운 이유는 그들이 거침없이 미국을 추월할 것이라는 예상 때문이 아니다. 역사상 가장 치명적인 전쟁은 자신의 미래가 더는 밝아 보이지 않는 도전적인 신흥 강대국에 의해 시작되었다는 사실 때문이다.

투키디데스가 틀렸을까?

오늘날 강대국 사이의 충돌 원인을 두고 합의된 정설은 주로 고대의 한 전쟁 기록에서 가져온 것이다. 투키디데스Thucydides는 기원전 431년부터 405년까지 아테네와 스파르타 사이에 벌어진 대大펠로폰네소스전쟁Great Peloponnesian War을 기록한 연대기에서 고전적 공식을 제시했다. 발군의 해군력과 성장하는 제국을 바탕으로 새롭게 부상한 아테네가 그때까지 고대 그리스 세계를 주도해 온 육상 강국 스파르타를 위협했다. 스파르타인들은 아테네가 성장하고 군사력을 증강하며 다른 주변 국가를 자신의 세력권으로 끌어들이는 과정을 초조하게 지켜보았다. 스파르타는 여러 면에서 도저히 받아들이기 어려울 정도로 자신의 영향력이 도전 받고 있다는 사실을 알게 되었다. 일련의 위기가 점차 고조되는 가운데 스파르타는 너무 늦기 전에 싸우기로 결심했다. 다시 말해 "온 힘을 다해 적대 세력에게 몸을 던지고, 가능하면 당장 전쟁을 개시해서 적을 깨부수기로 결심한 것이다."[5] 그에 뒤이어 벌어진 끔찍한 전쟁으로 양측 모두가 초토화되었고, 그리스의 황금시대는 종말을 고했다.

투키디데스는 국제관계학의 아버지로 여겨지며, 강대국 사이의 충돌을 바라보는 그의 설명은 여전히 국제관계학의 중심에 자리 잡고 있다. 패권 이행 이론power transition theory에 따르면 신흥 국가가 기존 패권국을 추월하려고 위협할 때 전쟁이 일어날 가능성이 크다. 도전자가 점차 강성해짐에 따라 기존 체제는 불안정해진다. 신흥 강자는 기존의 패권국과 힘겨루기를 시도하고, 그 결과는 적대적인 대립의 소용돌이에 빠져드는 것이다. 한 정치학자는 "현실에 불만인 신흥 도전국의 역량이 주도권을 가진 기존 패권국의 힘에 근접하기 시작하는 기간 중에 전쟁이 일어날 가능성이 가장 크다"라고 썼다.[6]

2015년 하버드대학교의 그레이엄 앨리슨Graham Allison은 이 고대인의 지혜를 활용해 현재의 강대국 사이 대립을 설명했다. 앨리슨은 역사를 통틀어 패권 이행은 전쟁으로 이어졌다고 주장했다. "중국이 조만간 세계사에서 가장 큰 주역이 될 것이기 때문에 그렇게 될 위험이 특히 첨예하다."[7] 다가오는 수십 닌 동안의 과제는 세계의 주도국인 미국을 대체하게 될 신흥 강국 중국이 패권 이행의 과정에서 폭력적인 대재앙을 일으키지 않도록 관리하는 일이 될 것이다. 이러한 공식에 시진핑이 매료된 것은 놀랍지 않다. 그는 '투키디데스 함정'을 인용해서 아시아와 그 밖의 지역에서 중국의 우위를 인정할 것을 미국에 요구했다.[8]

투키디데스의 논지에는 기본적인 진리가 담겨 있다. 바로 신흥 강국의 부상은 세계를 요동치게 한다는 것이다. 2500년 전 아테네가 강력한 초강대국이 되지 않았다면 스파르타에게 그렇게 큰 위협이 되지 않았을 것이다. 중국이 여전히 취약하고 빈곤한 국가였다면 미국과 중국도 지금과 같은 적대적 대립 관계에 갇히지 않았을 것이다. 신흥 강대국은 일반적으로 기존 패권국을 위협하는 방식으로 자신의 영향력을 확대하기 마련이다. 그러나 실제 전쟁에 돌입하기까지 속셈은 겉으로 보이는 것만큼 그렇게 간단하지 않다.

그 이유를 알기 위해서는 다시 펠로폰네소스전쟁으로 되돌아 가야 한다. 강대국 간 충돌에 관해 선도적인 현대 역사학자 도널드 케이건Donald Kagan은 아테네의 상승이 기원전 460년부터 기원전 445년까지 치러진 '1차 펠로폰네소스전쟁'을 초래했을 가능성이 크다는 것을 보여 준다. 그러나 이 전쟁은 포괄적인 평화 합의로 끝났다. (투키디데스가 연대기로 기록한) '대펠로폰네소스전쟁'의 원인은 더 복잡했다. 스파르타와의 충돌이 일어나기에 앞서 몇 년 동안, 아테네는 더 이상 영향력을 확대하지 않아도 될 정도로 이미 성장한 강대국이었다. 그러나 급속한 쇠락을 두려워했기 때문에 평화적 상태에 부담을 지우고 결국은 파열적인 행동에 나섰다.

아테네의 행동을 촉발한 원인은 스파르타의 동맹국인 코린트

Corinth와 중립적 강국이었던 코르키라Corcyra 사이에 에피담누스Epi-damnus라 불리는 잘 알려지지 않은 지역을 두고 벌어진 분쟁이었다. 코린트는 이 분쟁에서 승리해 코르키라의 강력한 함대를 자신의 함대에 보태려던 참이었다. 그렇게 되면 코린트의 동맹국 스파르타는 아테네의 영향력과 번영의 토대인 해군력의 우위를 무력화시킬 수 있는 능력을 갖추게 될 터였다. 케이건은 "아테네인들은 단 한 번의 공격으로 힘의 균형에 치명적 변화가 일어날 수 있다는 위기감에 휩싸였다"라고 썼다.[9] 이러한 악몽이 아테네인을 코린트와 코르키라 사이의 분쟁에 끌어들였고, 그것이 연쇄반응을 일으켜 대펠로폰네소스전쟁을 일으키게 되었다.

강대국을 절박한 상태로 몰아가는 요인이 무엇인지를 이해할 수 있는 단서가 여기에 있다. 상대적인 부와 국력이 신장하고 국제적으로 지위가 상승하는 국가는 당연히 지정학의 지평을 넓히려 할 것이다. 그러면서 섣불리 기존 패권국의 분노를 사지 않도록 결정적인 대결은 늦추고 싶을 것이다. 그런 나라는 아마도 중국이 냉전 이후 20년간 그랬듯이 자신의 역량을 숨기고 때를 기다리는 식으로 처신할 것이다.

이제 대안이 될 수 있는 다른 시나리오를 상정해 보자. 현실에 만족하지 못하는 어떤 나라가 힘을 축적하면서 자신의 야망을 차근차근 키워 왔다. 이 나라의 지도자들은 극단적인 국수주의를 부추겨 왔다. 그들은 국민에게 과거의 굴욕을 되갚아 줄 것이며, 국민의 위대한 희생은 보상 받을 것이라고 약속했다. 그러나 경제 성장이 둔화되었기 때문에 혹은 이 나라의 상승을 방해하기로 작정한 경쟁국들의 연합체와 충돌하는 바람에, 이 나라는 이윽고 절정기를 지나게 된다. 기회의 창은 닫히기 시작하고 취약성의 창이 열릴 조짐을 보인다. 이런 상황에서 현상을 타파하려는 강대국은 더 공격적이고 심지어 예측 불가하게 행동할지 모른다. 너무 늦기 전에 무엇이든 해볼 수 있는 기회를 잡으려는 충동을 느끼기 때문이다.

이것이 오늘날 중국에 대해 미국이 직면하고 있는 골치 아픈 가능성이다. 그리고 그런 일은 과거에 여러 번 일어났다.

막다른 길을 만난 강대국들

경제 성장의 둔화부터 시작해 보자. 빠르게 성장해 온 국가가 심각한 침체를 겪으면 무슨 일이 벌어질까? 이 질문에 답하려고 우리는 지난 150년 동안의 모든 사례를 들여다보았다. 이 기간 중 주요 강대국의 1인당 GDP는 7년 동안 세계 평균보다 적어도 두 배 이상 빠르게 증가했고, 그다음 7년 동안은 적어도 50퍼센트가량 둔화되었다.[10] 이들 국가는 크게 치솟았다가 그다음엔 바닥으로 추락했던 것이다. 대개는 급격한 경착륙을 겪었다.

지난 150년 동안 침체한 신흥 국가 대부분은 (시장과 자원을 확보하기 위해 국가 권력을 사용하는) 중상주의 정책과 해외 진출을 하면서 경제를 회생시키려 했다. 이들 국가는 국내에서는 강력한 탄압 정책을 폈고, 해외에서는 영향력을 미칠 수 있는 새로운 영역을 개척하러 나섰다. 또 군사력을 증강하고 이를 보다 적극적으로 활용했다. 이러한 행동은 많은 경우 강대국 사이의 긴장을 증폭시켰고, 어떤 경우에는 대규모 전쟁을 일으켰다.

휘청거리는 강대국이 왜 문제가 될까? 그 논리는 간단하다. 급속히 성장하는 시대는 국가의 야심을 부채질하고 국민의 기대 수준을 높이며 경쟁국을 불안하게 만든다. 오랜 경제 호황기 동안 재계는 넘치는 수익을 즐기고 국민은 풍족한 생활에 익숙해지며 국가는 국제적으로 더 큰 영향력과 명성을 성취한다. 지도자들은 국민에게 번영과 영광의 미래를 약속함으로써 이러한 기대를 충족시킨다. 그런데 침체는 이 모든 것을 위태롭게 한다.

성장 둔화는 지도자들이 국민의 욕구를 충족시키기 어렵게 만든다. 부진한 경제적 성과는 해당 국가를 약화시키고 경쟁국에게 우위를 내준다. 정치 상황의 불안을 염려한 지도자들은 국내의 반체제 인사들을 탄압한다. 이들은 경제의 성장세를 회복하고 해외의 포식자들을 저지하겠다고 작심한다. 대외적 팽창 정책은 하나의 탈출구처럼 보인다. 즉 새로운 부의 원천을 확보하고, 지도자들을 중심으로 나라를 결집시키며, 다가오는 외부의 위협을 물리칠 수 있는 절호의 기회처럼 보이는 것이다.[11]

많은 나라가 이 경로를 따랐다. 여기에는 예상하지 못할 법한 몇몇 나라도 포함되어 있다. 미국의 핵심적인 나토 동맹국인 프랑스는 2차 세계대전 이후 오랜 경제 호황기를 누렸다. 이 호황은

1970년대에 흐지부지 사라졌다. 프랑스는 이런 상황에 대처하기 위해 아프리카에서 과거의 경제적 영향권을 재건하려고 시도했다. 프랑스는 1만4000명의 병력을 이전 식민지에 파견했고 그 후 20년 간 열두 번의 군사적 개입을 수행했다.[12] 또 다른 민주주의 진영의 국가인 일본은 1970년대 침체에 빠지기에 앞서 1950년대와 1960년대에 훨씬 더 급속하게 성장했다. 일본은 동남아시아에 지정학적, 경제적 거점을 구축하겠다는 희망을 품고 이 지역에 투자를 늘리는 한편, 일본 기업들로 하여금 핵심 산업 분야에서 세계 시장을 차지하고, 석유와 같은 긴요한 자원에 접근하는 길을 확보하도록 지원하는 방식으로 경제 침체에 대응했다. 이 경우 일본은 군사적으로 공격성을 강화하지는 않았지만 자국의 투자와 해상 운송로를 보호하는 차원에서 강력한 해군력을 발전시켰다.[13]

미국조차 한때 불안한 팽창에 나선 적이 있다. 미국은 1880년대 남북전쟁 이후의 오랜 경제적 상승세가 막을 내렸고, 1890년대에는 극심한 금융 위기와 장기간의 불황을 겪었다. 전국적으로 실업률이 1894년부터 1898년까지 평균 12퍼센트에 달했다. 파업과 직장 폐쇄, 그 밖의 노동쟁의가 빈번하고 과격해졌다.[14] 국내의 갈등에 시달리던 미국 관리들은 당시 전 세계를 먹어치우고 있었던 유럽의 거대 제국들에게 미국이 취약한 상태로 노출되어 있다는 점 또한 우려했다. 아프리카와 아시아는 이미 이들 유럽제국이 집어삼킨 상태였고 서반구가 그다음 먹잇감이 될 수도 있었다. 미 국무장관 리처드 올니Richard Olney는 "전시戰時의 적들뿐 아니라 평시平時의

경쟁국들도 우리의 문전에서 호시탐탐 노리고 있음을 알게 될 것"이라고 경고했다.[15]

미국은 이런 운명을 순순히 받아들이지 않았다. 미국 정부는 국내에서 파업을 폭력적으로 진압했고 외국산 상품의 관세를 대폭 올리면서 폭발적인 대외 팽창에 나섰다.[16] 미국은 라틴아메리카와 아시아의 새로운 시장에 투자와 수출을 대폭 증대하는 한편, 유럽산 상품에 대해 국내 시장은 상대적으로 폐쇄된 상태를 유지했다.[17] 또 대규모 해군력을 구축했고 푸에르토리코, 필리핀, 파나마운하와 같은 핵심적인 전략적 요충지를 장악했다. 미국은 이 시기에 스페인과 전쟁을 벌였고, 중국에 군대를 파견했으며, 서반구에서 외세를 몰아낼 권리를 주장했다. 손꼽히는 팽창주의자 한 사람은 "미국은 … 우리 국민이 맞닥뜨릴 수 있는 가장 중대한 국면에 직접 대면하고 있다"면서 "미국은 반드시 자국의 교역 수단을 보호해야 하며, 그러지 않으면 질식사할 위험을 무릅써야 할 것"이라고 썼다.[18]

다행히 이들 사례는 불안감에서 비롯된 세력 확대가 과격하게 진행되지 않은 경우였다. 이런 경우에는 민주적인 제도가 공격적 충동과 내부의 긴장을 완화하는 충격 흡수 장치의 역할을 했다. 이들 국가는 여전히 해외 시장에서 경쟁할 수 있는 상대적으로 개방되고 역동적인 경제 체제를 이루고 있었다. 이러한 특성으로 인해 군사적 공격을 이용해 폐쇄적인 경제 블록을 만들기보다는 혁신과 평화로운 교역을 장려하는 방식으로 보다 쉽게 경제를 회복시킬 수 있었다.[19] 마지막으로 전후 일본과 프랑스는 미국이 주도하는 상대적으로 건전한 세계 질서 속에서 지냈기 때문에 최악의 중상주의적 팽창에 나설 필요(또는 능력)가 줄어들었다.

권위주의 정권에 침체가 오면

민주적 정통성을 결여하고 과격한 국수주의와 결탁한 권위주의 정권에 침체가 닥친다면 어떻게 될까? 경쟁력 없는 국가 통제 경제가 중상주의 정책에서 이득을 보는 부패한 자본주의에 의존한다면? 방법은 국가가 해외 시장에 쳐들어가서 핵심 자원을 장악하는 것이다. 그것이 국제 정치 질서의 와해를 의미하더라도 말이다.

　제정 러시아를 생각해 보자. 이 나라는 1880년 말부터 세기 말에 이르기까지 경제 호황을 누렸다. 산업 산출은 두 배로 늘었고 철강, 원유, 석탄 생산량은 세 배로 증가했다. 그러나 1900년에는 이미 깊은 불황이 진행되고 있었다. 농노는 지주의 장원을 약탈했고 노동자는 철도와 공장을 파괴했으며 수십 명의 관리가 암살당했다. 러시아의 통치자는 기술적 후진성으로 인해 러시아가 선진국들에게 예속된 '산업의 포로'로 전락하지 않을까 우려했다.[20]

　겁에 질린 전제주의 정부는 가혹한 탄압에 나섰다. 1905년까지 제국의 70퍼센트가 계엄령 하에 들어갔고 1만 명 이상이 처형되었다. 러시아의 군사력은 성장했다. 1901년부터 1905년 사이 러시아의 해군 예산과 함대 규모는 거의 40퍼센트 가까이 늘어났다.[21]

정부가 통제하는 은행과 산업체는 경제적 팽창의 도구가 되었다. 상트페테르부르크 정부는 동아시아에서 영향력을 강화하려는 정책을 강하게 밀어붙였다. 조선에서는 식민주의적 이권을 추구했고 만주에는 17만 명의 병력을 파견했다. 그러나 이러한 움직임은 역효과를 냈다. 일본의 적대감을 불러일으키는 바람에 20세기 최초의 강대국 사이의 전쟁인 러일전쟁을 유발했고, 러시아는 이 전쟁에서 패했다.[22]

한 세기가 지난 후 블라디미르 푸틴이 통치하는 러시아는 유사한 상황에서 공격적으로 바뀌었다.[23] 글로벌 금융 위기와 석유 가격 폭락으로 인해 탄화수소 연료로 추진되는 성장 방식이 종말을 고한 이후, 푸틴은 러시아의 국제적 지위를 강화하고, 자원에 의존하는 경제를 지탱하며, 자신의 통치에 도전하는 세력을 막기 위한 새로운 방법이 필요했다. 그는 반체제 인사를 범죄자로 규정했고 정적을 살해했으며 러시아를 더 깊은 권위주의 체제로 끌어들였다. 푸틴은 국수주의와 해외의 적들에 대한 외국인 혐오증을 소환했다.[24] 또 러시아를 중심으로 한 유라시아 경제 블록의 창설을 추진했다. (그의 지지자는 이를 '새로운 제국주의적 공동체'라고 일컬었다.) 그는 거대 석유기업 로스네프트Rosneft와 같은 국영기업과 정부가 지원하는 용병을 국가적인 영향력 확대의 수단으로 해외 지역에 파견했다. 특히 러시아의 영향권에서 벗어나려고 시도했던 인접한 두 나라(조지아와 우크라이나)의 영토를 일부 강점하는 한편, 시리아 내전에 개입하고 있다. 1904년 러시아의 한 장관은 (어리석게도) "우리는 승리를 거두는 작은 전쟁이 필요하다"라고 주장했다. 러시아의 21세기 차르는 이런 전술을 너무나 잘 알고 있다.[25]

실제로 러시아의 우크라이나 침공은 정점에 도달한 강대국의 역학이 작동하고 있음을 잘 보여 준다. 2010년대 초 유럽연합(EU) 은 우크라이나에 포괄적인 자유무역 협정을 제안함으로써 유라시 아 블록을 향한 푸틴의 미래 구상에 위협을 가했다. 이 협정이 체결 됐더라면 많은 러시아산 생산물의 교역이 차단되었을 것이다.[26] 이 협정은 또 우크라이나를 EU의 공동 안보 및 방위 정책에 통합시킬 것을 요구했다. 이 조치는 러시아 지도자들이 나토 회원국 가입으 로 이어지는 지름길이라고 여길 법한 움직임이었다.[27]

러시아는 우크라이나가 EU의 제안을 거부하도록 강하게 압 박했다. 2013년 11월 당시 우크라이나 대통령 빅토르 야누코비치 Victor YanuKovych가 이 협정을 폐기했을 때만 해도 러시아는 소기의 목적을 달성한 것처럼 보였다.[28] 그러나 협정 폐기 결정은 우크라이 나에서 대규모 항의 시위를 촉발했고, 결국 야누코비치는 러시아로 도주할 수밖에 없었다. 러시아 관리들은 우크라이나가 반으로 쪼개 지기 직전이라고 하며, EU가 이 나라의 서쪽을 집어삼킬 것이고, 러 시아는 우크라이나와의 가스 공급 계약 및 크림반도에 있는 해군기 지를 잃을 것이며, 그로 인한 혼란은 러시아에서 정치적 불안을 일 으킬 것이라고 경고했다.[29] 우크라이나가 서방으로 기울고 그에 따 른 혼란이 예상되는 상황에 맞닥뜨리자, 푸틴은 수년 동안 증강시 켜 온 군사력을 동원해 우크라이나를 해체하는 길을 선택했다. 러시아는 2014년 크림반도를 병합하고 우크라이나 동부 지역에서 반란을 일으켰다. 이후 2022년 러시아가 (2차 세계대전 이후 유럽에서 일어난 가장 큰 국가 간 무력 충돌인) 전면적인 침공을 개시할 때까지 공공연한 적대 상황이 지속되었다.

경제 침체는 역사상 유례가 없는 가장 폭력적이고 극도로 파괴적인 행동에 나서는 이유를 설명하는 데도 도움이 된다. 1920년대에 일본과 독일은 막다른 벽에 부딪히기 전까지 빠르게 성장해왔다. 대공황 기간 중에 두 나라는 광란의 팽창 정책을 계속 펼쳐 나갔다. 오도된 악성 이념과 함께 (대부분 스스로 만들어 낸) 적들이 먹잇감을 차지하기 전에 영토, 자원, 기타 자산을 먼저 장악하려는 욕구가 이들의 팽창 정책을 부추겼다.[30]

이들 사례는 모두 사정이 복잡하다. 한 나라를 전쟁으로 몰고 가는 요인이 단 한 가지만은 아니기 때문이다. 그러나 여기에는 분명한 패턴이 있다. 급속한 성장이 과감하게 행동할 수 있는 능력을 준다면, 침체는 성급한 팽창과 적대적 행동에 나설 강력한 동기를 부여한다. 이것이 장기간의 상승에 뒤이은 급격한 하락이 국제정치에서 가장 위험한 양상의 사태가 전개되는 이유다. 현상 변경을 추구하는 신흥 강국이 '지정학적 포위'라는 두 번째 도전에 어떻게 대처하는지를 살펴보면 이와 유사한 모습을 보게 된다. 몇몇 역사상 가장 파국적인 도박은 한때의 신흥 강국이 자신이 추구해 온 영광의 길이 곧 가로막힐 것이라는 결론을 내렸을 때 나타났다.

지금 아니면 기회가 없다: 독일과 1차 세계대전

독일제국이 교과서적인 사례다. 19세기 말에서 20세기 초까지의 영국-독일 간 경쟁은 종종 미국-중국 간 경쟁의 전례前例로 간주된다. 두 경우 모두 급속히 성장하는 전제주의 강대국이 당시의 자유주의 초강대국에 도전하는 양상이기 때문이다. 그러나 더욱 불길한 전조는 이것이다. 바로 궁지에 몰려 몰락하는 독일이 싸우지 않고서는 경쟁국을 추월할 수 없다는 것을 깨달았을 때 전쟁이 일어났다는 사실이다.

1차 세계대전은 독일의 놀라운 상승 시대에 파국적인 종지부를 찍었다. 1864년부터 1871년 사이 빌헬름 1세와 그의 철혈재상 오토 폰 비스마르크Otto von Bismarck는 덴마크, 오스트리아-헝가리제국, 프랑스 등과 벌인 짧고도 잘 조율된 일련의 전쟁을 겪으며 독일제국을 세웠다. 이 통일국가는 곧 산업의 거인이 되었다. 1910년에 독일은 유럽의 선도적인 경제 대국이 되어 있었다. 1914년 독일은 영국의 두 배에 달하는 철강을 생산했고, 두 배가 더 긴 철로를 보유했다. 1880년부터 1914년 사이 방위비 지출은 거의 다섯 배로 증가했다. 독일제국은 곧 유럽에서 가장 무시무시한 육군을 호령하게 되었고, 독일의 조선소는 영국을 바짝 따라잡을 정도의 해군력을 구축하고 있었다. 역사학자 폴 케네디Paul Kennedy는 돌이켜 보면, "서로 인접한 그 어떤 국가라도 상대적 전력이 영국과 독일 사이에 일어난 것만큼 후천적으로 크게 바뀐 적이 있었는지 의문"이라고 했다.[31] 나폴레옹 이래 유럽에서 육지를 지배할 만한 잠재력이 있으면서 동시에 해상에서의 패권까지 다투었던 국가는 나타난 적이 없었다.

그러나 독일의 부상은 늘 위태로웠다. 사방에 잠재적 적들이 있었기 때문이다. 이동이 빈번한 대륙의 중심부에 자리 잡은 독일의 위치는 큰 영향력을 행사할 수 있도록 하지만 반드시 주변국들의 시기와 질투를 불러오게 되어 있다. 더군다나 독일은 세계에서 탐내는 식민지 소유권의 대부분을 기존의 제국이 이미 차지했거나 잡아채려는 시점에 뒤늦게 강대국으로 부상했다. 따라서 (비스마르크가 '연합체의 악몽'이라고 불렀던) 적대국들의 연합 세력을 자극하지 않도록 하기 위해서는, 아무리 강력하고 국력이 급신장하는 독일일지라도 조심스럽게 발을 내디딜 수밖에 없었다. 힘을 모은 적대국들이 독일을 무너뜨릴 수도 있었기 때문이다.[32]

1890년대까지 독일은 교묘한 게임을 벌였다. 통일 전쟁 동안 비스마르크는 적국이 집단적으로 독일을 공격하지 못하도록 능란하게 막아 냈다. 그는 1866년 프러시아가 오스트리아-헝가리제국을 대파한 이후 빈(비엔나)으로 바로 진격하기를 거부했다. 상처 입은 경쟁자가 영원한 적이 될 것을 우려해서였다. 비스마르크는 1870년 프랑스가 전쟁을 시작하도록 교묘하게 도발했다.[33] 통일 이후 비스마르크는 유럽의 복잡한 농맹 정치를 은밀히 조종했고, 이 신생 제국이 적들에게 포위당하지 않도록 독일의 세계적 야심을 억제했다. 그는 "내 아프리카 지도는 여기 유럽에 있다"라고 명확히 했다. 다시 말해 유럽에서 스스로를 제국주의 경쟁의 표적으로 만드는 대신, 경쟁국이 해외로 팽창에 나서도록 조장해서 이들이 서로 이전투구泥田鬪狗를 벌이게 만들어야 한다는 것이다.[34]

그러나 19세기 '야심을 숨기고 때를 기다리는' 독일의 전략은 오래 가지 못했다. 비스마르크 자신이 그만큼 오래 버티지 못했기 때문이다. 더 충동적인 빌헬름 2세는 1890년 그를 재상에서 해임해 버렸다. 독일은 유럽에서는 물론 전 세계적으로 확장 정책을 추구하는 데 거리낌이 없어졌다. 시장, 자원, 해외 제국을 독일의 경쟁국들과 대등한 수준으로 건설하겠다는 취지의 '세계 정책world policy'에 착수한 것이었다. 독일은 독일이 지배하는 '중부유럽Mitteleuropa'을 구상했다. 이 구상이 실현되면 독일에 경제적 안전 보장과 세계적으로 영향력을 행사할 수 있는 기반이 제공될 것이었다. 당시 외무장관이었고 후에 총리가 된 베른하르트 폰 뷜로Bernhard von Bülow는 1897년 "독일인이 한 이웃에게는 땅을 내주고 다른 이웃에게는 바다를 내준 후에, 자신들에게는 순수한 정신이 지배하는 허공만을 남겼던 그런 시절은 갔다"면서 "독일은 마땅히 차지해야 할 양지陽地를 요구할 것"이라고 선언했다.[35]

이러한 정책은 다른 나라를 음지陰地로 밀어내겠다는 위협이었다. 아프리카, 근동 지역, 태평양, 서반구 등지에서의 제국주의적 이권 요구는 독일을 영국, 프랑스, 러시아, 미국 등 열강과의 분쟁으로 끌어들였다. 독일군의 막강한 전력은 여전히 분노로 속을 끓이던 프랑스에게는 치명적인 위험을 내포했다. 아마도 가장 중요한 대목은 영국이 자랑하는 해군을 저지하고, 그럼으로써 유럽 및 전 세계에서 마음대로 행동할 수 있는 자유 재량권을 갖겠다는 의도로 독일이 강력한 전함 함대를 구축한 점이다. 비스마르크는 독일이 기존 질서를 존중할 것이라고 부지런히 다른 나라를 안심시켰다. 그러나 그의 후임자들의 행동은 독일이 그런 질서를 깨뜨리려 한다는 의구심을 불러일으켰다. 영국 외교관 에어 크로_{Eyre Crowe}는 "(독일이) 일반적인 정치적 주도권과 해양 지배권을 추구하는 것은 인접 국가의 독립과 궁극적으로는 영국의 존립을 위협했다"라고 썼다.[36]

그 결과 독일은 비스마르크가 우려했던 포위를 자초하기 시작했다. 1894년 프랑스와 러시아는 독일을 목표로 삼은 군사 동맹을 체결했다. 영국은 타의 추종을 불허하는 전함 함대를 유지하고, 이들을 독일 가까이에 포진시키는 데 전력을 쏟았다. 영국의 해군 제독 재키 피셔_{Jackie Fisher}는 "독일은 전 함대를 항상 영국에서 몇 시간 안에 도달할 수 있는 거리에 집중 배치했다"라고 지적하고 "따라서 우리는 독일보다 두 배 더 강력한 함대를 독일에서 몇 시간 안의 거리에 유지해야 한다"라고 강조했다.[37] 독일에 더 큰 타격을 입힌 것은, 독일이 강력하게 자기주장을 하고 나섬에 따라 영국이 북해 너머의 위협에 집중하기 위해 (프랑스, 러시아, 일본, 미국 등) 다른 경쟁국과의 분쟁을 매듭지었다는 사실이다. 독일은 유럽의 지형을 치명적인 덫으로 바꿀 수 있는 불안 요소를 현실화시켰다. 뷜로가 표현했듯이, "독일은 독일을 고립시켜 무력화하려는 강대국 연합과 정면으로 대치하게 되었다."[38]

독일은 또 경제적 봉쇄에도 직면했다. 독일의 산업 성장은 자연히 다른 나라의 불안감을 자극했다. 영국 자유당의 기관지《새터데이리뷰Saturday Review》는 1875년 논평에서 "그들은 세계 모든 곳에서 영국의 무역업자를 배제시키고 있으며, 심지어 영국 내에서도 전체 무역 지사들은 물론 본사까지 자신들 것으로 만들고 있다"라고 경고했다.[39] 독일의 행동이 더욱 위협적으로 바뀜에 따라 경쟁국은 보호무역 관세를 끌어올렸고, 점증하는 도전에 대항하기 위해 자신들의 제국을 통합하기 시작했다. 독일 황제는 "영국이 독일 산업의 파괴에 나설 것"이라고 예상하고 "독일은 강력한 함대를 건설해 사악한 적을 막아야 한다"라고 주장했다.[40]

독일의 대응은 포위의 고리를 오히려 강화하는 전술을 써서 이를 분쇄하겠다는 것이었다. 1905년 독일은 당시 체결된 영국-프랑스 간 우호 협약이 이빨 빠진 것임을 보여 주겠다는 희망을 품고 프랑스와 모로코를 상대로 제국주의적 쟁탈전을 일으켰다. 그러나 그 결과는 그저 영국과 프랑스 양국이 얼마나 절실하게 서로를 필요로 하는지를 드러냈을 뿐이었다. 여기에다 독일의 도발은 프랑스, 영국, 러시아를 결속시킨 '3자 우호 협정'의 체결을 앞당기게 하고 말았다. 1908년부터 1909년까지, 그리고 1912년부터 1913년까지 불안정한 발칸 지역에서 벌어진 두 차례의 위기 상황에서 독일이 러시아에게 강압적인 위협을 가하자, 러시아 황제 니콜라스 2세 정부는 장래에는 더욱 강경하게 대처해야 한다는 결론을 내렸다. 그리고 독일이 1911년 모로코에서 또 다른 식민지 쟁탈전을 일으키자 영국은 어떤 대가를 치르더라도 평화를 추구하지 않겠다는 분명한 경고를 내놓았다.[41] 뷜로의 후임이었던 독일 수상 테오발트 폰 베트만홀베크Theobald von Bethmann-Hollweg는 "독일의 대응 방식은 모두에게 도발하고 모두를 방해하는 것이었으나 실제로 그 과정에서 누구의 힘도 약화시키지 못했다"라고 한탄했다.[42] 그렇게 반복적으로 발생한 위기 때문에 유럽은 점차 지정학적으로 끓어오르는 열탕이 되어 가고 있었다. 전쟁의 두려움이 사방에서 커지고 있었던 것이다.

　독일의 전쟁 계획만큼 이러한 악순환을 잘 보여 주는 것은 없었다. 프랑스 및 러시아를 상대로 두 개의 전선에서 싸우는 위험에 대처하기 위해 독일군 참모총장은 슐리펜 계획Schlieffen Plan을 세웠다. 이 계획은 독일군이 먼저 프랑스를 전격적으로 공격한 후 그다음에 동쪽으로 방향을 틀어 병력 동원에 시간이 걸리는 러시아군을 막을 수 있도록 한다는 구상이다. 그러나 프랑스를 신속하게 공격할 수 있는 유일한 방법은 중립국인 벨기에로 찌르고 들어감으로써 프랑스-독일 전선의 중무장한 방어 진지를 우회하는 것뿐이었다. 그러한 진격 작전은 유럽의 어떤 전쟁이라도 영국을 끌어들였을 가능성이 컸다. 영국은 바다만 건너면 되는 유럽의 저지대국가를 적국이 지배하는 것을 용인할 수 없었기 때문이다. 이는 독일에게는 황당한 상황이었다. 독일은 많은 적을 만듦으로써 더 많은 적을 만들 가능성이 큰 고위험 군사 계획을 수립하게 된 것이었다.[43] 슐리펜 계획은 또 독일이 군사적 균형의 작은 변화에도 과민하게 반응하도록 만들었다. 그러한 작은 변화가 계획을 실행하는 데 필요한 절묘한 타이밍과 정교한 세부 계획을 망칠 것이었기 때문이다.

그런데 큰 변화가 다가오고 있었다. 1912년 러시아는 발틱함대를 확대하는 계획을 승인했고, 1913년에는 육군 병력 수를 47만 명까지 늘리기 시작했다. 러시아는 또 프랑스의 자금 지원을 받아 철도 노선을 연장하고 시설을 현대화해서 러시아의 병력 동원 시간이 머지않아 6주에서 2주로 줄어들 것으로 예상되었다. 프랑스는 새로운 징병법을 통과시켰다. 의무 복무 기간을 2년에서 3년으로 연장함으로써 인구가 더 많은 독일의 수적 우위를 무효로 만드는 위협적인 조치였다. 영국은 독일이 전함 한 척을 건조할 때마다 두 척을 건조하겠다고 발표했다.[44] 독일은 여전히 유럽 최강의 군사력을 보유하고 있었지만 1916년에서 1917년 무렵에는 어쩔 수 없이 적대국 연합에 압도당할 처지에 놓였다. 몰트케는 1912년 말 "나는 전쟁이 불가피하다고 믿고 있으며, 그렇다면 전쟁은 더 이를수록 더 좋다"라고 선언했다. 나중에 서서히 질식되거나 일거에 파괴당하는 고통을 겪기보다는 지금 싸우는 것이 낫다는 말이다.[45]

운명론이나 체념에 빠지는 데는 수많은 원인이 있다. 독일의 고립은 독일이 주요 동맹국인 오스트리아-헝가리제국에 훨씬 더 심하게 기울어지도록 만든 원인이 되었다. 그러나 이 다국적 제국은 인종 갈등으로 인해 해체되고 있었고, 발칸반도에서 러시아의 지원을 받는 세르비아에 의해 도전받고 있었다. 이탈리아와 오스만제국과 같은 다른 잠재적 동맹국은 서서히 국력이 쇠락하고 있었다. 오래지 않아 독일은 완전히 홀로 남게 될 처지였다.[46]

경제적 압력 또한 격화되었다. 1차 세계대전에 앞서 러시아는 연간 거의 10퍼센트씩 성장하고 있었다. 이는 독일의 입지가 좁아지고 있다는 뜻이었다. 영국은 페르시아만에서 독일 해군이 필요로 하는 석유를 조달하지 못하도록 봉쇄했고, 프랑스는 중요한 산업 자원인 철광석 수출을 차단했다. 독일 수출업자들은 러시아가 파멸적인 관세 전쟁을 개시할까 봐 겁에 질렸다. 독일의 산업가 발터 라테나우Walther Rathenau는 1913년 "독일은 세계 시장에 너무나 많이 휘둘렸다"라고 지적했다.[47] 독일의 적들이 사생결단의 경쟁이 벌어지는 세상에서 독일의 번영에 절실하게 필요한 시장과 자원을 차단할 우려가 컸다는 것이다.

국내에서도 역시 폭발 직전의 불안한 상황이 전개되고 있었다. 노동자 파업이 증가하면서 사회주의 좌파가 약진했다. 황제와 독일 군부의 위신이 떨어졌고, 권위주의 정치 체제는 흔들리고 있었다. 정부는 국수주의적 열정을 부추겼으나 그마저 국민을 실망시킬 위험에 처했다. 독일 정부가 실현하지 못할 승리를 약속했던 것이다. 심지어 탄압을 강화했음에도 상황을 진정시킬 수 없었다. 황제의 참모들은 흔들리는 정권 뒤에서 국민을 규합하는 마지막 수단으로 승리할 수 있는 짧은 전쟁을 생각하기 시작했다. 베트만홀베크는 "나는 국내 정치적 이유로 전쟁 선포가 필요하다"라고 말했다.[48] 1차 세계대전 전야에 독일은 여전히 강성한 국가였으나, 동시에 장래에 대한 공포에 휩싸여 있었다.

그 결과가 '지금 아니면 기회가 없다now-or-never'는 사고방식이었다. 독일은 곧 프랑스를 타격하여 강대국으로서의 역할을 못하도록 만들고, 러시아를 한 세대 뒤로 퇴보시키며, 그동안 진출을 거부당했던 광대한 신新영역을 개척해야 한다는 것이었다. 그 새로운 영역이 바로 해외의 새로운 식민지와 함께 서유럽에서 우크라이나로 뻗어나간 '중부유럽'이었다. 독일은 취약성의 창이 활짝 열리기 전, 군사력이 아직 버텨 주는 동안 닫히는 기회의 창을 이용해야만 했다. 한 독일 외교관은 "우리가 전쟁을 불러내지 않으면 누구도 확실히 전쟁을 시작하지 않을 것"이라고 빈정대듯 말했다.[49] 비스마르크는 예방적 전쟁을 죽기 무서워서 결행하는 자살행위에 비유한 적이 있다. 그러나 독일이 결행한 전쟁은 독일 지도자들이 기꺼이 무릅쓰기로 작정한 위험이었다.

1914년 6월 28일 세르비아의 과격파가 오스트리아-헝가리제국의 황태자 프란츠 페르디난트Franz Ferdinand를 암살한 이후 기회가 왔다. 처음에는 세계적인 전쟁이 발발할 것처럼 보이지 않았다. 유럽의 많은 지도자가 자신의 여름 휴가 계획을 고수했다. 그러나 솔직한 독일 관리들이 나중에 인정했듯이 독일은 그다음에 벌어진 위기 상황에서 대규모 전쟁을 막으려고 아무런 조치도 취하지 않았던 반면에 전쟁을 일으키기 위해서는 무진 애를 썼다.[50]

타이밍이 딱 들어맞았다. 독일의 군사적 입지는 더없이 좋았다. 위기의 양상은 독일에 유리했다. 격분한 오스트리아-헝가리제국은 독일 편에 설 것이 확실했다.[51] 상대적으로 유럽의 외진 구석에서 분쟁이 시작되었다는 사실은 대영제국이 사태를 방관할지 모른다는 한 가닥 치명적인 희망을 불러일으켰다. 이러한 희망은 초기에 영국이 우유부단한 태도를 보여서 더욱 고무되었다. 국내의 정치 상황도 전망이 밝아 보였다. 독일 정부는 이 분쟁을 죽이려고 다가오는 포식자에 맞서 벌이는 필연적인 전쟁으로 포장함으로써 애국적인 열정을 자극했다. 그리하여 독일은 우선 오스트리아-헝가리제국에 '백지수표'를 발행해 주었다. 오스트리아-헝가리제국이 세르비아를 격파하도록 등을 떠밀면서, 러시아 및 프랑스와의 전쟁을 불사하고 지원을 아끼지 않겠다고 약속한 것이다. 위기가 소용돌이처럼 걷잡을 수 없이 확산되자 독일 정부는 평화적으로 합의할 기회를 막는 한편, 군부는 명백한 위험에도 불구하고 슐리펜 계획을 실행에 옮길 준비를 했다. 몰트케는 "이 전쟁은 영국 역시 개입하게 될 세계대전으로 비화할 것"이라고 인정했다. 그러나 그 결과로 독일은 봉쇄되었고 독일의 야심은 소멸되었다.[52]

대재앙이 두려워진 독일 황제는 마지막 순간에 머뭇거렸다. 그러나 그는 슐리펜 계획의 정교한 시기 선택을 중단하지 않았고 결국 계획대로 밀어붙였다. 독일 황제는 러시아가 먼저 전쟁 개시를 결정한 것처럼 보이도록 하기에 충분할 만큼만 독일의 동원령 선포 시점을 연기했다. 한 독일군 고위 장교는 "정부는 우리가 공격받은 것처럼 보이도록 하는 작업을 매우 성공적으로 해냈다"라고 썼다.[53] 이어진 결과는 빌헬름 황제가 추구했던 통합적 승리가 아니었다. 오히려 그의 정권을 무너뜨리고, 여러 제국을 전복시켰으며, 세계를 산업화 시대의 대량 살육으로 이끈 4년간의 난타전이었다. 베트만흘베크는 1915년 "어떤 의미에서 그 전쟁은 하루 동안은 패배하지 않을 것이란 믿음에 따라 유발된 예방적 전쟁이 맞지만, 2년 동안이나 패하지 않을 것이라는 확신은 전혀 없었다"라고 인정했다.[54]

1차 세계대전에는 다른 모든 전쟁과 마찬가지로 많은 원인이 있었다. 그러나 본질적으로 독일제국 정부가 스스로 쳐놓은 함정에서 탈출할 다른 방법을 찾지 못했기 때문에 시작된 독일의 예방적 전쟁이었다. 독일은 스스로 만든 후폭풍으로 인해 성장에 해를 입은 현상 변경을 노리는 강대국이었다. 따라서 독일은 몰트케가 제대로 예측했듯이, "거의 전 유럽의 문명을 수십 년 동안 말살하게 될 최후의 결전"에 모든 것을 걸고 싸워서 결국 모든 것을 잃었다.[55]

'눈 감고 뛰어내리기': 일본과 2차 세계대전

어떤 경우에는 경제 불황에 직면한 강대국이 실망스러운 새로운 정상 상태를 인정하는 대신 격렬하게 반발한다. 다른 경우에는 팽창주의적 국가가 스스로 봉쇄를 불러오고 결국은 전부를 건 도박에 나선다. 제국주의 일본은 1920년대와 1930년대에 이 두 가지 역동적인 변화를 모두 경험했다. 그에 뒤이은 결과가 2차 세계대전의 일부였던 태평양전쟁의 참화였다.

1868년 메이지유신 이후 반세기 이상 일본은 놀랍게 성장하고 있었다. 근대적인 경제 체제와 강력한 군대를 갖추게 됨에 따라 일본은 한 전쟁에서는 청淸 왕조를 격파했고 다른 전쟁에서는 러시아에 승리했으며 대만, 조선, 중국에서 식민지의 특권을 쌓아 올렸다. 1차 세계대전 동안 일본은 독일이 중국과 태평양에 가지고 있던 식민지를 차지했다. 그러나 이 시기만 해도 일본이 과도하게 적대적인 불량국가는 아니었다. 일본은 1902년부터 1923년까지 대영제국과 동맹 관계를 맺었고, 미국이 일본의 대한제국 통치를 인정해 주는 대가로 필리핀에서 미국의 영향력 행사를 용인했다. 그사이 일본 경제는 1904년부터 1919년까지 내내 연간 6.1퍼센트씩 성장하는 호조를 이어 갔다. 일본의 수출액은 1차 세계대전 기간 사이에 세 배로 불어났다.[56]

    1920년대에 들어서면서 일본은 책임 있는 이해 당사자처럼 보였다. 투표권이 확대되었고 정치 체제는 더욱 민주적으로 바뀌었다. 일본 정부는 '워싱턴 체제Washington System'로 알려진 일련의 조약을 체결했다. 이들 조약을 바탕으로 일본은 미국, 영국, 그 밖의 다른 나라들과 함께 해군력의 안정적인 균형을 이루고, 중국의 주권과 온전한 영토 보전을 존중하며, 아시아-태평양 지역에서 일방적인 팽창을 포기하는 데 합의했다. 1923년 프랭클린 루스벨트Franklin D. Roosevelt는 "미국과 일본은 서로 싸워야 할 타당한 이유가 단 하나도 없다"라고 언급했다.[57] 그리고 세계 경제가 일본에게 상대적으로 유리하게 돌아가는 한 일본은 말썽을 크게 일으키지 말아야 할 이유가 충분했다. 일본 외무대신 시데하라 기주로幣原喜十郎는 "일본은 '중국이란 거대 시장'이 필요했다"면서 "만일 일본이 일부 군 장교

들이 선호하는 것처럼 '영토 확장'을 추구한다면 국제적 협력을 깨뜨릴 뿐"이라고 설명했다.[58]

문제는 번영의 시기가 끝나면서 생기기 시작했다. 일본의 성장률이 1920년대 기간에 1.8퍼센트로 떨어졌다.[59] 대규모 지진과 금융 시스템의 붕괴는 일본 경제를 뒤흔들었다. 미국의 관세 인상은 일본의 실크 수출에 직격타를 주었다. 여기에다 대공황이 일어났다. 세계 시장이 일거에 닫히면서 일본의 수출은 단 1년 동안 50퍼센트가 급감했다.[60] 260만 명 이상이 일자리를 잃었고 농민은 자신의 딸을 팔아 연명하기에 이르렀다.[61] 공산주의자와 무정부주의자의 영향력이 확산되었다. 한 정부 관리는 "실업이 연일 증가하고 가족은 해체되고 있었으며 굶주린 사람이 거리를 메웠다"라고 썼다.[62] 무엇보다 세계가 보호무역주의로 선회하면서 세계 시장에 통합되려는 일본의 시도는 돈키호테처럼 보였다. 그러자 팽창 정책과 경제적으로 자급자족을 모색하는 길이 더욱 매력적인 대안이 되었다. 나중에 외무장관이 된 마쓰오카 요스케松岡洋右는 "전 세계적으로 벌어지는 경제 전쟁 때문에 더 큰 경제 블록이 생겨나는 경향이 있다"면서 "질식 상태의 일본은 숨 쉴 공간이 필요했다"라고 썼다.[63]

불황의 영향으로 일본은 중국에서의 변화에 특히 민감해졌다. 1920년대 말 장제스 치하의 국민당은 일본의 경제적 특권을 공격하고 그들의 영향력에 도전하기 시작했다. 소련에서 훈련 받은 장제스의 군대는 승승장구했다. 이와 함께 다른 경쟁자들도 중국을 노리고 배회하고 있었다. 소련은 10만 명의 병력을 만주에 보내 군

벌이 장악했던 중요 철도를 탈환했다. 그리고 자국산 제품만 면세 구역을 통과할 수 있도록 허용하는 협정을 체결했다. 여기에 일본산 제품은 제외되었다.[64] 일본은 해외사업 투자의 80퍼센트가 중국에 있었다. 석탄, 철, 곡물 등 주요 자원과 무역의 40퍼센트를 만주에 의존했다.[65] 이 지역은 외국 세력들 간의 중요한 완충지대였다. 일본이 정체됨에 따라 다른 열강이 이 지역을 차지하려고 덤벼들 준비가 된 것처럼 보였다.

일본의 해답은 국내에서는 파시즘이었고 해외에서는 폭력적인 침탈이었다. 1920년대 말부터 군부는 느리게 진행되는 쿠데타를 벌이고 있었다. 과격한 극우주의 열성분자들은 애국심이 부족해 보이는 총리와 장관들을 살해했다. 정부는 반대를 불법화했고 정부를 비판하는 사람은 투옥했으며 사회를 구석구석 통제하는 경찰국가를 세웠다. 일본은 경쟁에 대비해 국가적 자원을 이용할 목적으로 은행과 산업체에 통제를 강화했다. 주도권을 잡은 군부는 '전면적인 전쟁'의 필요성을 역설했고 분쟁에 대비해 사회를 총동원하기 시작했다.[66] 1941년 서방의 한 관찰자는 "일본이 전체주의 국가 체제에 이르는 먼 길을 걸어왔다"라고 썼다.[67]

일본은 또 연쇄 침략국이 되었다. 일본군은 1931년 만주의 지배권을 장악해서 일본의 괴뢰정부를 세웠다. 1932년부터 1933년까지는 중국의 남부 해안과 내륙까지 진출했다. 1934년에는 동아시아를 자신의 배타적인 영역이라고 선언했다. 일본의 이런 행보는 미국 대사 조지프 그루Joseph Grew가 썼듯이, "중국을 일본의 보호 아래 둠으로써" 불간섭 원칙을 표방한 먼로주의Monroe Doctrine를 완전히 뒤집은 것이었다.[68] 워싱턴 조약에서 탈퇴한 일본은 항공모함과 대형 전함, 최첨단 전투기 등을 포함한 대규모 군사력 증강에 나섰다. 그리하여 1936년에 일본 관리들은 광대한 아시아 제국을 건설하기 위한 계획을 세우기에 이르렀다. 이 제국을 통해 방대한 자원과 시장, 지정학적 공간을 차지함으로써 일본을 초강대국으로 도약시키겠다는 구상이었다.

이 계획이 추진되면 일본은 만주를 식민지로 개발하고 중국 영토의 상당 부분을 장악하게 된다. 또 석유와 고무, 그 밖의 자원이 풍부한 동남아시아 지역의 유럽 식민지를 차지하고, 서태평양과 중앙태평양에 걸쳐 산재한 전략적 도서의 영유권을 주장할 계획이었다. 이 모든 것을 이루려면, 일본이 이토록 광대하고 중요한 지역을 지배하는 구도에 저항할 것이 분명한 소련, 영국, 미국 등 여러 나라와 전쟁을 벌일 준비를 할 필요가 있었다.[69] 고노에 후미마로近衛文麿 일본 총리는 일찍이, "일본이 요구하는 것을 얻지 못하면 자기 보전을 위해 현재의 상태를 깨뜨려야 한다"라고 썼다.[70]

고노에는 자기가 한 약속을 지키는 사람이었다. 1937년 일본은 중국에서 장제스를 굴복시키기 위해 80만 명의 병력을 동원해 잔혹한 대규모 전쟁을 개시했다. 1938년 고노에는 '새로운 질서' 즉 모든 길이 도쿄로 통하는 일본이 지배하는 아시아가 태동했다고 선언했다. 고노에 정부는 일본을 제국주의적 팽창 계획을 뒷받침하기 위한 전시 체제로 전환하는 한편, 독일과 이탈리아 등 각자의 제국을 추구하는 파시스트 강대국들과 동맹을 맺었다. 마쓰오카는 "민주주의의 시대는 끝났고, 전체주의가 … 세계를 지배할 것"이라고 선언했다.[71]

　그러나 광활한 중국에서 벌인 전쟁은 수렁으로 변했다. 일본은 진주만 공격 이전에 이미 60만 명의 사상자를 냄으로써 처절한 피의 대가를 치뤘다.[72] 그 결과 국민에게 식량 부족과 그 밖의 희생을 강요하게 되었다. 역설적이게도 일본의 팽창 정책은 전쟁을 계속하는 데 필요한 자원을 잠재적 적국에 더욱 의존하도록 만들었다. 2차 세계대전 이전에 일본은 석유의 80퍼센트, 휘발유의 90퍼센트, 고철의 74퍼센트, 공작기계의 60퍼센트를 미국에서 수입했다.[73] 일본군 장교들은 "우리는 상업적, 경제적으로 영국과 미국에 의존해 온 70년의 세월에 종지부를 찍는 것을 목표로 삼고 있다"라고 다짐했다. 그러나 중국에서 끝없이 계속된 전쟁은 정반대의 효과를 냈다.[74]

　동시에 일본은 배후에서 공격의 대상이 되었다. 만주와 중국 북부에 대한 일본의 침공은 결국 소련과의 짧지만 극도로 힘든 전쟁을 불러왔다. 이 전쟁에서 스탈린의 붉은 군대는 일본 제6군을 격파했다. 일본이 중국에서 보인 잔학성과 동남아시아를 향한 탐욕스러운 눈길은 영국과 다른 유럽 강국들을 멀어지게 했다. 미국은 일본의 만주 정복에는 미온적으로 대응했다. 그러나 일본의 대담한 지역 패권 주구와 (폭탄 테러와 고의적인 민간인 강간과 학살, 생물학무기 사용 등) 중국에서 벌어진 끔찍한 전쟁의 참상은 미국을 적으로 만들기 시작했다.[75]

프랭클린 루스벨트 대통령은 "테러와 국제적 무법 상태가 지배하는 현재의 상황은 문명의 토대 자체를 위협하고 있다"라고 선언했다.[76] 1940년에 미국은 장제스의 국민당 정부를 재정적으로 지원했고, 항공기 자재와 고옥탄 휘발유, 그 밖의 제품들의 대對일본 수출을 감축했다. 미국은 또 스스로 군사적 초강대국으로 변신함으로써 유럽과 아시아에서의 위협에 대응하고 있었다. 그해 미 해군은 9척의 전함, 11척의 항공모함, 8척의 중순양함, 31척의 경순양함, 181척의 구축함을 발주했다. 루스벨트 대통령은 매년 5만 대의 항공기 생산 목표를 설정했고, 미 의회는 미군의 승인된 총 병력을 100만 명 가까이 증원했다.[77] 그리고 일본이 이탈리아 및 독일과 3자 협정을 체결하는 한편 1940년 9월 프랑스령 인도차이나 북부를 점령하자, 미국 관리들은 일본이 세계를 파괴하는 불량국가들과 운명을 같이하기로 했다는 결론을 내렸다.

이 시점에 전략적 올가미가 일본의 목을 조이고 있었다. 일본에서 전면전을 주장하는 강경파의 관점에서 보면, 일본이 자급자족할 수 있는 제국을 건설하기 위해서는 특히 인도차이나와 네덜란드령 동인도제도로 계속 밀어붙여야 했다. 그러나 그 주장은 영국 및 미국과의 전쟁으로 치닫는 것을 의미했다. 당시 미국의 경제 규모는 일본의 열두 배에 달했다.[78] 미국은 일본의 육군과 해군에 연료를 대주던 석유 선적을 중단하는 것으로 일본의 목을 조를 수 있었다. 또 타의 추종을 불허하는 군사력을 동원할 수도 있었다. 일본 연합함대 사령관 야마모토 이소로쿠山本五十六 제독은 "디트로이트의 자동차 공장과 텍사스의 유전을 한 번이라도 본 사람이라면, 일본이 미국과 해군력을 경쟁할 만한 국력을 갖추지 못했다는 사실을 알 것"이라고 경고했다.[79] 빌헬름 황제의 독일과 마찬가지로 일본은 스스로를 궁지에 몰아넣었다. 팽창주의 정책은 고립으로 이어졌다. 이런 고립 상태는 (중국으로부터 철수하고 '신질서'를 포기하는 등) 굴욕적으로 후퇴하거나, 모든 것을 걸고 승리를 향해 미친 듯이 돌격하는 것에 의해서만 극복될 수 있었다.

이러한 올인 전략을 더 매력적인 선택지로 만든 이유는 1940년 말부터 1941년까지 일본이 가졌던 군사적 기회의 창이 좁았기 때문이다. 서유럽에서 독일의 전격적인 기습공격은 프랑스를 무너뜨리고, 영국을 생존하기 위해 사투를 벌여야 하는 상황으로 내몰면서, 동남아시아에 '한 세기 만의 기회'가 생겼다.[80] 루스벨트는 대서양의 지배권을 두고 히틀러Adolf Hitler와 벌이고 있던 선전포고도 없는 전투로 인해 주의가 분산되었다. 1941년 4월 일본이 소련과 맺은 불가침조약이 그해 6월 독일의 러시아 침공으로 이어지면서, 일시적으로 북쪽으로부터의 위협이 상쇄되었다. 특히 일본은 이른 재무장 덕분에 여전히 군사적 주도권을 유지하고 있었다. 일본은 10척의 항공모함을 보유한 반면에 태평양 전역에서 영국과 미국이 보유한 항공모함은 3척에 불과했다.[81] 문제는 그 기회의 창을 얼마나 오래 열어 둘 수 있느냐는 것이었다.

그 해답은 1941년 하반기에 나왔다. 일본군이 인도차이나 남부로 진격해 들어가자 루스벨트 대통령은 전면적인 석유 수출 금지 조치를 취했다. 이로 인해 일본의 함선과 항공기는 연료가 거의 바닥날 위기에 처했다. 일본 지도자들은 "일본은 물이 점점 고갈되어 가는 연못 속 물고기와 같은 신세가 되었다"라고 믿었다.[82] 미국은 필리핀에서 B17 폭격기와 P40 전투기 등으로 방어력을 키우고 있었다. 영국 및 네덜란드와의 군사 참모회의와 공동 경제 제재 조치로 인해 일본인은 자신들을 향한 포위망이 거의 완성되었다고 우려하기에 이르렀다. 그리고 미국의 재무장이 가속화됨에 따라 미 해군은 1942년부터 1943년까지 각각 일본의 네 배 규모에 이르는 함선과 해상 공군력을 갖추게 될 것으로 예상했다.[83] 이 시점이 되면 일본은 아시아에서 주도권을 가질 희망이 사라질 판이었다. 그러면 일본 지도자들은 완전히 신뢰를 잃게 되고, 일본이 그동안 흘린 모든 피와 힘겹게 견뎌 왔던 모든 고난은 부질없는 일이 될 터였다. 일본 지도자들은 "미국이 더욱더 많은 양보를 요구할 것이고, 궁극적으로 우리의 제국은 미국의 발 아래 엎드리게 될 것"이라고 결론 지었다.[84]

1941년 가을 일본 정부는 네덜란드령 동인도제도와 필리핀, 그리고 싱가포르에서 중앙태평양에 이르는 다른 식민지를 장악하기로 결정했다. 설사 이것이 영국 및 미국과의 전쟁을 의미하더라도 말이다. 일본이 총력전에서 이길 수 있을 것으로 믿었던 일본 관리는 거의 없었다. 야마모토는 "우리는 6개월에서 1년 동안은 광란의 쇼를 벌일 수 있다. 그러나 전쟁이 2년, 3년을 끌게 되면 결과를 확신할 수 없다"라고 예측했다.[85] 그러나 전쟁을 벌이지 않을 경우 일본이 적들 앞에 무기력하게 무릎을 꿇는 급격한 몰락 외에는 다른 대안이 없을 것이라는 사실을 두려워했다. 그리고 그들은 일련의 전격적인 공격을 가함으로써 미국의 사기를 꺾어 미국이 전쟁을 계속하기보다는 평화를 요청하도록 할 수 있기를 바랐다. 전쟁은 잘해야 끔찍한 위험을 초래할 것이고 최악의 경우에는 국가의 파멸을 불러올 수도 있었다. 그러나 결국 일본을 전쟁으로 이끌었던 내각총리대신 도조 히데키는 "어떤 경우엔 눈을 감고 뛰어내릴 정도로 용기를 내야 한다"라고 말했다.[86]

이것이 진주만 기습 공격의 발단이었다. 전쟁이 불가피하다면 미국의 태평양함대를 초토화시킴으로써 일시적으로 더 많은 군사적 이득을 (그리고 새로운 점령지를 일본이 소화하는 데 필요한 더 많은 시간을) 왜 얻지 않겠는가? 아이러니한 것은 일본의 진주만 공격이 너무나 충격적이고 미국인 눈에는 너무나 위험하게 보인 나머지, 어떤 대가를 치르더라도 기필코 일본을 파멸시키도록 미국을 일깨운 것이었다. 한 하원의원은 "일본인은 완전히 미쳐서 제정신이 아니었다"면서 "그들은 정당한 이유 없는 공격을 감행함으로써 군사적, 국가적으로 자살했다"라고 큰 소리로 말했다.[87]

2차 세계대전은 일본에게는 거의 자살행위였음이 드러났다. 그러나 그 원인은 일본이 미쳤기 때문이 아니라, 현상을 타파하려는 꿈이 산산이 부서질 지경에 이른 나라의 절박함 때문이었다. 일본은 10년 동안 계속 활력이 넘쳤다. 그런 시간이 지나가고 있다는 사실을 깨달은 순간 가장 위험해진 것이다.

★

역사가들은 흔히 1차 세계대전 이전의 독일과 2차 세계대전 이전의 일본을 신흥 강국이라고 생각한다. 일본은 1868년 이후 수십 년에 걸쳐 약소국에서 강대국으로 성장했다. 일본제국은 특히 1930년대에 급속히 성장했다. 1914년에 독일은 1871년과는 비교할 수 없을 만큼 훨씬 더 강력한 경쟁자였다. 두 나라는 이미 기존의 세계 질서에 근본적으로 도전할 수 있을 만큼 충분히 빠르게 성장했다.

그러나 그 절정의 순간에 독일제국과 일본제국의 지도자들은 그들이 계속해서 성장하고 있다는 느낌을 갖지 못했다. 침체나 포위, 혹은 이 두 가지의 어떤 조합에 의해 그 절정의 순간이 지나가고 있다고 믿게 되었다. 미래를 불안해하기 시작한 현상 변경의 신흥 강국은 내일이 오늘보다 나을 것이라고 여기는 나라보다 더 충동적으로 행동할 공산이 크다. 이것이 우리가 진정으로 걱정해야 할 함정이다. 야심 찬 초강대국이 절정기에 도달한 다음 하락의 고통스러운 결과를 참지 못하고 거부하는 함정 말이다.

오늘날 중국의 지도자들이 중국공산당을 일본제국은 물론이고 독일제국과 비교하는 것을 들으면 격노할 것이다. 공정하게 말하자면 중국은 일본이 2차 세계대전에 앞서 10년 동안 감행했던 군사적 공격과 유사한 그 어떤 행동에도 나서지 않았다.

그러나 너무 안심하기에는 이르다. 독일제국은 1871년 이후 40년 동안 단 한 번도 대규모 전쟁을 벌이지 않았다. 그러나 1914년에 세계를 거의 상상할 수 없는 규모의 재앙으로 밀어 넣은 전쟁을 일으켰다. 영국의 데이비드 로이드 조지David Lloyd George는 "1차 세계대전은 노아의 대홍수 같은 … 자연의 대격변 혹은 유럽의 생활 기반 자체를 뒤흔든 대지진"이었다고 말했다.[88] 현상을 타파하려는 신흥 강국들이 임박한 재앙의 조짐을 보게 되면 사태는 급속히 악화될 수 있다. 그렇게 되면 얼마 전까지만 해도 상상할 수 없었던 결과를 불러오게 된다.

여기에 우려할 만한 다른 이유가 있다. 일본과 마찬가지로 중국도 많은 걱정거리를 안고 있다. 중국은 탈출하기가 극히 어려운 장기간의 경기 둔화에 대처하고 있으며, 비록 점진적이지만 중국의 진출을 방해하려는 일단의 경쟁자들에 직면하고 있다. 이와 함께 중국은 중상주의적 팽창 정책을 더욱 매력적인 것으로 만드는 권위주의 체제와 경제 모델을 갖고 있다. 중국의 무역 전망은 극히 부정적으로 바뀌고 있다. 사실 중국은 이미 (군사력 증강과 영향권 확대, 중요 기술과 자원을 통제하려는 노력 등) 중국과 같은 처지에 놓인 나라에서 예상되는 행동을 실행하고 있다. 그동안 놀랍게 성장했으나 이제는 침체와 포위에 대처하느라 악전고투하는 어떤 나라를 공세에 나서도록 만드는 비법이 있다면, 중국은 그 비법에 포함되는 모든 핵심 구성 요소를 갖추고 있는 셈이다. 따라서 이제는 더 전투적으로 바뀐 중국이 취할 법한 행동이 무엇인지 자세히 살펴보자.

5

폭풍의 조짐

중국의 H6K 폭격기가 첨단 제트전투기 두 대의 호위를 받으며 본토 비행장에서 이륙했다. 폭격기는 대만과 필리핀 사이를 지나 태평양을 향해 동쪽으로 비행했다. 이윽고 목표가 타격 범위 안으로 들어오자 정밀유도 미사일을 발사해 괌에 있는 앤더슨 공군기지를 공격했다. 이 미사일 공격으로 대폭발이 일어났고 서태평양에 있는 미 공군의 중심 거점이 초토화되었다. 이 공격은 오랫동안 우려했던 중미 전쟁의 시발을 알리는 충격적인 기습이었다.

　나행스럽게도 이 사건은 중국 인민해방군 공군(PLAAF)이 2020년 9월 자신들의 향상된 기술과 능력을 과시하려고 배포한 모의실험 영상video simulation일 뿐이었다. 인민해방군 공군은 중국의 지적 재산권 탈취 전통에 따라 할리우드 영화 〈트랜스포머Transformers〉와 〈더 록The Rock〉을 영상 속에 끼워 붙이기까지 했다. 그러나 '전랑戰狼 영화'로 불리는 이 영상물은 중국의 전략이 위협적으로 바뀌고 있다는 최근의 경고에 불과하다.

미래의 역사가들은 우리가 그런 일이 닥치리라는 것을 진즉에 예견했어야 한다고 말할 것이다. 시진핑은 2012년 집권하고 나서 줄곧 중국이 불길한 방향으로 선회할 것임을 시사해 왔다. 국가 안보에 관한 그의 내부 연설은 일관되게 두 가지 주제를 강조해 왔다. 첫째는 중국이 점증하는 위협에 직면하고 있다는 것이고, 둘째는 그러한 위협이 중국공산당의 지배를 무너뜨리고 미래를 향한 중국의 원대한 계획을 좌절시키기 전에 중국공산당이 선제적으로 위협을 분쇄해야 한다는 것이다. 시진핑이 우려하는 주된 위협은 (성장 둔화와 적대적인 외부 세력 등) 지금까지 우리가 설명한 것들이다. 그가 옹호하는 중국의 대응책은 (중상주의 정책과 탄압, 보복 등) 과거 정점에 이르렀던 강대국의 대응 방식과 유사하다.

그런 대응책이 어떤 형태로 구체화될까? 중국은 미친 듯이 사방으로 팽창하거나 북한식으로 국민을 억압하지는 않을 것이다. 시진핑과 그의 측근이 그럴 정도로 어리석지는 않다. 그들은 독일과 일본이 유라시아 대륙에서 감행했던 무모한 도박의 결과가 어떠했는지를 잘 안다. 그리고 경직된 전체주의와 자급자족 체제가 소련을 어떻게 파멸시켰는지도 생생하게 목격했다. 그러나 중국 지도자들은 성장 둔화와 전략적 포위라는 '뉴 노멀new normal'에 굴복하면 외부 세력의 약탈과 국내의 불안에 노출된다는 것 또한 잘 알고 있다. 따라서 중국공산당은 경쟁자들의 공세를 저지하고 중국몽中國夢의 실현을 보장하기 위해서는 세심하게 계산된 강압 정책과 팽창 정책을 추진할 것이다. 시진핑은 이미 이러한 전략의 핵심 요소를 실행에 옮기기 시작했다. 그런데 그것이 그렇게 보기 좋은 광경은 아니다.

우선 중국은 아시아와 아프리카에 걸쳐 경제 제국을 구축하려는 노력을 한층 더 심화할 것이다. 국내에서 과잉 생산 능력을 주체하지 못하고 해외에서 점증하는 보호무역주의에 직면한 중국은, 자국 기업이 시장과 원자재 확보에 특권을 누리는 배타적인 경제 구역을 개척하기 위한 활동을 대대적으로 강화하고 있다. 이와 함께 기술 우위를 차지하고 디지털 영향력을 전 세계에 확산시키려는 노력을 가속화하고 있다. 이러한 노력은, 시진핑의 말을 빌리자면, 중국을 "천하무적"으로 만드는 것을 의미한다. 즉 중국이 적국과 속국 위에 군림할 수 있도록 만드는 수단을 확보하겠다는 뜻이다.[1] 종합적으로 보면 중국의 행동은 세계 경제를 분열시키고 새로운 냉전에 기름을 붓겠다고 위협하는 것이다.

불안정한 중국은 또 자유의 한계선을 후퇴시킬 것이다. 중국공산당이 딱히 '중국 모델'을 수출하지는 않을 것이다. 그러나 전제주의와 민주주의 사이의 국제적인 균형을 바꿈으로써 중국의 체제를 수호하려 들 것이다. 마오쩌둥은 상상조차 못 했을 첨단의 감시 및 응징 수단으로 무장한 중국은 빠르게 반反민주주의 세력으로 변모하고 있다. 그리고 민주주의 진영이 1930년대 이래 최대의 위기를 겪고 있는 것을 기회로, 독재자들을 지원하고 자유주의 사회를 와해시키는 데 공을 들이고 있다.

마지막으로 중국은 전쟁 준비에 열을 올리고 있다. 현재 중국이 진행하고 있는 군사력 증강 작업은 2차 세계대전 이래 유례가 없는 것이다. 중국의 인접 국가와 미국이 뒤늦게나마 군사력을 보강하고 있으나, 이들이 도입하는 새로운 무기 시스템은 몇 년 동안은 제대로 가동되지 않을 것이다. 그러는 사이 중국은 동아시아에서 분쟁 중인 영토를 장악하고, 중국의 영해를 따라 이어진 미국의 동맹국 사슬을 끊어 버릴 기회를 잡게 될 것이다.

이들 각각의 영역에서 중국은 단기적인 기회의 창을 통해 전력으로 질주하려 들 것이다. 그 기회의 창이 닫히고 약점이 드러나기 전에 말이다. 그럼으로써 중국은 야심과 절박성과 공격성이라는 익숙한 경로를 밟게 될 것이다. 상승기의 중국은 어느 정도의 반대를 감내하고, 몇 가지 팽창할 기회를 포기하며, 위기를 줄여 나갈 수 있는 여력이 있었다. 중국의 부富와 영향력, 지위가 상승하고 있다는 확신을 가졌기 때문이다. 그러나 정점에 다다른 중국은 더욱 절박하게 지정학적 승리를 거두려 하고, 모욕과 좌절에 쉽사리 과잉 반응을 보일 것이다. 군사력을 확충하고 경제적 영향력이란 강력한 수단을 개발하느라 수십 년을 보낸 중국은 이제 기회가 있는 동안 그런 능력을 써먹을 준비가 된 것으로 보인다. 중국이 실제로 그 능력을 사용한다면, 그로 인해 전 세계에 처참한 결과가 빚어질 수 있다.

중국의 민감한 안보 전략

2014년 중국은 처음으로 공식적인 국가안보전략을 만들고 국가안보위원회를 신설해 이를 조율하도록 했다.[2] 시진핑은 그 이유에 대해 의문의 여지를 남기지 않았다. 그는 연이은 연설에서 "중국은 역사상 가장 복잡한 대내외 변수에 직면하고 있다"면서,[3] "늘어나는 위협과 도전에 맞닥뜨렸다"라고 말했다.[4] 시진핑은 그런 위험을 강조하려고 중국이 군웅할거의 내부 전란에 휩싸였던 전국시대(기원전 5세기~기원전 3세기)의 고전 《역경易經, Book of Changes》을 인용했다. "평화로울 때는 가능한 위험에 유념하고, 생존할 때는 몰락을 생각하며, 안정되었을 때는 혼란을 염두에 두어야 한다."[5] (《역경》〈계사전繫辭傳〉에 나오는 구절을 발췌했는데 원문은 다음과 같다. "군자는 태평할 때도 위기를 잊지 않고, 순탄할 때도 멸망을 잊지 않으며, 잘 다스려지고 있을 때도 혼란을 잊지 않는다. 그렇게 함으로써 적게는 내 몸을, 크게는 가정과 국가를 보전할 수 있다.君子安而不忘危 存而不忘亡 治而不忘亂 是以身安而國家可保也."-옮긴이 주)

　해외의 관찰자들은 시진핑의 경고를 편집증이나 독재 통치를 정당화하려는 술책이라고 무시할지도 모른다. 그러나 중국 지도자들은 수년 전에 이러한 암울한 시기를 내다봤다. 2002년 당시 장쩌민江澤民 주석이 만든 중국공산당의 공식 구호는 "중국은 평화로운 국제관계와 꾸준한 경제 발전으로 대표되는 '전략적 기회의 기간'을 20년간 누릴 수 있다"라는 것이었다. 이제 그 20년이 다 지나갔고, 중국공산당의 새로운 구호는 "중국이 100년 동안 보지 못했던 근본적인 변화를 목격하고 있다"라는 것이다. 이는 매혹적인 기회와 심각한 위협을 포괄하는 구호다.[6] 한 세기 전 세계의 균형은 기존 제국이 몰락하고 신흥 강국이 부상하면서 유동적이었다. 그러나 이들 신흥 강국은 결국 세계대전으로 파멸했다. 더욱이 중국은 1920년대 일부 기간을 이른바 군벌 시대의 수렁에 빠져 허송했다. 군벌은 해외 열강과 서구에서 교육 받은 중국인 혁명가들이 청 왕조를 무너뜨린 직후 발호했다.

오늘날 중국공산당 지도자들은 중국이 성장 둔화와 외세의 포위라는 커다란 문제에 봉착했다는 것을 잘 알고 있다. 중국의 새로운 국가안보전략은 이러한 위협을 두 가지 방식으로 다루도록 짜여졌다.

첫째, "안보를 국가 발전의 모든 영역과 모든 과정에 통합시킨다"[7]는 전략이다. 체제 안보는 (가장 중요한 과제일지라도) 흔히 역대 정부의 여러 우선 과제 가운데 하나였으나, 이제는 유일한 최우선 과제가 되었다.[8] 경제 발전, 기술 혁신, 환경 정책 등 다른 모든 문제는 공산당의 권력 유지라는 지상 명제에 뒤따르는 부수적인 과제일 뿐이다. 그 결과 모든 문제가 국가 안보로 귀결되었다. 무역 전쟁은 이제 경제적 충돌이 아니다. 그것은 중국의 포괄적인 국력에 맞선 공격이며, 본격적인 실전으로 이어질 수 있는 전초전이다. 그러나 정책 결정을 국가 안보의 관점에서 다루는 것은 위험천만한 일이다. 모든 문제를 생존이 걸린 국익의 차원으로 확대하고 극단적 대응을 정당화하기 때문이다. 예를 들어 경쟁국이 중국 경제에 해를 끼친다면 군사적 보복을 포함한 모든 대안이 검토되는 것이다.

둘째, 중국의 전략은 예방적인 해법을 포함한다. 이전의 중국 정부는 '안정 유지' 원칙을 옹호한 반면에 새로운 정책은 위협이 퍼지기 전에 '예방하고 통제하는 방법'에 집중하고 있다. 중국의 전략 문서는 국가 안보에서의 위협을 국가의 필수 장기臟器로 확산되기 전에 빨리 잘라내야 하는 암 종양에 비유한다. 자유주의 및 이슬람교와 같은 이단적 이념은 중국 국민이 반드시 면역력을 가져야 하는 전염성 질병에 속한다. 시나 체스트넛 그레이텐스Sheena Chestnut Greitens가 잘 보여 주었듯이 이러한 의학적 비유는 실제로 증상을 치료하기 훨씬 오래전부터 사람을 표적으로 삼아 '치료'하는 행위를 정당화한다.[9] 이를 가장 선명하게 보여 주는 사례가 신장 자치구에 있다. 이곳에서 중국은 사법 절차에 따르지 않고 100만 명 이상의 위구르인을 강제 수용소에 가두었다.[10] 중국은 이전에 정점에 도달했던 강대국이 친숙하게 여겼을 법한 방식으로, 국제 문제에도 예방의 논리를 적용하고 있다.

'공산주의' 중국이 빠진 레닌 함정

중국이 맞닥뜨리고 있는 주된 도전은 투키디데스 함정이 아니다. 바로 블라디미르 레닌Vladimir Lenin이 '제국주의imperialism'라고 불렀던 것으로, 제국주의는 그가 경제 파탄과 전쟁으로 이어질 것이라고 예견했던 일련의 과정을 말한다.[11] 레닌은 제국주의를 자국 경제가 과잉 생산 설비로 포화 상태가 된 자본주의 국가가 해외에서 새로운 시장과 자원을 확보하려는 시도라고 정의했다.[12] 레닌의 이론에 따르면 그 나라가 새로운 시장을 찾지 못하면 경제 침체를 겪게 된다. 성장이 멈추고 일자리가 사라지며 국내 불안이 고조되는 것이다. 이런 운명을 피하려면 해외에서 배타적인 경제 구역(일명 제국)을 개척해야 한다. 기업은 그곳에서 소비자와 값싼 원자재에 손쉽게 접근하게 된다. 19세기 말 유럽 열강이 불과 30년 만에 아프리카 대륙의 90퍼센트를 식민지화했던 이른바 '아프리카 분할Scramble for Africa'이 레닌의 이론을 가장 잘 보여 주는 증거였다.

운명의 장난인지 '공산주의' 중국은 이제 자본주의적 제국주의로 나아갈 준비가 된 것처럼 보인다. 중국 경제는 수십 년 동안의 부실 대출로 만들어 낸 과잉 설비가 남아돌아 가고 있다. 북미, 유럽, 일본 등 그동안 중국이 생산품을 떠넘겼던 주요 시장은 홍수처럼 끝없이 밀려드는 중국산 제품을 점점 떠안지 않으려 한다. 2008년 이래 중국은 이러한 추세에 2단계 계획으로 대처해 왔다. 첫째는 수조 달러 이상을 외국인에게 빌려줘서 중국의 상품과 서비스를 구매하도록 만들어 중국 경제를 계속 돌아가게 하는 것이다.[13] 둘째는 그동안의 수익을 활용해 연구개발(R&D) 투자를 크게 늘리고, 외국의 기술을 사거나 훔치며, 보조금과 무역 장벽을 이용해 중국 기업을 해외 경쟁으로부터 보호하는 방식으로 중국 스스로 기술 강국이 되는 것이다. 중국은 그 결과로 일어난 대대적인 혁신이 중국 경제에 다시 활력을 불어넣고 중국의 국력을 끌어올리기를 기대한다.

그러나 레닌이 예견했듯이 국내에서는 보호무역주의를 실행하면서 해외에서는 팽창 정책을 추구하면 외국의 반발을 부르기 쉽상이다. 어떤 강대국이라도 자국의 생산품을 해외에 떠넘기고 국내 시장은 상대적으로 폐쇄한 채 운영하면 교역 상대국의 반감을 사게 마련이다. 그 결과 시장과 자원, 국제적 지위를 두고 격렬한 경쟁이 벌어지고 때로는 군사적 충돌이 일어나기도 한다. 더군다나 한 제국주의적 강대국이 개발도상국에게 빚을 지게 해서 자국 상품을 구매하도록 강요하면, 여기에 저항하는 국민적 반대운동이 일어난다. 오늘날 중국은 이러한 역학이 작동하는 상황을 경험하고 있다. 경제 부국들이 중국과의 경제 교류를 재고하는 가운데, 빈국들은 일대일로 구상의 계약조건을 개선하도록 요구하거나 아예 계약을 완전히 중단하고 있다. 그러나 중국은 이미 함정에 빠졌다. 자신들의 정치 체제를 지탱하는 정실 자본주의를 위태롭게 하지 않고서는, 결코 경제 제국주의를 폐기하거나 진정으로 경제를 개혁할 수 없기 때문이다.[14] 중국이 만일 영향권 확대 전략을 포기한다면 경쟁국들 앞에 전략적 무방비 상태로 노출될 것이다. 따라서 중국은 제국을 건설하려는 노력을 배가하고 있다.

이러한 제국주의적 팽창 정책의 일부는 구시대적 수단을 포함할 것이다. 중국의 신식민주의적 개발 사업을 두고 저항이 커짐에 따라, 중국은 자신의 비공식 제국을 지키려고 더욱 강압적인 방법(심지어 군사적 개입까지)을 사용하려는 충동을 느낄지도 모른다. 자원의 확보 가능성과 장거리 공급선이 안전할지 불안이 커지게 되면, 중국은 추가로 군사기지를 건설하고 전 세계에 해군력을 배치하며 남중국해와 같은 영유권 분쟁 지역을 강탈하는 데 더 매진할 수도 있다. 바꿔 말하면 중국이 이 제국에 의존하면 할수록 국제 갈등을 유발하는 거친 방법으로 제국을 보호할 가능성이 더 커진다는 말이다.[15] 이것이야말로 우려스러운 가능성이다. 그러나 그러한 우려는 이른바 '국내 국제 쌍순환國內國際雙循環, dual circulation'이란 정책으로 대변되는 새로운 형태의 중국 제국주의가 제기한 현실이다.

'쌍순환' 정책은 언뜻 해롭지 않게 들리지만 불길한 함의를 가진 프로그램이다. 이 정책의 기본 목적은 중국의 경제적 자립을 강화하는 '국내 대순환'과, 힘을 바탕으로 해외 시장을 개척하고 외국의 기술과 자원을 얻어 내는 '국제 대순환'이다.[16] 중국이 국내에서 필요한 것을 더 많이 생산하고 해외에서 핵심 기술과 자원의 생산을 지배하면, 경제적으로는 물론 지정학적으로도 세계를 호령할 수 있게 된다. 중국은 이미 외국 정부와 외국 기업을 압박하는 데 다양한 경제적 수단을 이용한 전력이 있다.[17] 이제 중국은 핵심 상품과 서비스의 지배적인 공급자가 됨으로써 방대한 규모로 경제적 강제력을 행사할 채비를 하고 있다. 시진핑은 2020년 "중국은 핵심 기술을 확보하기 위한 힘든 싸움을 성공적으로 수행해야 한다"라고 선언했다. 그는 다른 연설에서 "중국은 전체 생산망에 걸쳐 우리의 우위를 강화해야 한다"라고 말했다.[18]

중국의 다른 국정운영 방식과 마찬가지로 쌍순환 정책도 기회와 취약성이 교차하는 지점에 자리 잡고 있다. 2010년대에 중국은 대규모 정부 보조금을 이용해 화웨이와 그 밖의 기업이 제품을 개발하고 세계 시장 점유율을 집어삼키도록 지원해서 5G 통신망 같은 분야에서 단번에 선두주자로 치고 나왔다. 미 국방부의 방위혁신 국장 마이크 브라운Mike Brown은 "우리가 방심하고 있었다"라고 인정했다.[19] 그 후 미국은 인공지능과 합성생물학synthetic biology과 같은 기술이 내포하는 전략적 중요성을 점차 깨달았고, 미국 정부와 중국의 주요 기술 기업들과의 관계는 싸늘하게 식어 갔다. 그 사이 중국은 핵심적인 경쟁 분야에서 빠르게 앞서가기 위해 정부가 대대적으로 지원하는 '중국제조 2050中國製造 2050' 전략을 추진하기 시작했다.[20]

그러나 이러한 초기 성과에도 불구하고 중국은 여전히 해외의 기술과 자원에 깊게 의존하는 환경을 극복할 수 없었다. 오늘날의 적대적인 지정학 분위기 속에서 중국의 대외 의존은 치명적인 약점이 될 수 있다. 미국과 그 동맹국은 화웨이가 고성능 반도체에 접근하지 못하도록 차단해서 그야말로 화웨이의 '목을 치려' 하고 있다.[21] 중국의 항공 산업은 미국과 동맹국이 제트엔진과 항공전자기기에서 제한 조치를 취하면서 좌초될 위기에 처했다.[22] 미국의 관세는 중국의 수출을 감소시켰다. 시진핑은 "트럼프의 보호무역주의 정책과 경제적 패권 주구가 큰 영향을 주고 있다"라고 토로했다.[23] 여기에다 중국의 경쟁자들이 중국을 옥죌 수 있는 압력 수단은 더 많이 남아 있다. 중국은 첨단 제조 설비의 90퍼센트는 물론이고 석유, 컴퓨터 칩, 고성능 센서, 첨단 의료기기의 약 70~80퍼센트를 수입한다.[24] 중국의 《인민일보》는 이러한 높은 대외 의존도가 중국의 '아킬레스의 건'이라고 썼다.[25]

그런데 '쌍순환' 정책은 단순한 유행어 이상의 의미를 가진다. 경쟁국들이 중국의 상승세를 억누르기 전에 초기의 기술 발전으로부터 최대한의 전략적 이득을 짜내려는 노력이기 때문이다. 점증하는 국제적 반감에 직면한 중국이 취할 수 있는 유일한 선택지는 해외 의존도를 줄이고 중국의 자립도를 높이는 것뿐이다.

경제 제국의 밑그림, AI 기술과 글로벌 네트워크

중국의 정부 문서에 따르면 그 첫 단계는 핵심적인 '요충choke-point' 기술 제품의 생산을 지배하고, '결정적 시기'에 중국의 공급망 붕괴를 일으킬 수 있는 '빈 부분empty spots'을 채우는 것이다.[26] 2021년 3월에 공개된 중국의 최신 5개년 계획은 연구개발 지출을 연간 7퍼센트씩 증가시키도록 의무화했다. 이 수치는 예산에 잡힌 국방비 증가율보다 높다. 중국의 은행은 인공지능, 양자 컴퓨터, 반도체, 첨단 로봇, 합성생물학 등을 포함한 전략 산업에 속한 1000개 이상의 기업에게 대출해 주기 위해 수백억 달러를 따로 배정했다.[27] 목표는 중국이 10년 안에 전략 산업의 핵심 요소 가운데 70퍼센트를 생산하는 것이다. 이 목표를 달성하려고 중국은 민간 기술기업들로 하여금 국가적 서비스에 참여하도록 강요하고, 이들이 확보한 데이터를 정부에 제공하도록 하며, 신기술을 개발해 정부에 넘겨주는 것을 의무화했다. 이는 무해한 것처럼 보이는 또 다른 정책인 이른바 '민관 융합民官融合, civil-military fusion' 프로젝트의 일환이다.[28]

중국이 전 세계에서 데이터를 수집해 축적하려고 시도하는 것은 특히 중국의 의도를 잘 보여 준다. 2013년 집권 직후 시진핑은 "광대한 데이터의 바다는 산업화 시대의 석유 자원과 똑같이 막대한 생산력과 기회를 품고 있다"라며, "빅데이터 기술을 통제하는 나라가 발전을 위한 자원을 지배하고 우위를 점하게 될 것"이라고 선언했다.[29] 그 이후 중국은 국내 데이터는 외부 세계와 차단하는 한편, 다른 나라의 데이터는 사거나 훔치는 식으로 해서 세계에서 가장 강력한 데이터 중개자가 되었다. 촘촘하게 짜여진 중국의 새로운 법규는 중국 내에서 활동하는 모든 기업으로 하여금 데이터를 현지에 분산 저장하고, 중국공산당에게 완전한 접근권과 통제권을 허용할 것을 요구한다. 외국 기업은 중국 당국의 허락 없이는 데이터에 관한 메모 한 장도 중국에서 본국의 본사로 보낼 수 없다. 그 결과 애플과 테슬라, 그 밖의 주요 기술기업은 중국에서만 쓸 수 있는 데이터센터를 다투어 건설하고 있다. 그러는 사이 중국은 다국적기업의 데이터베이스를 해킹하거나 외국 기업들로부터 데이터를 구매하는 방법으로 해외 데이터를 대거 빨아들이고 있다. 이는 세계적으로 가장 중요한 자원을 지배하려는 노골적인 중상주의 전략이다.

데이터를 확보하려는 중국의 노력은 인공지능(AI) 분야에서 우위를 차지하기 위한 광범위한 공세의 일환이다. 구글의 최고경영책임자 순다르 피차이Sundar Pichai는 2018년 "AI는 인류가 공들여 개발하는 가장 중요한 일 가운데 하나"라며 "전기나 불보다도 더 근본적인 것"이라고 말했다.[30] 과장이 아니다. 전문가들은 AI가 경제 생산성을 크게 증대시킬 것이고, 어쩌면 앞으로 20년 안에 성장률을 두 배로 높일 수 있으리라는 데 대체로 의견이 일치한다. AI는 또 최첨단 군대가 전장戰場을 더 잘 이해하고 의사결정 속도를 높이며 복합적인 작전을 조율할 수 있도록 해서 각 나라의 전쟁 수행 방식을 바꿀 수도 있다. 2020년 미 국방장관 마크 에스퍼Mark Esper는 "AI를 이용하는 나라가 다가오는 수년 동안 … 결정적인 이점을 가질 수 있을 것"이라고 경고했다.[31] AI는 패러다임을 바꾸는 새로운 형태의 스파이 활동과 역정보 공작도 가능하게 할 것이다. AI는 이미 사회통제의 새로운 수단에 통합되고 있다.

시진핑이 중국을 AI 분야에서 세계 선두주자로 만들려고 하는 것은 전혀 놀라운 일이 아니다.[32] 중국은 AI 분야를 석권하면 지정학적 영향력과 행동의 자유를 동시에 가질 수 있을 것이라고 확신한다. 어쩌면 그저 AI가 중국의 전진을 가로막는 나라들을 단번에 뛰어넘을 수 있도록 해 줄 것이라고 믿는지도 모르겠다.

중국의 경제 전략에서 두 번째 단계는 디지털 실크로드Digital Silk Road 정책의 하나로, 전 세계 수십 개 국가에 5G 네트워크와 광섬유 케이블, 위성 시스템 등을 설치하여 세계를 연결하는 것이

다.[33]

필수적인 통신망을 깔아 주어서 중국은 이 통신망을 통과하는 데이터를 추적하고 저장할 수 있게 될 것이다. 그렇게 되면 기업 정보와 전략적 정보를 모두 가로챌 수 있는 엄청난 기회를 얻게 되고, 각국에 설치된 통신망을 조작하거나 폐쇄하겠다고 으름장을 놓아서 해당 국가를 압박할 기회도 잡게 될 것이다. 예를 들어 영국이 화웨이로 하여금 5G 네트워크를 구축하도록 하는 방안을 검토하고 있을 때, 트럼프 행정부는 통신망이 훼손되기 쉬운 나라와는 민감한 정보를 공유하지 않겠다고 경고했다.[34] 중국으로서는 아마도 이것이 문제의 핵심이었을 것이다. 중국공산당에 예속된 기업이 제공하는 기술에 의존하게 된 나라가 과연 어떻게 미국의 중국 봉쇄를 도울 수 있겠는가?

중국은 거의 글로벌 네트워크를 지배하는 수준에 도달했다. 중국은 통신기술 장비의 세계 최대 공급국이다. 이미 국제 데이터 전송의 95퍼센트를 담당하는 세계 해저 케이블의 12퍼센트를 공급하거나 최종 연결지가 되었다. 화웨이는 140개국과 클라우드 컴퓨팅 cloud computing 계약을 맺었다고 주장한다. 또 다른 중국 기업인 헝퉁亨通, Hengtong그룹은 세계 광섬유망의 15퍼센트를 설치했다.[35] 중국의 베이더우北斗, BeiDou 위성 네트워크는 수십 개 국가에서 채택되었고, 세계 각국의 수도 165개를 대상으로 위싱 서비스를 제공한다. 이는 미국의 위성항법시스템(GPS)이 제공하는 서비스 범위보다 넓다.[36] 통신과 위성 인프라는 대체하려면 비용이 너무나 많이 들기 때문에, 글로벌 네트워크에서 중국이 얻는 이득은 상당히 오래 지속될 수 있다. 일단 어떤 나라가 중국의 시스템을 채택하면 사실상 그 시스템에 갇힌 것이나 마찬가지다.

이것을 포위에 맞서는 대응 전략이라고 생각해 보자. 만일 중국이 유라시아와 그 너머의 국가를 기술 통제권 안으로 끌어들일 수 있다면, 중국은 스스로 걸려든 경제적, 지정학적 함정에서 벗어날 수 있다.

마지막으로 중국은 첨단 마이크로 칩과 사물인터넷, 클라우드 컴퓨팅, 빅데이터, 5G, 인공지능 의료서비스, AI 등 차세대 기술의 국제표준을 설정하는 경쟁을 벌이고 있다.[37] 이들 산업의 대부분에서 단 하나의 국제표준만이 존재할 것이고, 그 기준을 설정하는 나라가 시장을 지배할 여지가 크다. 그런 나라의 제품은 이미 국제표준이 요구하는 사양을 충족하고 있을 것이기 때문이다. 중국인은 이런 이점을 충분히 인식하고 있다. 중국에는 다음과 같은 경구가 있을 정도다. 삼류 기업은 물건을 만들고, 이류 기업은 기술을 만들며, 일류 기업은 표준을 세운다. 중국공산당은 이에 관해서도 계획이 있다. 바로 국제 기술 표준의 설정을 목표로 한 '중국표준 2035 中國標準 2035'이다. 2021년 현재 중국은 유엔 산하의 15개 과학 및 기술 관련 기관 가운데 4개 기관을 이끌고 있다. (미국이 주도하는 기관은 한 곳에 불과하다.) 그리고 중국은 다른 어떤 나라보다도 더 많은 표준 제정안을 제출했다. 중국의 국가표준화관리위원회 위원인 다이훙戴宏은 "국제 기술 표준은 여전히 형성되는 과정에 있다"면서

"이는 중국의 산업과 표준이 세계를 추월할 기회를 준다"라고 말했다.[38]

여기서 중국의 대담성은 주목할 만하다. 만일 이 현대판 제국주의가 성공한다면 중국은 새로운 '중화권中華圈, Sinosphere'을 지배하게 될 것이다. 한때 서구에 지배당했던 무역과 혁신의 국제적 네트워크가 중국을 중심으로 결집하게 되는 것이다. 이런 시나리오는 미국의 많은 전략 분석가를 잠 못들게 한다. 그러나 그에 못지않게 골치 아픈 또 다른 시나리오가 있다. 중국의 노력이 단지 부분적으로만 성공을 거두고, 그 결과 중국이 다른 나라를 위협하거나 압력을 가할 정도로는 강하지만 장기 전망을 확신할 만큼 강하지는 않은 상태로 남는 경우다. 그러면 세계는 힘은 훨씬 세졌지만 여전히 장래를 불안해하는 중국을 보게 될 것이다. 그야말로 불붙기 쉬운 조합인 셈이다.

중국의 지도자들은 이러한 부분적인 성공 시나리오의 가능성이 유력하다는 것을 잘 알고 있다. 화웨이를 두고 불거진 국제적 반발은 세계 통신망의 내부 장기臟器를 설치하려는 계획을 위협하고 있다. 그렇다고 중국공산당이 새로운 혁신 계획에 큰 확신을 가질 수도 없는 실정이다. 중국은 10년이란 세월 동안 수백억 달러를 국내 마이크로 칩 산업에 퍼부었건만, 아직도 중국이 필요로 하는 컴퓨터 장비와 부품의 80퍼센트를 수입에 의존하고 있다는 사실을 감안하면 더욱 그렇다.[39] 중국은 생명공학 분야에도 수십억 달러를 썼지만, 중국의 코로나 백신은 미국과 다른 민주주의 국가에서 생산한 특효약에 질적으로 압도당했다.[40] 중국은 감시 시스템 같은 상대적으로 좁은 범위의 AI 응용 분야에서는 큰 발전을 이루었지만, 여전히 AI의 하위 분야와 용도 등 넓은 범위에서는 미국에 상당히 뒤처져 있다.[41] 중국공산당은 중국이 레닌 함정으로부터 탈출하는 과정에서 직면하고 있는 장애물을 감안해서, 강력한 이념적 무기를 포함해 영향력을 발휘할 만한 다른 수단을 마련하는 방식으로 위험을 분산하고 있다.

민주주의를 막으려는 중국의 노력

가장 암울한 2차 세계대전의 순간에도 세계에는 12개의 민주주의 국가가 있었다.[42] 그러나 1989년 말에는 민주 국가보다 권위주의 독재 국가가 두 배나 많았다. 그로부터 20년 후 민주 국가는 100 대 78로 독재 국가를 수적으로 능가했고, 세계 인구 가운데 독재 국가에서 사는 사람의 비중은 절반으로 줄었다. 미국의 관점에서 보면 민주주의의 세계적 확산은 전후 시대에 가장 바람직한 발전 가운데 하나였다. 중국 지도자들의 관점에서 보면 자유주의 세계 질서가 중국식 통치 방식에 반하는 쪽으로 정비되었다는 명백한 징후였고, 민주주의 세력이 자신들의 체제를 무너뜨리기 전에 바꿀 필요가 있다는 신호였다.

중국의 설명에 따르면 문제는 전후 시대 초반부터 시작되었다.

그때부터 미국이 자신들의 지배적인 위치를 이용해 급진적인 자유주의 사상을 국제기구에 주입했기 때문이다. 예컨대 1948년 유엔의 세계인권선언Universal Declaration of Human Rights은 미국의 권리장전權利章典, Bill of Rights을 본뜬 것이었다. 세계인권선언은 모든 사람은 자유롭게 태어났으며 그러한 자유를 존중하지 않는 정부를 전복시킬 권리가 있다고 말한다. 그 뒤 수십 년간 미국은 (일본, 한국, 대만 등 중국과 인접한 국가를 포함해) 많은 국가에서 민주 제도가 발전하도록 도왔다. 세를 불려 가던 민주주의 국가의 국제적인 연합체는 군사력과 경제 제재, 다양한 언론과 인권단체들을 동원해서 수십 개의 권위주의 독재 국가의 기반을 약화시켰다. 보잘것없는 독재자들만 무너진 것이 아니었다. 1989년에는 소련이 붕괴했고, 중국 자체도 거의 무너질 뻔했다. 중국공산당 관리들은 "자본주의 세력은 언제나 국가 전복을 이끌며 사회주의 국가와 사회주의 체제를 말살하려 들 것"이라고 썼다.[43]

중화인민공화국 지도자들은 오랫동안 이런 이념적 압력에 속을 끓여 왔음에도 불구하고, 중국이 경제 호황과 안정적인 주변 환경을 누리고 있는 동안은 견딜 만했다. 1990년대와 2000년대에 국내총생산(GDP)이 민주 국가들의 평균치보다 세 배나 빨리 늘어나는 동안, 중국은 권위주의 체제가 (다른 나라는 아닐지 모르지만) 중국에는 최선이라고 국내외에서 사람들을 설득하기가 쉬웠다.[44]

그러나 이제 경제 성장이 둔화하고 국제적인 적대감이 끓어오르자 권위주의 체제의 정당성을 설득하기가 더는 쉽지 않게 되었다. 중국 국민은 자신들의 은행 잔고가 넘쳐나고 국가 위신이 높아지는 동안은 기꺼이 정치적 권리를 포기했다. 그러나 더욱 어려워진 여건에서도 과연 그럴 것인지는 의문이다. 특히 상승하는 경제적 힘과 국제적 영향력만 아는 중국의 밀레니얼 세대와 관련해서는 그런 의문이 더욱 크게 든다. 1980년대 이 집단이 생기고 있을 당시, 덩샤오핑은 서구식 상거래라는 '신선한 공기'를 마시기 위해 '창문'을 열면, 눈길을 끄는 사상과 부패 풍조라는 형태로 '파리 떼'가 들어올 수 있다고 경고했다.[45] 그가 말하지는 않았지만 아주 잘 알고 있었던 것은 급속한 성장과 서구와의 교류가 중국 국민을 변하게 할 수 있다는 것이었다. 장래에는 정권이 충족시키기 어려울 정도까지 국민의 기대수준을 높이게 되기 때문이다.

중국의 통치자들은 또 정치학자들이 실증적으로 입증한 다음과 같은 사실도 오래전에 알았다. 한 나라에서 일어난 혁명적 움직임이 다른 나라에서도 대중적 봉기를 유발하듯이, 권위주의 독재 국가는 자주 그런 혁명적 변화의 파도에 휩쓸려 몰락한다는 사실이다.[46] 민주화의 도미노 효과는 1989년 동유럽 전역의 공산 정권을 무너뜨렸다. 2011년 튀니지에서 분신 자살한 과일행상 한 사람이 중동 지역 곳곳에서 반독재 저항 운동의 불꽃이 타오르게 했다. 여기서 얻은 교훈은 어느 한 곳에서 일어난 민주화 혁명이라도 모든 권위주의 독재 체제에 위협이 될 수 있다는 사실이다. 심지어 몇 주 전 혹은 불과 며칠 전만 해도 안정적으로 보였던 정권조차 위협받을 수 있는 것이다.[47]

이런 잠재적인 위협이야말로 중국공산당이 지난 10년간 그토록 억압적으로 바뀐 이유다. 중국공산당은 이 때문에 반체제 인사를 투옥하고, 공안 인력을 동원하며, 정보를 검열하고, 대중의 불안감을 미연에 방지하는 등 선제적인 조치를 취했다. 그러나 중국은 현재 외국의 압력에 굴복하는 것 이외에 여러 대안을 갖고 있을 정도의 힘은 가지고 있다. 시진핑은 권위주의가 확산되고 민주 국가들의 기능이 마비되면 중국공산당의 국내 권력이 강화될 것으로 믿는다. 동료 전제 국가들은 인권 유린을 이유로 중국을 응징하지 않을 것이고, 중국 국민도 혼란스러운 자유주의 체제를 닮고 싶어 하지 않을 것이기 때문이다. 시진핑은 다른 나라에서 반권위주의 폭동을 방지하면 중국에서 봉기가 일어날 가능성은 줄어들 것이라고 생각한다. 또 해외에서 비판의 목소리를 틀어막으면 국내에서 중국공산당이 직면하고 있는 도전도 억제될 것으로 믿는다. 그래서 시진핑이 해외의 민주주의를 후퇴시켜서 자신의 정권 안보를 도모하는 방향으로 움직이는 것이다.

중국은 최근 몇 년간 이념 공세와 국제적 강압 정책을 계속 펼쳐 왔다. 현재 중국은 독재자들을 지원하고 민주 국가들 사이의 불화를 조장하려고 비정부기구, 언론사, 외교관, 자문가, 해커, 뇌물 등을 망라한 종합적인 '반민주주의 수단들anti-democratic toolkit'을 쌓아 나가는 데 연간 수십억 달러를 쓴다.[48] 중국은 과거 한때 해외의 대중 봉기로부터 자국을 보호하기 위해 고심했던 반면에 지금은 아예 처음부터 그런 봉기가 일어나지 않게 막는 것을 목표로 삼고 있다.[49] 중국공산당은 동료 독재 국가에게 총기와 자금을 제공하고, 유엔의 제재 조치로부터 해당 국가를 보호해 준다. 중국 관리들은 권위주의 형제 국가에게 폭동 진압 장비를 제공하고 감시 국가 체제를 구축하는 방법을 조언해 준다. 또 권위주의 정권을 대신해서 광범위한 언론 매체를 동원해 반자유주의 통치 방식의 성과를 홍보하는가 하면, 민주주의가 신식민주의의 도입이라고 주장하고 미국 내 초당파주의hyper-partisanship를 부각시킨다.

중국이 민주주의를 막으려는 노력을 '늘 해오던 국제정치'라고 치부하는 것이 솔깃할지는 모른다. 무엇보다 러시아, 오스트리아, 프러시아 등이 프랑스혁명을 진압하는 데 후원한 이래, 모든 독재자가 한통속이 되어 자유주의를 저지하기 위해 공모해 왔다. 블라디미르 푸틴의 러시아는 이전의 소련 지역은 물론 그 너머 지역에서도 유사한 정책을 추구하고 있다. 그러나 중국의 이념 공세는 세 가지 이유에서 더욱 근본적이다.

첫째, 중국은 최근의 우려스러운 추세를 이용한다. 2차 세계대전 이후 역사의 긴 흐름은 더 큰 자유를 향해 굽이쳐 왔을지 모른다. 그러나 프리덤 하우스Freedom House가 종합한 통계에 따르면, 2006년 이래 매년 권위주의는 확산되어 왔고 민주주의는 후퇴하고 있다.[50] 민주주의가 후퇴하는 원인은 논란의 대상으로 남아 있지만, 주요 민주 국가들이 추악한 테러와의 전쟁을 치르고 대공황 이후 최악의 금융 위기로 휘청거리는 바람에 새 천년의 첫 20년을 허송한 것만은 분명하다. 그로 인해 나타난 '민주주의의 후퇴'는 중국에 이념적 기회의 창을 열어 주었다. 중국이 내놓는 반자유주의 비판은 전 세계에서 환멸을 느낀 민주주의자들에게 더욱 설득력을 갖게 되었고 야심 찬 독재자들에게는 유용했다.[51] 중국식 철권 통치가 활짝 열린 문을 두드리고 있는 것이다.

둘째, 세계적으로 중국의 영향력이 미치는 범위가 이전의 어떤 자유주의 강대국보다 넓다. 중국은 주요 국제기구에서 주도적 자리를 차지하는 데 성공하면서 자유주의 질서를 지탱하는 조직을 반민주적 영향력을 확산시키는 수단으로 전환할 수 있게 되었다. 그런 사례를 들어보자. 2021년 벨라루스가 수배 중인 반체제 인사를 이송하던 민간 여객기를 강제로 착륙시키며 국제 규범을 심하게 위반했을 때, 과연 어떤 나라가 국제민간항공기구International Civil Aviation Organization를 움직여 이 잔혹한 정권을 국제적 비난으로부터 보호하도록 도왔을지 추측해 보라.[52] 더욱이 14억 명의 소비자를 가진 중국은 (소련은 결코 갖지 못했던) 전 세계에 억압적 관행을 수출할 수 있는 능력을 갖추었다.

예를 들어 2020년 중국은 코로나 바이러스(COVID-19)의 발생 기원을 국제적으로 조사하자는 모욕적인 요구를 한 호주를 상대로 보복에 나섰다. 중국은 호주에 경제 제재 조치를 부과했을 뿐 아니라, 호주 정부에 비판적인 신문과 연구기관의 입을 막아 줄 것을 요구했다. 사실상 민주주의를 파괴하라고 요구한 셈이다. 이와 마찬가지로 중국은 신장 자치구에서 자행된 탄압을 비판한 유럽의 정치가와 분석가에게 제재 조치를 내렸고, 호텔 체인 메리엇Marriott에게는 티베트에 관한 트위터에 '좋아요'를 누른 미국인 직원을 해고하라고 강요했다. 또 홍콩의 정치적 자유를 지지하는 사람은 전 세계 어디에 있는 누구라도 처벌하겠다고 위협하는 법률을 통과시켰다. 이런 행동을 통해 중국은 세계에서 가장 선진적인 사회 중 몇몇에서 민주주의의 근간인 언론의 자유를 공격하려고 자신의 시장 지배력을 이용하고 있다.[53]

디지털 권위주의를 확산시키려는 중국의 노력

세 번째이자 중국의 노력을 과열시키는 가장 중요한 요소는 현재 진행 중인 디지털 혁명이다.[54] 애플, 아마존, 페이스북, 구글, 트위터가 갖고 있는 데이터 수집 능력과 메시지 전달 능력을 생각해 보라. 이제 그런 능력이 중국공산당의 손에 있다고 상상해 보라. 중국 정부는 AI와 빅데이터, 사이버·생체·음성·안면인식 기술을 결합해서 독재자가 국민에 관해 모든 것을 알 수 있게 하는 시스템을 개발하고 있다. 사람들이 무슨 말을 하고 무엇을 보는지, 누구와 다니는지, 무엇을 좋아하고 무엇을 싫어하는지, 어떤 특정 시점에 어디에 있는지 등을 모두 파악할 수 있는 시스템 말이다. 독재 정권은 이 시스템을 이용해 신용, 교육, 고용, 의료서비스, 통신, 여행에 접근하는 것을 제한함으로써 국민을 바로 통제할 수 있는 것은 물론이고 불온한 국민을 끝까지 색출해 중세 시대와 같이 처벌할 수 있게 될 것이다.

이러한 기술혁명은 억압 정책을 과거 어느 때보다 손쉽고 효과적으로 수행할 수 있게 해서 민주주의와 권위주의 사이의 균형을 뒤엎을 위험이 있다.[55] 독재자는 분노한 국민을 잔인하게 탄압하거나 세뇌시키기 위해 (잠재적으로 반란을 일으킬 수도 있는) 값비싼 군대에 의존하는 대신, 이제 값싸고 보다 은밀한 통제 수단을 갖게 될 것이다. 수백만 명의 정보원은 눈도 깜박이지 않고 돌아가는 수천만 대의 감시 카메라로 대체될 것이다. 안면인식과 인공지능 기술은 화상 정보를 신속히 분류해 불순분자를 식별할 수 있다. 기사 작성용 인공지능 로봇AI bot은 특정 계층 혹은 개인별로 차별화해서 작성된 선전물을 전달할 수 있다.

악성 소프트웨어인 멀웨어Malware를 얼핏 해롭지 않아 보이는 앱이나 링크를 통해 컴퓨터에 설치한 후, 정부 소속 해커가 이를 이용해 반체제 인사의 컴퓨터 네트워크를 파괴하거나 그들의 활동 데이터를 수집할 수도 있다. 이렇게 수집된 정보는 거꾸로 반체제 지도자를 뇌물로 매수하거나 보다 무해한 요구를 수용해 주는 것으로 저항 운동 세력을 유인하는 데 사용될 수 있다. 그러지 않으면 당국이 AI를 이용해 수집한 저항 활동을 한 혐의자 명단을 출력해 명단에 있는 사람을 모두 살해할 수도 있다.

이 '디지털 권위주의'의 사악한 천재성은 얼핏 사람들 대부분이 자유롭게 일상생활을 영위하는 것처럼 보이게 한다는 점이다. 그러나 실제로는 국가가 이들이 보는 모든 것을 검열하고, 이들이

하는 모든 행동을 추적한다. 구식 권위주의 체제에서는 적어도 억압이 어디서 오는지는 알고 있었다. 그러나 지금은 사람들이 소셜미디어social media를 통해 맞춤형 콘텐츠를 전달하는 보이지 않는 알고리즘에 따라 슬며시 이끌리고 회유당할 수 있다. 과거에는 독재자가 암살단에게 돈을 대는 것과 경제 성장을 이루게 하는 것 사이에 어려운 선택을 해야 했다. 그러나 오늘날 압제는 감당할 수 있을 만큼 비용이 저렴해졌을 뿐 아니라, 제법 수익성 좋은 사업이 될 수도 있다. 엄격한 사회 통제를 뒷받침하는 '스마트시티smart-city' 기술과 똑같은 기술로 인프라를 개선하고, 질병을 진단하며, 기차를 정시에 운행하는 데 쓸 수 있기 때문이다.

　말할 필요도 없이 이러한 기술은 독재자의 꿈이다. 미 국방부 전략담당 차관 콜린 칼Colin Kahl은 "독재자들은 중국의 이념을 좋아하지 않을지 모르지만 중국의 방법론만큼은 갖기를 원한다"라고 말한다. 이런 수요가 있다는 것을 간파한 중국 기업들은 이미 2020년 현재 80개 이상의 국가에 감시 시스템을 판매해 운영하고 있다.[56] 중국공산당이 국내외에서 위협이 증가한다고 느끼게 되면 중국은 디지털 권위주의를 더 멀리, 더 널리 수출할 것이라고 예상할 만한 충분한 이유가 있다. 많은 나라가 이미 중국의 디지털 권위주의를 원하고 있으며, 중국은 이를 원치 않는 나라들에게 강요할 강력한 수단을 갖고 있다. 중국 시장에 진출하고 싶다고? 그러면 화웨이가 당신 나라 5G 통신망의 핵심 부품을 설치하도록 해라. 중국으로부터 돈을 빌리고 싶다고? 그러면 중국의 감시 기술을 당신 나라 수도에 받아들여라.

　더 많은 나라가 중국과 협력 관계를 맺게 되면 중국의 전 세계에 걸친 감시 국가 범위는 더 커질 것이다.[57] 현존하는 독재 국가는 더욱 전체주의적 성향을 띠게 될 것이고, 몇몇 민주 국가는 권위주의 진영으로 이동할 것이다. 결국은 민주주의가 전 세계에 확산될 것이라는 (1990년대에 널리 퍼졌던) 자유주의적 믿음은 뒤집힐 것이다.

　인류가 대규모 잔학 행위를 하던 시대를 넘어 진화하리라는 안일한 신화 역시 마찬가지다. 디지털 권위주의는 강제 수용소와 집단 학살의 대체물이 아니다. 얼핏 보면 도와주는 것 같지만 실제로는 일을 망치는 조력자다. 정치학자들은 독재 국가가 디지털 탄압을 강화할 때 고문과 살인을 더 많이 자행한다는 사실을 보여 주었다.[58] 그 이유는 간단하다. 기계가 일상의 기록과 감시 업무를 모두 처리하게 되면, 그런 업무를 담당하던 인력은 자유롭게 인종 청소와 반체제 인사를 대상으로 고문과 같은 권위주의 통치의 물리적 측면에 집중하게 된다.

　스마트시티가 집단 수용소 옆에 나란히 세워져 있는 신장 자치구를 한번 보라.[59] 중국의 공안 관리들은 집단 수용소를 운영하며 '재교육'과 강제 불임시술 같은 업무를 처리하는 반면에 카메라와 생체 인식기, 의무적으로 설치된 휴대전화 앱이 컴퓨터에 데이터를 전송해 이 지역에서 일어나는 모든 일을 감시하도록 한다. 그러면 알고리즘이 카메라가 전송한 화상 정보를 사진과 혈액 표본, 경찰이 '건강검진'에서 채취한 유전자(DNA) 검체 등과 대조한다. 위구르인이 거주 지역의 경계에 다다르면 휴대전화가 자동적으로 당국에 경보를 울린다. 위구르인이 주유를 하면 감시 시스템이 실제 자동차 소유자인지 여부를 확인한다. 이들이 소재지에서 도주하려고 시도하면 경찰이 가족과 친구들 집으로 급파된다. 만일 이들이 어떻게든 외국으로 나간다 해도 확실한 탈출이 보장되는 것은 아니다. 중국의 권위주의 동맹국들은 이집트처럼 무슬림이 대다수인 국가들조차 중국의 감시 기술을 이용해 위구르인을 색출한 다음 중국의 손아귀로 송환하기 시작했다.

일부 전문가들은 여전히 중국이 실제로는 민주주의에 중대한 위협을 가하지 않는다는 믿음에 집착한다. 중국은 다른 나라가 공산주의자의 지배를 받는지 여부에 대해 과거 소련이 그랬던 것만큼 관심이 없다는 이유에서다.[60] 혹자는 미국처럼 부유하고 통합된 민주 국가는 민주주의가 미성숙해 취약한 일부 나라들이 디지털 '철의 장막' 뒤로 사라진다 해도 자유의 섬처럼 잘 견뎌 낼 것이라고 주장한다.

이런 주장이야말로 더없이 잘못된 견해다. 디지털 권위주의가 자유세계의 심장부로 슬금슬금 잠식해 들어오고 있기 때문이다. 디지털 도구를 이용해서 대중의 여론을 조작하고, 정권에 반대하는 사람들을 악마화하며, 폭력적인 지지 군중을 동원하는 것은 독재자뿐 아니라 민주 국가에서 권력을 추구하는 사람들에게도 똑같이 구미가 당기는 통치 방식이다. 이는 오늘날 부족주의tribal 정치 환경이 지배하는 많은 민주 국가에서 특히 현실화되고 있다. 자유세계 전역에서 당파적 분열이 사상 최고 수준으로 치솟았고, 민주 제도에 보내는 신뢰는 1930년대 이래 사상 최저 수준으로 떨어졌으며, 주요 정당은 공공연히 반민주적 법률을 옹호하고 있다.[61] 권위주의적 요소가 뿌리내릴 정치적 토양은 비옥하고, 중국과 러시아는 여기에 디지털 역정보라는 비료를 퍼붓고 있다. 기사 작성용 인공지능 로봇이 쏟아 내는 디지털 역정보는 전 세계 수백만 개의 페이스북 게시물에 파고든다.[62] 앞으로 미중 사이 경쟁이 격화되면, 중국은 적대국을 약화시키고 그 기반을 무너뜨리기 위해 AI로 가능해진 가짜 합성물deep fake과 다른 형태의 역정보를 이용하려는 동기가 생기게 될 것이다.

미국과 다른 선진 민주 국가가 이러한 이념 공세의 먹잇감으로 전락하지 않는다 해도, 더 권위주의적으로 바뀐 세상에서 이들의 영향력과 안보는 위축될 것이다. 미국이 중국을 에워싸려고 애쓰는 전략적 사슬에서 가장 강력한 유대 관계를 맺고 있는 나라가 모두 민주 국가라는 사실은 우연이 아니다. 중국이 가장 친밀한 우방국 중에서도 러시아와 이란과 같은 독재 국가를 중시하는 것 역시 우연이 아니다. 실제로 세계의 민주 국가를 분열시키고 끌어내리려는 중국과 러시아의 노력은 서로 밀접하게 연관되어 있다. 모든 민주주의 국가는 사신들의 자유주의 제도를 보전하기에 좋은 국제 환경을 필요로 한다. 모든 권위주의 국가는 체제를 전복하려는 자유주의 세력으로부터 자신들을 보호해 줄 세계를 필요로 한다.

서로 다른 형태의 국내 질서는 국제 질서에서도 서로 다른 기대를 낳는다.[63] 만일 중국이 더 많은 나라를 권위주의 진영으로 끌어들이는 데 성공한다면, 전략적 균형점이 이동할 것이고 중국에 대항하기 위해 동원할 수 있는 연합 세력은 약화될 것이다.

독재 국가는 근본적으로 민주주의 국가를 악마로 묘사해야 할 필요가 있다. 독재자들은 국민이 민주적 제도를 동경하거나 자유를 요구하기를 원치 않는다. 전제 정권을 중심으로 국민을 결집시키는 가장 좋은 방법은 선진 민주주의 국가를 향한 증오심을 불어넣는 것이다. 그러자면 꾸준히 계속해서 이념 충돌을 일으킬 필요가 있다. 시진핑, 푸틴, 하메네이Khamenei, 김정은, 아사드Assad, 에르도간Erdogan, 오르반Orbán, 루카셴코Lukashenko 등 세계에서 가장 악명 높은 독재자들이 자신들을 타락한 서구 민주 국가에 맞서 전통과 위계, 질서를 지키는 수호자로 묘사하는 것은 충분히 예상할 수있는 일이다. 중국이 권위주의 국가의 범위를 확대할수록 미국과 그 동맹국이 설 자리는 더욱 초라해질 것이다.[64] 국제적 분쟁은 단지 이념의 차원에서만이 아니라 군사 영역에서도 확산될 것이다. '인종과 영토blood-and-soil'에 근거한 국수주의가 폭력적인 보복과 함께 분출할 것이다. 걱정스럽게도 그런 일이 이미 벌어지고 있다.

전쟁의 기회는 언제일까

2022년 2월 러시아의 전면적인 우크라이나 침공은 세계를 경악시켰다. 러시아의 침공은 전 세계 지도자들에게 지정학의 경쟁이 너무나 쉽사리 대규모 군사적 충돌로 전환될 수 있다는 사실을 떠올리게 했다. 그러나 러시아는 파국적인 공세를 펼칠 수 있는 유일한 현상 변경 국가도 아니고, 그럴 수 있는 가장 강력한 국가도 아니다. 중국 역시 10년 안에 공격에 나설 충동을 느낄 것이다.

중국공산당이 지정학적으로 무엇을 원하는지는 전혀 비밀이 아니다. 중국은 수십 년 동안 똑같은 것을 원했기 때문이다. 바로 과거 영토를 되찾아 중국을 다시 완전체로 만들고, 동중국해와 남중국해를 중국의 내해內海로 삼으며, 지역의 패권을 장악해 세계 패권국으로 도약하는 것이다. 이러한 목표는 이미 확정되었다. 문제는 이를 실현할 방법이다.

1990년대와 2000년대에 중국의 접근 방법은 대체로 평화적으로 인내하는 것이었다. 경제 성장에 자신감이 있었고 성급하게 서방을 도발하기를 꺼렸던 중국은 기본적으로 비적대적 방법을 써서 자신의 목표를 추구했다. 중국은 방대한 시장을 과시함으로써 총 한 발 쏘지 않고 외국 경쟁자들로부터 영토를 빼앗았다. 영국은 199/년 홍콩을 반환했다. 포르투갈은 1999년 마카오를 포기했다. 1991년부터 2019년 사이 6개 나라가 중국과의 영토 분쟁을 해소했고, 또 다른 24개국이 중국과 관계를 돈독히 하려고 대만과 외교

관계를 단절했다. 중국은 '평화적으로 일어선다'는 이른바 '화평굴기和平崛起, peaceful rise' 전략을 실천했고, 이런 전략은 잘 통했다.[65]

이제 그런 시절은 갔다. 다른 나라들은 중국에서 벌 수 있는 돈에 덜 현혹되고 오히려 중국의 약탈을 더 우려하게 되었다. 세계의 기류가 중국의 부상을 조심스럽게 환영하는 분위기에서 중국을 우려하고 반대하는 쪽으로 바뀌었다. 이런 변화는 시진핑에게 중대한 의문이 들게 했다. 만일 영토 수복과 영향력 확대를 향한 평화적인 경로가 닫히고 있다면, 중국이 과거 30년에 걸쳐 3조 달러를 들여 구축한 군사력을 과시할 때가 된 것 아닌가?

이는 과거 정점에 이른 강대국이 했던 일이고, 중국의 역사는 중국도 그들이 걸어간 발자국을 뒤따를 것임을 시사한다. 중화인민공화국이 언제 그리고 왜 무력을 사용할 것인지에 관해서는 수많은 연구와 분석이 이루어졌다. 이들이 도달한 한결같은 결론은 이렇다. 중국은 상승할 때가 아니라 안보 상황이 악화되고 협상력이 떨어질 때 싸움에 나선다는 것이다.[66] 바꿔 말하면 중국공산당은 일반적으로 기회의 창이 닫히는 시기를 최대한 이용하거나, 취약성의 창이 열리는 것을 회피하려고 무력을 사용한다는 말이다. 중국은 경쟁자들에 의해 궁지에 몰리면 공격받을 때까지 기다리지 않는다. 대신 전략적 상황이 더 악화되기 전에 전술적 이점을 살리려고 선제공격을 감행한다. 사실 중국은 대규모 전면전에서 이길 가망이 거의 없는데도 더 우월한 적을 상대로 전쟁을 시작하곤 한다. 선제공격의 목표는 초반에 치열하게 싸워 막대한 사상자를 낼 용의가 있음을 보여 주어서 적이 물러서도록 만드는 것일지도 모른다. 이런 메시지는 대개 중국과 링 위에서 맞붙고 있는 적은 물론이고 주변에서 이를 지켜보는 다른 적을 향해 보내는 것이다.

중화인민공화국이 치른 전쟁 가운데 아무 전쟁이나 한번 들여다보라. 1950년 말 한국에서 중국군 병사가 파도처럼 밀려와 미군을 공격했다. 중국의 공격은 미국이 북한을 점령해 군사기지를 세울 것이란 두려움에서 비롯되었다. 중국은 이 전쟁에서 거의 100만 명의 사상자를 냈으나 오늘날까지 북한 방어 전쟁을 영광스러운 승리라고 기념한다. 1962년 중국 인민해방군은 인도군을 공격했다. 표면적으로는 인도군이 히말라야에서 중국이 주장하는 영토에 전초기지를 세웠다는 이유 때문이었다. 그러나 실제로는 중국이 인도, 미국, 소련, 대만 등에 포위되고 있다는 위기의식 때문이었다. 중국은 인도를 공격함으로써 그들의 옛 속담대로 '원숭이들을 겁주기 위해 닭 한 마리를 죽였다.' 즉 하나의 적을 본보기로 공격해 나머지 여러 적을 겁박한 것이다.

소련은 이 메시지를 제대로 이해하지 못하고 중국과의 국경지대에 대규모 병력을 집결시켰다. 소련은 1968년 체코슬로바키아에서 그랬던 것처럼, 어떤 사회주의 국가에서도 군사력을 동원해 '반혁명' 세력을 격퇴할 권리가 있다고 주장했다. 침공을 우려한 중국은 1969년 소련과 공동으로 관리하던 국경에서 소련군을 기습적으로 공격했다. 10년 뒤 중국은 (덩샤오핑이 말했듯이) 이번에는 '베트남에게 교훈을 가르쳐 주기 위해' 전쟁에 돌입했다. 이는 베트남

이 소련과 방위협정을 체결하고, 중국의 몇 안 되는 동맹국 중의 하나인 캄보디아를 정복한 직후에 벌어진 일이다. 이들 전쟁에 더해 중국은 (1954~1955년, 1958년, 1995~1996년 등) 세 차례에 걸쳐 대만 영토 또는 대만 주변에 포격과 미사일을 퍼부었다. 이유는 한결같이 대만이 미국과의 유대 관계를 강화하거나 독립을 향해 나아가지 못하도록 하기 위해서였다. 이런 기록이 보여 주는 것은 명백하다. 중국은 취약하다고 느끼면 폭력적으로 변한다는 사실이다.

오늘날 중국이 '본보기로 죽일 수 있는 닭'과 '가르침을 주어야 할 계기'는 많다. 인민해방군은 이미 2020년 (비록 성공하지는 못했지만) 미국과 인도 사이를 갈라놓기 위해 히말라야에서 인도와 한 차례 격돌했다. 중국 인민해방군은 인도가 미국과 더 밀착하게 되면 다시 공격을 시도할지 모른다. 그러나 중국공산당이 진정으로 새롭게 형성되는 반反중국 연합을 저지하고 싶다면, 중국 해안을 멀리서 에워싼 미국의 동맹국과 맺은 동반자 관계의 고리를 깨야만 한다.

그러기 위해 중국이 표적으로 삼을 가장 확실한 대상은 일본일 것이다. 일본은 중국이 증오하는 역사적 숙적으로 현재 (중국이 댜오위다오釣魚島라고 부르며 영유권을 주장하는) 센카쿠열도尖閣列島를 실효적으로 관리하고 있다. 미일 동맹은 동아시아에서 미국이 추구하는 봉쇄 전략의 핵심이다. 미일 동맹을 압박하면서 일본의 콧대를 꺾는 상황은 중화인민공화국에게는 마음에 드는 대안이 될지 모른다.

중국은 이미 무장 해안경비정을 센카쿠열도 주변의 영해에 배치해 일본의 지배권에 도전하고 있다. 긴장을 고조시키려는 중국의 다음 행보는 센카쿠열도에 병력을 상륙시키고, 그 주변 50마일(약 80킬로미터)에 배타적 수역을 선언한 후 각종 함선, 잠수함, 전투기, 무인기 등으로 해당 수역에 보호막을 치고 이를 중국 본토에 기지를 둔 미사일로 지원하는 것이 될 수 있다. 그렇게 되면 일본은 중국의 센카쿠열도 병합을 묵인하든지, 아니면 새의 배설물로 덮인 작은 바위섬 몇 개를 놓고 핵 보유국과 전쟁을 벌여야 한다. 미국도 같은 딜레마에 봉착할 것이다. 미국은 경제 제재와 사소한 외교적 항의로 대응할 것인가, 아니면 2014년과 2021년에 재차 확인한 바와 같이 일본이 센카쿠열도를 방어하도록 돕겠다는 약속을 존중할 것인가? 전자처럼 대응한다면 미일 동맹은 결딴날지도 모른다. 후자의 접근법은 (미국의 연구소가 실시한 모의 전쟁 실험에 따르면) 3차 세계대전으로 비화할 수 있다.[67]

만일 중국이 일본 같은 지역 강대국과 맞붙을 준비가 되지 않았다면, 대신 남중국해의 좀 더 약한 해양 인접국 가운데 한 나라를 압박할 수도 있을 것이다. 중국은 틀림없이 베트남을 넘어뜨리고 싶겠지만 아마도 필리핀이 더 구미가 당기는 목표가 될 것이다. 필리핀이야말로 완벽한 목표물이 될 수 있는 기준을 모두 충족하기 때문이다.

군사적 취약성을 확인해 보자. 필리핀은 서서히 중국에 등을 돌리고 있으나 현재 필리핀의 군사적 역량은 한심한 수준이다. 중국은 단 한 번의 교전만으로도 필리핀의 해군과 공군을 궤멸시킬 수 있을 것이다.

상징적인 중요성도 확인해 보자. 2016년 필리핀은 중국을 국제상설중재재판소Permanent Court of Arbitration(일명 세계재판소World Court)에 제소했다. 이 재판에서 필리핀은 "중국의 남중국해 영유권 주장은 무효"라는 판결을 받아내 승소했다. 중국은 이에 대응해 지구 반대편에 있는 '꼭두각시' 재판소의 판결에 구애받지 않을 것이라고 선언했다. 중국으로서는 무방비 상태로 고립된 남중국해의 필리핀 전초기지에서 필리핀군을 몰아내거나, 간단하게 중국이 이미 점거했지만 아직 개발하지 않은 바위섬이나 산호초에 군사기지를 건설하는 것만으로도 국제 판결을 무시하겠다는 선언을 입증하는 좋은 방법이 될 것이다.

전략적 중요성도 확인해 보자. 미국과 필리핀 동맹은 지역 안보에 긴요하지만 냉전 이래 자주 불안정한 상태가 지속되었다. 그리고 미국이 남중국해의 필리핀 영해를 보호하겠다고 약속했지만 중국은 이를 믿지 않을지도 모른다. 2016년 미 합참의장이 "당신이라면 스카버러 암초Scarborough Shoal(중국, 필리핀, 대만이 영유권 분쟁을 벌이는 남중국해 중사군도中沙群島에 속하는 환초環礁-옮긴이 주)를 두고 전쟁을 벌이겠느냐?"라고 말한 사실이 알려졌다.[68] 만일 중국이 필리핀군을 공격한다면 미국으로서는 매우 힘든 선택을 할 수밖에 없을 것이다. 미국은 태도가 오락가락하는 미심쩍은 동맹국의 영유권 분쟁 지역을 방어할 것인가, 아니면 중국이 국제법을 웃음거리로 만들고, 남중국해에 대한 통제권을 확대하며, 아시아에서 미국의 동맹국에게 한 약속의 신뢰를 무너뜨리는 것을 지켜볼 것인가를 선택해야 한다.

유력한 목표는 대만

이런 시나리오가 아무리 끔찍하다고 해도 중국의 대만 정복에 비하면 무색해진다. 대만 정벌은 중국이 추진하는 영토 수복 활동의 대미를 장식하게 될 중심 목표이기 때문이다. 대만을 장악하는 일은 중국 대외 정책의 최우선 목표이며, 이 섬을 되찾기 위한 준비에 인민해방군 예산의 약 3분의 1이 들어가는 것으로 알려졌다.[69] 만일 중국이 대만을 제압한다면 세계적 수준의 대만 반도체 산업을 차지하는 것은 물론이고 대만 침공에 투입된 수십 척의 함선과 수백 기의 미사일 발사대, 수백 대의 전투기, 수십억 달러의 방위비를 더 멀리 떨어져 있는 전장戰場의 적을 파괴하는 데 자유롭게 쓸 수 있다. 중국은 태평양으로 군사력을 전개하고, 일본과 필리핀을 차단하며, 동아시아에서 미국의 동맹 관계를 깨뜨리기 위해 대만을 '불침항모不沈航母'로 이용할 것이다. 특히 대만 공격에 성공하면 세계에서 유일한 중화권 민주 국가를 제거하게 되므로 중국공산당의 정통성을 흔드는 끈질긴 위협을 없애 줄 것이다. 대만은 동아시아의 중심부에 위치해 있어서 중국 지도자들이 단기적 공격을 통해 미국의 장기적 대응을 획기적으로 개선할 것으로 보이는 완벽한 곳이다.

대만은 다른 이유에서도 중국이 가장 솔깃해할 공격 목표다. 이 지역의 지정학적 비대칭성이 심각하기 때문이다. 대만을 방어하려면 미군이 중국 해안 100마일(약 160킬로미터) 이내에서 교전해야 한다. 그러지 않으면 취약한 몇몇 군기지와 항공모함에서 수백 마일 또는 수천 마일을 날아와야 한다. 군 전력의 상당 부분이 다른 지역에 주둔하고 있는 미국은 한 손이 뒤로 묶인 채 싸우게 된다. 이와는 반대로 중국은 군 전력의 대부분을 전쟁에 투입할 수 있고, 본토를 거대한 군사기지로 활용할 수 있다. 중국군은 안전한 육상 통신망과 보급선을 가질 테고, 또 무기를 발사한 뒤 바로 본토의 수많은 안전 기지로 돌아와 재장전할 수 있다. 전국에서 중국군에게 주둔지, 식량, 보급품, 수송을 제공해 전쟁을 지원할 수 있다는 얘기다.

이러한 홈그라운드 이점을 동중국해나 남중국해에서 벌어지는 전쟁에서 중국이 직면하게 될 상황과 비교해 보자. 중국의 공군과 해군은 재급유와 무기 재장전을 위해 전장戰場과 본토 사이를 수백 마일이나 오가야 한다. 이런 왕복 이동은 전장에서 인민해방군의 전투력을 크게 떨어뜨리고, 중국군 각급 부대로 하여금 취약한 위성통신에 의존하도록 만든다. 또 중국군은 전장을 오가기 위해 대만 주변을 지날 때마다 호송 작전을 펼쳐야 하는데, 이는 인민해방군의 적들에게 교란 작전과 소모전을 벌일 수 있는 엄청난 기회를 주게 된다.

마지막으로 대만은 중국이 가장 빠르게 기회의 창이 닫히는 상황에 직면한 곳이다. 평화 통일의 가능성은 빠르게 사라지고 있다. 본토 중국의 일부가 되기를 바라는 대만인의 수가 갈수록 줄어들고 있으며, 미국은 대만과의 군사적, 외교적 유대를 강화하고 있다. 중국은 이런 상황에 대응해 군사적 선택지를 고려하고 있는 것이다.

2020년 9월 인민해방군은 대만해협에서 25년 만에 가장 공격적인 무력 시위를 벌였다. 중국이 대만의 방공식별구역을 침범하는 횟수도 치솟았다. 중국의 특수기동군은 대략 이틀에 한 번꼴로 대만해협을 순시한다. 이런 작전에는 간혹 30대 이상의 전투기와 6척 이상의 해군 함정이 동원되기도 한다. 이들은 많은 경우 중국과 대만이 수십 년간 존중해 온 양측의 중앙경계선을 침범했다. 이런 순찰 작전 가운데 몇 번은 필리핀과 대만 사이를 항해하는 미국의 항공모함과 구축함을 공격하는 가상 훈련이었다. 중국은 2020년 홍콩의 민주화운동을 진압하는 것으로 대만에 평화적 설득의 시기가 끝났음을 보여 주었다.

중국의 군사적 공격이 성공할 수 있을까? 최근까지 그에 대한 답은 '아니다'였다. 1990년대에는 중국과의 지리적, 기술적 이점 덕분에 대만은 사실상 정복이 불가능한 곳이었다. 대만해협은 태풍과 5미터가 넘는 파도가 일상적으로 일어나는 위험한 해역이고, 대만 섬은 천혜의 요새다. 대만 동쪽 해안은 가파른 절벽으로 이루어져 있으며, 서쪽 해안은 바다로 수 마일이나 뻗어 나간 갯벌이 대부분을 차지하고 그 바깥은 거친 파도가 일렁인다. 대만에는 침공군이 상륙할 수 있는 해변이 겨우 12곳뿐이다. 미국과 대만의 전투기와

해군 함대가 중국군이 절대 접근하지 못하도록 막을 수 있었다.[70]

그러나 그 후 중국의 국방비 지출액은 25 대 1로 대만을 압도했다. 중국은 수천 명의 병력을 실어 나를 수 있는 수륙양용 장갑차와 함께 새로운 전함과 전투기, 미사일을 양산해 왔다. 중국군의 규모는 이제 대만보다 열 배나 크다. 중국의 장거리 방공 시스템은 대만 상공의 항공기를 격추시킬 수 있다. 중국의 지상 발사 미사일과 전투기는 잠재적으로 대만의 공군과 해군 및 동아시아의 미군기지를 완전히 파괴할 수도 있다. 중국의 사이버 전력과 위성 요격 능력은 미군의 중요 감시 자산과 위성을 무력화해서 전시에 미군을 암흑상태로 만들 정도로 위협적이다. 중국의 대함미사일은 서태평양 해역을 항해하는 미국의 어떤 대형 수상함도 위험에 빠뜨릴 수 있다. 중국 인민해방군은 지난 25년 동안 줄기차게 대만 정복을 위한 준비에 집중해 온 것이다.

이에 반해 미군은 이 기간의 대부분을 중동의 테러리스트들과 싸우는 데 보냈다. 최근에는 나토의 동쪽 측면을 강화하기 위해 병력과 무기를 대거 유럽으로 이동시켰다. 오바마, 트럼프, 바이든 행정부는 모두 중국을 견제하기 위해 미군 전력을 아시아로 돌리려고 했다. 그러나 그런 계획은 이슬람국가(ISIS)의 출현과 러시아의 우크라이나 침공 등 다른 지역에서 벌어진 사건들 때문에 우선순위에서 밀렸다. 글로벌 초강대국인 미국은 우발적으로 일어나는 단 하나의 군사적 비상사태에만 대비할 만큼 여유가 없었다. 결과적으로 미국의 공군과 해군은 중국의 군사 현대화에 보조를 맞추지 못했다.

아시아에서 미군 전력의 대부분은 여전히 소수의 대형 전함과 노출된 기지에서 작전하는 단거리 전투기로 이루어져 있다. 바로 중국이 기습적인 미사일 공격으로 파괴할 수 있는 전력이다. 미국은 대만에서 500마일(약 800킬로미터) 내에 겨우 공군기지 두 곳을 보유하고 있다. 500마일은 전투기가 재급유 없이 연료가 바닥나기 전에 비행할 수 있는 최대 거리다. 만일 중국이 이들 기지를 무력화한다면 미군은 대만으로부터 1800마일(약 2880킬로미터) 떨어진 괌 기지나 항공모함에서 작전을 수행해야 한다. 원거리 작전과 공중 재급유는 미 공군의 출격 횟수를 절반으로 줄일 것이고, 이는 중국이 대만에서 제공권을 장악할 기회를 줄 것이다. 설상가상으로 중국은 이제 본토에서 1000마일(약 1600킬로미터) 이상 떨어진 괌과 이동 중인 항공모함을 타격할 수 있는 폭격기와 탄도미사일을 보유하고 있다. 이러한 '괌 타격용' 및 '항공모함 타격용' 미사일이 중국의 선전대로 제대로 가동된다면, 중국은 동아시아에서 미군 전력에 심각한 손상을 줄 수 있다.[71]

대만은 이러한 전력의 공백을 메울 준비가 되어 있지 않다.[72] 대만은 징집병으로 이루어진 군을 보다 전문적인 자원입대 직업군인 체제로 전환하는 작업의 일환으로 현역 병력수를 27만5000명에서 17만5000명으로 줄이고, 의무 복무기간을 1년에서 4개월로 단축했다. 징집병은 겨우 몇 주간의 기초 훈련만 받고 있으며 예비군 훈련은 부적절하고 횟수도 적다. 또 보급부대를 해체하는 바람에 전투부대에 재보급을 못 하거나 기본적인 유지 관리조차 하지 못하고 있다. 그 결과 군인은 총기 사고나 귀중한 실탄 낭비를 우려해서 무기를 들고 수행하는 실전 훈련을 기피하고 있다. 대만의 전투기 조종사는 한 달에 10시간 이하만 비행한다. 대만의 탱크와 공격용 헬리콥터 가운데 절반 이상이 제대로 기능하지 못하는 상태이고, 대만 병사의 사기는 대부분 떨어져 있다.

문제의 핵심은 중국이 1914년의 독일이나 1941년의 일본과 마찬가지로 자신에게 유리하지만 매우 협소한 군사적 기회를 잡고 있다는 점이다. 대만 정부 스스로가 평가했듯이 중국은 대만의 방어를 무력화할 수 있다.[73] 우리가 3장에서 자세히 살펴본 것처럼 대만과 미국은 그러한 위협에 경각심을 가지게 되었고, 해결해야 하는 핵심 문제가 무엇인지 식별했으며, 이제 그에 따라 양국 군대를 재정비하기 시작했다. 그러나 지금부터 미국과 대만의 국방 개혁이 실질적인 효과를 발휘하는 2030년대 초까지는 중국에게 기회가 있다.

실제로 대만해협 양안의 군사 균형은 2020년대 중반에 일시적으로 중국에 유리한 쪽으로 더 이동할 것이다. 이 무렵 미국의 순양함, 유도미사일 탑재 잠수함, 장거리 폭격기의 많은 수가 퇴역할 예정이기 때문이다.[74] 여러 면에서 미군은 여전히 로널드 레이건 행정부 시절에 구축한 전력에 머물러 있고, 특히 미국의 해군 및 공군 현대화 계획은 수십 년간 연기되어 왔다. 지금 이로 인한 문제가 심각하다.[75] 미 국방부의 주력 함정과 전투 항공기 가운데 많은 수가 문자 그대로 부서져 나가거나 폭발해 화염에 휩싸이고 있다. 노후한 함선의 선체와 항공기 동체는 중국의 새로운 전력과 경쟁하기 위해 필요한 현대적 엔진, 감시 장치, 군수 장비를 수용하지 못하는 것은 물론이고 성능 개선 작업 자체를 감당할 수 없다. 이러한 미군의 전력은 퇴역해야 한다. 그렇게 되면 미군은 동아시아에서 현대 해군 화력의 필수 요소인 수직 미사일 발사관을 중국보다 수백 개 적게 보유하는 셈이다. 한편, 중국은 수백 기의 대함미사일과 지상 공격미사일, 수십 대의 장거리 폭격기와 수십 척의 수륙양용 함정, 중국 본토에서 대만 전역 또는 대부분을 타격할 수 있는 로켓발사 시스템 등을 가동하게 될 것이다.

이것은 지정학적 시한폭탄이나 마찬가지다. 2020년대 중반에 중국은 적을 물리치고 자신의 현상 변경 욕구를 충족시키기에 더할 나위 없이 좋은 기회를 갖게 될 터이다. 전직 미 국방부 관리가 말했듯이, "미국이 대만 전쟁에서 자신의 약점을 노출시킬 위험을 감수하는 것"도 바로 이 시기다.[76]

이러한 국제 정세의 추이를 본 중국군 퇴역 장교들과 중국의 국영 매체는 한목소리로 대만을 즉시 침공하라고 중국공산당에게 촉구하고 있다. 중국 대중도 이런 주장에 동조하는 것처럼 보인다. 2020년에 국영《환구시보環球時報, Global Times》가 실시한 조사에 따르면 중국 본토 주민의 70퍼센트가 대만을 본토와 통합하기 위한 무력 사용을 강력히 지지하고, 37퍼센트는 2025년까지 전쟁이 일어나는 것이 최선이라고 생각하는 것으로 드러났다.[77] 중국 관리들이 서방 분석가들을 비공개로 만난 자리에서, 침공을 하라는 요구가 중국공산당 내에서 확산되고 있으며, 시진핑은 인민해방군이 그 과업을 성공적으로 수행해 낼 수 있다고 말하는 매파와 예스맨에게 둘러싸여 있다고 말했다.[78] 어쩌면 그런 이유 때문에 시진핑은 대만 해방에 자신의 정통성을 걸었는지 모른다. 2017년 시진핑은 "통일은 중국이라는 국가의 위대한 부흥을 실현하기 위한 불가피한 요구"라고 밝혔다.[79] 2020년 중국공산당은 '군 현대화'를 완성하기로 계획한 시기를 2034년에서 2027년으로 앞당겼다.[80] 2021년 3월 당시 인도-태평양 지역 미군 사령관이었던 필립 데이비드슨Philip Davidson 제독은 중국이 다가오는 6년 내에 대만을 침공할 수 있을 것이라고 경고했다.[81]

중국은 대만을 압박해서 굴복시킬 수 있는 몇 가지 대안을 갖고 있다. 중국 해안으로부터 몇 마일 떨어져 있지만 대만이 관리하는 노출된 섬들 가운데 하나를 점령하거나, 해상 및 공중 봉쇄를 실행하거나, 혹은 간단하게 유도미사일로 대만을 연속적으로 공격하는 것 등이다. 그러나 이들 선택지는 미국과 대만에게 대응할 시간을 주게 된다. 이런 상황은 중국이 허용할 생각이 전혀 없는 것이다. 중국인은 1990년부터 1991년까지 벌어진 걸프전에서 미 국방부가 무기를 산처럼 비축하고 거대한 국제 연합을 결집하려고 몇 주일의 시간을 가졌을 때, 사담 후세인의 군대가 어떻게 궤멸되었는지를 똑똑히 보았다. 그들이 승리할 수 있는 최고의 기회는 대만과 미군이 반격에 나서기 전 초기에 강력하게 타격하는 것뿐임을 잘 알고 있다. 중국의 군사교리軍事敎理가 진주만 공격과 같은 식의 기습공격으로 적을 재빨리 무력하게 만들 것을 요구하는 이유다.[82] 또 우리가 정말로 끔찍한 시나리오를 우려하는 이유이기도 하다.

가장 가능성이 큰 시나리오는 지상과 공중에서 발사된 수천 기의 미사일이 대만과 오키나와 및 괌에 있는 미군기지, 일본에 모항을 두고 있는 미 항모 전단에 비 오듯이 쏟아지면서 전쟁이 시작되는 것이다. 잠복했던 중국 특수부대와 정보공작원들이 대만 곳곳에서 출현해 군사 시설에 폭탄을 터뜨리고 대만 지도자들을 암살할 것이다. 중국의 사이버 공격은 대만의 중요 인프라를 마비시킬 것이다. 인민해방군 역시 사이버 공격과 함께 지상 발사 미사일을 사용해 미군 상호 간 교신 및 워싱턴과 통신할 있도록 해 주는 인공위성을 파괴하려 들 것이다. 그렇게 되면 미국은 대응이 불가능해질 뿐 아니라, 며칠 또는 몇 주 동안 무슨 일이 벌어지는지조차 제대로 알지 못하게 될 것이다.[83] 인민해방군의 사이버 조직은 미국 국내에서도 역정보 활동을 벌여 혼란을 일으키고 정치적 논란을 증폭시키는 등 동시다발적으로 문제를 만들 것이다.

한편 중국 본토에 주둔한 수십만 명의 중국군이 본격적인 공격에 나서려고 함선과 헬리콥터에 오르기 시작하는 가운데, 이전에 대만해협에서 군사훈련을 했던 중국의 소함대가 대만 해변을 향해 돌진할 것이다. 소형 수륙 양용의 상륙용 주정舟艇이 대만해협의 민간 여객선에서 나타나 대만군이 미처 대응하기도 전에 주요 항구와 해변을 장악하려 들 수도 있다. 중국의 기습공격으로 전진 배치된 전력의 상당 부분을 상실한 미국은 대만과 인근 지역에 도달하려고 수천 마일이나 떨어진 곳에서 항공기와 전함을 발진시켜야 하고, 우박처럼 쏟아지는 미사일과 스마트 기뢰, 전자기 간섭을 뚫고 싸워야 할 것이다. 더욱이 이러한 군사 자산을 동원하기 위해서는 러시아의 공격으로부터 나토의 동쪽 측면을 보호하는 것과 같은 다른 중요 우선순위 지역에서 이들 자산을 전환 배치해야 할 수도 있다. 오직 강대국 하나만을 상대할 수 있는 군사 자원을 보유하고 있는 미국이 핵무기를 가진 두 강대국을 상대로 심각한 안보 위기 상황에 직면한 사실을 불현듯 깨닫게 될는지 모른다.[84]

미국은 고통스러운 양자택일의 상황을 맞을 것이고, 태평양 지역에 배치된 미군은 베트남전쟁 혹은 2차 세계대전 이래 한 번도 겪어 보지 못한 큰 손실을 입을 것이다. 미국 지도자들이 끔찍한 딜레마에 직면했다는 사실을 발견할 수도 있다. 바로 굴욕적인 군사적 실패를 받아들일 것인가, 아니면 중국이 물러서지 않으면 핵무기를 사용하겠다고 위협할 것인가를 두고 선택해야 하는 딜레마다. 2018년 국방 전문가들로 이루어진 한 특별위원회blue-ribbon commision 는 "미국이 핵 재앙의 위험을 각오한 전략에 기대지 않는 한 결정적인 군사적 패배를 당할 수 있을 것"이라는 결론을 내렸다.[85] 지정학적 상황이 이보다 더 위험해질 수는 없다.

'끔찍한 2020년대'는 실로 위험한 10년이 될 것이다. 중국이 위험한 지정학적 시점에 도달했기 때문이다. 중국은 쇠락을 모면하려고 대담한 행동에 나설 수 있는 능력을 가졌고, 또 반드시 그래야 하는 순간이 다가왔다.[86] 정점에 이른 현상 변경 국가는 대개 약간이라도 성공 가능성이 남아 있는 동안 행동에 나설 기회를 찾기 마련이다. 중국은 몇 가지 단기적인 기회를 바탕으로 행동에 나설 가능성을 엿보고 있다.

과감성은 정신이상 상태가 아니다. 중국의 국력이 정점에 도달했다는 사실은 중국이 온 사방으로 미친 듯이 폭력적인 행동에 나설 것이라는 의미가 아니다. 그것은 특히 지금 위험을 감수하는 것이 장기적으로 더 나은 상황을 만들 것이라고 생각하는 지역에서, 중국이 보다 강압적이고 공격적으로 바뀔 것이란 의미다. 중국이 대만을 장악하면 제1열도선이 무너지고 중국의 전략적 위치는 크게 개선된다. 중국이 첨단기술 제국을 건설하면 경제 침체와 외세의 포위를 모면할 수도 있다. 중국공산당이 민주주의를 패퇴시킨다면 중국 정권을 굳건히 지키면서 국제적 고립에서도 어느 정도 벗어날 수 있다. 어쩌면 중국 지도자들은 약간의 대담한 시도가 자신들을 암울한 운명으로부터 구해 줄 수 있다고 스스로에게 말할지 모른다.

이것은 하나의 가능성이다. 또 다른 가능성은 이러한 시도가 비극으로 끝나는 것이다. 중국의 신제국주의는 전 세계에 분쟁을 격화시킬 수도 있다. 서태평양 지역에서의 공세는 파국적으로 상황을 악화시킬 수 있다. 정점에 도달한 강대국이 모두 합리적으로 생각할 능력을 상실하는 것은 아니다. 1941년에 일본 지도자들은 대부분 일본이 패배할 가능성이 크다는 사실을 이해하고 있었다. 그러나 그들의 행동은 대체로 궤도를 이탈하기 쉽다. 그들은 가공할 미래를 모면하려고 더 큰 위험을 기꺼이 감수하려 들기 때문이다.

따라서 미국은 상황에 적합한 전략을 강구해야 한다. 미국은 앞으로 한 세대 또는 그 이상의 기간 동안 도전적인 전제주의 중국을 상대하기 위한 장기 전략을 갖추어야 한다. 그러나 지금부터 10년간 긴장이 고조되는 시기를 헤쳐 나가려면 단기 전략 역시 필요하다. 미국이 이 불확실한 싸움에서 평화적으로 승리하려면 먼저 위험 구간danger zone을 건너가야 한다. 여기서 다시 역사로부터 교훈을 얻을 수 있다.

Part 2

미국은 어떻게
중국을 봉쇄할 것인가

6

냉전에서 얻은 교훈

조지 케넌George Kennan의 업무는 미국의 장기적인 대외 전략을 짜는 일이었다. 하지만 1947년 5월 그 일을 하기에는 시간이 별로 없었다. 이 미국 외교관은 1년 전 모스크바 주재 미국대사관에 근무하면서 작성한 그 유명한 '장문의 전보Long Telegram'로 이름이 알려진 인물이다. 그 문서에서 케넌은 소련을 막 시작되는 냉전 시대의 분명한 적으로 규정하면서도, 강점과 약점의 균형은 결국 미국에 유리하게 될 것이라고 주장했다. 1947년 5월에 케넌은 장기 전략의 수립을 담당하는 소수의 엘리트 조직인 미 국무부 정책기획국의 국장 자리에 있었다. 그러나 장기 전략을 수립하기에는 그에게도, 그리고 자유세계 전체에도 시간을 지체할 여유가 없었다.

유럽은 실존적 위기에 휩싸여 있었다. 유럽 대륙은 2차 세계대전의 참화로 인해 여전히 경제적, 정치적으로 황폐화해 있었다. 기록적인 혹독한 겨울 한파가 고난을 더해 주었다. 한때 세계를 지배했던 유럽은 이제 기아, 혼란, 혁명의 벼랑 끝에 서 있었다. 윈스턴 처칠Winston Chirchill이 묘사한 것처럼 유럽은 "돌무더기와 시체 안치소, 역병과 증오의 온상"으로 전락했다.[1] 미국이 유럽에서 희망과 번영을 빠르게 회복시키지 않으면, 잘 조직된 각국의 공산당이 권력을 장악하거나 선거를 통해 집권할지 모르는 상황이었다. 유럽 각국의 공산당이 일단 권력을 잡으면, 유럽 대륙을 소련의 독재자 이오시프 스탈린Iosif Vissarionovich Stalin의 손에 통째로 넘길 수도 있는 일이었다. 케넌의 상사인 미 국무장관 조지 마셜George C. Marshall은 "의사가 신중하게 숙고하는 동안 환자는 죽어 가고 있다"라는 결론을 내렸다.[2]

마셜은 케넌과 국무차관 딘 애치슨Dean Acheson, 그리고 그 밖의 국무부 관리들에게 2주일의 시간을 주고 이 문제를 해결하도록 했다. 2주가 아니라 3주가 지나서야 도출된 해법은 아마도 미국 역사상 가장 유명한 대외 정책 구상인 '마셜플랜Marshall Plan'이었다. 케넌은 이 구상을 요약한 메모에서 "오늘 우리가 제시할 수 있는 최선의 답이 아마도 지금부터 한 달이나 두 달 동안 철저하게 검토한 해법보다 더 유용할 것"이라고 설명했다.[3] 공식적으로 유럽부흥계획European Recovery Program으로 알려진 마셜플랜은 공산당이 권력을 잡을 위협 앞에 무력해지고 있던 유럽 대륙의 절망감과 싸우는 한편,

항구적인 안정과 힘을 확보하는 데 필요한 경제 재건에 힘을 기울이려는 의도로 만들어졌다. 마셜은 그해 6월 하버드대학교에서 행한 연설에서 이 초기 구상을 발표했다. 그해 여름과 가을에 걸쳐 미국과 유럽 각국의 관리는 어림잡아 만든 이 야심 찬 구상을 4년간 130억 달러를 퍼부어 죽어 가는 유럽을 되살린 포괄적 원조 계획으로 구체화하는 작업에 매달렸다. 결과적으로 미국이 냉전에서 승리하는 데 다른 어떤 정책 못지않게 기여한 마셜플랜은 분초를 다투는 도전 상황에 대처하기 위해 서둘러 마련한 것이었다.

오늘날 미국이 중국 문제를 마주하고 있는 상황은 매우 위협적이지만 과거에 전례가 없었던 것은 아니다. 이전의 불확실한 싸움(냉전) 기간 동안 미국 최고의 전략가들은 시간이 자유세계 편임을 깨달았다. 즉 병적으로 억압하고 경제적으로 불합리한 소련 체제는 서방의 민주 체제를 따라잡으려고 영원히 발버둥 칠 것임을 예견했던 것이다. 그러나 처음 몇 년 동안은 전 세계에 걸쳐 미약한 세력 균형을 뒤집을 수 있는 단기적 기회가 소련에 있었기 때문에, 소련의 장기적 취약성이 문제가 될 것인지 분명하지 않았다.

냉전에서 승리하기 위해서는 미국이 경쟁에서 패할지도 모르는 위험 구간을 건널 필요가 있다. 바로 위기에서 비롯된 절박함을 이용해 앞으로 수십 년간 서구 세계를 강하게 만들 과감한 조치를 취할 필요가 있다는 것이다. 비스마르크는 "바보는 경험을 통해 배우고 현명한 사람은 남의 경험을 통해 배운다"라고 말했다.[4] 냉전 초기 상황을 다시 살펴보면서 오늘날 미국이 위험 구간 전략을 마련하는 데 도움이 될 만한 몇 가지 교훈을 얻을 수 있다.

냉전의 위험 구간

역사적 비유는 결코 정확하지 않으며 미중 경쟁은 냉전 초기의 복사판이 아니다. 시진핑이 아무리 스탈린식 성향을 뚜렷이 이어받고 있다고 해도, 2020년대의 중국은 1940년대의 소련이 아니다. 당시 소련은 오늘날 중국이 겪고 있는 것 같은 혹독한 침체의 벼랑 끝에 서 있지 않았다.[5] 2차 세계대전의 여파로 소련은 꼭 필요했던 경제 회복을 기대하고 있었다. 붉은 군대는 히틀러를 물리치고 유럽 대륙의 절반을 진군해 온 군사 거인이었다. 1945년 미국의 정보 분석가들은 "러시아는 현재의 갈등에서 벗어나 유럽과 아시아에서 가장 강력한 국가로 떠오를 것이며, 미국이 이를 방관한다면 유럽을 석권하는 가운데 아시아 전역에서 패권을 장악할 만큼 강력해질 것"이라는 보고서를 만들었다.[6]

그러나 1940년대 말은 또한 오늘날의 상황을 떠올리게 하는 국제적 역학 관계도 보여 주었다. 미국의 노련한 관찰자들은 냉전의 여명기에 이미 소련의 권력이 보여 주는 겉모습이 실제 기초 역량보다 과장되었다는 것을 간파했다. 케넌은 공산주의 이념과 독재 국가의 불안정성, 러시아의 전통적인 팽창주의의 결합은 소련과 자본주의 세계 사이에 항구적인 합의가 있을 수 없음을 의미한다고 주장했다. 그는 "소련은 자신들의 권력을 굳건하게 하려고 서구 사회 내부의 조화를 깨뜨리고, 서구의 전통적인 생활방식을 파괴하며, 미국의 국제적 권위를 무너뜨리는 것이 긴요하다고 생각했다"면서 "그러나 소련은 서구 세계에 비해 아직까지는 여전히 힘이 약한 상태"라고 썼다.[7]

케넌은 소련이 동유럽에서 장악하고 있는 여러 국가를 영원히 지배하기 어렵다는 사실을 알게 될 것이라고 믿었다. 소련 정치의 악질적인 전체주의적 불합리성과 명령 경제 체제의 내재적 한계로 인해, 소련은 장기 경쟁에서 극심한 장애를 겪을 것이기 때문이다. 케넌은 1947년에 "소련은 체제 내에 몰락의 씨앗을 지니고 있으며 그 씨앗의 발아發芽가 이미 상당히 진행되었다"면서 소련의 쇠락은 불가피했다고 지적했다. 당시 세계 생산의 거의 절반을 책임지던 활기찬 민주 국가였던 미국은 '상당한 자신감'을 가지고 '확고한 봉쇄 정책'을 수행할 수 있었다. 미국은 안에서 생긴 몰락 요인으로 인해 소련 체제가 내부로부터 스스로 붕괴할 때까지 소련의 세력 확장을 저지한 것이다.[8]

단기적으로 확신을 가질 요인은 많지 않았다. 소련에게는 하나가 아니라 두 개의 기회의 창이 열려 있었기 때문이다. 첫째는 경제적이면서 정치적인 기회였다. 1940년대 말에 세계는 혼란에 빠져 있었나. 경제의 황폐화와 인간의 고봉은 예외석 현상이 아니라 일상적인 것으로 여겨졌다. 해리 트루먼Harry Truman 대통령은 1946년 "오늘날 과거 모든 전쟁 기간을 합쳤을 때보다 더 많은 사람이 식량 부족으로 인해 기아는 물론이고 실제 사망의 위험에 맞닥뜨리고 있다"라고 발표했다.[9] 2차 세계대전은 서유럽에서부터 동남아시아에 이르기까지 권력의 공백을 낳았고 정치적 급진주의를 촉발했다. 소련을 추종하는 각국의 공산당은 공산주의 신념을 따르는 지지자들로 넘쳐났다. 마셜은 "우리가 알던 생활방식은 문자 그대로 균형이 잡힌 상태"라고 언급하곤 했다.[10] 만일 소련이나 혹은 그 대리인들이 이 혼란 상태를 이용해 핵심 국가에서 정치적 지배권을 잡을 수 있다면, 스탈린이 총 한 발 쏘지 않고 유라시아를 지배하게 될지도 모르는 형국이었다.

두 번째 기회의 창은 군사 상황이었다. 미국은 1945년 약 1200만 명이었던 전투 병력을 1947년에는 200만 명 이하로 줄였다. 미국의 전반적인 군사 잠재력은 여전히 소련보다 훨씬 컸으나 미국이 가졌던 기존의 군사력은 차츰 사라지고 있었다. 미국은 원자폭탄이라는 보험이 있었지만 그런 무기로는 서유럽이나 중동 혹은 동서로 나뉜 다른 분쟁 지역에서 소련의 공세를 저지하기엔 역부족이었다. 1949년 소련이 자체 원자폭탄을 개발하자 미국은 이 카드마저 쓸 수 있는 여지가 없어졌다. 미 국방부의 전략가들은 미국이 또 다른 세계대전에서 패할지도 모른다고 우려하기 시작했다.[11] 그런 끔찍한 시나리오에는 미치지 못하지만, 군사력의 불균형으로 인해 소련이 공갈과 협박을 하면서 영향력을 확대할 가능성도 있었다. 케넌은 "소련 군사력의 그림자가 자유세계를 무력하게 만드는 효과를 낼 수 있을 것"이라고 인정했다.[12]

트루먼 시대는 결과적으로 끊임없이 불안정한 시기였다. 전쟁의 공포가 엄습한 적도 여러 번 있었다. 1946년 터키를 두고 벌어진 대결 기간과 1948년 공산당 세력이 체코슬로바키아에서 권력을 장악한 이후, 그리고 그해 말 스탈린이 분단된 베를린의 서방측 구역을 봉쇄한 이후 등이다. 1950년 소련의 괴뢰 정권인 북한이 남한을 점령하려고 시도하면서 본격적인 충돌이 시작되었다. 트루먼은 "3차 세계대전이 여기서 벌어진 것 같다"라고 썼다.[13] 또 군사적 균형에 근본적이고 당혹스러운 변화가 있었다. 특히 미국이 원자폭탄에서 독점적 우위를 상실하고, 재래식 전력에서 확연한 열세에 직면하게 된 이후 미소 간의 군사적 균형은 더욱 기울어졌다. 무엇보다 당시에 오랜 기간에 걸쳐 경제적, 정치적 우위가 결정적 힘을 발휘하도록 냉전을 길게 끌고 가기 위해서는, 우선 눈앞에 닥친 위협부터 극복해 나가야 한다는 인식이 팽배했다. 1951년 미 합참의장은 "종합적으로 볼 때 … 시간은 우리 편이지만, 결정적으로 중요한 시기는 다음 2년 또는 3년간이 될 것"이라고 썼다.[14]

미국은 결정적으로 중요한 이 시기를 잘 헤쳐 나갔다. 트루먼 행정부는 미국이 단기적으로 패배를 모면하고 장기적으로 승리할 수 있는 위치에 서게 하는 데 이바지한 획기적 정책을 추구했다. 비록 그 과정에서 혹독한 좌절을 겪고 확연한 실수를 저질렀음에도 미국은 결국 냉전에서 승리했다. 1947년 그리스와 터키를 지원하기로 결정한 트루먼 독트린Truman Doctrine은 아시아와 유럽 두 대륙의 관문에 있는 전초기지를 방어하는 것과 함께 미국이 공산주의의 팽창을 저지할 것임을 분명히 했다. 마셜플랜과 나토의 창설은 위험할 정도로 취약했던 유럽 지역을 서방의 힘을 지탱하는 보루로 바꾸어 놓았다. 일본과 서독의 부흥은 최근까지 적이었던 두 나라를 미국의 최고 동맹국으로 바꾸어 놓았다. 베를린 공수작전은 또 하나의 위대한 유럽 도시가 철의 장막 뒤로 사라지는 것을 막았다. 미국의 한국전쟁 개입은 전 세계에 걸쳐 심리적 세력 균형이 무너지지 않도록 예방했으며, 그에 뒤이은 미국의 군사력 증강을 통해 결정적으로 중요한 시점에 물리적 힘의 균형을 보강했다. 몇 가지는 잘 알려졌고 몇 가지는 잊혔지만 말이다. 그 밖의 다른 여러 정책을 통해 미국은 초기 냉전에서 무사히 살아남았고, 그 뒤에 오랫동안 이어진 싸움에서 승리할 수 있었다.

트루먼은 1953년 퇴임하면서 "역사가 내 재임 기간에 냉전이 시작되었다고 말할 때, 그 8년 동안 우리가 냉전에서 승리할 수 있는 길을 열었다는 점 또한 언급할 것"이라고 자랑스럽게 말할 수 있었다.[15] 사실 초기 냉전은 아마도 성공적인 위험 구간 전략의 가장 좋은 역사적 사례일 것이다. 당시에 미국이 추진했던 특정한 정책을 지금 단순히 복제할 수는 없다. 그러나 미국의 경험은 위험 구간을 건너가기 위해 무엇이 필요한지를 네 가지 전략적 통찰로 보여 준다.

중요한 것부터 먼저

첫째, **가차 없이 우선순위를 정하라**. 집중적으로 투자해야 할 곳과 자원을 아껴야 할 곳을 명확히 구분하는 일은 언제나 중요하다. 위협의 수위가 높고 실수를 허용할 여지가 적을 때는 이러한 냉철한 판단이 생사를 가르는 문제가 될 수 있다. 그 열쇠는 장기적 세력 균형을 극적으로 바꿀 수 있는 단기 미봉책을 피하고, 초기 투자로 지속적인 힘을 발휘할 수 있는 곳에 투자를 집중하는 것이다. 미국은 냉전 초기에 대체로 이러한 원칙을 잘 지켰다. 비록 그렇게 하는 것이 보기보다 어려웠지만 말이다.

근본 문제는 당시에도 지금과 마찬가지로 미국이 거의 세계 곳곳에서 압력을 받고 있었다는 점이다. 1946년부터 1947년까지 트루먼 행정부는 유럽의 대서양 해안부터 태평양에 이르기까지 광범위하게 벌어진 여러 불안정한 위기상황에 직면했다. 프랑스와 이탈리아, 그리스와 터키, 이란과 인도네시아, 중국과 한국, 그리고 기타 여러 지역에서 공산주의의 진출이 가능해 보였고 심지어 유력해 보이기까지 했다. 문제는 미국이 어떻게 대응하느냐는 것이었다.

트루먼은 1947년 3월 의회에 그리스와 터키를 위한 약 4억 달러의 긴급 원조를 요청하면서 하나의 답을 내놓았다. 당시 그리스는 공산주의자들의 봉기로 위협받고 있었고, 터키는 소련의 영토할양 요구와 군사적 압박에 직면하고 있었다. 트루먼은 "세계 역사에서 지금은 거의 모든 나라가 대안적 삶의 방식 가운데 하나를 선택해야 하는 순간"이라며 "미국은 소수의 무장 세력이나 외부 압력에 의해 강제로 예속되기를 거부하고 있는 자유세계의 국민을 지원해야 한다"라고 선언했다.[16]

그의 직설적인 표현은 의도적인 것이었다. 트루먼은 나중에 "이는 공산주의의 압제가 빠르게 팽창하는 데 따른 미국의 대답이며, 그 대답은 어떤 망설임이나 모호함이 없이 명확해야 했다"라고 썼다.[17] 미국은 냉전에 걸린 중대한 이해가 무엇인지를 생생하게 설명함으로써 봉쇄 정책을 실행하는 데 대한 국내의 지지를 결집해야 했다. 또 미국이 전체주의의 공세에 저항하는 나라들과 함께할 것이라는 분명한 신호를 보내야 했다. 그러나 트루먼의 메시지가 담고 있던 의미는 미국이 전 세계 모든 곳에서 공산주의의 침투에 똑같이 대응하겠다는 것이었고, 대통령은 머지않아 그것이 불가능하다는 걸 깨달았다. 그는 "우리의 자원은 무한하지 않다"라고 실토했다. 아무 데서도 아끼지 않으려 하면 모든 곳이 취약해질 것이기 때문이다.[18]

트루먼의 전략팀은 어떤 경쟁 무대가 진정 사활이 걸린 곳인지 결론을 내는 데 1947년의 대부분을 보냈다. 당장 어느 곳이 밀리면 소련에 지속적 이득을 내주는지, 어느 곳이 오늘 승리하면 서방에 항구적 우위를 가져다줄 것인지를 가려내는 일이었다. 여기서 도출된 필수 지역은 일본과 특히 서유럽이었다. 만일 이 산업 중심지 두 지역이 소련의 지배 아래 떨어지면, 전 세계의 균형은 스탈린에게 유리한 쪽으로 기울었을 것이다. 이들 지역이 회생하여 반反공산주의 세계와 손잡으면 소련은 극복할 수 없는 심각한 손실을 입었을 것이다. 트루먼은 "우리가 유럽을 회생시킬 수 있다면 그것은 세계 평화를 의미한다"라고 언급했다. 유럽이야말로 냉전의 중심지였던 것이다.[19]

서유럽과 일본은 다른 면에서도 매우 중요했다. 이들 두 지역은 미국과 소련의 목표가 얼마나 비대칭적인지를 가장 선명하게 드러낸 곳이었다. 소련이 우위를 차지할 경우, 소련은 공산주의 지배에서 벗어나고 싶은 나라를 억지로 통제해야 했을 것이다. 미국이 우월적 지위를 유지하면, 소련의 지배를 단순히 부정하는 데 그쳤을 것이다. 케넌이 표현했듯이 미국은 각국이 독립을 유지하도록 '현지의 저항 세력'과 협력할 수 있었던 반면에 소련은 각국의 독립을 저지하기 위해 현지의 대항 세력과 대결해야만 했다.[20] 이런 역학 관계는 미국에게 엄청난 힘의 승수효과를 가져다주었다. 바로 자유롭고 우호적인 국가의 독립을 향한 노력을 적극 활용할 수 있었던 것이다. 이는 소련이 결코 누리지 못했던 이점이었다.

1940년대 말에는 가차 없이 우선순위가 가려졌다. 미국은 서유럽과 일본에 사상 유례가 없는 원조를 퍼부었다. 1948년 이들 두 지역에 보낸 원조는 미국 국민총생산의 5퍼센트에 해당하는 액수였다.[21] 그럼으로써 미국은 태평양 지역에서 일본을 반공산주의의 보부로 전환시키는 작업을 개시했다. 한편 미국 관리들은 마셜플랜을 공개하거나 150년의 외교적 관행을 깨고 평화 시기의 군사 동맹인 나토를 창설하는 등의 방법으로, 서유럽을 보호하는 데 필요한 거의 모든 수단을 동원할 뜻이 있음을 분명히 했다. 애치슨은 마셜의 후임으로 국무장관에 취임한 직후 "만일 서유럽에서 무슨 일이 일어난다면 모든 게 끝장날 것"이라고 언급했다.[22] 이러한 미국의 약속에는 일말의 불확실성도 없었다. 서유럽을 향한 소련의 어떤 공격도 미국과의 전면전을 의미했다.[23]

동시에 트루먼은 덜 중요하거나 장래가 덜 유망한 지역에서는 공산주의의 승리를 막기 위해 모든 노력을 기울이지는 않기로 선택했다. 그런 사례를 보자. 미국은 마오쩌둥의 공산당이 장제스의 국민당을 물리치는 것을 막으려고 거의 아무것도 하지 않았다. 빈곤에 허덕이는 저개발 상태의 중국이 세계적 패권의 기준으로는 그다지 큰 비중을 차지하지 않는다는 가정에 기초한 판단이었다. 트루먼은 또 당시에 불안정하고 가난한 국가였던 남한에서 미군 병력을 철수시켰다. 애치슨은 이 나라가 태평양에서 미국의 방위선 밖에 있다고 공개적으로 발표했다. 이들 주변 지역에 총력을 기울이지 않았던 것은 냉전의 핵심 지역에 효율적으로 자원을 집중시킨 데따른 대가였다.[24]

필수 지역과 부차적인 지역을 구분하는 것이 항상 쉬운 일은 아니었다. 미국은 중동 지역의 석유가 우방국의 손에 남아 있다는 보장 없이는 유럽을 재건할 수 없었다. 혹은 인도차이나와 같은 지역의 시장과 자원에 접근하는 길을 보호하지 않고서는 일본을 재건할 수도 없었다.[25] 1949년 중국이 마오쩌둥의 세력에게 넘어간 것이 미국에게 전략적 참사는 아니었을지 모르지만 트루먼에게는 정치적 재앙이었다. 그는 당시 아시아에서 위험에 노출된 다른 지역을 순순히 포기하고 싶지 않았다. 그런 망설임이 결국 이 지역에 미국이 간여하는 범위를 넓히게 되었고, 미국을 베트남에서의 비극에 이르는 기나긴 길로 이끌었다.

더 다급한 문제는 미국이 보호하지 않겠다는 곳을 발표하는 바람에 적이 그런 곳에 진출하도록 이끄는 결과를 빚을 수 있었고, 비핵심적 이익이 걸린 지역도 막상 공격을 받으면 돌연 핵심 지역으로 바뀔 수 있다는 점이었다. 그런 일이 바로 한국에서 일어났다. 1950년 1월 애치슨이 남한은 (미국의 보호 없이) 스스로 방어해야 한다고 선언한 것이 기회주의적인 스탈린에게 그해 6월 북한의 남침을 승인하게끔 부추기는 결과를 낳았다. 그러자 스탈린에게는 뜻밖이지만 트루먼은 한 판 싸움을 벌이기로 결심했다. 트루먼이 한국전쟁에 뛰어들기로 한 것은 남한 자체가 핵심일 정도로 중요했기 때문이 아니라(실제로 남한은 그렇게 중요하지 않았다), 그곳에서 공산주의의 노골적 공격을 저지하는 데 실패하면 보다 중요한 지역에서 미국이 쌓으려고 애쓰던 신뢰가 산산조각 날지도 몰랐기 때문이다. 미 국무부의 한 관리는 "아시아인은 말할 것도 없고 유럽인들 모두가 미국이 어떻게 하는지 지켜보고 있었던 것은 분명했던 것 같다"라고 썼다. 만일 스탈린의 하수인들이 단순히 심리적 균형을 무너뜨리기만 해도 미국은 안정적으로 지정학적 균형 상태를 쌓아 나가기는 어려웠을 것이다.[26]

트루먼의 개입 결정은 옳은 선택이었다. 그의 결정은 남한을 파멸로부터 구했고, 서방이 또 다른 유화 정책의 시절로 들어가지 않을 것임을 동맹국에게 납득시켰다. 프랑스 외무장관은 "다행스럽게도 이번에는 과거가 반복되지는 않을 것"이라고 감격스럽게 외쳤다.[27] 그러나 불행히도 트루먼의 참전 결정은 전략적으로 중요하지 않은 외딴곳에서 벌어지는 잔혹하고 피 말리는 전쟁에 미국을 밀어넣었다. 1950년 말 미국이 한반도를 통일하려다가 실패하면서 이 전쟁은 급격히 확대되었다.

그럼에도 불구하고 트루먼 행정부는 한국전쟁을 치르는 기간 동안 거의 집중력을 잃지 않았다. 트루먼과 애치슨은 외딴곳에서 벌어진 전쟁으로 조성된 긴박감을 이용하여 더 중요한 핵심 무대에서 미국의 입지를 강화했다. 한국에서 전투가 최고조에 이르렀을 때 미국은 4개 사단의 병력을 서유럽에 추가로 배치했고, 일본과 평화협정 및 안보조약을 체결했다. 애치슨은 "일본이 전체 극동 상황의 심장부였다"라고 설명했다.[28] 한국전쟁의 사례가 보여 주었듯이 미국은 단 한 가지 문제에만 집중할 수 없다. 때때로 어떤 적이 나타나서 충격적이고 노골적인 도발을 감행하는 바람에 미국이 행동에 나서야 하는 경우가 있다. 그러나 위험 구간을 통과하기 위해서는 단기적 약점이 파국적인 결과를 빚을 수 있으나 이를 극복할 경우 장기적 강점으로 전환될 수 있는 지역에 우선순위를 두어야 할 필요가 있다.

임기응변에 능해야

둘째, **전략적 목표와 전술적 민첩성을 결합하라.** 긴장이 고조된 시기에는 목적 없이 방황할 시간이 없다. 그렇다고 경직되고 교조적인 자세로 대처할 때도 아니다. 위험 구간에 들어서면 명확하게 잘 정리된 목표와 함께 그 목표를 이루기 위한 임기응변식 접근 방식이 필요하다. 이상적인 해법을 기다리기보다는 당장 가용할 수 있는 웬만큼 쓸 만한 해법과 우방국을 만들어야 하는 것이다. 이상적인 해법은 너무 늦어서 쓸모가 없어지기까지 나오지 않을지도 모르기 때문이다.

케넌은 이 점을 잘 알고 있었다. 이 국무부 정책기획 국장은 1940년대 말 대규모 전략 수립 작업의 중심에 있었다. 케넌의 정책기획국은 우선순위를 분류하고 장기 목표를 세우는 업무를 맡고 있었다. 당시 미 합참의장은 미국의 안보에 가장 중요한 지역을 결정하는 세부적인 연구를 수행했다. 이 모든 작업을 통해 다음과 같은 명쾌한 전략적 개념이 드러났다. '미국은 소련이 내부 약점으로 인해 스스로 무너질 때까지 소련을 견제하고, 주로 소련의 유라시아 대륙 측면을 따라 서방이 우위를 점하는 입지를 구축함으로써 이 목표를 달성한다.' 마셜은 "미국의 목표는 유럽과 아시아에서 세력 均형을 회복하는 것이며, 이런 관점에서 모든 조치가 검토될 것"이라고 말했다.[29]

그러나 케넌은 역동적인 경쟁에서 우위에 서기 위해서는 능란하게 수완을 발휘할 필요가 있다는 점 또한 알고 있었다. 국무부 정책기획 국장에 취임한 후 단 몇 주일 만에 그는 산더미 같은 문제에 완벽한 해답을 내놓는 것이 불가능하다는 결론을 이미 내렸다. 케넌은 "그런 문제를 풀기 위해 기대할 수 있는 유일한 방법은, 우리가 6개월 동안 자리 잡고 앉아서 해법을 찾으려 숙고를 거듭하는 동안 전 세계가 꼼짝하지 않고 그대로 있어 달라고 설득하는 것"이었다며, "그러나 세상이 가만히 있을 리 만무하고 그로 인한 혼란은 끔찍할 것"이라고 말했다.[30]

이것이 미국의 정책에 의미하는 바는 무엇이었을까? 하나는 속도가 최우선 고려사항이라는 점이었다. 트루먼 독트린은 그리스와 터키를 지원하고, 미국이 위험에 처한 세계를 지탱하겠다고 약속하는 결정을 담고 있었다. 여기서 더 주목할 만한 대목은 트루먼의 참모들이 불과 며칠 만에 계획의 초기 윤곽을 그렸고, 그다음 3주에 걸쳐 분주하게 세부 계획을 마련했다는 사실이다. 영국 관리들이 금요일 오후에 파산 상태의 영국 정부가 그리스와 터키를 각자의 운명에 맡기겠다는 폭탄선언을 미 국무부에 던진 이후에 일어난 일이었다. 한 영국 외교관이 썼듯이 미국은 "영국의 얼어붙은 손에서 세계 주도권의 횃불을 넘겨받느라 허비할 시간이 없다"라는 사실을 즉시 이해했다.[31]

미국 관리들은 또 가용할 수 있는 수단을 가지고 최대한 창의력을 발휘해야 했다. 1948년 초 이탈리아의 미래가 어떻게 될지 모르는 상태였다. 공산당이 선거에서 승리할 가능성이 현실적으로 컸다. 이에 대응하기 위해 미 중앙정보국(CIA)과 국무부, 그리고 그 밖의 여러 기관은 이탈리아 국민이 나라를 전체주의로 이끄는 투표를 하지 않도록 쓸 수 있는 모든 수단을 동원해 대대적인 활동을 펼쳤다. 미국은 선호하는 정치인들에게 현금 자루를 건네주었다. 국무부는 이탈리아계 미국인들이 고국의 가족에게 편지를 보내는 운동을 조직했다. 미국은 뉴스 영화, 엽서, 기도카드 등을 반공산주의 선전의 도구로 활용했다. 미국 관리들은 심지어 이탈리아가 경제적, 정치적 재난을 피하도록 도우려고 영국산 석탄의 선적 시기를 전략적으로 조율하기까지 했다. 당시 이탈리아 주재 미국 대사는 "미국의 모든 행동은 선거 결과와 직접적인 관련을 가질 것이고, 따라서 미국은 가용할 수 있는 모든 수단을 대부분 동원해야 한다"라고 썼다.[32]

같은 방식이 자유세계 연합을 결성하는 데에도 적용되었다. 트루먼은 냉전을 민주주의와 전체주의의 대결로 규정했을는지 모른다. 그러나 그는 반反소련 연합체를 구성하기에 완벽한 해법을 찾느라 괜찮은 차선책을 놓치는 어리석음을 결코 범하지 않았다. 미국은 1940년대 말 2차 세계대전으로 세계를 공포로 몰아넣은 나라였던 독일과 일본에게 징벌적인 군사 점령에서 재건 프로그램으로 빠르게 전환했다. 그럼으로써 이들 두 나라를 냉전 시대의 동맹국으로 만들 수 있었다. 1945년 미국의 폭격기들이 베를린을 초토화했다. 1948년에는 미국 수송기들이 연합 공수작전을 벌여 베를린 시민을 살렸다. 트루먼은 심지어 '좋은' 공산주의자들을 이용해 '나쁜'

공산주의자들을 견제하기도 했다. 1948년 스탈린이 악의에 차서 유고슬라비아와 사이가 틀어진 이후, 미국은 공산주의 국가인 유고슬라비아를 묵시적인 동맹국으로 간주했다.

특히 위험 구간을 통과하려면 혁신을 위해 전통을 희생할 필요가 있다. 가장 좋은 예가 너무나 급진적인 과거와의 단절이어서 케넌조차 반대했던 북대서양조약기구(NATO)의 창설이었다. 이 방위 동맹은 전략적 분수령이었다. 나토는 미국의 헌법 절차가 허용하는 범위 안에서 가장 분명하게 미국이 서유럽의 자유를 보장하는 데 전념하겠다는 신호였다.[33] 그러나 나토는 미국이 그렸던 어떤 구상에도 포함되지 않았었다.

1948년 초까지만 해도 트루먼 행정부는 미국이 간여하는 평화 시기의 동맹을 창설할 의사가 없었다. 나토는 유럽인이 미국 관리들에게 강력히 요청한 구상이었다. 그것은 또 빠르게 발생한 위기에 대응해 급하게 마련된 대책이었다. 즉 1948년 2월에 일어난 체코의 쿠데타와 그해 6월에 시작된 베를린 봉쇄로 유럽인들은 겁에 질렸고, 트루먼 행정부는 공식적 방위조약이 없이는 소련의 압력에 대항하도록 유럽을 북돋을 수 없다고 믿게 되었다. 당시 소련은 더욱 공격적으로 바뀌고 있었다. 전쟁이 일어날 가능성이 점차 커졌던 것이다. 미국이 전례 없는 조치를 취해야만 사태를 안정시킬 수 있었다. 마셜은 "유럽인들은 크게 놀라서 신경이 극도로 곤두서 있었기 때문에 아주 빠른 시간 안에 그들에게 희망을 되살려야만 했다"라고 말했다.[34]

희망을 되살리기 위해서는 미국이 가장 높이 신봉해 온 전략적 유산 가운데 하나를 극복할 필요가 있었다. 바로 고립주의적인 한 상원의원이 표현했던 대로, "우리는 '미국인들을 위한 미국'과 '유럽인들을 위한 유럽'을 원하며, 그것이 훌륭한 미국적 원칙"이라는 사상이었다.[35] 또 유럽인들에게 희망을 다시 불어넣기 위해서는 나토를 주로 서류상으로만 존재했던 동맹에서 소련의 공격에 맞서 본격적인 전투를 벌일 수 있는 군사 동맹으로 전환시키는 작업에 그 후 몇 년 동안 열정적으로 매달릴 필요가 있었다. 1940년대 말 무렵에는 미국이 무엇을 원하는지 대체로 알게 되었다. 바로 안전이 보장되고 안정된 서유럽이었다. 그러나 미국은 그 목표에 도달할 방법을 찾기 위해 융통성을 발휘해야 했다.

미국 관리들이 일의 진행 순서에 따라 계획을 차근차근 추진하기만 한 것은 아니었다. 나토와 같은 중요한 구상은 대부분 눈앞의 긴급한 문제를 해결하는 즉흥적 해법인 경우가 적지 않았다. 미국은 불안정한 상황이 완전히 악화되지 않도록 하기 위해 가지고 있던 수단을 모두 활용했다. 또 비상한 상황에 동원된 다양한 인력에 의존했다. 미국은 위협을 억제하기 위해 긴박하면서도 신축적으로 움직였다. 만일 트루먼의 재임 기간이 오늘날 정책 혁신의 황금시대로 기억된다면, 당시 미국이 생각은 신중하게 하면서 행동은 신속하게 했기 때문이다.

계산된 위험 감수 전략

셋째, **약간의 공세가 최선의 방어책이다.** 위험 구간 전략에는 적의 약점을 찌르거나 균형을 깨뜨려서 적에게 공세를 취하는 것이 포함된다. 잠재해 있는 치명적인 취약성을 사전에 차단하기 위한 대담한 수단이 필요하다는 것이다. 그러나 공세의 모든 단계는 세심하게 계산되어야 하는데, 부주의한 도발은 치명적일 수 있기 때문이다. 핵심은 계산된 위험을 무릅쓰는 것이다. 다만 상대방이 전부를 건 반격 외에 다른 선택지가 없다고 믿게 할 만한 무모한 위험은 피해야 한다.

이러한 계산된 위험 감수 전략이 미국의 정책에 반영되었다. 자유세계를 지키기 위한 유일한 방법은 강력한 적에게 반감을 불러일으키는 조치를 취하는 것이었기 때문이다.[36] 마셜플랜의 시작은 서유럽 정부에서 암약하는 5열(간첩) 공산주의자 장관을 축출하고 그럼으로써 파업, 폭동, 폭력행위 등 급진 좌파의 분노를 유발하는 것이었다. 스탈린이 고립된 베를린에 육로와 철도 접근을 차단한 직후 수행한 베를린 공수작전은, 소련이 미국 항공기를 격추하거나 서방의 군사적 약점을 이용하지 않을 것으로 보고 감행한 도박이었다. 트루먼 행정부는 이런 위험을 감수할 만한 가치가 있다고 결정했다. 그리고 그것은 결과적으로 옳은 결정이었다. 미국의 정보 분석가들은 소련이 2차 세계대전에서 회복되기 전에 3차 세계대전을 시작할 것이라는 데 회의적이었기 때문이다.[37] 그러나 그런 경험은 위험 구간 전략에 내재된 한 가지 딜레마를 부각시켰다. 바로 전적으로 안전한 행동 방침은 없다는 것이다.

이는 미국이 훨씬 더 대담하고 전향적인 조치를 취한 이유였다. 미국은 조심스럽긴 했지만 소련 진영을 와해시키려고 공을 들였다. 냉전 초기에 미국 관리들은 서방의 입지를 강화하기 위한 끊임없는 노력과 함께 소련의 입지를 약화시키는 선별적인 조치가 병행되어야 한다고 믿었다. 케넌은 미국의 정책이 "우리 진영을 결속시키는" 동시에 "소련 진영을 와해시키기 위한 압박을 강화하는" 조치를 아우르고 있었다고 설명했다.[38]

이를 위해 미국은 처음에 마셜플랜의 지원을 서유럽뿐 아니라 동유럽에도 제안했다. 극도로 의심이 많은 소련이 동구권 위성국가에게 이 제안을 거절하도록 강요할 것이고, 그럼으로써 동구권에서 소련 스스로의 도덕적 권위를 훼손할 것이란 계산이었다. 미국은 그에 이어 소련의 지원을 받는 공산 정권의 범죄 행위와 결함을 강조하는 라디오 방송을 동구권에 송출했다. 또 소련의 군수산업에 쓰일 수 있는 핵심 물품의 공급을 거부하는 등의 방법으로 경제 전쟁을 수행했다. 미국과 영국의 정보기관들은 심지어 동구권에서 폭력적인 저항운동을 일으키겠다는 기대를 가지고 철의 장막 너머로 준군사 조직인 무장 공작원을 침투시키기도 했다. 무장 저항운동을 일으키려는 구상은 상대를 과도하게 자극하는 반면에 이득은 적었기 때문에 결국 폐기되었다. 그러나 위험 구간을 건너가기 위해서는 적을 수세로 몰아넣을 방법을 찾아야 했다.[39]

미국의 위험 감수 전략은 역설적이게도 그러한 도박 같은 시도가 실패한 이후에 가장 확고해졌다. 1940년대 말 트루먼은 미군 수뇌부가 신중하다고 보았던 것보다 훨씬 더 낮은 수준으로 국방비 지출을 억제했다. 그러나 소련이 1949년 원자폭탄 개발에 성공하면서 이러한 셈법이 바뀌었다. 1950년 4월 미국 국가안전보장회의(NSC)가 작성한 〈NSC-68〉로 알려진 극비 보고서는 "미국이 이르면 1954년에 최대의 위험 시기를 맞게 될 수도 있다"라는 결론을 내렸다. 두 달 뒤 스탈린의 승인 아래 북한군이 남한을 침공하자, 트루먼은 "공산주의자들이 그들의 적을 굴복시키기 위해 이제는 무력 침공과 전쟁을 불사할 것"이라는 결론에 이르렀다.[40]

미군은 막대한 대가를 치르고 북한군이 한반도 남쪽 끝까지 진격하는 것을 막았다. 그해 9월 더글러스 맥아더Douglas MacArthur 장군이 북한군 전선의 배후에서 전격적인 상륙작전을 감행함으로써 전세를 역전시켰다. 당시 트루먼은 중국이나 소련의 개입을 불러오지 않고 한반도 전역을 통일할 수 있으리란 희망을 가지고 맥아더가 압록강을 향해 북으로 진격하도록 허용했다. 이 도박은 성공하지 못했다. 마오쩌둥의 군대가 중국 국경 가까이까지 지나치게 진격한 미군 부대를 기습했다. 중국군의 공격은 미국 역사상 최악의 군사적 패배를 안겨 주었고, 새로운 국제 전쟁의 그림자를 드리웠다. 미 합참의장 오마 브래들리Omar Bradley는 "만일 그런 충돌이 발생하면 우리는 패배할 위험에 처할지 모른다"라고 경고했다.[41] 〈NSC-68〉이 주장했듯이 미국이 활짝 열려 있는 취약성의 창을 서둘러 닫아야 한다는 점은 이제 명백해졌다.

1950년 이후 미국은 한국에서 격렬한 전투 끝에 휴전에 합의하는 한편 대규모 군비 증강과 전 세계에 걸쳐 외교 공세에 나섰다. 미 국방부의 지출액은 네 배로 늘었고, 미국이 보유한 원자폭탄은 약 세 배로 증가했으며, 미국의 재래식 전력 규모는 두 배 이상 커졌다.[42] 미국은 일본, 호주, 뉴질랜드, 필리핀 등과 군사 동맹을 체결했다. 또 서유럽에 더 많은 병력과 항공기를 배치했고, 드와이트 아이젠하워Dwight Eisenhower 장군에게 동맹이 실전 전투태세에 돌입하도록 독려하라는 임무를 맡겼다. 트루먼과 애치슨은 심지어 10년 전에 소련을 침공해서 초토화했던 나라인 서독을 나토에 참여시켜 군대를 재건시킬 준비를 시작했다. 이 조치는 소련을 격분시켰다. 그러나 애치슨이 표현했듯이, "이런 프로그램을 실행하는 것보다 더 위험한 일은 그것을 실행하지 않는 것이었다."[43]

사실 한국전쟁이 미국의 전략에 가했던 충격은 아무리 강조해도 지나치지 않다. 미국의 군비 지출을 대폭 늘린 것이나 과거의 침략국을 재무장시키는 등 이전에는 불가능했던 일이 세계적인 위기 속에 가능해졌다. 미국의 정책에 대한 이전의 정치적, 외교적 제약이 사라졌다. 애치슨은 나중에 "한국이 우리를 구했다"라고 강조했다. 미국은 전제주의의 침략이 불러온 충격과 긴급성을 이용해, 결과적으로 거의 세계 대부분의 지역에서 자신의 입지를 강화하는 선제적 투자를 했던 것이다.[44]

그러나 미국의 위험 감수 전략이 무제한적이지는 않았다. 소련을 지나치게 위협하거나 끝까지 궁지로 몰아붙여 소련이 무력 사용 외에는 다른 대안이 없다고 느끼게 만드는 것은 부작용을 낳을 수 있었다. 1948년 미국의 분석가들은 "소련 정부가 전쟁을 제외한 수 단으로는 자신의 목적을 달성할 수 없다고 믿게 되면 스탈린이 전 쟁을 선택할 수도 있다"라고 썼다.[45] 이는 신중하고 균형 잡힌 조치 가 중요하다는 점을 일깨웠다. 미국은 자유세계의 회복력을 강화하 는 한편, 소련에게 '지금이 아니면 다시 기회가 없다'는 식의 심리 를 부추길 수 있는 조치는 피해야 했다. 1941년 미국의 석유 금수 조치로 인해 미국이 채 준비하기도 전에 일본이 바로 전쟁에 나섰 던 경험을 트루먼은 결코 반복하고 싶지 않았다.

이런 인식은 1940년대 말과 1950년대 초 미국의 정책이 극단 으로 치닫지 않도록 억제하는 역할을 했다. 미국은 유럽의 공산 진 영을 군사적으로 밀어붙이려고 하지 않았다. 그러면 본격적인 대 규모 전쟁이 시작될 가능성이 너무 컸기 때문이다. 자유세계의 재 무장에 관해서 미국의 전략기획가들은 나토 안에서만 활동하도록 신중하게 제한된 서독의 군대를 구상했다. '소련에 심각한 위협을 가할 수 있는' 완전히 재무장한 자율적인 서독군은 고려하지 않았 다.[46] 가장 중요한 것은, 트루먼이 사적으로는 소련에 최후통첩을 하는 방안에 관해 농담을 하기도 했지만, 공식적으로 그의 행정부 는 사태를 첨예화시켜 적대적이고 공격적인 소련을 상대해야 한다 는 모든 주장을 금지했다.

윈스턴 처칠이 1948년에 소련이 동유럽에서 철수하지 않는다면 미국이 핵무기로 파괴하겠다고 그들을 위협해야 한다고 주장했을 때, 그리고 더글러스 맥아더가 1951년에 트루먼에게 중국에 맞서 전쟁을 확대할 것을 요청했을 때, 그의 대답은 똑같았다. 트루먼은 "우리가 하고 있는 모든 일의 목적은 3차 세계대전을 막기 위한 것"이라고 설명했다.[47] 위험 구간 전략의 목적은 꼭 필요한 위험을 감수함으로써 미국의 입지를 강화하는 것이지, 어리석게 위험한 도발을 해서 파국적인 결과를 초래하는 것은 아니었다.

같은 이유로 미국은 외교의 문도 완전히 걸어 잠그지 않았다. 트루먼은 소련과 포괄적인 합의에 이를 것이란 희망은 거의 없다고 믿었다. 그러나 외교는 여전히 미국의 전략에서 일정한 역할을 할 수 있다. 미국이 자유세계의 힘을 키운다 해도 전쟁은 원치 않는다는 점을 외교를 통해 소련 지도자들에게 확신시킬 수 있었다. 또 미국이 일단 더 이상 협박당하지 않는다는 사실을 보여 준 이후에는 외교적 방법으로 위기를 단계별로 완화시킬 수도 있었다. 예를 들어 1951년 미국과 동맹국들의 연합군이 중국의 맹공격을 저지한 이후, 미국과 소련 외교관들 사이에 대화를 통해 한국전쟁을 종식시키려는 길고도 고통스러운 협상 과정이 시작되었다.[48] 애치슨은 "만일 미국이 약점 대신 강점을 만들 수 있다면 언젠가는 소련이 현실을 인정하게 될 것"이라고 언급했다.[49] 그때까지는 산발적인 외교 활동으로 미국의 전략이 작동하도록 시간을 벌어 줄 수 있었다.

장기전에서 이기려면

이것은 네 번째이자 마지막 교훈과 관련된다. **위험 구간 전략은 장기전으로 끌고 가서 결국 그 싸움에서 이길 수 있도록 확실히 하는 것이다.** 잘 만든 위험 구간 전략이라도 반드시 강력한 경쟁자를 단기간에 굴복시키도록 해 주지는 않는다. 그러나 그런 전략은 최종적으로 효과를 발휘할 수 있는 유리한 여건을 조성하면서 적대적 경쟁 상황을 관리 가능한 단계까지 끌고 가는 다리를 놓을 수는 있다.

트루먼 대통령의 임기가 끝날 무렵 그런 일이 일어나기 시작했다. 불과 5년 전만 해도 소련은 냉전에서 승리할 수 있는 유력한 수단을 갖고 있었다. 프랑스 외교관 두 명이 그런 시나리오를 잘 묘사했다. 타락한 자본주의 세계는 '깊은 침체'에 빠졌을 것이고, 이로 인해 미국은 국내 문제로 눈을 돌렸을 것이다. 유럽 경제는 해체되고 경제적, 사회적, 정치적 혼란이 뒤따랐을 것이다. 이런 파국적 상황이 벌어지면, "소련은 잘 조직된 공산당을 이용해 서유럽 국가들을 장악할 수 있었을 것이다."⁵⁰ 미국은 어느 날 갑자기 적대적인 유라시아를 마주하게 되었을 것이다. 1947년에는 이런 악몽이 충분히 현실화될 것처럼 보였다. 그러나 불과 몇 년 만에 미국과 그 동맹국들은 소련 연합 세력의 확장을 막았고, 장래에 서방의 승리를 가져다줄 강력한 체제를 구축했다.

1950년대 초에는 서유럽이 경제적으로 회복하면서 자신감을 되찾았다. 나토는 강력한 민주 진영의 연합체로 떠오르고 있었다.

유라시아 대륙의 다른 편에서는 일본이 경이적인 전후戰後 번영의 길을 질주하고 있었다. 1950년 이후의 군비 증강으로 미국이 명백한 군사적 우위를 차지하지는 못했다. 그러나 그런 이유로 소련이 서방에 대항해 전쟁을 벌이면 파국적인 대가를 치러야 한다는 것을 확실하게 보여 줌으로써, 아이젠하워가 "실질적인 공격 억지력"이라고 불렀던 방위 체제가 마련되었다.[51] 국가안전보장회의(NSC)가 내린 평가에 따르면 자유세계는 이제 소련의 결정적인 확장을 막을 수 있는 '그런 힘'을 갖게 되었고, 아마도 시간이 지남에 따라 "소련 체제를 점진적으로 힘을 빼 쇠퇴시킬" 수 있을 것이었다.[52]

그러나 보장된 것은 전혀 없었다. 한국전쟁과 트루먼의 군비 증강으로 미국의 국방비는 눈이 튀어나올 정도인 GDP의 14퍼센트로 급증했다. 이 수치는 새로 출범하는 아이젠하워 행정부가 국가 파산을 염려할 만한 정도였다.[53] 1950년대 말과 1960년대 초 니키타 흐루쇼프Nikita Khrushchev가 베를린에서 다시 서방 세력을 몰아내려 시도하고 쿠바에 핵미사일을 배치하면서, 머리털을 곤두서게 하는 냉전의 위기가 몇 번 일어났다. 냉전이 제3세계로 확산됨에 따라 조용한 갈등과 참혹한 대리전, 고위험 위기 등이 발생했다. 냉전은 늘 위험스럽고 부담이 큰 경쟁이었다. 미국의 힘과 전략 그리고 결의를 수십 년 동안 시험해 왔다.

결과가 매우 의심스럽게 보였던 적도 있었다. 1970년대 미국의 동맹 체제는 스트레스를 받고 있었다. 자유세계의 경제는 오일 쇼크와 그 밖의 몇 가지 혼란스러운 문제로 인해 흔들리고 있었다.

소련은 제3세계에서 일련의 승리를 거둔 반면에, 미국은 베트남 및 앙골라에서부터 이란 및 니카라과에 이르기까지 잇따라 당혹스러운 패배를 당했다. 소련의 군사력은 계속해서 증강되었다. 미국의 몇몇 전략가들은 새로운 '취약성의 창window of vulnerability'이 열릴 가능성을 우려했다. 소련이 적들을 공격해서 괴롭힐 수 있는 여건이 조성되고 있다는 우려였다. 미국이 하락세에 접어들 것이란 예측이 만연했다. 장기적으로 미국이 유망하다고 누구보다도 확신했던 로널드 레이건Ronald Reagan 같은 이들조차 냉전에서 미국의 승리를 결코 당연하게 여기지 않았다.

그러나 이 시기의 여러 도전에도 불구하고 미국의 위험 구간 전략은 근본적인 면에서 성공이었다. 다시는 1940년대 말과 1950년대 초처럼 세력 균형이 위험한 상태에 빠지지 않았던 것이다. 아이젠하워 행정부의 국무장관이었던 존 포스터 덜레스John Foster Dulles는 1952년 대통령 선거유세 기간 중에 트루먼의 정책을 맹공격했으나, 사적인 자리에서는 미국의 동맹 체제가 "세계에서 꼭 필요한 핵심 지역을 확실히 장악했고" 이들을 미국과 단단히 묶어 주는 역할을 했다고 인정했다.[54] 산발적 위기에도 불구하고 자유세계는 이제 공산 진영이 결코 제공할 수 없었던 지속적인 경제의 역동성이란 토대를 놓았다. 1980년에는 서방의 1인당 소득이 소련 진영보다 아홉 배나 많았다.[55] 그래도 세력 균형은 유동적이었다. 소련은 여전히 자유세계를 위협할 수 있었다. 그러나 소련이 이 경쟁에서 결정적으로 이길 가능성은 시간이 지나면서 줄어들고 있었다.

미국이 위험 구간을 통과하는 동안 결이 다른 두 가지 중요한 일이 일어났다. 하나는 미국의 전략이 저비용 구조로 전환될 수 있었다는 점이다. 미국은 최대의 위험 상황에 대처하려고 만든 극단적인 고비용 전략에서 덜 첨예하지만 계속 진행 중인 도전에 대응하도록 맞춘 어느 정도의 저비용 전략으로 전환할 수 있었다. 1950년대 막바지에는 미국의 국방비 지출이 국민총생산의 약 9퍼센트까지 하락했다. 미국의 국방비는 냉전의 나머지 기간 동안 평균적으로 계속해서 떨어졌다.[56]

새롭게 전개된 또 다른 상황은 미국과 소련 사이의 긴장을 때때로 완화할 수 있게 되었다는 사실이다. 1953년 3월 스탈린이 사망한 이후 그동안 최고조에 달했던 서방을 향한 소련의 적대적 시기는 종말을 고했다. 1950년대 중반에는 초강대국들이 군비 경쟁을 통제하려고 협상을 시작했다. 1960년대와 그 이후에는 소련과 미국이 핵 실험을 제한하고 비축 핵무기의 한도를 설정하며, 몇몇 분쟁 지역에서 우발적 충돌의 가능성을 줄이기로 합의했다. 미국과 소련은 천연두를 근절하고 핵무기 확산을 제한하려고 협력하기도 했다. 긴장은 여전히 등락을 거듭했다. 냉전의 마지막 기간 중에 《원자과학자 회보Bulletin of the Atomic Scientists》는 유명한 '지구종말시계doomsday clock'의 시곗바늘을 자정에서 단 2분 전으로 설정했다. 그러나 놀이켜 보면 냉전은 '장기적인 평화'가 되어 가고 있었다.[57]

마침내 케넌이 예견했던 대로 소련이 마지막 몰락의 시기에 이르렀을 때에도 세계는 평화로운 상태를 유지했다. 1980년대 말 소련식 성장 모델은 탈진한 상태였다. 공산주의 이념은 신뢰를 완전히 잃었고, 소련 정권은 정통성이 바닥나고 부패한 장로 정치 gerontocracy가 되었다. 레이건 행정부 하에서 미국의 지정학적 공세 (1970년대의 후퇴에 뒤이은 반격)는 제3세계에서 노출된 소련의 입지를 압박했고, 소련 정권의 도덕적 외교적 고립을 심화시켰으며, 군사력과 지정학적 동력의 균형을 서방에 유리하게 바꿔 놓고 있었다. 미국의 한 정보 관리는 "(그런 적이 있었는지 모르지만) 역사는 더 이상 소련 편에 있지 않았고, 소련 지도자들은 역사적 우위를 되찾기 위한 지략과 에너지, 자원, 그리고 무엇보다 시간이 없음을 감지했다."[58] 그러나 그에 따른 공포가 소련 지도자들을 불안하게 하거나 양심의 가책을 느끼게 했는지는 모르지만, 그들은 미하일 고르바초프Mikhail Gorbachev 치하에서 결국 서방에 대들기보다는 자신들의 몰락을 받아들이고, 지정학적으로 서방에 항복하는 조건을 협상하는 쪽을 택했다.

이는 부분적으로 미국의 지도자들, 특히 로널드 레이건과 조지 H. W. 부시George H. W. Bush 등이 곤궁에 처한 초강대국에게 굴욕감을 주지 않으려고 애쓴 덕분이다. 비록 이들이 소련의 양보를 기꺼이 받아 챙겼지만 말이다. 소련이 행동 방식을 바꾸고 보유 무기를 감축하며 철의 장막을 걷어 낸 이후 레이건과 부시가 고르바초프를 안심시켰듯이, 소련은 실제로 아무런 공격도 받지 않았다. 오히려 환영을 받으며 세계 공동체의 일원으로 복귀했다.[59] 그러나 이러한 성과를 거둘 수 있었던 것은 역시 소련이 전쟁을 통해서는 자신의 입지를 개선할 수 있는 실행 가능한 선택지가 없도록 만들려고 트루먼과 애치슨 그리고 그들의 후임자가 '힘의 우위 상황'을 쌓아 나갔기 때문이었다.

1914년 독일은 적을 한 세대쯤 후퇴시킬 만한 짧으면서 승리 가능성이 큰 전쟁을 꿈꿀 수 있었다. 독일 지도자들은 비현실적이긴 했지만 영국이 대륙에서 일어난 전쟁에 뛰어들지 않고 이를 방관할 것이란 기대를 할 수 있었다. 소련은 이와는 대조적으로 일단의 자유세계 연합과 정면으로 대치했다. 이들 자유세계 동맹국은 수십 년에 걸친 미국의 군사적 투자와 우방국을 수호하겠다는 미국의 수많은 공개적 다짐으로 뒷받침되고 있었다. 이러한 약속은 레이건 시대에 미국의 군비 증강 덕분에 신뢰성이 더욱 커졌다. 미국의 군비 증강으로 인해 소련 지도자들은 전쟁이 파멸적인 패배로 귀결되지 않을 수도 있다는 상상조차 할 수 없게 되었기 때문이다.[60] 미국은 냉전이 열전熱戰으로 끝나는 것을 피할 수 있었다. 미국이 쇠락하는 소련이 느끼는 절박한 심정을 누그러뜨리는 한편으로 다시 한 번 부활해 보려는 도박이 성공할지 모른다는 어떤 희망도 갖지 못하도록 했기 때문이다.

가차 없이 우선순위를 정하라. 장기적으로 파괴적 효과를 낳을 수 있는 단기적 공세는 저지하라. 전략적으로 신중하고 전술적으로 민첩해라. 완벽한 해법을 찾느라 쓸 만한 차선책을 놓치지 말라. 약간의 공세를 취함으로써 방어를 확고히 하라. 신중하게 위험을 감수하되 지나치게 도발적인 위험은 무릅쓰지 말라. 위험 구간 전략을 '지금 여기'의 재앙을 피함으로써 장래의 승리에 도움이 되는 수단이라고 생각하라.

이전 시대에서 얻은 이러한 통찰이 다시금 매우 중요해지고 있다. 미국이 모든 정책을 냉전 시대의 교본으로 단순히 되돌아갈 수는 없다. 호전적인 중국 문제의 해법이 '새로운 마셜플랜' 또는 '아시아의 나토'라고 말하는 사람은 멀리해야 한다. 그러나 미국이 오늘날의 새로운 냉전을 헤쳐 나가기를 바란다면 과거 냉전의 교훈을 반영하는 전략이 필요할 것이다.

7

위험 구간 속으로

2021년 2월 조 바이든 미국 대통령이 백악관을 배경으로 중국에게 기술 냉전technological cold war을 선언했다. 그는 대통령에 취임한 후 불과 몇 주일 만에 미국의 기술 공급망을 철저히 검토할 것을 의무화하는 대통령 행정명령에 서명했다. 바이든 행정부는 중국과의 장기 경쟁에서 희토류와 이외 핵심적인 투입 요소의 원천 확보가 긴요할 것이라고 생각했다. 미국이 첨단 반도체와 기타 기술 분야에서 압도적 우위를 유지하려면 장기 투자가 필요했다.[1] 이어진 사진 촬영 시간에 바이든은 백악관의 한 보좌관이 그날 아침 가까운 공장에서 구해 온 반도체를 엄지와 검지 사이에 쥐고 포즈를 취했다. 강 건너 펜타곤에서는 바이든 행정부의 국방부 팀이 테러리스트들을 쫓느라 20년을 허비한 군을 재가동하는 작업을 벌이고 있었다. 미 국방부 고위 간부들이 요즘 표현하듯이 중국의 인민해방군은 앞으로 몇 년 동안 미국이 "지속적으로 대응해야 할 도전"이 될 것이다.[2]

2017년 이래 (공화당과 민주당이 각각 한 번씩 차지했던) 두 번의 미국 행정부는 중국을 21세기의 결정적인 위험 국가로 지목했다. 미국 관리들은 미국이 경제적, 군사적, 외교적 우위를 계속 지킬 수 있는 종합적인 전략을 짜맞춰 왔다. 워싱턴의 정책 당국자들 사이에서는 '강대국 간 경쟁'과 '장기적 대결' 등의 구호가 유행어가 되었고, '마라톤'에 비유하는 경우가 다반사였다.[3] 바이든 자신은 이 문제를 세대적 관점에서 설명했다. "미래의 역사가들은 전제주의와 민주주의 가운데 누가 성공했느냐는 문제를 두고 박사학위 논문을 쓰고 있을 것이다."[4]

그러나 미국 관리들이 지금 미중 경쟁이 갖는 의미를 이해한다고 해서 늘 그 긴급성까지 파악하고 있는 것은 아니다. 과거 냉전 기간 동안 소련과의 장기 경쟁에서 이기기 위해서는 먼저 중요한 초반 전투에서 패하지 않아야 했다. 21세기에 중국과의 싸움에서 승리하려면 미국은 이번 10년 동안 다시 한 번 전략적 맹공을 견뎌내야만 한다. 다행스럽게도 미국이 냉전 초기를 잘 넘기는 데 도움이 되었던 많은 원칙이 오늘날 새로운 위험 구간을 잘 건너가는 데에도 도움이 될 수 있다.

첫째, 가차 없이 우선순위를 정하라. 미국의 위험 구간 전략은, 중국이 세력 균형을 급격히 무너뜨릴 수 있는 단기적인 성공을 거두지 못하도록 저지함으로써, 중국이 안고 있는 경제적, 전략적 문제에서 쉽게 벗어나지 못하도록 하는 것이어야 한다. 가장 다급한 현안은 중국이 첨단기술로 무장한 경제 제국을 형성하고, 디지털 전제주의를 확산하며, 대만을 점령하여 현재의 지정학적 구조를 깨려고 시도하는 것이다. 분명히 말하지만 미국이 다른 경쟁 영역을 무시해도 좋다는 말이 아니다. 미국은 혁신 분야를 육성하고, 건강한 민주주의 체제를 보전하며, 미국의 국익에 기여해 온 국제 질서의 활력을 유지하기 위해 장기 투자를 해야 한다. 그러나 다음 몇 년 동안은 위험이 첨예하게 부각되고 있으면서, 동시에 대처하는 데 실패할 경우 그 결과가 수십 년간 영향을 미치는 현안에 초점을 맞춰야 한다. 시간이 부족하고 경쟁이 치열할 때는 싸워야 할 전투를 현명하게 선택하는 것이 전투에서 잘 싸우는 것만큼이나 중요하다.

둘째, 완벽한 최선책을 찾느라 웬만큼 괜찮은 차선책을 놓치는 우를 범하지 말라. 위험 구간 전략은 시간과의 경쟁이다. 그리고 중국의 위협은 미국이 종전에 해오던 식으로 대처할 수 없을 만큼 빠르게 확대되고 있다. 이런 상황에서 미국의 이익을 확고하게 지키려면 차선책이라도 우선 채택하고, 기존 역량을 새로운 목적에 맞춰 조정하며, 불완전한 동맹이라도 신속하게 규합할 필요가 있다. 이를 '전략적 맥가이버 방식'이라고 생각하자. 곧 폭발하기 직전인 폭탄을 해체하기 위해서는 우리가 이미 갖고 있거나 바로 동원할 수 있는 수단을 이용해야 한다는 것이다.[5]

셋째, 잘 방어하기 위해서는 좋은 공격이 필요하다. 미국은 잘 계산된 위험을 감수하지 않고서는 이번 위험 구간을 무사히 통과할 수 없다. 미국은 주저 없이 중국의 화를 돋우고, 전략적 실수를 범하도록 유도하며, 선별적으로 중국의 힘을 빼야 한다. 중국공산당이 당장 그들의 원대한 야심을 포기할 리는 만무하다. 따라서 미국은 중국의 역량을 선별적으로 약화시키고, 영향력을 확대할 기회를 봉쇄하는 데 초점을 맞춰야 한다. 지금은 회유책과 포용 전략을 쓸 때가 아니라, 강압 전략과 지구전을 벌여야 할 때다. 다만 미국 관리들은 폭력적인 공세 외에는 다른 선택지가 없는 지경까지 중국을 궁지에 몰아붙이는 정책은 피해야 한다. 무모하지 않으면서 긴급하게 대처에 나서는 것이 필요한 시점이다.

마지막으로 위험 구간 전략은 경쟁을 장기전으로 끌고 가서 미국이 그 장기전에서 꼭 이길 수 있도록 보장하는 방법이다. 트루먼 시대에 위기에 대처하려고 취한 조치가 냉전을 종식시키지는 않았다. 그러나 세력 균형을 자유세계에 유리한 쪽으로 바꿈으로써 냉전 종식을 결정짓게 하는 데 큰 역할을 했다. 같은 맥락에서 미국은 비록 2020년대를 용케 잘 헤쳐 나간다고 해도 여전히 갈 길이 멀다. 그러나 재앙을 피하는 필수적인 단계를 밟아 나가면서 궁극적인 승리에 도움이 되는 유리한 여건과 확고한 연합 체제를 동시에 구축할 수 있다. 위험 구간 전략은 다급한 위험에 대처하는 과정에서 나타난다. 이 전략을 잘 구사하면 지속적으로 힘의 우위에 설 수 있는 상황 또한 조성할 수 있다.

디지털 시대의 반제국주의 전략

이런 위험 가운데 하나가 중국이 첨단기술 제국으로 부상하고 있다는 것이다. 미국이 전 세계에 걸쳐 추진되고 있는 중국의 모든 인프라 프로젝트에 일일이 대응할 필요는 없다. 개별 프로젝트마다 대응책을 마련하다 보면 재정적으로 감당할 수 없게 되고, 전략적으로 기진맥진하게 된다. 그 대신 미 국방부가 '핵심 기술'이라고 부르는 분야를 중국이 독점하지 못하도록 막을 필요가 있다. 이른바 '핵심 기술'이란 막대한 경제적, 군사적 이익을 창출할 잠재력을 가지면서, 그 기술에 대한 지배력을 이용해 전 세계 국가를 위협할 수 있는 것을 의미한다.[6]

역사는 그 시대의 핵심 기술을 지배하는 자가 그 시대를 지배한다는 사실을 보여 준다.[7] 영국은 다른 나라보다 앞서 증기기관, 제철, 전신 분야의 기술을 개발했기 때문에 해가 지지 않는 제국을 건설할 수 있었다. 오늘날 미국의 패권은 철강, 전자, 항공우주, 화학, 그리고 최근에는 정보기술 등의 분야에서 미국이 가진 우위에 힘입은 바가 적지 않다. 지금 중국은 인공지능, 통신, 양자 컴퓨터, 합성생물학 같은 분야에서의 탁월한 역량을 이용해 경쟁국을 넘어 도약하고 다른 나라를 복속시키는 것을 목표로 삼고 있다.

중국이 첨단기술 분야에서 항구적으로 영향권을 형성하지 못하도록 막으려면 수십 년이 걸릴 수 있다. 미국이 첨단 혁신 분야에 장기간 막대한 투자를 하고 세계 경제를 규율하는 세계무역기구

(WTO)와 같은 국제기구를 개편하는 데 힘겨운 노력을 쏟아부어야 하기 때문이다. 더구나 이런 구상을 추진한다 해도 몇 년 동안은 성과를 내지 못할 것이다. 중국은 미국이 애써 이룬 연구개발(R&D)의 과실을 훔치고 국제 무역 협정을 교묘하게 우회하는 데 놀라운 소질을 보여 주었다. 중국은 또 약탈적 경제 관행을 당장 바꾸지 않을 것임을 분명히 했다. 보조금과 산업스파이 활동은 중국의 성장 모델에 너무나 중요한 역할을 하고 있다.

미국은 당분간 중국을 공정하고 개방적인 경제 질서의 규칙에 따라 행동하도록 만들겠다는 시도를 포기해야 한다. 관세로 위협하든 아니면 새로운 무역 협정으로 유도하든 어차피 중국이 바뀌지는 않을 것이기 때문이다. 대신에 미국의 정책적 공세는 중국의 상대적인 기술 역량을 약화시킬 수 있도록 더 예리해야 하고 대상 범위가 좁아야 한다. 이것이 이 시대에 권위주의적 제국을 저지하는 길이다. 20세기에 미국이 한 무리의 전제적 제국을 저지했듯이 말이다.

그러기 위해 가장 좋은 방법은 중국을 배제시켜 경쟁에서 밀려나게 하는 비공식 경제 동맹을 맺는 것이다. 그런 협력의 황금률이 냉전 시기에 나타났다. 미국이 세계에서 경제적으로 가장 발전한 나라를 모아 사교클럽 형식의 배타적인 무역 및 투자 네트워크를 구축한 것이다. 회원국은 기술을 공유하고 연구개발 기금을 조성하며 공급망을 통합해서 각 회원국이 비교우위가 있는 분야에 특화할 수 있도록 했다. 이들은 소련이 전략 물품과 첨단기술 제품에 접근하지 못하도록 차단하려고 수출 통제 조치를 조율했다. 이러한 협력적 노력의 총합은 미국이 단독으로 이룰 수 있었던 것을 훨씬 능가했으며, 서구 연합은 소련을 압도했다. 정치학자 스티븐 브룩스Stephen Brooks와 윌리엄 울포스William Wohlforth는 "냉전 시기에 세계화는 세계적이지 않았고 편이 갈릴 수밖에 없었다"라고 언급했다.[8]

오늘날 미국은 자유세계 연합을 다시 설립할 필요가 있다. 다만 이번에는 중국을 겨냥한 연합이다. 이는 전면적인 '탈脫세계화de-globalization'를 요구하는 것이 아니다. 자유세계 연합의 회원국은 대부분의 분야에서 여전히 중국과 교역을 계속하고, 중국산 재화에 관세를 낮춰 줄 수 있다.[9] 이 연합은 또 트럼프 행정부가 종종 시행했던 일종의 경제적 일방주의를 요구하지도 않는다. 그보다는 미국과 동맹국의 통합을 심화하는 '재再세계화re-globalization'를 통해 중국의 경제적 영향력을 약화시키면서 중요한 기술과 자원에 전략적인 다자간 분리를 추구하는 것이다.[10]

이 전략을 제대로 추진하기 위해서는 우선 미국의 정책 당국자들이 보편주의universalism를 잊을 필요가 있다. 이상적인 세계에서라면 자유세계 연합의 회원국이 일사분란하게 공동의 무역 및 투자 기준을 채택할 것이다. 이런 기준 가운데 상당수는 이미 포괄적·점진적환태평양경제동반자협정(CPTPP)Comprehensive and Progressive Agreement for Trans-Pacific Partnership, 미국-멕시코-캐나다 자유무역협정(USMCA)United States-Mexico-Canada Agreement, 유럽연합-일본 경제동반자협정EU-Japan economic partnership agreement 등 기존 협정에 반영되어 있다. 그럼으로써 회원국들은 탈냉전 시대의 막힘없이 자유로운 경제 질서에 대한 열망을 되살릴 것이다. 현실적으로 이런 작업을 추진하기에는 시간이 별로 없다. 소규모 다자간 협정을 여러 개 이어붙인 집합체만으로도 전략적 공급망을 중국 이외의 지역으로 재설정해서 중국의 압력에 대항할 수 있는 다자간 회복력을 구축하게 될 것이다. 미국은 여전히 국제 기준에 기초한 무역 시스템을 장기적 목표로 권장할 수 있겠지만, 당장 긴급한 목표는 힘의 정치에 초점을 맞추는 것이다.

이러한 전략은 '작은 것이 아름다울 수 있다'는 개념을 수용하는 것을 의미한다. 장기적으로 미국은 가능한 한 많은 나라를 이 연합에 끌어들이도록 애써야 한다. 그러나 대규모 연합체가 집단행동으로 대응하는 것이 오히려 제대로 효과를 발휘하지 못할 수 있다. 따라서 당분간 미국은 작지만 강력한 그룹으로 시작해야 한다. 만일 미국이 조약에 따르는 긴밀한 동맹국인 호주, 캐나다, 프랑스, 독일, 일본, 한국, 영국 등 단 7개국만 결집시킬 수 있어도 강력한 경제 동맹체를 결성하게 될 것이다. 이들 국가는 합하면 중국의 R&D 지출을 훨씬 능가하고, 세계 경제의 거의 4분의 1을 차지하며, 미국이 아직 지배하지 못하는 핵심 기술 제품의 대부분을 생산한다.[11] 또 이러한 힘 있는 핵심 세력은 장래에 다른 협력 국가를 끌어들일 수 있을 것이다.

동시에 미국과 그 동반 국가들은 형식보다 기능을 우선시할 필요가 있다. 이 비공식 동맹이 전면적인 '경제 분야의 나토'가 되지는 않을 것이다. 회원국이 중국의 경제적 강압으로부터 각국을 방어하기로 약속하는 공식적이고 구속력을 갖는 조약에 서명하지는 않을 것이란 얘기다. 대신에 이 동맹은 회원국들이 사안별로 신축적인 협력 관계를 맺을 수 있도록 하는 네트워크 기반의 구조를 가질 것이다. 예를 들면 이상적인 반도체 연합은 독일, 일본, 네덜란드, 한국, 대만, 미국 등을 포함할 것이다. 이들 국가는 첨단 반도체 제조에 필요한 전체 공급망을 거의 다 구성한다. 양자 컴퓨터 및 차세대 암호기술 연합에서는 호주, 캐나다, 뉴질랜드, 영국, 미국 등으로 구성된 기밀정보 동맹인 '파이브 아이즈Five Eyes'가 선봉에 설 수 있다. 이들 자유세계 경제 동맹이 실제로 운영되는 방식은 도전 과제별로 핵심이 되는 여러 국가가 뭉친 연합체가 중첩적으로 활동하는 형태일 것이다.

이들 핵심 기술 분야에서 자유세계 동맹이 성공하기 위해서는 결국 상대보다 더 빨리 달리면서 상대의 속도는 떨어뜨릴 필요가 있다.[12] 필요할 때마다 결성되는 각 연합체는 공동 연구개발에 참여하고 국제 기술 표준을 설정하는 등의 방법으로 핵심 기술 분야에서 중국을 앞지른다는 긍정적인 목표를 추구할 것이다.[13] 동시에 이들 연합체는 다양한 수단을 동원해서 중국의 혁신을 저지할 것이다. 엄격한 수출 및 투자 제한 조치를 부과해서 중국이 최첨단 기술에 접근하지 못하게 하고 중국공산당과 한통속인 기업의 자금줄을 차단하는 것이다. (다만 회원국들은 구형 모델의 제품은 자유롭게 중국에 판매할 수 있다.)[14] 이들 연합체는 본질적으로 소규모 '코콤CoCom'의 역할을 할 것이다. 냉전 시대에 공산권에 첨단기술 제품의 수출을 금지했던 대공산권수출통제협력위원회Coordinating Committee for Multilat-eral Export Controls의 현대판 맞춤형 국제기구인 셈이다. 미국과 그 동맹국은 이미 첨단 반도체 및 관련 제조 장비에 중국이 접근하지 못하도록 제한하는 조치를 취했다. 그 결과 화웨이는 통신 장비를 공급하는 계약을 이행할 수 있는 능력에 치명타를 입었다. 클라우드 컴퓨팅, 첨단 로봇공학, 머신러닝, 그 밖의 다른 여러 분야에서도 중국의 기세를 꺾기 위해서는 이와 유사한 다자간 금수禁輸 조치가 필요하다.[15]

이 모든 것이 가리키듯이 디지털 반反제국주의 활동은 중국의 기술적 영향권의 주변부에서 경쟁하는 것과 함께 그 핵심부를 공격하는 것을 포함한다. 지금까지 미국의 정책 논의의 대부분은 세계 각국, 특히 개발도상국이 5G 통신망에 중국 기술을 채택하지 못하도록 막는 데 초점을 맞춰 왔다. 이러한 도전은 현실적인 과제다. 2020년 미 국방장관 마크 에스퍼가 한 국제 회합에서 중국 기술에 의존하지 말라고 말했을 때, "대안을 제시하는 것이냐?"는 청중의 반응이 웃음과 박수를 끌어냈다.[16]

미국은 최근 에티오피아와 같은 몇몇 국가에 화웨이와 단절하는 조건으로 금융 지원을 제공해서 몇 가지 승리를 거두었다.[17] 만일 자유세계 연합이 이러한 접근 방식을 여러 국가가 참여하는 다자간 협력으로 확대함과 동시에 중국산 제품을 대체할 수 있는 값싸고 실용적인 제품을 개발한다면, 가격이 결정적 요소인 개발도상국에서 선별적인 후위 공격을 할 수 있게 된다. 그러나 중상주의적인 중국공산당에 맞서 전 세계적인 보조금 전쟁에서 이기기는 어렵다. 특히 부패한 지도자와 정권으로 가득 찬 동남아시아에서 중남미에 이르는 지역이 싸움터가 된다면 보조금 전쟁은 더욱 어렵다. 보다 선제적으로 접근하려면 문제를 원천적으로 해소해야 한다. 바로 우리가 주장하는 바와 같이 공격 수단과 방어 수단을 적절히 섞어서 사용함으로써 처음부터 중국이 핵심 산업을 지배하지 못하도록 하자는 것이다.

중국은 분명 이러한 공격에 발끈할 것이다. 그리고 중국의 이러한 반응은 어느 정도는 바라던 일이다. 중국이 전략적 실수를 범하도록 유인할 수 있는 기회를 제공하기 때문이다. 미국, 유럽연합, 영국, 캐나다 등이 신장 자치구에서의 인권 유린 행위에 책임을 물어 4명의 중국 관리를 제재했을 때 벌어진 일을 상기해 보자. 당시의 제재 조치는 손목 때리기 정도로 사소한 것이었으나 늑대전사 Wolf Warrior의 자멸적인 분노를 폭발시켰다. 중국은 악담과 폭언의 장광설을 담은 성명을 쏟아 냈고, 유럽연합의 4개 기구와 유럽의회 의원 5명을 포함한 10명의 유럽연합 관리들에게 제재 조치를 내렸다. 유럽연합은 3개월 전에 타결되어 계류 중이었던 중국-EU 간 포괄적 투자협정을 동결시키는 것으로 대응했다. 이 교훈은 미국과 그 동맹국이 전쟁의 위험을 무릅쓰지 않으면서 중국이 스스로를 고립시키는 거친 과잉 반응을 보이노록 촉발하는 교묘한 방법으로 중국을 괴롭힐 수 있다는 것이다.

그러나 미끼로 유인해 출혈을 유도하는 전략을 구사하려면 인내와 회복력이 필요하다. 2020년 3월 중국의 국영 매체가 의약품 공급을 거부하는 것으로 미국을 '코로나 바이러스의 바다'에 빠뜨리겠다고 위협했을 때, 미국은 중국의 추악한 보복 능력을 간과했다.[18] 따라서 이 전략의 마지막 필요조건은 중국이 현재 지배하고 있는 희토류와 응급의약품 등 핵심 자원을 대체할 자유세계의 자체 생산 네트워크를 서둘러 발전시키는 일이다. 코로나 백신 생산을 위한 4자 안보 대화(Quad) 참가국들의 협동 작업은 긴급한 필요성이 있을 때 임시적으로 결성된 연합이 어떻게 중국산 제품의 대체품을 빠르게 생산할 수 있는지를 잘 보여 준다. 이전에 해상 안보에 초점을 맞추어 결성된 이 포럼은 신속하게 목적을 재정립한 후 미국의 생명공학, 인도의 생산 설비, 일본의 자금 지원, 호주의 물류 시스템을 이용해서 동남아시아 지역에 10억 회 접종 분량의 백신을 공급했다.

이러한 집단적인 반제국주의 전략이 실제로 작동할 수 있을까? 어떤 관찰자들은 진정한 반反중국 협력이 통상적이기보다는 오히려 예외적인 활동으로 남게 될 것이라고 믿는다. 미국의 주요 동맹국이 과도하게 중국 경제에 의존하고 있기 때문이다. 유럽의 핵심 국가 독일은 자신들이 생산하는 자동차 3대 중 1대가 중국에서 팔린다는 점을 감안해서 중국의 분노를 사지 않으려고 조심한다. 미국의 많은 전통적인 동맹국들 역시 도널드 트럼프가 4년간 퍼부었던 관세 보복과 비난으로 상처를 입었다. 2020년 말 실시된 조사에 따르면 독일, 프랑스, 영국 국민의 과반수가 미국의 정치 시스템

이 고장 났으며, 자국 정부는 미중 갈등에서 중립을 지켜야 한다고 믿는 것으로 나타났다.[19]

그러나 미국의 동맹국들은 냉전 기간 동안에도 미국의 국내 정치에 질겁한 적이 자주 있었다. 다만 그들은 소련이 패권을 잡을 수 있다는 가능성이 훨씬 더 두려웠을 뿐이다. 오늘날에는 중국의 약탈적인 경제 전술과 공격적인 전랑 외교, 인권을 유린하는 잔학 행위 등이 자유세계 연합에 희망의 불씨를 살려 주고 있다. 유럽과 아시아의 선도적인 이론가들 가운데 거의 75퍼센트가 중국에 경제적 의존을 줄이려는 공동의 노력을 지지하고 있으며, 2021년 말 현재 유럽연합의 27개 회원국 가운데 24개국이 자국의 통신망에 중국 기업이 참여하는 것을 제한하거나 금지했다.[20] 인도, 방글라데시, 베트남 등 다양한 아시아 국가는 글로벌 공급망에서 중국이 하던 역할의 일부라도 차지하고 싶을 것이다. 미국은 여러 가지 방법으로 이러한 반중反中 정서를 집단적인 협력 운동으로 전환시킬 수 있다.

한 가지 방법은 미국이 강압적인 패권을 휘두르는 것이 아니라 여러 나라를 불러모을 수 있는 능력을 발휘하는 것이다. 미국이 모든 반중 연합의 주도국이 될 필요는 없으며, 심지어 회원국이 아니어도 된다. 자유세계 경제 연합의 가장 중요한 목표는 다양성을 갖춰 집단적인 회복 능력을 기르는 것이다. 다시 말해 다양한 대체 생산품과 자체 공급망을 육성함으로써 중국의 지배를 막으려는 것이다. 한 가지 예가 미국이 '개방형 무선접속망(Open RAN)'으로 불리는 통신 정책을 장려하는 방식이다.[21] 이런 식의 접근으로 정책 기획자들은 서로 다른 유형의 5G 장비 사이에 호환성을 높이는 공동의 산업 표준을 개발하고 있다. 그 목표는 화웨이 또는 다른 어떤 5G 장비 공급자도 글로벌 통신 인프라를 지배하지 못하도록 하는 것이다. 미국 기업들 특히 5G 관련 소프트웨어를 만드는 기업이 이런 접근 방식으로 수혜를 보겠지만 핀란드와 한국, 그 밖의 여러 나라에서 화웨이와 경쟁하는 기업 역시 그 혜택을 볼 것이다.

미국은 또 집단적인 협력을 이끌어 낼 수 있는 비할 데 없는 능력을 보유하고 있다. 미국의 소비 시장은 미국 다음의 5개국을 합친 것만큼 크다. 전 세계 무역의 절반과 국제 금융 거래의 90퍼센트가 달러로 결제가 이루어지며, 미 재무부의 통제를 받는 금융 기관을 거쳐야 한다. 미국 기업은 전 세계 첨단기술 산업에서 부가가치의 3분의 1을 생산한다. 어떤 나라도 미국보다 많은 당근과 채찍을 갖지 못했다.[22] 여기에다 첨단기술 제품의 공급망이 세계화되어 있다는 특성으로 인해 미국이 통제할 수 있는 요충 지점이 늘어났다. 미국 기업이 전 세계 공급망에서 적어도 핵심 길목 한 곳을 차지하고 있다는 것은 사실상 보증된 것이나 다름없기 때문이다.[23]

이러한 이점이 많은 나라를 불러모을 수 있는 막강한 권한을 미국에 부여하고 있다. 반도체의 사례가 이를 잘 보여 준다. 미국은 고성능 반도체와 반도체 제조 장비에서 중국을 차단하도록 동맹국을 설득할 수 있었다. 미국 기업이 이들 장비의 핵심 부품을 생산하고 있고, 동맹국들은 갈수록 중국을 두려워하게 되어 중국 시장보

다 미국 시장(또는 미국의 보호)에 더욱 의존하게 되었기 때문이다.[24]

따라서 선별적인 분야에서 여러 국가가 힘을 모아 중국과 단절하도록 하는 것은 충분히 달성할 수 있는 일이다. 물론 어느 정도의 대가는 치러야 하지만 말이다. 그렇다고 경제적 대가가 너무 과장되어서는 안 된다. 중국을 상대로 한 미국의 수출이 절반으로 떨어진다 해도 그 손실액은 미국 GDP의 0.5퍼센트에도 미치지 못한다. 다만 특정한 미국 기업과 동맹국의 기업은 중국을 기반으로 발생하는 매출에서 수십억 달러의 손해를 볼 수 있다.[25] 이것이 중국과의 집단적 단절이 수익성 있는 계획이 아니라 피해를 최소화하는 전략인 이유다. 중국과 단절한다고 해서 수백만 개의 일자리가 미국으로 되돌아오는 것은 아니다. 그러나 그렇게 함으로써 현재의 일자리와 기업을 중국의 약탈로부터 지킬 수 있다. 미국과 그 동맹국의 기업은 중국 시장에 접근하는 길을 상실할지도 모른다. 그러나 중국의 강압 정책과 산업스파이 활동으로부터 보호받는 이득을 얻게 될 것이다. 미국 기업은 중국의 기술과 정보 탈취로 인해 매년 최소 2250억 달러에서 최대 6000억 달러의 피해를 입고 있다.[26] 중국과 분리하는 데 따르는 비용은 크다. 그러나 그 대가는 중국과 기존 관계를 유지했을 때의 손실에 비하면 무색해진다.

그러나 중국의 첨단기술 제국이 무너진다고 해도 중국은 강력한 이념적 무기를 포함해서 쓸 수 있는 다른 수단을 가지고 있다. 미국과 우방국은 중국의 경제적 영향력에 저항하는 한편, 자신들의 민주적 제도를 중국의 전제주의적 공격으로부터 굳건하게 지켜야

한다. '민주주의의 장려'까지는 어렵다고 해도, '민주주의의 보호'는
필요 불가결해질 것이다.

디지털 전제주의로부터 민주주의 보호

민주주의를 보호하기 위해 필요한 가장 중요한 대책은 군사 전략가
들이 '전향적 방어defending forward'라고 부르는 것이다. 즉 민주주의
에 해를 끼칠 수 있는 적의 능력을 적극적으로 약화시켜서 민주주
의를 보호하는 것이다.[27] 바꿔 말하면 미국은 국내외에서 민주주의
를 지탱하기 위해 할 수 있는 모든 수단을 강구해야 하지만, 당면한
최우선 과제는 중국이 지구촌 전역에 광범위하게 펼치고 있는 디지
털 철의 장막에 구멍을 내는 것이어야 한다. 바이든 대통령이 계속
말해 왔고 시진핑 주석이 분명히 믿고 있듯이, 세계가 정말로 '변곡
점'에 서 있다면 미국이 계속 수세에 몰리는 방식으로 형세가 바뀌
지는 않을 것이다.[28]

　예를 들어 미국이 국내의 민주적 질서를 재정비하는 것은 좋
은 생각이지만, 그러기에는 시간이 많이 걸리는 데다 장기간에 걸
쳐 중국의 이념 공세에 맞대응하는 정도에 그칠 것이다. 유엔의 인
권기구에 중국의 통제를 문제 삼고 독재 정권의 금융 네트워크를
감시하는 일은 매우 중요한 과제이지만, 주로 중국 전략의 주변부
에 영향을 주는 데 그칠 것이다. 전제주의의 정치 개입에 대항하기

위한 민주 국가의 대규모 동맹 결성은 장기적인 냉전에 대비해 세워 볼 만한 목표이지만, 통제하기 힘든 그런 대규모 연합체는 결단력 있는 행동 대신에 끝없는 토론으로 시간을 보낼 수 있다. 2000년에 클린턴 행정부는 최종적으로 106개국이 참여한 '민주 국가 공동체'를 창설했다. 수년간의 회합 끝에 이 연합체가 거둔 유일한 성과는 미얀마를 비난하는 무덤덤한 성명을 하나 발표한 것뿐이었다.

미국은 문어발식으로 확장하는 새로운 조직을 만들 게 아니라, 복수의 전선에서 중국의 디지털 전제주의를 공격할 수 있는, 급조되었지만 유능한 집단을 동원해야 한다. 이런 즉흥적이면서도 공격적인 접근 방식은 민주 국가의 다양한 역량과 이해관계를 담아낼 수 있다. 또 불완전한 민주 국가나 심지어 몇몇 우호적인 비민주적 국가와의 선별적인 협력도 고려할 수 있다. 디지털 반제국주의 운동과 마찬가지로, 이러한 유연한 접근 방식을 통해 미국은 기존의 연합체를 바탕으로 새로운 협력을 추진할 수도 있다. 즉 특정한 위협에 초점을 맞추는 방식으로 형식보다 기능을 강조하자는 말이다.[29] 가장 중요한 것은 이러한 접근 방식이 적에게 싸움을 거는 방법이라는 점이다. 말하자면 민주주의를 방어하기 위해 소극적으로 땜질 처방만 하는 대신에 적극적으로 중국의 정치적 전쟁 계획에 흠집을 내고 억제하는 것이다. 자유 사회의 개방적 특성을 감안하면 소극적인 방어만 했다가는 결국 중국의 이념 침투에 취약한 상태로 남게 된다.

첫 단계는 미국과 동맹국이 디지털 전제주의 시스템을 공격적으로 해킹해서 효율성의 기반을 무너뜨려야 한다. 첨단기술로 무장한 경찰국가의 특징 가운데 하나는 무수히 많은 실패 요소를 안고 있다는 점이다.[30] 어떤 정부의 컴퓨터도 악성 소프트웨어가 들어갈 수 있는 잠재적 창구가 될 수 있다. 해커들은 특정 이미지의 화소 몇 개만 바꿔도 인공지능 감시 시스템에 '적대적인 영상물'을 은밀히 입력할 수 있다. 이들은 가짜 정보를 입력해 권위주의 정권이 알고리즘을 학습시키려고 사용하는 데이터를 오염시킬 수 있다. 또 권위주의 정권의 기술자들이 시스템 오류를 고치기 위해 사용하는 패치patch에 악성 코드를 심을 수도 있다. 기초적인 해킹만으로도 검열 시스템에 누수를 일으켜 금지된 뉴스가 입소문이 나도록 할 수도 있다. 이들 해커는 또 감시 시스템이나 사회 신용 제도를 속여서 반체제 인사의 활동을 못 보고 넘어가게 하거나 정권에 충직한 추종자들을 국가의 적으로 잘못 분류하도록 만들 수 있다.

민주 정부는 권위주의 국가를 직접 공격할 필요도 없다. 권위주의 정권을 향한 패러디를 온라인으로 퍼뜨려서 전 세계의 반체제 인사들이 이를 무기화하도록 할 수 있다. 민주주의의 수호자들이 모든 디지털 권위주의 정권을 일일이 방해할 필요도 없다. 단지 세간의 이목을 끄는 몇 가지 실수를 공개하는 것만으로도 중국산 제품의 수요를 위축시키기에 충분할 수 있기 때문이다. 이를 이념적 '비용 부담'이라고 생각해 보라. 중국이 국내 감시 국가 시스템의 오작동을 고치느라 더 많은 시간과 에너지, 자금을 쓸수록 해외에서 민주적 정치 시스템을 조작하기 위해 쓸 수 있는 시간과 에너지,

자금은 줄어들 수밖에 없다.

독재자는 끊임없이 국내의 보안 시스템을 강화하려고 한다. 따라서 이를 저지하기 위한 또 다른 과제는 억압과 연관된 기술의 확산을 지연시키는 것이다. 이 과제는 부분적으로 중국의 통신 및 스마트시티 제품을 대체할 수 있는 저렴한 제품을 생산하는 것을 의미한다. 예컨대 글로벌 광대역 통신 서비스를 제공하는 저궤도 위성을 대량으로 보급하는 것이다. 더욱 중요한 것은 미국과 동맹국의 기업이 첨단 음성인식 기술, 안면인식 기술, 컴퓨터 시각인식 기술, 자연어 처리 기술 등 특정 기술을 권위주의 정권에 이전하지 못하도록 막는 일이다. 이와 함께 권위주의적 억압에 참여하는 외국 기업이 민주 국가의 금융 시장에서 자본을 조달하지 못하도록 막는 일도 중요하다.[31] 우리가 앞서 논의한 수출 통제 연합체들이 이러한 과제를 수행할 수 있다. 또 그럼으로써 다소 취약한 자유세계 국가가 민주주의의 후퇴를 막도록 영향력을 발휘할 수도 있다. 예컨대 점차 강압적 성향을 보이는 헝가리 정부가 미국과 서유럽 시장에 계속 접근하고 싶다면 중국이 제공하는 디지털 시스템을 포기해야 할 것이다.

더 넓게 보면 민주주의 국가들 사이에서 경제 협력을 강화하면 중국이 '분할 정복divide-and-conquer' 전술을 구사할 여지를 줄일 것이다. 여기서 분할 정복 전술이란 중국에 대놓고 반발하는 민주 국가 하나를 본보기로 응징해서 나머지 나라의 입을 막는 방식을 말한다. 2020년 중국이 호주를 상대로 행사한 강압적인 보복 정책이 바로 그러한 도발을 잘 보여 주는 사례다. 돌이켜 보면 호주가 코로나 발생 원인을 국제적으로 조사하자고 요구한 이후 중국공산당은 석탄, 소고기, 밀, 포도주, 그 밖의 호주산 생산품에 고율의 관세를 부과하는 방법으로 호주에 타격을 주는 한편으로 중국에 비우호적인 국내 목소리를 억누를 것을 호주 정부에 요구했다.

그러나 호주는 이런 압박에 굴복하지 않았고, '호주산 포도주를 구매해서 공산주의와 싸우자'는 대중적 홍보 운동을 펼치는 등의 방법으로 서서히 대체 시장을 찾았다. 바이든 행정부는 중국 관리들에게 중국공산당이 미국의 동맹국에게 타격을 가하는 한 미중 양자 간 긴장은 가라앉지 않을 것임을 통보했다. 이와 함께 미국은 호주가 개발 중인 첨단 공격형 잠수함에 동력을 제공하는 핵 추진 기술을 공급하겠다고 약속함으로써 호주가 어느 정도의 보복을 할 수 있도록 지원했다.[32]

그러나 호주 경제는 타격을 받았고, 엉뚱하게도 다른 민주주의 국가의 기업이 그로 인해 생긴 여분의 시장을 차지하는 일도 벌어졌다. 민주 국가들 사이의 (그리고 베트남 및 싱가포르처럼 중국의 강압 정책을 우려하는 부분적 민주 국가 또는 비민주적 국가와의) 더 긴밀한 경제적 유대는 향후 저항에 드는 비용을 절감하는 데 긴요하다. 중국의 디지털 제국주의에 대항할 수 있는 8개국 연합과 같은 부유한 민주 국가들이 잘 조율된 역逆제재 조치를 통해 중국에 상응하는 고통을 안겨 주기로 합의한다면 훨씬 더 좋을 것이다. 중국은 여전히 외국의 민주적 언론을 검열하려고 시도할 수 있겠지만, 그런 시도는 스스로의 경제 성장을 희생하는 대가를 치러야만 가능하다.

　가장 대담한 대책을 쓴다면 중국처럼 언론 자유와 개인의 권리를 존중하지 않는 나라들을 배제한 가운데, 미국과 동맹국이 데이터와 상품이 자유로이 유통되는 디지털 연합을 창설함으로써 인터넷을 선제적으로 분리할 수 있다. 중국공산당은 현재 두 세계의 이점을 다 누리고 있다. 중국은 자국민이 외국의 웹사이트에 접속하지 못하게 막고, 외국 기업은 중국의 디지털 시장에 진입하지 못하게 제한하는 폐쇄적인 국내 네트워크를 운영하고 있다. 그러면서 글로벌 인터넷망에는 선별적으로 접근해서 지적 재산을 탈취하고, 민주적 선거를 방해하며, 자국의 선전물을 퍼뜨리고, 핵심 인프라를 해킹한다. 이런 방식은 소련의 악명 높은 브레즈네프 독트린Brezhnev Doctrine을 디지털 시대에 맞춰 변형한 것이다. 바로 '내 것은 내 것이고, 남의 것은 잡는 자가 임자'라는 심보다.

　이러한 약탈 행위에 대응하기 위해 리처드 클라크Richard Clarke와 롭 네이크Rob Knake는 '인터넷 자유 리그Internet Freedom League'의 창설을 제안했다.[33] 이 시스템 하에서는 자유롭고 개방적인 인터넷의 비전을 믿고 따르는 나라들은 상호 연결 상태를 유지하는 반면에 이런 비전에 반대하는 나라들은 접속이 제한되거나 쫓겨날 것이다. 이 리그는 본질적으로 디지털 세계의 '셍겐조약Schengen Agreement'이 될 것이다. 셍겐조약은 유럽연합 내에서 사람, 재화, 서비스의 자유로운 이동을 보장한다. 이 리그는 모든 비회원국의 인터넷 통신을 차단하는 게 아니라, 디지털 권위주의와 사이버 범죄를 방조하는 기업과 단체만을 차단한다. 물론 중국공산당도 그런 악역의 하나이므로 차단될 것이다. 딘 애치슨은 냉전 기간 동안 미국과 그 동맹국은 '절반의 세계, 자유로운 반쪽 세계'를 만드는 것에 만족했다고 말했다. 그러지 않고 택할 수 있는 대안은 권위주의의 위협이 온 세계를 휩쓰는 것을 지켜보는 것뿐이었기 때문이다.[34] 미국은 현재 진행되는 민주주의와 권위주의 간의 디지털 투쟁에서도 이와 유사한 접근 방법을 적용해야 한다.

이러한 계획에 관해 다국적 협력을 이끌어 내기는 쉽지 않다. 특히 유럽의 전통적인 동맹국과의 협력은 더욱 어려울 것이다. 유럽인과 미국인은 디지털 보안과 개인정보 보호를 두고 생각이 다르다. 그리고 유럽 각국 정부는 미국의 디지털 지배를 거의 중국의 패권만큼이나 우려한다. 미국은 세계 상위 70개 대형 디지털 플랫폼의 시가총액 가운데 68퍼센트를 차지하고 있는 반면, 유럽에 본거지를 두고 있는 플랫폼의 시가총액은 겨우 3.6퍼센트일 뿐이다.[35] 이처럼 적은 시장 점유율을 가진 유럽으로서는 미국에 크게 유리하게 기울어 있는 인터넷 시스템을 방어해야 할 유인이 거의 없다. 이것이 유럽연합 집행위원회European Commission가 미국과 중국 모두를 상대로 '디지털 주권'을 추구하는 이유다.

낙관할 만한 근거도 여전히 있다. 2021년 출범한 EU-미국 무역기술위원회EU-U.S. Trade and Technology Council는 디지털 유통, 수출 통제, 투자 심의, 기술 표준, 기타 현안을 협의할 목적으로 만들어졌다. 민주주의 국가는 개인정보, 언론 자유, 개방적인 정보 접근성 등을 보호하는 네트워크라는 기본적인 이해를 공유한다. 이는 권위주의적 대안이 확산되면서 점점 더 뚜렷해지고 있는 사실이다. 유럽은 중국의 기술 지배로부터 자력으로 스스로를 지키려고 분투할 것이다. 모든 조건이 동일하다면 유럽은 앞으로 미국과의 협력을 점차 확대하는 방향으로 움직일 것이다. 그러나 미국이 이러한 협력을 점차 당연한 것으로 거저 받아들일 수는 없다. 미국은 EU의 '일반개인정보보호규정(GDPR)General Data Protection Regulation'에 상응하는 국가 데이터 개인정보 규정을 채택하고, 디지털 조세 협정에 서명하며, 디지털 시장에서 경쟁을 촉진함으로써 유럽과의 협력을 굳건히 하는 데 힘써야 한다.[36] 냉전 시절과 마찬가지로 거악巨惡에 맞서 연대를 이루려면 미국이 약자를 대변하고 있다는 점을 동맹국에게 확신시켜 줄 필요가 있다.

민주주의의 보호는 또 개발도상국과의 동반 관계를 설정하는 것도 포함한다. 개발도상국은 인터넷 사용자 수와 디지털 수입 면에서 세계 성장의 대부분을 차지하고 있다. 중국은 많은 개발도상국에서 디지털 하드웨어 시장을 지배하고 있으며, 중국 제품은 보통 중국의 권위주의적 강압 통치 방식을 동반한다. 미국과 동맹국은 특히 인도 같은 곳에 대체품을 보여 주어야 한다. 인도는 미중 간 네트워크 경쟁에서 핵심적인 경합 지역이다.[37] 2027년까지 인도는 세계 휴대기기 가입자 증가분의 4분의 1과 10억 대의 스마트폰, 지구상 최대의 인구를 보유하게 될 것이다.[38] 만일 인도가 중국산 통신 및 스마트시티 시스템을 채택한다면, 갈수록 불안정해지고 있는 인도의 민주주의는 살아남지 못할지 모르고, 네트워크 경쟁력과 이념적 영향력의 균형은 중국에 유리한 방향으로 급격히 흔들릴 것이다.

다행히 인도는 2020년 히말라야 산맥에서의 군사적 충돌 이후 중국에 더욱 강경한 태도를 보이고 있다. 인도는 잠재적 5G 공급자의 최종 명단에서 중국 사업자를 제외했다. 또 2021년 3월 미국, 일본, 호주 등과 함께 4자 안보 대화(Quad)의 1차 지도자급 정상회담에 참여했다. 이 회의에서 참가국은 무엇보다 핵심 기술에 초점을 맞춘 실무 작업반을 구성했다. 인도의 선두권 이동통신 회사들은 개방형 무선접속망(Open-RAN)을 개발하려고 과감하게 움직이고 있다.

그러나 인도가 어느 편을 택할지는 아직 유동적인 상태다. 한 가지 이유는 인도 정부가 더 억압적으로 바뀌고 있다는 점이다. 인도는 인터넷 차단 횟수 면에서 세계 선두를 달린다. 이로 인해 인도가 '인터넷 자유 리그'의 회원국이 될 가능성은 낮다. 또 다른 이유는 인도가 통신 장비의 거의 40퍼센트와 데이터센터 장비의 3분의 2를 중국으로부터 수입한다는 점이다. 주로 중국산 제품이 값싸기 때문이다. 인도 소비자는 많은 개발도상국 소비자와 마찬가지로 미국이나 미국 동맹국의 장비에 많은 돈을 지불하지는 않을 것이다. 이와 관련된 사례를 보자. 2020년 히말라야 국경 충돌 이후 인도 정부는 100개 이상의 중국제 앱을 금지했다. 그러나 중국 기업은 오히려 스마트폰 시장에서의 점유율을 높여 2020년 말에는 인도

스마트폰 시장의 75퍼센트를 차지했다.[39] 인도 정부는 중국에 의존하는 통신 제품의 비중을 줄이고 싶다고 말해 왔지만 주된 관심은 인도 자체의 독립적인 인터넷과 통신기술 분야 대기업을 키우는 것으로 통신 자립을 이루겠다는 데 있었다.

미국은 민주주의적 연대감에만 의존해서 인도가 네트워크의 자유를 위한 싸움에 참여하도록 설득할 수는 없다. 대신에 미국과 동맹국은 기업들로 하여금 통신 제품의 생산 거점을 중국에서 인도로 이전하도록 유인책을 제시해서 인도의 협력을 얻어 내도록 해야 한다. 2020년 현재 미국은 휴대전화의 73퍼센트와 노트북 컴퓨터의 93퍼센트를 중국으로부터 공급 받고 있다.[40] 만일 미국과 다른 선진 민주주의 국가가 통신 제품 공급망의 극히 일부만이라도 인도로 이전시킬 수 있으면, 인도는 제조업 부문이 강화되어 잠재적으로 중국 제품을 대체하는 저렴한 상품을 생산할 수 있게 된다. 그렇게 되면 인도는 이들 제품을 개발도상국 전역에 수출할 수 있을 것이다. 인도는 이미 그러한 특혜에 비용을 댈 뜻이 있음을 밝혔다. 2021년 인도 정부는 세계 상위 컴퓨터 제조사들이 중국에 기반을 둔 생산 공정을 인도로 재배치하도록 유도하려고 10억 달러의 보조금을 배정했다.[41]

마지막으로 미국은 중국과 갈등 상황에 놓인 최전선의 민주주의 국가를 방어할 필요가 있다. 이는 단지 작고 취약한 국가를 보호한다는 차원의 문제가 아니다. 한 곳에서 권위주의적 강요가 성공하면 다른 곳에서 더욱 노골적인 행동을 부채질할 수 있다. 가장 중요한 싸움터는 대만이다. 중국은 이곳에서 정부를 전복하려는 대규모 활동을 펼치고 있다. 중국의 이러한 공세는 단순히 대만 언론 매체에 역정보와 선전물을 흘리는 것을 훨씬 넘어서고 있다. 여기에는 콘텐트의 생산자부터 이를 최종 이용자에게 전달하는 온라인 플랫폼에 이르기까지 대만의 정보 공급망의 모든 요소를 조종하는 활동이 포함된다.[42] 또 대만의 주요 언론 재벌을 직접 매입하는가 하면, 수십만 개의 가짜 소셜미디어 계정을 이용한다. 언론인과 미디어 그룹, 정치인에게 다양한 형태의 뇌물을 공여하는 등의 공작 활동도 포함된다. 중국을 디지털 세계에서 고립시키는 것이 대만의 민주주의를 지키는 데 결정적으로 중요해질 것이다. 그러나 그것만으로는 충분하지 않다. 중국은 대만을 '해방'시킬 다른 수단을 가지고 있기 때문이다.

대만 구하기 전략

이번 10년 안에 중국이 공격할 수 있는 곳은 많다. 그러나 최우선 공격 대상은 역시 대만이다. 중국은 이 섬나라를 수복하겠다고 결심했다. 그리고 그렇게 할 수 있는 유일하게 확실한 방법은 군대를 대만해협 건너편으로 보내는 것이다. 미국은 이미 대만에 전쟁 억지력을 보강하기 위한 첫걸음을 내디뎠다. 비록 완곡하지만 대만을 방어하기 위해 기꺼이 싸울 용의가 있다는 의사를 전한 것이다.[43]

미국의 몇몇 분석가는 미국이 더 나가야 한다고 주장해 왔다. 엄밀히 따지면 조약을 맺은 동맹국이 아닌 대만에게 조약에 준하는 안전 보장을 해 줘야 한다는 말이다. 이는 대만이 중국의 공격에 홀로 맞서지 않아도 된다는 것을 보여 주어서 대만의 저항 의지를 강화시켜 줄 수도 있다.[44] 그러나 아무리 최강의 안전 보장을 천명한다 해도 더 강력한 방어력이 뒷받침되지 않으면 입에 발린 말에 그친다. 그런데 미국과 대만이 놓치고 있는 것이 바로 강력한 방어력이다.

대만과 미국의 정책 기획가들은 이 문제를 인식하고 있지만 이를 해결할 만큼 재빠르게 움직이지는 못하고 있다.[45] 미 국방부가 대만 보호를 미국 방위 전략의 중심에 두고 있음에도 불구하고, 미국의 정책 기획가들은 2040년대 언제쯤에야 완성될 수 있는 355척 규모의 해군을 육성할지 여부를 두고 논란을 벌이느라 지나치게 많은 시간을 허비하고 있다. 미 국방부 스스로도 10년 후에나 겨우 뒤늦게 성과가 나올 수 있는 새로운 전력을 개발하는 데 연구개발 자금을 퍼붓고 있다. 대만은 원칙적으로 중국의 침공에 저항하는 데 필요한 대책으로 고슴도치 방어 개념을 채택했다. 그러나 대만은 연간 국방 예산의 4분의 1 이상을 수년 동안 배치되지 못할 국내 건조 함선 및 잠수함, 전시에 이륙하지도 못할 전투기, 대만의 해변이나 정글, 도시에서 쉽게 기동하지 못하는 탱크 등에 낭비하고 있다.[46]

이러한 추세라면 대만과 미국은 2030년대쯤에야 전쟁에 대비할 수 있다. 그러나 지금 필요한 것은 2020년대에 벌어지는 무력 충돌을 억제하거나 이길 수 있는 전략이다. 중국이 노리는 단기적인 기회의 창을 닫아 버리기 위해 미국과 대만은 여러 면에서 신속히 움직여야 한다.

첫째, 미 국방부는 대만해협의 국제 수역이 침공군에게 죽음의 덫이 되도록 바꿔 놓음으로써 중국이 대만 침공으로 큰 대가를 치르게 할 수 있다. 이러한 대책은 현재 마련되었거나 거의 준비된 수단을 구해서 간단하게 시행할 수 있다. 가장 직접적인 해법은 다수의 미사일 발사대, 무장 무인기, 전자교란 장치, 스마트 기뢰, 감지기 등을 해상과 해협 인근의 대만 영토에 대량 배치하는 것이다. 미 국방부는 중국의 침공이 시작되기를 기다렸다가 미사일 장착 항공기를 탑재한 항공모함을 이 지역으로 발진시키는 대신, 대만 주변을 첨단기술을 이용한 지뢰밭으로 만들어 중국 침략군을 섬멸할 수 있다. 또 본토 항구에서 중국 상륙군이 탑승하거나 선적을 시작하면 100마일(약 160킬로미터) 이상 떨어진 공해에서 이들의 통신망을 차단할 수 있다. 이러한 이동식 군사 장비와 전파교란 장비의 분산된 네트워크는 중국이 지역 전체로 전쟁을 확대하지 않고서는 없애기가 매우 어려울 것이다. 이러한 방어 네트워크에는 대규모 운용 인력, 보급망, 조달 플랫폼 등이 필요치 않다. 대신에 사실상 물에 뜨거나 날 수 있는 것이라면 어떤 것에도 설치할 수 있다. 여기에는 전통적인 해상 부유 장치, 개조한 화물선, 바지선, 일반 항공기 등이 포함된다.[47]

이러한 접근 방식을 택하면 미국이 가진 핵심 이점을 이용할 수 있다. 중국의 전쟁 목표는 미국보다 야심 차지만 그만큼 달성하기가 더 어렵다. 중국이 전쟁에서 이기려면 대만과 주변 해역의 통제권을 완전히 장악해야 하는 반면에, 미국은 중국이 그런 통제권을 갖지 못하도록 막기만 하면 된다. 이는 현대적인 미사일과 기뢰, 무인기, 전파 방해기 등으로 충분히 이룰 수 있는 목표다.[48] 이러한 전략은 또 중국이 단기간에 승리할 가능성을 없앰으로써 전쟁 억지력을 강화할 것이다. 중국 지도자들은 설사 수백만 명의 인명 피해가 나더라도 대만을 상대로 단기전은 기꺼이 시작할는지 모른다. 그러나 자신들의 통제 범위를 벗어나서 승리를 선언할 여지 없이 무한정 길어지는 전쟁을 벌이는 것은 그다지 바라지 않을 것이다. 그런 통제 불능의 골치 아픈 전쟁은 중국 경제를 궤도에서 이탈시키는 동시에 국내에서 불만과 불안정을 불러올 수 있다. 과거에 중국이 전쟁을 벌이지 못하도록 억제한 요인은 막대한 사상자가 발생할 것이라는 우려가 아니라 이러한 혼란이 빚어질 것이라는 예상이었다.[49] 만일 대만해협이 미사일, 기뢰, 전자기 방해 장치로 뒤덮인 완충 지대라는 두려움을 중국이 갖게 된다면 오늘날에도 그러한 억지력이 다시금 작동할 수 있다.

둘째, 미국이 전쟁에 직접 참가하지 않고서는 전쟁에서 승리할 수 없다. 이는 동아시아에서 미국의 군사기지, 통신 설비, 보급망 등을 신속하게 확대하고 강화해야 한다는 것을 뜻한다. 중국의 승리 공식은 (기술적으로 우월한 미국이라는 적대국을 물리치기 위해 계획한 방법인) '시스템 파괴 전쟁'에 크게 의존한다.[50] 이 계획은 전진 배치된 미국의 항공기들을 활주로에 계류되어 있는 동안 파괴하고, 통신망과 보급망을 마비시켜 다른 지역의 미군 전력이 이동해 오지 못하도록 막는 것을 의미한다.

중국의 이 이론이 실제로 작동하지 못하도록 막으려면 미국은 동아시아에서 수십 개의 소규모 작전기지에 전력을 분산 배치해야 한다. 또 간헐적인 통신이나 데이터 전송 이상의 것을 필요로 하는 스텔스 기능이 없는 무기 시스템에 기대는 정도를 줄여야 한다. 남아 있는 대규모 기지 몇 개는 대피 시설을 강화하고, 튼튼한 미사일 방어 시스템과 중국의 미사일을 흡수하기 위한 위장 목표물 등을 갖춰야 한다. 여전히 중앙 집중식 네트워크에 의존하는 부대는 본부의 명령 없이 독자적으로 임무를 수행하는 훈련을 정기적으로 실시해 통신망 두절에 대비해야 한다. 미국은 완전한 대공對空 방호나 방탄 능력을 가진 군대가 필요한 것은 아니다. 그러나 중국 지도자들이 대규모로 '시스템 파괴'를 할 수 있을지에 의문을 품도록 회복력을 높일 필요가 있다.[51] 미국은 또 전쟁 초기에 중국의 핵심 역량을 마비시킬 잘 준비된 사이버 공격과 전자전, 기타 수단을 이용해서 '시스템 파괴 전쟁'을 중국공산당에 맞서는 공격으로 바꿀 준비가 필요하다. 이와 함께 미국의 사이버 전사들로 하여금 대만 스스로 핵심 서버와 네트워크를 감시할 수 있도록 선제적으로 지원함으로써, 실제 교전이 시작되기 전에 사이버 공격 능력을 사용해 중국이 대만의 저항을 방해하지 못하도록 해야 한다.

이는 세 번째 필요조건과 관련된다. 미국은 대만이 스스로를 방어할 수 있도록 도와야 한다. 대만은 이동식 미사일 발사대와 기뢰, 레이더 등을 확충할 계획을 갖고 있다. 그리고 육군과 예비군을 확대할 계획도 세웠다. 비록 느리기는 하지만 대만은 자신들이 가진 필승 전략을 향해 나아가고 있다. 대만의 필승 전략은 값싼 대응 수단을 대량으로 사용해서 침략자의 비용 부담이 급증하도록 유도하는 개념을 바탕으로 짜여졌다. 미국은 대만이 적극적으로 비대칭적 접근 방식을 추구한다면 탄약과 탐지 장치를 무상으로 제공하고, 미사일 발사대와 기뢰 부설기의 조달 비용을 보조해 주며, 대만의 투자에 상응하여 필수적인 군사 인프라에 지원을 해 주고, 공중 및 해안 방어와 대잠수함 작전 및 기뢰전을 위한 합동훈련을 확대하는 등의 방법으로 이러한 준비를 앞당길 수 있다. 계획은 미국이 이스라엘과 유지하고 있는 동맹국을 위한 전쟁예비물자비축계획 War Reserve Stocks for Allies을 본떠서 세울 수 있다. 이 계획은 고립된 소규모 민주주의 국가를 도울 목적으로 만들어졌다.[52] 또 미 국방부는 비정규전을 경험한 미국 특수전 부대의 전문성을 활용해서 대만이 중국 점령군에 대항해 치명적인 게릴라전을 벌일 준비를 하도록 도울 수 있다. 그러한 준비 태세를 갖추었다는 예상만으로도 처음부터 침공을 억지하는 데 기여할 수 있다.

요컨대 대만이 전력을 다해 올바른 전략을 실행하지 않으면 미국이 대만을 구하기 위해 할 수 있는 일이 별로 없다는 얘기다. 대만이 온 힘을 기울인다면 미국은 자금, 하드웨어, 전문성을 제공해서 대만을 침공하기 힘든 표적으로 만들어야 한다. 이 모든 것은 결국 미국과 대만이 오늘날 유지하고 있는 관계보다 훨씬 더 밀착되어야 한다. 두 나라가 공식적인 동맹은 아닐지라도 평화 시에 빈번한 고위급 협의와 합동훈련 및 연습, 깊은 군사적 외교적 협력을 하면서 긴밀한 관계를 맺어 나감으로써 전쟁이 일어났을 때 효과적으로 함께 싸울 수 있도록 하자는 것이다.[53]

넷째, 미국은 지정학적으로 불리한 요소를 줄이고 다른 수단이 효과를 발휘하도록 시간을 벌 필요가 있다. 그러자면 대만 인근 또는 대만 자체에 미국의 군사적 존재감을 높여야 한다. 가장 가까운 미국의 화력이 수백 마일 밖에 있을 때, 전쟁이 일어날 가능성을 줄이기 위해서는 다른 지역으로부터 전력을 재배치하는 한이 있더라도 미국의 전함과 잠수함이 대만해협을 통과하는 정기적 순시 작전을 수행해야 한다. 미국과 일본은 일본 최남단 류큐제도에 공동으로 미사일 발사기지를 세워야 한다. 이러한 조치는 전쟁이 일어나기를 기다리기보다는 지금 당장 시행해야 한다. 이와 함께 미국은 대만과 함께 은밀하게 수행하는 임무를 훈련한 특수전 부대를 늘려야 한다. 소규모 엘리트 부대가 현장에서 도울 준비가 되어 있도록 하기 위해서다.[54]

더 획기적인 대응책을 생각한다면 미국이 미군의 지대공미사일과 대함미사일 포대를 직접 대만에 배치할 수도 있다. 이런 조치가 필요하지 않을지 모른다. 대만이 첨단 미사일을 보유하고 있고, 미군은 수상함과 미사일 발사용 바지선을 대만 인근 수역에 배치함으로써 화력을 집결시킬 수 있기 때문이다. 그러나 대만에서 직접 작전을 펼칠 수 있다면 미국은 대만의 험난한 지형을 활용할 수 있을 테고, 동시에 미군이 개전 초기부터 전투에 참여할 것이라는 점을 중국에 각인시켜 줄 수 있을 것이다.

다섯째, 미국은 중국의 군용 통신 시스템을 방해할 수 있는 능력을 개발해야 한다. 독재 정권이 가장 원치 않는 상황은 군에 대한 통제력 상실이다. 중국 인민해방군은 1979년 베트남 침공 이후에는 주로 자국민을 살해하는 일만 해왔기 때문에 전시의 압박감 속에서 지휘 통제 과정을 제대로 시험해 본 적이 없다. 중국공산당 관리들은 극도로 정치화되고 여전히 부패한 인민해방군이 전운이 감도는 상황에서 얼마나 임무를 제대로 수행할 수 있을지를 두고 분명 의구심을 가지고 있다.[55] 미 국방부는 사이버 공격 및 이와 연계된 수단을 통해 중국군의 지휘 통제 구조를 압박하고 군 통신망에 혼선을 일으키는 능력을 개발해 중국 관리들로 하여금 중국군의 전투 능력이 얼마나 엉망인지 의심하게 만들 수 있다. 미국은 평화 시에도 이러한 능력을 슬쩍 과시함으로써 중국이 전쟁까지 벌일 만한 가치가 있는지에 의문을 갖게 만들 수도 있다.

마지막으로 미국은 중국으로 하여금 대만 전쟁이 길어질 뿐 아니라 범위가 확대될 수도 있다는 점을 깨닫게 할 필요가 있다. 미국이 전쟁에 동원할 수 있는 동맹국과 동반 국가가 많을수록 중국이 전쟁을 벌일 유인은 줄어든다. 중국 인민해방군은 일본이 대만 침공을 방해하면 핵무기로 공격하겠다고 큰소리칠지 모른다. 그러나 글로벌 초강대국 및 이 지역에서 가장 강력한 동맹국과 동시에 싸우는 일이 좋을 리 없다.[56] 마찬가지로 인도와 호주 해군은 중국의 에너지 수입선이 말라카해협을 통과할 때 미국이 이를 저지하는 것을 도울 수 있다. 영국과 프랑스 등 유럽의 강대국도 서태평양에서 벌어지는 해전에 잠수함 또는 수상 전투함 일부를 지원할 수 있다. 또 그들의 숙련된 사이버전 전문성을 대만의 핵심 시스템을 방어하도록 돕는 데 제공해 줄 수 있다. 이들 유럽의 동맹국은 중국이 대만을 공격하는 사태가 벌어지면 고통스러운 경제 제재를 가할 수도 있다.[57]

이들 국가 가운데 어떤 나라도 대만을 군사적으로 구원할 수는 없다. 그러나 이들은 미국이 대만을 두고 벌어지는 전쟁을 중국과 전 세계 선진 민주주의 국가와의 대결로 전환되도록 도울 수는 있다. 이는 시진핑도 망설일 수 있는 대만 전쟁의 전략적 대가다.

그러나 전쟁 억지 전략이 실패하면 침공해 오는 중국 함대를 격침시키는 것 외에는 대안이 없다. 그런다고 중국을 물러서게 할 수는 없겠지만 침공군에 맞서 싸우는 것은 불가피하다. 강대국 사이의 전쟁은 개전 초의 일제 사격 후에 바로 끝나는 경우는 거의 없다. 특히 교전국 중 한쪽이 사활을 건 영토를 두고 벌이는 싸움이라고 믿고 있을 경우는 조기 종결이 더 어렵다. 미국과 동맹국은 몇 개월 또는 몇 년을 끌 수도 있는 장기전을 염두에 두고 물질적, 심리적으로 대비해야 한다.

장기전에 대비하기

산업혁명과 대규모 군대가 출현한 이래 강대국 간의 전쟁은 짧게 끝나기보다는 길어진 경우가 자주 있었다. 나폴레옹전쟁과 미국의 남북전쟁, 1차 세계대전, 2차 세계대전 등이 모두 단기간에 한쪽이 전멸하기보다는 끈질긴 소모전을 하고 나서야 승패가 났다. 중국은 대만 침공을 시도했다가 실패하더라도 전쟁을 계속해야 할 강력한 이유가 여럿 있다. 시진핑이 대만의 반란 세력과 미 제국주의자들에게 당한 패배를 인정하면, 중국은 지정학적으로 곤경에 빠지고 중국공산당의 정통성이 위험에 처해 결국은 자신의 권력이 전복될 것임을 우려할 게 확실하다. 시진핑은 패배하기 일보 직전에서 승리를 낚아채거나, 아니면 그저 체면을 지킬 수 있다는 희망 속에 전쟁을 계속할지도 모른다.

중국의 대만 침공을 저지한다면 그것은 1차 세계대전이 개시된 후 처음 몇 주 동안 프랑스가 마른강river Marne을 사수한 것에 비견되는 21세기판 성공적인 방어 사례가 될 수 있다. 마른강 사수 작전은 장기간의 피비린내 나는 난타전의 무대를 펼친 영웅적이고도 필수적인 방어전이었다.

우선 미국과 대만이 이런 종류의 전쟁에서 이기기 위해서는 실탄이 떨어지지 않도록 확실히 대비하는 것이 중요하다. 미국은 중국이 가장 취약한 함선과 항공기를 멀리서 타격할 수 있는 장거리 미사일을 다량 비축함으로써 대비할 수 있다. 대만에 필수적으로 중요한 무기는 단거리 미사일과 박격포, 기뢰, 로켓 발사대 등이다. 미국과 대만은 이러한 군수품을 비축하는 것을 넘어 전시에 새로운 무기를 신속하게 만들어 낼 수 있는 생산 능력을 갖출 필요가 있다. 이는 역사적으로 미국이 주요 전쟁을 치를 때마다 해왔던 방법이다. 대만의 무기 공장은 중국 미사일의 확실한 표적이 될 것이다. 따라서 동맹국의 산업 생산 역량을 활용하는 것이 긴요하다. 예컨대 일본의 선박 건조 능력을 이용해서 간단한 미사일 발사용 바지선을 설계해서 대량으로 생산하는 것이다.

동시에 미국과 대만은 중국의 보복적인 응징 행위를 무사히 넘겨야 할 수 있다. 전쟁이 장기화되면 교전국들은 대개 독일이 1차 세계대전에서 무제한 잠수함 작전을 벌인 것과 마찬가지로, 전세를 극적으로 역전시킬 수 있는 수단을 찾기 마련이다. 중국은 자신의 수륙양용 상륙정들을 바다에 수장시켰다 하더라도 여전히 미국과 대만을 압박할 수 있는 수단이 많을 것이다. 중국은 봉쇄를 해서 대만 경제의 목을 조르거나, 사이버 공격을 해서 미국과 대만의 전력망과 통신 네트워크를 마비시키려 들 수도 있다.[58] 또 대만을 무차별로 폭격해서 굴복시키거나 어쩌면 핵무기를 사용하거나 사용하겠다고 위협할 수도 있다. 이러한 예상은 중국이 급속하게 핵무기를 증강함으로써 실현 가능성이 더욱 커진 데다 잠재적으로 더욱 매력적인 대안으로 떠오른 전술이다.

이런 압박 전술이 성공하지 못하도록 막으려면 방어와 공격을 조합한 다양한 전술이 필요하다. 미국과 대만은 사이버 공격으로부터 핵심 네트워크를 지키기 위한 노력을 더 늘려 나갈 필요가 있다. 대만은 민간 대피 시설을 대폭 확대하고, 식량과 연료 및 의약품의 비축량을 늘리며, 국민이 장기간 피비린내 나는 희생을 감내할 수 있도록 대비시킬 필요가 있다. 그러나 이러한 방어 조치는 중국을 고통스러운 보복으로 위협할 수 있는 공격적 대비책과 병행해야 한다.

미국은 동맹국 및 동반 국가와 중국의 해상 무역을 차단할 능력을 보여 주는 훈련을 실시함으로써 장기화된 전쟁을 중국공산당의 경제적 파탄으로 전환시키겠다고 위협할 수 있다.[59] 또 중국의 핵심 인프라와 중국공산당의 정치적 통제 시스템에 가혹한 사이버 공격을 할 수 있는 능력을 개발해서 전쟁을 중국 국내로 끌고 들어가겠다고 협박할 수도 있다. 이와 함께 중국의 해군 함선을 서태평양 전역에서 격침시키고 중국이 구축한 군사기지와 세계 각지의 군사 시설을 타격할 준비를 함으로써, 미국은 중국공산당이 한 세대 동안 추진해 온 군 현대화 작업과 전력 강화 노력을 물거품으로 만들 각오를 하지 않고서는 대만을 상대로 어떠한 전쟁도 일으키지 못하도록 압박할 수 있다.[60] 미국은 대만 침공이 핵전쟁으로 비화하지 않기를 분명히 바랄 것이지만 제한적 핵전쟁이라는 선택지도 가지고 있을 필요가 있다. 즉 항만, 비행장, 함대, 기타 군사 목표물 등에 저위력 핵무기를 사용할 능력을 가지고 있어야 한다는 것이다. 그렇게 되면 미국은 중국의 핵 위협에 신뢰할 만한 대응 수단과 함께 결과적으로 핵무기 사용을 사전에 막는 억지력까지 갖출 수 있다.[61] 요약하면 미국은 한 가지 기본적인 명제를 가지고 중국에 맞서야 한다는 것이다. 바로 전쟁이 길어질수록 미국은 중국과 그 정권에게 더욱 가혹한 손상을 입힐 것이라는 원칙이다.

마지막으로 미국은 전쟁 자체에 대비하는 것만큼이나 전쟁 종결을 두고도 진지하게 준비할 필요가 있다. 핵무기로 무장한 적과의 전쟁이 미국의 완전한 승리나 중국의 무조건 항복으로 끝날 가능성은 거의 없다.[62] 미국이 이 전쟁에서 더 잘 싸울수록 겁에 질린 중국공산당은 더 예측 불가능한 상태가 될 수 있다. 중국이 전쟁을 멈추도록 만들려면 상당한 규모의 지속적인 압박과 파괴가 필요할 것이다. 체면을 세워 주려는 외교적 노력 또한 필요하다. 예컨대 대만이 정치적 독립을 추구하지 않고 미국 역시 대만의 독립을 지지하지 않는다고 약속하는 조건으로 중국이 공격을 중단할 용의가 있다고 할 경우, 미국은 현명하게 그런 협상 조건을 받아들일 것이다. (이런 접근 방식의 이면에는 교전이 길게 계속될수록 미국의 전쟁 목적이 확대되어 어쩌면 대만의 공식적인 독립까지 포함하게 될 것이라는 조용한 경고가 담겨 있다.)

그러면 미국은 대만을 중국의 팽창을 막는 장벽으로 유지할 수 있음을 보여 주게 될 것이다. 시진핑 역시 대만에 교훈을 가르쳐 줬다고 주장할 수 있다. 전쟁을 시작하기는 쉽지만 끝내기는 어렵다. 따라서 미국은 중국이 빠져나갈 길은 남겨두되 중국이 계속 공격하지 못하도록 압박해야 할 필요가 있다.

유럽은 민주주의 진영의 핵심

중국이 경제 제국으로 떠오르지 못하도록 막고 민주주의의 세계적 쇠퇴를 방지하며 대만을 위기로부터 구하는 일은 어떤 상황에서도 벅찬 과제다. 이러한 일은 러시아의 우크라이나 침공 이후 훨씬 더 도전적인 과제가 되었다. 미국은 단 하나의 심각한 안보 위기에 직면한 것이 아니다. 유라시아 대륙의 양쪽 끝에서 적어도 두 개의 심각한 안보 위기와 마주하고 있다. 여기에다 더 많은 위기가 나타날 가능성이 있다.

그중 막강한 힘과 드높은 야심을 감안하면 중국이 역시 가장 위협적이다. 오늘날 미국인이 러시아가 주도하는 세상에서 살아야 할 위험에 처한 것은 아니다. 그러나 일부 분석가들이 주장하듯이 미국이 유럽을 포기하고 모든 자원을 아시아에 투입할 수는 없다.

미국이 유럽에서 손을 떼려고 할 때마다 재앙이 발생했다. 가장 극심한 사례가 1차 세계대전 이후에 일어났다. 당시 미국의 재정 긴축이 세계적 재난에 기여했다. 최근의 역사는 또 다른 경고의 사례를 제공한다. 2001년 부시 대통령은 푸틴을 드러난 그대로 보고 나서 이 독재자가 괜찮은 인물이라는 결론을 내리고, 중동 지역의 전쟁에 집중하려고 유럽에서 미군 병력을 빼냈다. 그 후 2008년 러시아는 조지아를 침공했다. 오바마 행정부는 당시 러시아를 쇠락하는 강대국으로 치부하여 무시했고, 미국의 전략적 관심을 아시아로 돌리기에 앞서 러시아와의 관계를 '재정립'하려고 했다. 그리고 나서 푸틴은 우크라이나를 분할함으로써 미국이 대가를 치르게 했다. 트럼프와 바이든 행정부는 중국을 최우선 과제로 삼겠다는 결심과 함께 출범했다. 당시 러시아는 우크라이나로부터 막대한 영토를 빼앗아 독립국인 우크라이나를 파괴했다. 이로 인해 결국 세계적인 안보 위기가 발생했다. 나폴레옹, 무솔리니, 히틀러, 스탈린, 밀로세비치, 푸틴 등의 독재자를 낳은 대륙에서 평화를 당연한 것으로 상정할 수는 없다.

유럽에서 일어나는 사건이 아시아에서의 세력 균형과 무관하게 격리될 수도 없다. 우선 한 가지 예를 들면 러시아의 영토회복 운동과 반反민주주의적 행태는 중국의 그것과 나란히 가고 있다. 러시아는 민주주의 국가를 침략하고, 나토의 신뢰성에 도전하며 영향권을 넓히고, 독재 정치의 정당성을 드높이는 것으로 중국이 깨뜨리려는 국제 질서에 먼저 균열을 내고 있다. 더욱이 유럽의 질서가 무너져 미국의 동맹국이 분열되고 혼란에 빠지면, (자유세계 경제 연합과 안보 공동체, 민주주의 수호 체제 등) 미국이 중국에 대항하기 위해 필요한 세 가지 주요 자산이 심각한 손상을 입을 수 있다. 중국은 세계 각지에 영향력을 뻗치며 세계적인 패권 장악을 노린다. 이러한 중국과 경쟁하기 위해서는 선진 민주주의 국가의 국제적인 동맹이 필요하다. 그런데 세계에서 가장 강력한 자유주의 국가 가운데 많은 수가 유럽에 있다. 만일 유럽이 혼란에 빠지면 이 동맹은 유지되지 못할 것이다.

이는 미국이 중국 및 러시아의 위협에 동시에 대처하는 양면 봉쇄 전략을 추구해야 한다는 것을 의미한다. 유럽에서의 첫 번째 과제는 나토 동쪽 측면의 방어선을 보강하는 것이다. 동유럽 국가는 독일과 함께 이 부분의 방어에 집중적인 투자를 하기로 약속했다. 특히 유럽에서 나토의 우산 아래 오랫동안 안보 무임승차를 해왔던 독일이 이제는 안보 강화에 모범을 보이겠다고 다짐했다.[63] 그러나 이러한 노력은 앞으로 여러 해 동안 성과를 내지 못할 것이며, 미국 역시 이 중요한 무대의 방어에 더욱더 전념하지 않으면 충분한 변화를 이끌어 내지도 못할 것이다. 유럽에서 불안과 공격성이 전이되지 않도록 예방하려면 미국은 유럽과 주변 해역에 추가 병력과 장비, 공군력과 해군 자산을 지속적으로 배치해야 한다.[64]

미국은 또 발트해 연안국과 동유럽 국가의 군대가 신속히 출동해서 적 탱크와 항공기를 파괴하고, 대규모 적군을 기습하며, 시가전을 벌일 수 있도록 이들을 훈련시키고 장비를 갖춰 주는 일을 주도할 필요가 있다. 그 목적은 현지 군대를 동원해서 러시아 침략군에게 대규모 응징을 가할 수 있도록 하는 한편, 러시아가 이 지역 국가들을 단번에 압도할 수 있다는 희망을 아예 갖지 못하도록 기정사실화하기 위해서다. 이와 함께 미국은 우크라이나나 러시아의 공격 대상이 된 다른 국가가 저항을 계속하는 한 이들에게 무기와 정보, 또는 다른 형태의 원조를 제공해야 한다. 이는 러시아를 하나의 분쟁 지역에서 교착상태에 빠지게 해서 다른 지역으로 옮겨 가지 못하도록 하는 효과적인 방법일 수 있다.

러시아와의 대립이 격화되면 강압적인 공세와 그에 대응한 역공이 맞서는 양상이 전개될 것이다. 따라서 미국과 부유한 민주주의 동맹국은 핵심 네트워크의 보안을 강화하고, 에너지 자원을 비축하면서 대체할 공급 수단을 개발하며, 러시아의 사이버 공격이나 다른 디지털 방해 공작에 강력히 반격할 것임을 보여 주어서 러시아의 에너지 영향력과 사이버 공격을 약화시킬 준비를 해야 한다. 특히 민주주의 국가는 러시아가 국제적으로 용인할 수 있는 행동의 경계를 넘어설 경우 가혹한 재정적 기술적 제재 조치를 확고히 견지할 필요가 있다. 군사 공격은 경제 몰락을 불러올 뿐이라는 명제를 분명히 각인시키는 방법으로 러시아를 위협해야 한다.[65] 물론 다급해진 푸틴은 절박한 시진핑 못지않게 위험해질 수 있다. 러시아는 포괄적인 국력에서는 중국에 미치지 못할지 모르지만 세계에서 가장 위협적인 핵무기를 보유하고 있다. 따라서 민주주의 진영은 러시아의 행동이 바뀌고 자유세계가 더 큰 힘을 가지게 되었을 때에는 소통 창구를 열어 긴장을 완화할 뜻이 있음을 보여 줄 필요가 있다.

나쁜 소식은 이러한 노력이 지속적인 다자간 협력을 요구한다는 점이다. 또 비용도 많이 들 것이다. 냉전 이후에 이루어진 절박함과 투자 수준으로 중국과 러시아에게 냉전식 전략을 추구하는 것은 통하지 않을 것이다. 2022년 초 미국의 국방 예산과 동맹국의 국방 예산은 두 강대국을 동시에 상대해서 치열한 경쟁을 벌이기에는 턱없이 부족한 것은 물론이고, 중국을 상대로 위험 구간을 통과하기에도 충분치 않았다.[66] 좋은 소식은 민주주의 진영이 의지만 있다면 충분한 자원을 가지고 이러한 전략을 추진할 수 있다는 점이다.

미국과 유럽 및 아시아의 동맹국을 합치면 전반적인 국력 면에서 러시아와 중국을 압도한다. 이들 자유세계 진영은 전 세계 경제 생산의 절반 이상을 차지하는 반면에 중국과 러시아는 약 20퍼센트를 차지하는 데 그친다.[67] 2022년 초를 기준으로 미국은 GDP의 약 3.2퍼센트를 국방비로 지출한다. 이는 약 7퍼센트였던 냉전 기간 동안의 평균 국방비 지출 비중에 훨씬 못 미치는 수준이고, 1950년대 초반과 같은 비상 상황에서 지출한 국방비의 극히 일부에 불과하다. 오늘날 미국이 GDP의 5퍼센트를 국방비로 지출하고, 핵심 동맹국도 그에 상응해서 국방비 지출을 늘린다면, 민주주의 진영이 도전국들을 능가하지 못할 경제적 이유는 없다.[68]

다행히 시대가 변하고 있다. 러시아의 잔혹한 우크라이나 침공은 나토 회원국을 냉전 종식 이후 그 어느 때보다도 긴밀하게 결속시켰다. 푸틴은 민주주의 국가가 그동안의 자만에서 벗어나도록 충격을 줌으로써, 이들에게 (러시아뿐 아니라 중국과의 경쟁을 포함한) 새로운 강대국 간 경쟁 시대에 대비해 조직을 재정비하고 재충전할 수 있는 역사적 기회를 제공했다. 이는 냉전 기간 동안 한국전쟁을 계기로 국방 예산의 대폭 증액과 국제적으로 강력한 봉쇄 장벽을 세우는 데 박차를 가하게 된 것과 비슷한 양상이다.

미국은 전제수의석 공세의 생생한 모습을 이용해 이전에는 생각지도 못했을 법한 투자와 집단적 대응 조치를 강구하는 데 한층 노력해야 한다. 여기에는 일본과 독일의 재무장을 서두르고, 중국과 러시아를 상대로 다국적 군사 작전을 위해 상세하고 탄탄한 작전 계획을 수립하며, 러시아 및 중국 국경 인근의 동맹국 영토에 (이전에는 중거리핵전력조약Intermediate-Range Nuclear Forces Treaty에 의해 금지된) 첨단 미사일을 배치하고, 기술과 혁신 분야에서 동맹국 간 연대를 강화하며, 중국이 대만을 침공할 경우 부과할 (경제 제재와 석유 공급 봉쇄 등) 강력한 경제적 불이익 조치를 사전에 예고하는 것 등이 포함될 수 있다. 존 포스터 덜레스는 "공포는 외교관의 일을 쉽게 만들어 준다"면서 "두려움이 자유세계가 생존하기 위해 필요한 민주주의 국가의 단결을 낳았다"라고 말하곤 했다.[69] 역설적이게도 푸틴이 미국에 호의를 베풀었을지도 모른다. 지구의 한쪽 편에서 벌어진 전제주의의 공격은 미국이 지구 반대편의 말썽에 대비하기 위해 필요로 하는 절박한 위기감을 심어 줄 수 있었기 때문이다.

긴박하게 그러나 현명하게

미국은 여러 분야에서 서둘러 중국의 강압 수단을 약화시키거나, 아니면 적어도 중국공산당이 그런 수단을 사용할 능력을 무력화해야 한다. 그러나 위험 구간 전략의 모든 발상은 전쟁을 피하자는 것이지 전쟁을 유발하려는 게 아니다. 따라서 미국이 이 전략을 어느 정도까지 실행할지를 결정하는 데는 한계가 있다.

예컨대 미국 정부는 중국 경제를 끌어내리기 위해 포괄적인 기술 수출 금지 조치를 사용할 수 있다. 미국은 방대한 자국 시장에서 값싼 중국산 제품을 몰아낼 목적으로 전면적인 무역 제재 조치를 시행할 수도 있다. 또 중국 중앙은행을 제재하고 중국 금융 기관 중 다수를 국제 결제 시스템에서 추방할 수 있다. 이는 2022년 2월 미국과 동맹국이 러시아에게 내렸던 경제적 사망선고와 같은 것이다. 미국은 냉전 시대의 교본에서 가장 도발적인 대목을 골라서 불만이 들끓는 소수 민족을 동요시키고 내부 폭동을 조장하는 은밀한 공작을 개시할 수도 있다. 이러한 수단 가운데 어떤 것을 택하더라도 중국공산당에게는 부담이 된다. 그러나 이들 수단은 미국이 반드시 협력을 얻어야 할 나라들 역시 겁먹게 만드는 것이어서 미국에도 큰 부담이 될 수 있다. 더욱이 이러한 조치는 미국이 미리 막으려고 애쓰고 있는 중국의 필사적 행동을 유발할 위험이 있다. 1941년 7월 미국의 석유 금수 조치가 일본의 숨통을 조이기 시작했다. 그 과정에서 막판에 몰린 일본이 생존을 위한 마지막 시도로 진주만을 공격했다.

　미국은 힘으로 밀어붙이는 정책과 신중을 기하는 정책 사이에 균형을 잡을 필요가 있다. 이는 미국이 모든 면에서 일시에 압박을 가하지 않고, 적극적인 조치가 가장 시급한 현안에 초점을 맞춰야 하는 훨씬 더 큰 이유다. 사실 위험 구간 전략은 중국의 자금과 관심을 보다 덜 위협적인 방향으로 유도하는 계획을 차분히 추진하거나 이를 장려하는 내용을 포함해야 한다. 만일 중국이 파키스탄의 '연방직할 소수종족보호지역Federally Administered Tribal Areas'같은 세계의 가장 험준한 지역에서 (돈만 많이 들고 쓸모는 없는) 흰 코끼리white elephant 인프라 프로젝트에 방만하게 투자하기를 원한다면, 그렇게 하도록 내버려 두어야 한다.[70] 만일 중국이 미 국방부가 가장 우려하는 비상사태에서 별로 도움이 되지 않을 항공모함에 막대한 투자를 한다면, 더 많이 할수록 좋다. 미국은 필수적으로 중요하지 않은 곳에 덜 투자하면 핵심적으로 중요한 분야에 더 많은 투자를 하기가 쉬워진다.

비슷한 이유로 미국은 정신을 바짝 차리고 외교에 나서야 한다. 만일 미국이 지난 30년간 무언가 배운 게 있다면, 그것은 아무리 많은 외교적 노력을 기울여도 중국공산당이 세계를 보는 관점을 바꿀 수 없으리란 점이다. 전쟁은 '우연히' 또는 소통 부족 때문에 일어나기보다는 공격에 나설 만하다는 중국의 계산된 결정의 결과로 일어날 가능성이 크다.[71] 위기 관리의 전망조차 제한적이다. 중국은 (군 당국자 간 의미 있는 의견 교환과 고위급 지도부 간의 비상시 직통 전화 연결, 상호 간 근접 작전 중인 함선과 항공기의 대응 수칙 등) 신뢰 구축 메커니즘을 두고도 대체로 양면적 태도를 보여 왔다. 중국은 미국이 위기를 성공적으로 관리할 수 있다고 생각하기를 바라지 않기 때문이다.[72]

그러나 신중한 외교가 할 수 있는 역할이 여전히 있다. 기후변화 대책과 같이 미국과 중국의 이해가 겹치는 몇 가지 사안에 관한 양국의 협력은 아마도 경쟁 격화를 누그러뜨릴 수 있을 것이다. 중국 고위 관리들과의 정기적 회합은 미국이 공개적인 대립을 피하면서 대만 문제와 기타 현안에 관한 미국의 의도를 전달하는 데 도움이 될 수 있다. 또 이러한 과정에서 불투명하기로 악명 높은 정권의 사고방식에 일종의 통찰력을 제공해 줄 수도 있다. 남중국해에서의 선박 충돌과 같은 이례적인 돌발사태가 발생할 경우, 양국 간 소통 창구가 열려 있다면 원치 않는 사태로 치닫는 것을 막을 수 있다.[73] 전체적으로 미국이 먼저 대화의 문을 닫는 것처럼 보이지 않도록 하는 것이 전략적으로 중요하다. 미국이 대화를 단절하면 미중 간 대결에 끌려 들어가고 싶지 않은 중요한 협력 국가들이 불안해서 떨어져 나갈 수 있기 때문이다.

여기서 핵심은 냉전 초기와 마찬가지로 미국의 기대를 현실적으로 유지하는 것이다. 미국과 중국이 협력할 수 있는 사안의 목록은 길지 않다. 가장 최근의 사례를 보면, 코로나 팬데믹을 일으키고 이를 무자비하게 이용한 나라가 다음번 팬데믹을 막으려고 도울 수 있는 일은 많지 않을 것이다. 중국은 미국을 '경제 및 안보 관련 전략 대화'와 같은 공식적인 고위급 말 잔치에 끌어들였던 오랜 전력이 있다. 이런 행사는 주로 미국을 점증하는 위협에 무감각해지도록 만들기 위해 이용되었다. 미국이 저지를 수 있는 최악의 실수는 그런 익숙한 함정에 또다시 빠져서 중국이 기후변화에 관한 협력이나 기타 현안을 안보 경쟁에서 미국을 억제하는 수단과 연계시킬 수 있도록 허용하는 것이다.[74] 이는 오늘날처럼 시간이 촉박할 때에는 재앙을 부르는 공식이다. 외교는 앞으로 몇 년 동안 미국의 치열한 경쟁 전략을 보완하는 역할을 할 수는 있다. 그러나 외교가 그러한 전략의 대체 수단이 되면 미국은 매우 곤란한 처지에 놓일 것이다.

위험 구간 전략은 쉽지 않을 것이다. 그런 2020년대를 잘 헤쳐 나가려면, 선별적인 압박 공세와 더불어 약점을 보완하는 적극적인 방어 정책이 필요하다. 미국은 위험을 무릅쓰고 더 높아질 긴장 상태를 받아들여야 한다. 그러기 위해서는 만만치 않은 시간, 정력, 자원을 투자해야 한다. 무엇보다 미국은 불안정한 평화를 지키기 위해 전시에 버금가는 기민성과 신속성 그리고 결연한 의지를 발휘해야 한다. 미국의 단기적 취약성은 더 이상 보완을 미룰 여유가 없다는 사실이 충분히 확연하게 드러났다. 그렇다면 선택은 두 가지 중하나다. 하나는 지금 당장 어려운 과제를 수행하는 것이고, 또 하나는 중국이 일단 전략적 돌파구를 마련하거나 아니면 현재의 국제 체제를 무너뜨린 후 뒤늦게 더 힘든 과제를 해결하려고 나서는 것이다.

그러한 과제는 매우 고되고 힘들어 보이는 데다가 그에 대한 즉각적인 보상은 제한적일 수밖에 없다. 냉전 초기를 무사히 견뎌냈다고 해서 미소 간 경쟁이 종식되지 않았던 것처럼, 위험 구간을 무사히 지나간다고 해도 미중 간 경쟁이 끝나지는 않을 것이다. 침체되었거나 서서히 몰락하는 강대국은 여전히 많은 곳에서 심각한 문제를 일으킬 수 있다. 2030년 이후의 미중 경쟁은 그 범위가 전 세계로 확대되고 지속 기간이 더 길어질 수 있다. 그러나 미국이 다음 10년을 순조롭게 잘 넘긴다면 단순히 현상을 유지하는 것보다 훨씬 많은 것을 이룰 수 있다.

돌이켜 보면 냉전의 처음 몇 년은 자유세계가 가장 우려할 만한 약점을 보완했을 뿐 아니라, 궁극적으로 결정적 강점으로 드러난 요소를 축적하기 시작했기 때문에 중요한 시기였다. 미중 간 경쟁에서도 이와 유사한 기회가 있다.

미국은 자유 대만을 보호해서 억압적 중국을 대체할 수 있는 이념적 대안을 유지하는 동시에 중국을 견제할 수 있는 지정학적 제약 요소를 강화하기 시작할 수 있다. 또 자유세계 경제 연합을 결성함으로써 민주주의 국가가 다가오는 수십 년간 핵심 기술 분야에서 확실히 앞서도록 도와줄 수 있다. 미국은 사안별로 민주주의 국가 간 임시 협력 체제를 구성함으로써 장래에 더 광범위하고 야심 찬 연합체를 위한 토대를 놓을 수 있다. 경쟁의 초기 몇 년간 형성된 구도는 지속적으로 다양하게 변형된 효과를 낼 수 있다. 미국이 위험 구간 전략을 제대로 구사하면 장기전 역시 결국에는 손에 넣을 수 있을 것이다.

8

미중 경쟁의 전망과 대책

영국의 경제학자 애덤 스미스Adam Smith는 "한 나라에는 많은 몰락의 단계가 있다"라고 말했다. 몰락하는 강대국의 내리막길은 실로 긴 여정이 될 수 있다. 과거를 돌이켜 볼 때 우리는 소련이 냉전의 첫 10년 안에 승리할 수 있었던 최고의 기회를 놓쳤음을 알게 되었다. 1960년대에 소련은 와해되기 시작했다. 1970년대에는 정치적, 이념적 사망의 소용돌이가 시작되었다. 그러나 소련의 군사력과 지정학적 팽창은 1970년대 말에서야 정점에 이르렀다. 이 때문에 예리한 관찰자들조차 소련 체제의 치명적인 침체 상황을 거의 알아채지 못했다. 소련제국은 1980년대 말과 1990년대 초가 되어서야 마침내 무너졌다. 미국이 냉전의 위험 구간을 통과한 뒤에도 냉전이 미국의 판정승으로 종식되기까지는 수십 년에 걸친 압박과 노력이 필요했던 것이다. 1962년 케네디 대통령이 언급한 것처럼, 당시 미국인은 "우리가 이 무거운 짐을 17년간이나 지고 왔는데 이제는 그 짐을 내려놓을 수 있을까요?" 그러나 곧 "우리는 그 부담을 내려놓을 수 없습니다. 나는 우리가 그 짐을 내려놓을 것으로 보지 않습니다"라고 말했을지 모르겠다.[1]

여기에 오늘날 미국 관리들에게 주는 중요한 교훈이 있다. 위험이 최고조에 달하는 이번 10년 동안 미국이 중국의 팽창을 억제하고 폭력적인 공격을 제어하는 데 성공한다고 가정해 보자. 2020년대 내내 훨씬 거센 역풍이 중국을 강타하는 가운데 민주주의 진영의 영향력과 결속력이 높아진다고 가정해 보자. 그러면 미중 간경쟁의 긴급성이 줄어들고, 세력 균형은 덜 위험한 상태가 될 것이다. 또 중국이 승리할 가능성은 극적으로 줄어들 것이다. 그러나 평화롭고 조화로운 세상이 갑자기 나타날 것이라고 기대하지는 말아야 한다.

최선의 경우를 가정한 시나리오에서조차 지금부터 10년 후에는 현실 세계와 가상 세계 모두 지금보다 더 분열되어 있을 가능성이 크다. 그 세계는 탈냉전 시대에 꿈꿨던 '하나의 세계'이기보다는 냉전 시대에 실제로 있었던 '두 개의 세계'에 더 가까운 모습이 될 공산이 크다. 이념적 경계선이 확실하게 그어질 것이다. 동아시아와 같은 핵심적인 경쟁 무대는 완전히 중무장한 지역이 될지도 모른다. 중국 자체의 미래는 누구의 손에 들어갈지 모르는 상태가 될 수도 있다.

한 가지 시나리오에서 볼 때 정점을 지난 한 강대국이 10년에 걸친 고립과 좌절 끝에 고통스러운 외교적 양보와 내부 개혁을 선택할 수도 있다. 시진핑은 결국 후계자인 고르바초프에게 밀려난 브레즈네프와 같은 상황에 처하게 될 수 있다. 그러나 중국은 전쟁의 위협이 줄어들고 중국이 신新냉전에서 승리할 가능성이 사라지고 있음에도 끈질기게 해악을 끼치는 훼방꾼의 역할을 그럴듯하게 자처할 수도 있다. 2021년 바이든 행정부의 아시아 정책 수장이 언급한 대로 미국이 모든 문제를 제대로 처리할 수 있더라도, "중국 문제는 지금 세대와 다음 세대 동안 여전히 매우 어려운 과제임이 드러날 것이다."[2]

사실 강대국 사이의 경쟁은 여러 단계를 거치는 경우가 많다. 냉전 초기의 팽팽하게 긴장된 불안의 시기는 1970년대에 데탕트 détente(긴장 완화)라는 상대적인 유예 상태에 자리를 내주었고, 1980년대에는 긴장이 다시 고조되어 절정의 순간을 맞았다. 중국이 침체를 겪고 있다고는 하지만 여전히 소련이나 나치 독일보다는 경제적으로 더 가공할 만한 힘을 지녔다. 중국이 인구 재앙에 직면했다고는 하지만 여전히 미국보다 인구가 수억 명이나 많다. 이 모든 것이 의미하는 바는 미국 역시 경쟁의 한 국면에서 다음 국면으로 이행해 가야 한다는 것이다. 즉 2020년대를 전력 질주해서 통과한 뒤에는 보다 장기적인 전략으로 넘어가야 한다는 얘기다.

이 위험 구간을 무사히 통과하더라도 그것은 중국과의 신냉전

이 끝나기 시작한 것이 아니라, 냉전 초기가 끝났을 뿐임을 의미할지도 모른다. 따라서 미국은 이 중요한 10년간의 도전을 직시하면서도 전혀 다른 상황에서 살아가야 할 가능성에 대비하기 시작해야한다.

위험 구간 전략이 성공하면

미국이 항상 계획이 있는 것은 아니다. 그러나 미국이 계획을 세우면 세계가 바뀐다. 미국의 위험 구간 전략도 예외가 아니다. 미국은 오늘날 우리가 알고 있는 세계를 그대로 유지하지는 않을 것이다. 미국이 국제정치 구조를 완전히 바꾸지는 못하더라도 더 나은 상태로 바꿀 것이다. 좋은 소식은 이런 변화가 상당히 예측 가능하다는 점이다. 나쁜 소식은 그러한 변화가 본질적으로 새로운 냉전을 불러온다는 점이다.

만일 미국이 성공적인 위험 구간 전략을 채택한다면 중국은 미국 관리들을 악몽에 시달리게 하는 지정학적으로 압도적인 기술 제국을 세우지는 못할 것이다. 미국의 디지털 연합은 규모가 더 커지고 더 강력해질 것이며, 중국과의 경쟁에서 최종적으로 이길 수 있는 유리한 위치에 서게 될 것이다. 그러나 세계는 여전히 경제적, 기술적으로 더욱 분열될 것이다. 미국과 그 동맹국이 한편에 서고, 쇠락하고는 있지만 여전히 도전적인 중국과 러시아를 포함한 전제주의 추종 세력이 다른 편에 서게 될 것이다.

미국과 동맹국이 중국을 공급망에서 차단하고 인터넷망을 분리하며 자유세계의 기술 보호를 강화함에 따라 두 진영의 분리는 가속화할 것이다. 2017년에 시작되어 2020년대에 고조된 미중 간의 무역 및 기술 전쟁은 끝없이 맹위를 떨칠 것이다. 이처럼 새로운 '항구적 전쟁 상태'가 군사적 교전을 수반하지 않을 수도 있다. 그러나 양국은 각자의 영향권을 확대하고 상대편 경제를 흔들기 위해 관세와 투자 제한 조치, 기술 수출 금지 조치, 금융 제재, 비자 발급 제한, 사이버 스파이 활동 등 모든 비군사적 무기를 강제 수단으로 총동원할 것이다. 다른 나라는 양 진영 모두와 무역 및 기술의 연계를 유지함으로써 위험을 분산하기가 갈수록 어려워진다는 사실을 깨닫게 될 것이다. 대신에 미국과 중국은 이들 국가로 하여금 어느 한편을 택해 공급망을 재편성하도록 강요할 것이다.

세계가 기술적으로 분열되면서 일반 사람에게 미치는 파장도 심대할 것이다. 사람들이 (비자는 발급 받을 수 있다고 가정하고) 한 진영에서 다른 진영으로 여행을 가면 전혀 다른 디지털 세계에 들어가게 될 것이다. 휴대전화는 작동하지 않을 테고, 이메일 서버와 소셜미디어 앱을 포함해서 평소에 애용하는 웹사이트도 사용할 수 없을 것이다. 한 진영에서 다른 진영으로 파일을 전송하는 일은 악몽이 될 것이다. 그렇더라도 이것이 중국의 기술 제국주의가 횡행하는 세상보다는 훨씬 더 낫다. 그러나 오늘날 많은 미국인이 상상하는 것보다는 더 험악한 세상이 될 것이다.

똑같은 양상이 동아시아의 해양 상황에도 나타날 것이다. 경제적으로 가장 활기찬 지역 가운데 하나인 동아시아는, 각국이 대만의 사례를 따라 자국의 해안선을 중국 해군의 침범으로부터 방어하려고 앞다퉈서 첨단 미사일, 기뢰, 무인기 등을 잔뜩 비축함에 따라 고도로 중무장한 지역이 될 것이다. 동아시아의 해로는 미국이 '항행의 자유freedom of navigation'를 지키고 중국의 공격을 억지하기 위해 대규모 다국적 연합을 맺는 한편, 중국은 이에 대응하기 위해 해군을 전개함에 따라 다른 지역에서 파견된 전함을 포함해 각종 전함들로 가득 차 숨이 막힐 지경이 될 것이다. 연합군과 중국군 간의 근접 조우가 일상화되고 무력 충돌의 위협이 상존하게 될 것이다. 중국은 군사 공격을 가로막는 가공할 만한 봉쇄 장벽에 직면할 것이다. 그러나 그 장벽을 계속 유지하면 관련 당사국들 모두에게 심각한 위험이 초래될 것이다.

이념 경쟁 역시 더욱 치열해질 것이다. 미국과 중국은 단지 특정 기술이나 무역 네트워크만 확대시키려고 하지 않는다. 이들은 서로 다른 생활방식을 옹호하고 지지하는 것이다. 미국이 2020년대에 제대로 상황에 대처하면, 중국과 중국 우방국이 전 세계 민주주의 국가를 약화시켜 전제주의가 득세하는 새로운 한 세기를 시작할 수는 없을 것이다. 그러나 (중국의 인권 침해 및 비인도적 범죄, 미국 및 다른 민주주의 국가의 인종 차별적 유산 등) 각국의 국내 통치 문제를 두고 국제기구, 고위급 정상회담, 대중 토론장에서 격렬한 대결이 벌어질 것이다.[3] 중남미에서 쿠데타가 일어나거나 사하라사막 이남의 아프리카에서 민주주의의 돌파구가 열릴 경우에는 정치적 위기와 함께 지정학적 위기가 발생할 것이다. 중국공산당이 미국과 다른 민주주의 국가의 국내 문제에 공격적으로 개입하고, 미국이 중국과 전 세계에서 디지털 권위주의의 약점과 폐해를 공개하는 방법으로 반격에 나서면 정치적 전쟁이 격화될 것이다.

미국은 다른 경쟁 분야에서와 마찬가지로 이런 대결에서도 상대적으로 강경한 입장을 견지할 것이다. 그러나 효과적인 위험 구간 전략의 성과가 실패했을 경우의 후유증에 비해서는 훨씬 좋아 보인다.

2030년대의 중국

신냉전이 벌어지면 중국에서는 무슨 일이 일어날 것인가? 중국의 미래에 관해서는 우리가 모르는 게 많다. 그러나 우리가 이미 알고 있는 세 가지 대단히 중요한 요인이 있다. 이 세 가지 요인은 모두 2030년대에 중국이 경제적으로 침체하고 국제적으로는 반감을 사며 정치적으로 불안정할 것임을 시사한다.

첫째, 중국의 인구 위기가 심화될 것이다. 우리는 2장에서 중국의 상기석인 인구학석 문제를 논했다. 그러나 중기적으로도 상황은 심각할 것이다. 2020년부터 2035년까지 중국에서는 약 7000만 명의 경제활동 인구가 줄어들고, 1억3000만 명의 노령 인구가 새로 추가될 것이다.[4] 이는 불과 15년 안에 프랑스 인구 규모의 젊은 근로자, 소비자, 납세자가 사라지고, 일본 인구 규모의 노령 연금 생활자가 늘어난다는 얘기다. 2035년부터 2050년까지 중국에서는 추가로 1억500만 명의 근로 인력이 줄어들고 6400만 명의 노령 인구가 늘어날 것이다.[5] 따라서 빠르면 2030년에 중국은 인구학적 정점에서 내리막길에 들어서고 곧 인구절벽을 향해 치달을 것이다.

이러한 속도와 규모로 중국의 인구가 붕괴하면 경제에 심각한 타격을 줄 공산이 크다. 어떤 국가에서 노동력 증가율이 1퍼센트 포인트 하락하면 평균적으로 GDP 성장률이 1퍼센트 포인트씩 떨어진다. 그런데 중국의 노동 인구는 단지 성장을 멈출 뿐 아니라, 2020년에서 2035년까지 거의 7퍼센트가 줄어들고 2035년부터 2050년까지는 추가로 11퍼센트가 줄어든다.[6] 한편 수천만 명의 노인이 극도로 비참한 빈곤 상태에 빠지지 않도록 하려면, 2020년부터 2035년까지 연금과 의료보장 지출이 GDP에서 차지하는 비중을 두 배로 늘려야 하고, 2050년까지는 세 배로 높여야 한다.[7] 노인복지를 산업적 규모로 제공하는 데 필요한 재정적, 물리적 부담은 갈수록 줄어드는 건강한 성인 인구의 저축, 직무 개발, 소비 등을 저해할 것이다.

인구가 급속히 노령화되는 동시에 감소하는 끔찍한 상황이 벌어지면, (중국의 성장 모델인) 투자주도 성장과 (중국이 채택하고자 열망하는 미국의 성장 모델인) 소비주도 성장이 모두 사실상 불가능해진다. 그러면 결과적으로 수출주도 성장만이 남게 된다. 그러나 세계화가 한창 진행되던 1990년대 중국에 경이적인 성장을 가져다주었던 이 전략은 가혹한 무역 장벽과 중무장 지대로 바뀐 해상 수송로 등으로 대변되는 분열된 세계에서는 전혀 적합하지 않은 성장 전략이다.

시진핑은 당장 신흥 시장에 돈을 퍼부어 중국 수출품에 대한 미래의 수요를 촉진시키는 방법으로 이 문제를 해결하려고 할 것이다. 그러나 이러한 희망은 다음의 두 번째 불편한 사실로 인해 좌절될 것이다. 바로 중국이 해외에 제공한 차관의 대부분이 2030년 무렵에 만기가 돌아오고, 그중 상당액이 상환되지 않을 것이란 사실이다.

2010년대에 중국 정부는 150개가 넘는 국가에 차관과 무역 신용의 형태로 약 1조 달러를 나눠 주었다. 여기에는 전 세계 개발 도상국의 80퍼센트가 포함되어 있다.[8] 이들 차관의 대부분은 15년 안에 상환하도록 만기가 잡혀 있다.[9] 그러나 만기가 돌아오는 차관의 대부분이 정정이 불안한 국가에서 재정적으로 수상적은 프로젝트에 자금을 대주는 용도로 쓰였기 때문에 정상적으로 상환되지 않을 것이다. 중국의 일대일로 구상에 참여한 국가의 절반 이상이 투자 등급 아래의 신용평가 등급을 받는다.[10] 중국 정부 스스로도 남아시아에 투자한 금액의 80퍼센트와 동남아시아 지역에 투자한 금액의 50퍼센트, 중앙아시아 지역에 투자한 금액의 30퍼센트를 회수하지 못할 것으로 예측했다.[11]

이들 해외 차관의 상당 부분이 2030년 무렵에 만기가 돌아오면 중국은 수천억 달러를 대손 상각貸損償却으로 처리하거나, 차관을 갚지 못한 협력 국가의 자산을 압류해야 한다. 전자는 심각한 경제 침체를 겪을 중국의 납세자를 격분시킬 게 확실한 조치이고, 후자는 해당 국가의 상당수가 겨우 자국민을 먹여 살릴 정도의 여력밖에 없는 나라들이어서 시행하기가 극히 어려운 조치가 될 것이다. 중국공산당이 스스로를 국내외에서 모두 멸시당하는 처지로 밀어 넣은 꼴이다.

이런 독설적인 가설이 실제로 어떤 양상으로 드러날 것인지를 잠깐 살펴보자. 2017년 스리랑카가 채무불이행을 선언하고 나서 중국이 스리랑카의 항구를 짐짓 압류하는 척했을 때, (실제로 압류한 것이 아니었음에도) 전 세계적으로 일어난 과잉 반응을 생각해 보면 좋을 것이다.[12] '부채 함정 외교'라는 비난이 인도에서부터 일본, 미국에 이르기까지 세계 도처에서 터져 나왔고, 많은 나라가 중국의 일대일로 구상에서 탈퇴하거나 차관 조건을 재협상하자고 요구했으며, 여러 참여 국가에서 반反중국 성향의 정당이 대거 집권했다.[13] 한편 중국 국민은 인구의 절반 이상이 아직도 하루에 10달러 이하로 생활하는 상황에서 자신들의 정부가 해외에 수십억 달러를 투자해서 날려 버린 이유를 매우 궁금해했다.

2030년대 초 중국에 닥칠 후폭풍은 스리랑카에서의 대실패보다 규모가 몇 배는 더 클 것이다. 그 무렵의 차관 상환이 불가능한 사태에는 훨씬 많은 나라가 들어 있고 미상환 액수도 훨씬 클 것이기 때문이다. 연구자들은 중국의 최근 차관 공여 공세를 1980년대의 이른바 '제3세계 부채 위기Third World Debt Crisis'를 촉발한 경제 호황의 '쌍둥이'로 묘사했다. 당시 수십 개의 빈국이 수천억 달러의 차관에 대해 채무불이행을 선언했고, 이후 경제 성장이 완전히 멈춘 '잃어버린 10년'을 겪어야 했다.[14] 당시 채무불이행에 물린 채권자들(10여 개 부유한 국가의 대형 은행)은 결국 채무국이 지고 있던 부채의 3분의 1을 포기해야 했다. 채무불이행 국가의 대부분은 강제로 국제통화기금(IMF)과 세계은행의 '구조조정(일명 긴축)' 프로그램에 들어갔으며, 이는 개발도상국 전역에서 폭동을 촉발했다.

오늘날 중국은 당시와 똑같은 나라들에게 각국의 경제 규모에 따라 비슷한 수준의 부채를 떠안기고 있다. 유일한 차이는 중국 정부가 단연 주채권자라는 점이다. 따라서 중국은 홀로 다가오는 채무불이행 사태를 정리하고 외교적 후유증을 감당해야 한다. 채권 회수는 끔찍한 일이다. 무모한 차관 공여의 규모를 감안하면 중국은 스스로가 우방국과 이들에 대한 소프트 파워soft power에서 모두 출혈을 일으키고 있음을 깨달을 수도 있다.

우리가 중국에 대해 알고 있는 세 번째 요소는 중국이 다가오는 권력 승계 위기에 직면했다는 점이다.[15] 시진핑은 과중한 업무 스트레스에 시달리는 비만한 흡연자인 데다 2033년에는 80세를 넘기게 된다. 이런 이유에도 불구하고 그가 앞으로 몇 년간 계속 통치할시 노브시만, 보험 통계표는 이와는 다른 가능성을 제시한다. 그 이전은 아닐지라도 최소한 2030년대 초에는 중국공산당 간부들이 시진핑 이후를 생각하면서 자리 다툼을 시작할 것이다. 권력 투쟁이 어떻게 전개될지는 시진핑을 포함해서 누구도 알지 못한다. 시진핑이 2018년 자신을 '만물의 주석'으로 임명하면서 권력 승계와 권력 분점에 관한 중국공산당의 몇 안 되는 규범을 없애 버렸기 때문이다.

따라서 위험 구간 이후 중국 정부가 어떻게 구성될지는 알려져 있지 않다. 다만 중국 정부의 구성이 유동적일 것임은 분명하다. 중국의 최고 통치기구인 중국공산당 중앙정치국 상무위원회의 현재 구성원은 모두 2027년에는 은퇴 시점을 지난다. 이들보다 젊은 지도자들 중에는 누구도 시진핑이 가진 엄청난 권력의 빈자리를 메울 만한 자질을 갖지 못했다. 그리고 누군가 그런 자질을 입증하기에는 시간이 너무나 촉박하다.

시진핑이 은퇴를 발표하고 후계자를 지명하는 경우조차 그의 후임자가 권좌에 이르지 못할지도 모른다. 사실 시진핑은 후계자 지명을 주저해 왔다. 이는 지난 세기 동안 권좌에서 물러난 독재자의 41퍼센트가 퇴임 후 1년 안에 국외로 추방되었거나 투옥되었거나 사망했다는 사실을 감안하면 충분히 이해할 만하다.[16] 시진핑 추종 세력의 구성원들이 여러 분파로 분열할 수도 있다. 시진핑 치하에서 처벌되었거나 한직으로 밀려난 세력이 권력 탈환을 시도할 수도 있다. 시진핑의 권한은 가공할 만하지만 그가 권력을 차지하려고 수백만 명의 원로 공산당원을 숙청해야 했다는 사실은 결코 잊지 말아야 한다. 그 결과 그동안 피해를 본 세력 가운데 시진핑을 교체하려고 꾀하는 야심 찬 계파 수장이 적지 않다.[17]

중국의 역사는 원활한 권력 이양을 바라는 사람들에게 거의 아무런 위안을 주지 못한다. 중화인민공화국에서 완전히 공식적이고 질서 있게 지도자 승계가 이루어진 경우는 역사상 단 한 번 있었다. 바로 2012년 시진핑이 집권했을 때였다.[18] 중화인민공화국 이전의 시기도 별로 위안거리가 못 된다. 49개 왕조에서 즉위한 282명의 중국 황제 가운데 절반이 살해되거나 황제 자리를 빼앗기거나 강제로 퇴위하거나 강요에 따라 자살했다.[19] 이들 가운데 후계자를 선택한 황제는 절반에 미치지 못했고, 그 대부분은 재위 마지막 해에 승계가 이루어졌으며, 그들의 후계자도 대개 정치적 경쟁자의 손에 살해되었다.[20] 요약하면 중국에서 권력의 승계 과정은 폭력적이며 혼란스러운 것이 일반적이고 무슨 일이든 일어날 수 있다는 말이다.

훼방꾼 경계경보

우리는 시진핑 이후에 누가 중국을 이끌게 될지 또는 그들이 어떻게 권력을 잡게 될지는 모르지만, 장래에 집권할 인물 또는 집단이 직면하게 될 구조적 요소가 무엇인지에 대한 감은 가지고 있다. 바로 둔화하는 경제, 전략적 포위망, 그리고 바라건대 성공적인 미국의 위험 구간 전략 등이다. 이러한 요소가 반드시 중국이 어떤 경로를 밟을 것인지를 결정하지는 않더라도 2030년대와 그 이후까지 중국이 가용할 수 있는 선택지의 범위를 규정할 것이다.

아마도 최선의 경우를 상정한 가능성은 시진핑이 중국의 고르바초프 같은 인물로 교체되는 것이다. 즉 결국에는 중국을 자유화하고, 대외 지출을 줄일 용의가 있는 개혁적 인물이 집권하는 것이다. 소련이 1980년대 초 서방에 뒤처지고 있음을 깨달았을 때 처음에는 희망의 빛이 꺼지고 있다는 사실에 분노했다. 그러나 1980년대 중반 이후 지정학적 압력과 국내의 경제 침체를 견디기 어렵게 되자 소련 지도부는 마지못해 냉전에서 물러났다. 고르바초프 정부는 동맹국에 원조와 차관을 삭감하고, 아프가니스탄에서 패한 뒤 철수했으며, 경제 부문을 서방 기업에게 개방했다. 또 국방비 지출을 줄였으며, 50만 명의 병력을 감축하고, 부담스러운 군비 통제 협정을 수용했다. 소련의 강경파들조차 이러한 전방위적 후퇴를 승인했다. 소련 군부의 최고위 간부였던 드미트리 야조프Dmitry Yazov는 이 과정을 나중에 이렇게 설명했다. "우리는 그저 미국, 영국, 독일, 프랑스, 이탈리아 등 나토 연합으로 단결해서 번영하는 모든 국가에 맞설 힘이 없었다. 우리는 대단원의 막을 내릴 최종적인 해결책을 찾아야 했다. … 우리는 협상을 계속하면서 줄이고, 줄이고, 또 줄여야만 했다."[21]

중국 역시 초강대국의 꿈이 무산되면 긴장을 완화하는 데탕트를 추구할는지 모른다. 즉 대만해협에서 공세를 늦추고, 남중국해에서 국제 법규를 준수하며, 민주주의 국가에 대한 정치적 방해 공작을 포기하고, 개방적인 세계 경제의 규범에 따르기로 하는 것이다. 중국공산당이 국내에서 약간의 정치 및 경제 개혁을 시행하면서 동시에 중국 체제의 활력을 되찾고 중국공산당의 정통성을 재충전하기 위한 노력의 일환으로 시진핑 시절에 자행했던 최악의 억압 정책을 원상태로 되돌릴 수도 있다. 미국과 중국은 여전히 일종의 경쟁 관계를 유지할 것이다. 시진핑의 초상화는 으레 천안문광장의 마오쩌둥 초상화 옆에 걸려 있을 것이다. 그러나 중국공산당은 극단적으로 현상을 변경하려는 구상으로부터 멀어져 있을 것이다.

그러나 보다 가능성이 큰 다른 결과는 시진핑이 중국의 푸틴 같은 인물로 교체되는 것이다. 즉 중국이 야심 찬 초강대국에서 가시 돋친 훼방꾼으로 이행하는 과정을 관장하는 복수심에 불타는 격투기 선수 같은 인물이 집권하는 것이다. 그러면 대등한 경쟁자로서 중국의 위협은 급속히 사라지지만 그 자리에는 거대한 불량국가가 등장한다. 이 불량국가는 자신이 지배하리라고 더는 기대할 수 없게 된 국제 질서를 뒤엎음으로써 스스로를 지키는 것을 목표로 삼는다.

중국은 자신의 제국을 포기하는 대신 미국이 주도하는 국제 질서를 상대로 게릴라전을 펼칠 수 있다. 다시 말해 과거에 노골적으로 군사적 정복을 위협하던 곳에서 애매한 '회색 지대' 공세를 빈번하게 펼치는 것이다. 영유권 다툼이 있는 분쟁 지역 중 작은 곳을 준군사 조직과 해안경비대, 어선 등을 보내 점거함으로써 총 한 발 쏘지 않고 영유권을 기정사실화하는 것이다. 중국은 과거에 기술 혁신을 지배하기를 원했던 분야에서 기술의 차용이나 절취, 해외로부터 첨단기술 수입을 지배하여 이를 대규모로 신속히 활용하는 데 초점을 맞출 것이다. 또 중국은 억압적인 통치 모델을 전 세계에 수출하는 대신에 미국과 동맹국의 네트워크를 파괴하고, 자유 사회에 혼란을 일으키려고 사이버 용병을 은밀히 고용해 정치적 대리전을 벌일 것이다. 그리고 국내에서 반체제 인사를 탄압하는 정책을 계속 유지할 것이다. 위구르인과 티베트인은 감금된 채 인종 말살을 위한 불임시술을 받게 될 것이며, 중국공산당의 감금 시설은 계속해서 개선되고 확장될 것이다. 시진핑 이후의 중국은 패권을 장악할 가능성이 줄어듦에도 불구하고 자신보다 우월한 연합 세력과의 장기전에 본격적으로 나설 것이다.

이러한 두 가지 시나리오가 가장 유력하겠지만 이것이 유일한 가능성은 아니다. 중국은 어쩌면 내전에 빠져들지도 모른다. 또 국가적 몰락으로부터 나라를 구할 목적으로 야심 차게 추진하는 기술 혁신 계획 가운데 몇 가지가 성과를 낼지도 모른다. 또 전혀 예상치 못한 어떤 일이 벌어질 수도 있다. 중국의 위협이 단기적으로는 부정할 수 없이 분명한 반면에 중국의 장기 전망은 여전히 미결의 문제로 남는다.

장기전에 대비하는 열 가지 원칙

한 가지는 분명해 보인다. 가장 위험한 시기를 벗어난 후에도 미국은 평온한 시대로 접어들지 못할 가능성이 크다는 것이다. 그보다 더 가능성이 큰 것은 미국이 여전히 충격과 경악으로 점철된 수많은 등락을 겪으며 계속해서 경쟁을 벌일 것이라는 전망이다. 2030년대에는 미국이 기존의 위험 구간 전략으로부터 경쟁이 계속되는 동안 지속할 수 있는 접근 방식으로 기어를 변환할 필요가 있다. 그 변환 과정에서 다음의 열 가지 원칙이 도움이 될 것이다.

첫째, **어떤 형태의 승리를 할 것인지를 결정하라.** 지금부터 10년 후에 패배의 결과가 어떤 모습일지를 상상하기는 쉽다. 중국이 지배하는 대만은 지역적 팽창의 도약대로 쓰일 것이고, 모든 지역이 중국에 기술적으로 손이 묶일 것이며, 세계는 취약한 민주주의 국가가 적극적인 전제 국가에게 압도당하는 모습일 것이다. 위험 구간 전략의 목적은 이런 최악의 사태가 벌어지지 않도록 방지하는 것이다. 즉 이런 최악의 미래가 단기간에 우리의 현실이 되지 않도록 막는 것이다. 그러나 이것은 과도기적 목표이자 미국이 아직 인식하지 못한 최종 목적지로 가는 길의 중간 기착지일 뿐이다.

미국은 개혁적으로 바뀐 중국과 일종의 경쟁적 공존 관계를 추구하고 있는가? 즉 경쟁의 요소는 남아 있지만 양측이 합의한 통행 규칙이 설정되고 미국의 핵심 이익이 보호 받는 관계를 최종 목표로 삼고 있느냐는 말이다. 미국은 더 작고 약한 중국의 세력권이 더 크고 활기찬 미국의 세력권과 무한정 나란히 병존하는 시나리오를 받아들일 수 있는가? 즉 소련 진영이 붕괴하기까지 냉전 시대의 유럽에서 만연했던 합의의 형태라면 미국이 만족하겠느냐는 말이다. 그게 아니라면 중국공산당은 미국이 주도하는 세계에 대한 적대감이 유전자에 각인된 구제 불능의 정권일까? 그런 경우 중국 정권이 내부로부터 진화하거나, 중국의 권력이 더 이상 외부 세계에 위협이 되지 않을 정도로 몰락할 때까지 경쟁은 계속되어야 할 것이다.[22]

이는 크고도 민감한 문제다. 미국은 여러 가지로 힘든 2020년대에는 중국을 단순히 현재 상태로 묶어 두는 데 초점을 맞추고 싶은 생각이 많이 들 것이다. 물론 중국과의 경쟁이 어떻게 끝날 것인지에 대한 질문은 미국 혼자 충분히 답할 수 있는 것이 아니다. 중국 국민과 지도자들이 하게 될 선택이 가장 중요한 요소가 될 것이기 때문이다. 그러나 그저 상황을 관망하는 접근 방식은 실수가 될 수 있다.

미국은 위험 구간 전략이 화해를 모색하는 시기로 이어 주는 가교인지, 아니면 잘못을 깨달은 경쟁 상대와 함께 서로 각자의 방식대로 살자는 공존공영共存共榮의 접근 방식인지, 그것도 아니라면 갱생 불능의 정권에 대항해서 벌이는 길고도 암울한 투쟁의 전주곡인지를 결정할 필요가 있다. 미국 관리들은 특정 정책을 강구할 때 그 목적이 중국을 갱생시켜 국제 질서에 끌어들인 다음 모든 것을 처음부터 다시 해 보자는 것인지, 아니면 단지 중국 정권이 바뀌거나 중국의 영향력이 극적으로 감소할 때까지 중국의 팽창을 막을 수 있는 장벽을 유지하려는 것인지를 분명히 구분해야 한다. 그리고 2030년대와 그 후에 이르기까지 미국이 변화하는 중국에 대응하는 방식은 궁극적으로 양국 관계가 어디로 가기를 원하는지에 달려 있다. 단기적으로는 분주한 미국 관리들이 오래 계속되는 미중 간 경쟁 관계가 어떻게 종결될 것인가 하는 추상적인 질문을 미룰 만한 온갖 사정이 늘 있기 마련이다. 그러나 장기적으로 자신이 달성하려는 목표가 무엇인지를 알지 못하면 미국은 경쟁에서 이기지 못할 것이다.

둘째, **스스로 속도를 조절하는 법을 배워라.** 어떤 경쟁에서든 속도가 지구력보다 중요할 때가 있다. 즉 전력을 다해 달리는 것 외에는 할 수 있는 다른 선택지가 없는 경우다. 애치슨은 1950~1951년 사이의 끔찍한 겨울에 "위험이 지금보다 더 클 수는 없기 때문에 '너무 과도한 대책' 같은 것은 없다"라고 말했다.[23] 그러나 어떤 나라도 영원히 전력 질주를 계속할 수는 없다.

애치슨의 경험은 이 점을 잘 증명해 준다. 한국전쟁에 참전하고 대규모 군사력 증강을 추진한 것은 밀려드는 공산주의의 공세에 대응하기 위해 필요한 조치였다. 그러나 그 과정에서 인명과 재정 면에서 치른 대가가 너무 컸다. 그로 인해 아이젠하워 행정부는 비용이 덜 들고 덜 부담스러운 형태의 봉쇄 정책을 찾을 수밖에 없었다. 1960년대 동안 미국은 베트남전쟁에서 스스로를 너무나 혹사한 나머지 그 후 몇 년간 심리적, 전략적, 경제적으로 지장을 받았다. 지나치게 비용이 많이 들고 시간이 너무 오래 걸리는 대책은 결국 웬만큼 충분한 정책조차 추진하기 불가능하게 만든다.

미국은 2020년대 이후를 내다보면서 지속 가능한 전략을 찾아야 한다. 경쟁이 오래 지속될 때, 특정 분야에서 효과적인 경쟁을 벌이기 위해서는 불가피하게 모든 분야에서 경쟁하지 말아야 한다. 미국은 어떤 대가를 치르더라도 반드시 중국에 우위를 지킬 분야(예컨대 동아시아의 군사 균형과 기술 경쟁 등)와 들인 노력에 비해 얻는 성과의 가치가 적은 곳(예컨대 중앙아시아와 아프리카 일부 등)을 명확히 정해야 한다. 미국의 정책 결정자들은 또 언제 속도를 높이고 언제 속도를 늦출 것인지를 고려해야 한다. 즉 예상되는 취약한 상황을 미연에 방지하기 위해 적극적으로 나설 시점과 뒤처지기 시작한 경쟁 상대를 영원히 압도할 시점은 언제가 좋을지를 감안하고, 또 설사 적에게 전략적 여유를 주더라도 전략적 휴지기를 가질 필요가 있는 시점은 언제인지를 고려해야 한다는 얘기다. 예를 들어 일단 대만이 전략적 고슴도치식의 방어 체제로 전환되고, 디지털 권위주의의 확산이 멈추며, 미국과 민주적 동반 국가들이 세계의 핵심 기술과 표준을 만들어 내기 위한 경쟁에서 확실한 주도권을 잡는다면, 미국은 지속적인 결의가 필요한 치열한 경쟁 속에서도 약간의 숨 돌릴 틈을 찾을 수 있을 것이다.

　　이런 일에 마법의 공식은 없다. 애치슨은 북한이 남한을 공격했을 때 예상치 못한 도전이 원치 않는 책무를 요구할 수 있고, 어떤 지역이 공격당하기만 해도 그 지역의 중요성이 새삼 명확히 부각된다는 사실을 깨달았다. 그러나 당시에 미국이 적절하게 속도를 유지하는 문제를 심각하게 취급하지 않았다면 단기 경쟁에서는 이길 수 있었겠지만 장기 경쟁에서는 차질을 빚었을 것이다.

셋째, **경쟁 구도를 체제의 경쟁으로 만들어라.** 미국이 냉전 기간 중에 했던 가장 중요한 일은 적에게 입힌 파괴가 아니라 우방국과 함께 이룬 새로운 질서의 창조였다. 미국은 2차 세계대전으로 산산이 부서진 폐허로부터 활기찬 민주적 공동체를 건설함으로써, 소련의 영향력이 커지고 있던 와중에서도 비공산주의 국가가 소련의 강압에 저항할 수 있도록 도왔다. 미국은 상대적으로 더 나은 자유와 번영의 성공 사례를 만들어 냄으로써, 소련의 지도자와 국민으로 하여금 자신들의 제국에 도대체 무엇이 잘못되었는지에 대한 의문을 갖게 했고, 소련 체제에 대한 그런 의구심이 결국 소련의 붕괴를 가져온 개혁을 추진하도록 부추겼다. 미국이 소련과의 경쟁을 순전히 양자 간의 맞대결로 취급했기 때문에 냉전에서 이긴 게 아니다. 미국은 미국 편에 선 나라들을 위해 더 나은 세계를 만듦으로써 소련의 공세를 차단하고 소련의 이념을 무너뜨린 것이다.[24]

오늘날 세계는 1945년에 비하면 훨씬 덜 망가진 상태다. 그러나 당시에 냉전의 승리를 가져다준 전략은 오늘날에도 여전히 유효하다. 지금 중국을 과거 상태로 되돌리려면 엄청난 파괴가 필요하다. 공급망을 파괴하고 인터넷을 분리하며 동아시아 해역을 중무장한 병영으로 바꿔야 한다. 미국은 자유주의적 국제 질서를 관장하는 세계무역기구(WTO) 같은 국제기구의 역할을 일시적으로 줄여야 할지 모른다. 이러한 국제기구는 조직 내부에 들어와 있는 권위주의적 약탈자를 상대하려고 만든 게 아니기 때문이다. 다만 보다 먼 미래를 내다볼 때, 중국을 억제하고 중국공산당의 어리석은 행동을 깨닫게 할 수 있는 미국의 능력은 강력한 힘과 회복 탄력성 그리고 미국이 중국 주변에 건설한 세계의 매력에 전적으로 의존하게 될 것이다.

이는 중국이 오염시킨 국제기구들을 대체할 새로운 국제기구의 창설을 의미할 수도 있다. 그러기 위해서는 중국의 공격으로부터 안전한 세계를 만들겠다고 다짐한 국가들 사이에 더 큰 통합과 역동성을 촉진할 수 있는 무역 협정을 함께 만들어야 한다. 여기에는 4자 안보 대화(Quad) 같은 국제기구들을 다양한 현안을 망라하는 더 넓은 협력의 장으로 확장하고, 이미 중국의 도전에 대응하기 위해 싹트고 있는 민주주의 국가의 동반자 관계를 점차 서로 연계하고 공식화하는 작업이 포함될 수 있다.[25] 민주주의 국가의 국제적 단일 연합체가 가까운 시일 안에 실현되기는 어렵다. 그러나 이를 장기적으로 유용한 목표로 삼을 수는 있다. 대체로 이러한 접근 방식은 건전한 국제 질서에 대한 냉전 시대의 비전을 되살리는 것을 의미한다. 즉 비슷한 생각을 공유하는 모든 국가에게 혜택을 줄 수 있는 국제 질서를 구축하되, 이러한 비전을 위협하는 국가는 배제하는 접근 방식이다. 앞으로 수십 년간 중국의 힘을 견제하는 가장 강력한 수단은 중국이 위협하는 국가들 사이의 견고한 유대다. 이는 미국이 오늘날 결집시켜야 할 임시적인 국가 간 연합체들을 앞으로 수년 동안 이어지게 될 다자간 연합체를 구축하는 과정의 시발점으로 봐야 한다는 것을 의미한다.

그렇다고 미국이 중국을 관대하게 대해야 한다고 주장하는 것은 아니다. 네 번째 원칙은 **미국이 (중국을 상대로) 비대칭적인 싸움을 벌이고 줄기차게 대가를 치르도록 해야 한다**는 것이다. 경쟁이 장기화할수록 자신의 장점을 잘 살리고 적의 약점은 적극적으로 이용하는 것이 더욱 중요해진다. 마찬가지로 경쟁자를 파산시키는 열쇠는 경쟁자가 자신의 이익을 지키기 위해서 반드시 치러야 하는 대가를 급격히 끌어올리는 것이다. 미 국방부의 관록 있는 전략가인 앤드류 마셜은 장기전에서 성공에 이르는 길은 싸움을 상대적으로 유리한 영역으로 끌고 가는 한편, 적이 그 싸움을 계속하려면 터무니없이 비싼 대가를 치르도록 만드는 것이라고 말했다.[26]

　따라서 미국은 독보적인 이점을 가져다주는 자산을 대거 축적해야 한다. 장기적인 기술 전쟁에 결정적으로 중요한 역할을 하는 달러의 세계 지배력과, 미국이 중국에 대한 국제적 반격을 조율할 수 있도록 해 주는 동맹 네트워크와 같이 미국에게 압도적으로 유리한 자산을 쌓아야 한다는 말이다. 또 미국은 중국의 세계 구상에 대해 선별적인 표적 대응을 추구해야 한다. 즉 약탈적 정권들로부터 개별적인 동조를 구하기 위해 중국과 다투기보다는 오히려 다른 민주주의 국가들과 힘을 합쳐 엄선된 몇 개의 질 높은 인프라 계획을 추진해야 한다는 것이다. 미국은 적은 투자로도 중국의 대규모 고비용 투자 노력을 좌절시킬 수 있는 영역을 식별해야 한다. 예건대 중국의 투자를 받으려는 나라에게 투자와 자금 지원의 내용과 의도를 평가할 수 있는 기술적 전문지식을 제공하는 것이다.[27] 그리고 미국은 중국에 비대칭적 비용 부담을 지울 수 있도록 만드는 전략을 추구해야 한다. 즉 서태평양을 누구도 차지할 수 없는 '완충지대'로 변모시킨다거나, 기술을 차단함으로써 중국이 과도하게 많은 비용을 들여서 세운 기업과 산업을 무너뜨리는 전략을 구사해야 한다는 것이다.[28]

이와 함께 미국은 쉽게 발끈하는 강압적 독재자들이 흔히 범하는 실수를 이용해 이들에게 막대한 대가를 치르게 할 수도 있다. 중국은 아주 사소한 비판에도 분노를 터뜨리는 버릇이 있다. 중국의 이런 속성은 결과적으로 다른 나라에게 중국이 패권을 장악하면 얼마나 불쾌한 상황이 전개될지를 여실히 보여 준다. 그런 성향은 시진핑 정권에 뿌리 깊이 내재되어 있다. 시진핑 정권은 국내에서 독재적인 지도자로서 하는 행동과 해외에서 동맹국을 얻기 위해 하는 행동을 분간하는 데 어려움을 겪는 것으로 보인다. 중국의 이런 행태는 (지난 2021년 미국이 유럽 및 다른 여러 나라와 함께 탄압 행위에 가담한 중국 관리들에게 다자간 제재 조치를 내린 것처럼) 미국이 전략적으로 교묘하게 중국의 신경을 건드리면, 그에 뒤이은 중국의 외교적 자해 행위로부터 이득을 얻을 수 있는 여지를 넓혀 준다.

미국이 어떤 전략을 취하든 그것은 중국공산당의 통치 방식에 내재된 잔인하고 부패했으며, 갈수록 전체주의적으로 바뀌는 성향 등 그들이 가장 크게 취약성을 드러내는 데에서 대가를 치르도록 하는 것이어야 한다. 미국은 중국이 국내에서 권력을 지키려면 더 힘들게 애쓰고 더 많은 지출을 하도록 만드는 데 굳이 정권 교체까지 추구할 필요가 없다. 그런 정책에는 (냉전 시기에 서방이 소련 공산권에 구사했던 정책과 마찬가지로) 중국 정부의 디지털 통제 체제를 패러디하고, 중국공산당 정권에 의해 학대받은 사람들을 대신해서 이들의 잔학 행위를 공개적으로 폭로하며, 탄압에 가담한 관리들에게 다자간 제재 조치를 조율하고, 편향되지 않은 뉴스를 중국의 정보 생태계에 도입하는 방법을 강구하는 등의 방안이 포함될 수 있다. 미국은 또 중국 정권의 가장 끔찍한 특성을 국제적인 공론장에서 끊임없이 부각시켜서 중국공산당이 필요로 하는 국내 통제와 중국이 열망하는 국제적 지위가 서로 상충되도록 만들 수도 있다. 이로 인해 스스로의 대의를 훼손하는 중국의 분노가 촉발된다면 그럴수록 더 좋다. 중국이 국내의 도전과 국제적 비난에 극도로 민감하게 반응하는 것 자체가 미국이 이용할 수 있는 약점이다.

다섯째, **핵심적인 강점의 원천에 지속적으로 투자하라.** 2020년대 동안 미국은 중국의 기세를 꺾으려고 찾을 수 있는 모든 수단을 확보할 것이다. 개발하는 데 몇 년이 걸리는 역량은 별로 도움이 되지 않는다. '먼저 집안 단속부터 하라'는 식의 조언은 실제로는 그저 아무것도 하지 않고 꼼짝 말고 있으라는 충고다. 그러나 싸움이 장기화함에 따라 그런 조언이 점점 더 의미를 갖게 된다.

냉전이 종식될 무렵 미국은 수십 년에 걸쳐 축적해 놓았던 투자의 결실을 거두기 시작했다. 초강대국 간의 경쟁을 염두에 두고 미국이 구축해 놓은 동맹 체제와 미국이 개발한 첨단 군사력, 미국이 창설한 미국 정보국U.S. Information Agency 같은 조직들까지 효과를 발휘하기 시작한 것이다. 레이건 시절의 군비 확충 과정에서 등장한 첨단무기들은 대개 1950년대와 1960년대에 정부의 자금 지원으로 이루어진 연구개발 작업의 결실이었다. 미국은 냉전 막바지의 극적인 공세에 동맹국을 동원할 수 있었다. 이는 미국이 동맹 관계를 유지하기 위해 오랫동안 정력을 쏟았기 때문에 가능한 일이었다. 미국은 결정적인 순간에 사용할 수 있는 경쟁 자본을 다량으로 확보하고 있다. 오랜 기간 동안 그러한 자본을 부지런히 축적해 놓았기 때문이다. 미국이 다음과 같은 노력을 계속 기울인다면 중국에 앞선 상태를 계속 유지할 것이다. 즉 경쟁의 새로운 국면에서 중심 역할을 하게 될 정보 전쟁 및 경제와 관련된 국정 운영기술 등의 분야에서 정부의 역량을 재구축하고, 미국의 경제적 군사적 우월성을 뒷받침하는 혁신 생태계에 대한 투자를 확충하며, 동맹국이 유사시 그들에게 부과된 요구를 감당하기에 충분할 만큼 강력해지도록 꾸준히 관리해야 한다는 얘기다. 특히 마지막 대목이 중요하다. 미국의 대對중국 전략은 중국과의 경쟁에서 위험을 감수하고 응분의 비용을 감당해야 할 우방국의 많은 도움이 필요하기 때문이다. 그러기 위해서는 동맹 관리를 위한 그날그날의 일상적인 업무를 열심히 수행하는 데 우선순위를 두어야 한다. 즉 미국이 동맹국의 안보를 책임지겠다는 약속을 지키고 있음을 지속적으로 보여 주고, 기술과 무역 또는 그 밖의 현안에 관해서는 동맹국의 이익을 높여야 미국의 이익도 증진된다는 접근 방식을 추구해야 한다는 말이다. 트럼프 대통령이 혹시 기대했을지 모르지만 미국은 독자적으로 살아갈 수 있다. 혹은 미국 혼자서 중국을 대적할 수도 있다. 그러나 미국이 이 두 가지를 동시에 다 할 수는 없다.

미국의 국내적 기능 장애에는 어떻게 대처할 것인가? 이 질문은 우리를 다음의 여섯 번째 원칙으로 이끈다. **새로운 국제 긴장의 시대를 활용해서 새로운 자기 계발의 시대를 열어라.**

미국이 내부적으로 여러 가지 문제가 있는 것은 사실이다. 그리고 미국 자신의 힘을 지탱하는 국내 기반이 무너지면 중국이 몰락한다고 해도 미국에 득이 되지 않는다. 미국이 시급히 수습해야 할 사안의 목록에는 고도로 숙련된 다수의 근로자들로 인구를 확실히 늘릴 수 있도록 이민 정책을 개편하고, 교육과 기초 연구에 재투자를 늘리며, 물리적 인프라와 디지털 인프라를 국가적으로 확충하고, 부패를 척결하며, 정치적 교착에서 정치적 폭력에 이르기까지 광범위하게 영향을 미치는 양극화를 완화하는 일 등이 포함된다.[29] 미국 민주주의 체제의 가장 큰 강점은 회복 탄력성이며, 미국은 이전에도 여러 번 최악의 시기를 극복해 왔다. 자본주의와 민주주의의 미래가 의문시되었던 1930년대, 또 국내에서 격변과 폭력이 난무하던 1960년대 후반을 슬기롭게 헤쳐 나왔다. 그러나 국내에서 활력을 되찾는 일은 중미 간 경쟁을 치르기 위해서도 매우 중요하다.

다행히 중미 간 경쟁이 국내의 활력을 되찾는 데에도 도움이 될 수 있다. 중국의 위협이 마법처럼 국민적 단합을 이끌어 내지는 않을 것이다. 매카시즘McCarthyism의 전례는 가장 강력한 민주 국가에서조차 공포심이 자기 파괴적 충동을 급격히 고조시킬 수 있음을 떠올리게 해 준다. 그러나 미국은 과거에 외부의 도전을 내부 개혁의 원동력으로 활용한 적이 있었다. 2차 세계대전과 냉전 중에는 세계 수준의 대학교 시스템을 만들어 냈고, 소련과의 이념 전쟁에서 승리하기 위한 수단으로 국가가 후원하는 인종 차별 정책을 공격했다.[30] 중국의 위협은 제한적인 형태로나마 미국에서 이러한 전통을 되살려 주기 시작했다. 중국의 위협으로 인해 설사 중국공산당이 존재하지 않았더라도 당연히 미국이 중점을 두고 육성해야 할 반도체와 과학적 연구개발, 기타 분야에 대한 투자가 더욱 촉진되고 있는 것이다.[31]

평화 시기에는 불가능해 보였던 개혁 조치도 경쟁이 요구하는 혹독한 환경 속에서는 가능해질 수 있다. 미국이 외부의 위기가 만들어 낸 국내에서의 기회를 최대한 활용한다면 다시 한 번 불확실한 투쟁에서 승리할 수 있다.

일곱째, **경쟁의 일환으로 협상하라.** 지금까지 우리가 제시한 원칙은 쇠락하고는 있지만 여전히 가공할 만한 힘을 가진 강대국을 상대로 미국이 확실한 우위를 지킬 수 있도록 보장하기 위한 것이다. 그런 원칙을 실천하기 위해서는 열심히 노력하는 동시에 강하게 나갈 필요가 있다. 그러나 미국은 또 상대방과 대화를 해야 할 필요도 있다.

미국 관리들은 다음 몇 년간 외교적 돌파구가 열릴 가능성에 대해 건전한 의심을 확실히 가져야 한다. 더욱이 비밀스러운 적대국과의 협상에는 늘 화근이 따르기 마련이다. 중국을 포함한 권위주의 정권은 엄중한 국제 협약에 서명하고 나서는 터무니없이 이를 어긴 전력이 많다.[32] 지나치게 의욕적으로 협상에 뛰어드는 나라는 대개 끝에는 그 대가를 치르기 마련이다. 그러나 미국이 선택한 전략적 목표가 무엇이든 신중한 협상은 여전히 중요한 목적을 이루는 데 기여할 수 있다.

기후변화 억제에서부터 새로운 기술의 군사적 이용 제한에 이르기까지 몇 가지 현안에 대해서는 어느 정도의 협력은 유익하다고 판명될지도 모른다. 그런 협력마저 없다면 처참한 결과를 빚을 수도 있기 때문이다. 만일 미국이 다음 10년 동안 중국이 대만해협에서 원하는 것을 결코 얻을 수 없으며, 중국의 그칠 줄 모르는 압박이 중국공산당에 향한 역풍으로 작용한다는 점을 중국에게 보여 준다면, 선별적으로 긴장을 누를 수 있는 기회가 생길 것이다. 그러나 경쟁의 일환으로 협상을 추구하는 가장 그럴듯한 이유는 역시 협상이 경쟁에서 승리하는 수단이 될 수 있기 때문이다.

협상은 경쟁 상대의 의도를 탐색하고 상대가 아직도 우리의 목표에 반하는 적대적 목표에 전념하고 있는지를 파악하는 한 가지 방법이 될 수 있다. 신중한 외교는 외교적 접근 없이는 미국이 상대방을 따라잡기 힘들 수 있는 어떤 시점에 경쟁의 강도를 완화시킬 수 있다. 예컨대 1970년대에 미소 회담은 미국이 베트남에서의 패배 이후 숨이 턱에 찬 상황에서 핵무기 경쟁을 제한함으로써 미국에게 숨 돌릴 틈을 갖게 해 주었다.[33] 특히 주기적으로 협력의 가능성을 모색하는 것은 평화를 가로막는 쪽은 미국이 아니라는 점을 보여 줌으로써 미국 국민과 동맹국에게 경쟁이 불가피하다는 사실을 납득시키는 데 도움이 될 수 있다. 진정으로 변화를 일으키는 외교, 즉 경쟁 관계를 종식시키는 형태의 외교는 대개 지속적이고 치열한 경쟁 전략에 선행하기보다는 오히려 그런 전략이 실행된 이후에 뒤따라 나온다. 그러나 신중한 협상은 장기간의 경쟁을 약간 안전하고 덜 부담스럽게 해 줄 수 있으며, 따라서 미국이 경쟁에서 이기기에 충분할 만큼 오랫동안 경쟁에 집중할 가능성을 높여 줄 수 있다.

여덟 번째 원칙은 러시아와 중국 사이 **위험한 우호 관계에 대한 직관에 반하는 접근 방식을 포함한다.** 경쟁자들을 동시에 압박하는 것이 그들을 분열시키는 전주곡이 될 수 있다. 러시아와 중국이 현 지도부 아래에서 현재의 궤적을 유지하는 한 이들의 결별을 유도하기 위해 미국이 할 수 있는 일은 별로 없다. '역逆키신저 전략'을 쓰려는 시도, 즉 1970년대에 미국이 중국에게 문호를 개방했던 경험을 모방해서 교묘한 외교를 이용해 푸틴을 시진핑으로부터 떼어 내려는 시도는 통하지 않을 것이다. 중국과 러시아 관계는 1960년대 말에 일어났던 것과 유사한 폭발을 일으킬 만큼 인화성이 크지 않다. 그리고 지정학적 양보를 해서 러시아의 협력을 얻어 내려는 그 어떤 시도도 결정적으로 중요한 시기에 유럽을 불안정하게 만드는 결과를 빚을 뿐이다. 이와 연관된 접근 방식으로, 나토에 대한 미국의 안보 부담을 대폭 줄여서 전적으로 아시아에 초점을 맞추는 전략은 미국의 국제적 입지에 큰 손상을 입히고, 중국에 맞서서 미국 편에 서야 할 유럽의 많은 민주 국가를 소외시킬 것이다.

2차 세계대전 기간과 마찬가지로 미국이 두 개의 위험한 경쟁국을 동시에 봉쇄하는 것 외에는 다른 좋은 대안이 없을 때가 있다. 바로 오늘날 미국이 처한 상황이다.

불행히도 미국의 양면 동시 봉쇄 정책이 중국과 러시아 간의 밀접한 협력 관계를 더욱 부추길 수도 있다. 그러나 여기서 냉전의 또 다른 유산이 의미 있게 다가온다. 1950년대 동안 드와이트 아이젠하워는 최대한의 압박 정책이 열성적인 포용 정책보다 중소 관계를 파열시킬 가능성이 크다고 계산했다. 압박 정책이 약한 동맹국(당시 중국)으로 하여금 더 강한 동맹국(당시 소련)에 의존하도록 강요할 것이고, 그렇게 되면 결국 양측 모두가 불안해질 것이기 때문이었다. 아이젠하워는 미국이 소련과 중국 양쪽에 중소 관계가 이득이 되기보다는 고통을 안겨 줄 것임을 보여 준 이후에는 이 양면적인 동맹국 사이의 긴장 상태를 이용할 기회가 있으리라는 가능성에 승부를 걸었다. (이러한 그의 판단은 옳았던 것으로 드러났다.)[34]

이전과 마찬가지로 오늘날에도 세계 제패의 야심을 가진 대륙 규모의 두 지정학적 약탈국가가 영원히 우방으로 남아 있으리라고 상상하기는 어렵다. 또 이전과 마찬가지로 오늘날에도 중소 간의 차이를 부각시키는 가장 좋은 방법은 두 나라가 더 밀착하도록 부채질하는 것일는지 모른다.

만일 미국과 동맹국이 러시아로 하여금 전략적으로 상황을 재고하도록 부추기고자 한다면, 우선 러시아가 지정학적 현상 변경 정책과 중국을 지지하는 정책을 고수해 봐야 아무런 소득이 없으며, 서방과 원만한 관계를 맺는 것 외에 다른 대안은 잔혹성과 야심의 한계를 모르는 중국에 끝없이 의존하는 길밖에 없음을 입증해야 한다. 같은 맥락에서 중국을 러시아로부터 멀어지게 하기 위해서는 러시아의 모험스러운 행동이 전제주의적 공격에 대한 더 큰 우려를 촉발하고, 모든 민주 국가를 모아 시진핑이 전복시키려는 기존 질서를 강화시킴으로써 중국을 더 골치 아프게 만들 것임을 거듭해서 보여 줄 필요가 있다.

이는 주지하다시피 장기 전략이다. 경쟁이 장기화되면 때로는 수년 동안 성과가 나지 않을 수 있는 정책에 승부를 걸어야 할 필요가 있다.

이는 다음의 아홉 번째 원칙과 연관된다. **화해의 손길을 내밀 준비를 하라.** 미국은 지속적으로 압력을 행사하지 않고서는 단기적으로든 장기적으로든 경쟁에서 성공하지 못할 것이다. 미국은 팽창하려는 중국의 시도를 되풀이해서 좌절시켜야 한다. 또 중국이 현상을 뒤엎으려는 시도를 할 때에는 값비싼 대가를 치르도록 해야 한다. 그러나 경쟁의 목적은 영원히 긴장 상태를 유지하는 것이 아니라 더 나은 상태를 이루는 것이다. 핵으로 무장한 강대국과 경쟁하는 상황에서 현상을 개선하려면 결국 부드럽고 세심하게 강경노선을 견지할 필요가 있다.

냉전이 조용한 승리로 끝난 한 가지 이유는 미국이 언제 긍정적으로 답해야 할지를 알고 있었기 때문이다. 1980년대 말 소련이 일단 긴축과 개혁을 시작하자, 레이건과 부시 행정부는 소련이 계속 다가오도록 하려고 당근과 채찍을 번갈아 쓰는 정책을 썼다. 지정학적 압박, 고위급 정상회담, 아낌없는 공개적 찬사, 외교 및 경제적 유대 강화 약속 등의 정책을 계속해서 구사한 것이다. 미국은 뿌리 깊은 적대감을 극복할 가능성을 일찍부터 고려해 왔다. 1970년대 초 리처드 닉슨은 중국에 문호를 개방할 준비가 되어 있었다. 그러한 기회를 잡으려고 닉슨이 수년 동안 생각해 왔기 때문이다.[35]

미래의 어느 시점에 성공적으로 봉쇄가 이루어져 기진맥진한 중국이 미국에 위협을 덜 주는 방식으로 다시 한 번 바뀌기 시작할지도 모른다. 그때가 미국이 경계를 늦출 시점은 아니다. 대신에 그때는 중국의 건설적인 움직임을 북돋아 줄 순간일 것이다.

미국은 장래의 중국에게 온건한 정책이 중국의 안보를 해치기보다는 오히려 도움이 될 것임을 납득시켜야 한다. 미래의 중국이 시진핑의 추종자나 중국공산당 내부의 개혁적 인물, 또는 완전히 다른 정권에 의해 통치되는지에 관계없이 이러한 미국의 정책은 유효할 것이다. 미국은 중국이 대외적인 공격성과 대내적인 억압성을 완화함에 따라 세계와 더 나은 관계를 누릴 수 있음을 보여 줘야 한다. 미국이 이번 10년과 그 이후까지 올바른 조치를 취한다면 경쟁에서 승리할 수 있다. 그러나 그러기 위해서는 지속적이고 충분한 압박을 해서 중국에 근본적인 변화가 필수적임을 납득시킬 필요가 있다. 이와 함께 적절한 시점에 중국에 그러한 변화가 바람직하다는 점을 납득시키기에 충분한 회유책을 제시할 필요도 있다.

마지막으로 **인내심을 가져라**. 위험 구간을 통과하기 위해서는 긴급성과 실행력을 겸비한 대처 자세가 필요하다. 세계가 불안정한 위기 상황에 처했던 또 다른 순간인 1940년, 프랭클린 루스벨트는 "지금 모든 교통표지판과 신호등은 속도를 요구하고 있다. 지금은 전속력으로 전진할 때다"라고 말했다.[36] 위험 구간을 통과하기 위한 긴급한 정책이 당장 성과를 내지는 못하겠지만, 그다음 기간 동안 금방 끝나지 않을 수 있는 경쟁에서 점진적으로 유리한 이점이 축적되는 것으로 그러한 노력을 보상해 줄 것이다.

장기전의 여정이 참으로 길어질 수 있다. 케넌은 1940년대 말에 냉전이 10년에서 15년까지 지속될지 모른다고 생각했기 때문에 인내할 것을 설파했다.[37] 냉전이 실제로 종식되기까지는 40년이 넘게 걸렸다. 그 기간 동안 위험 수준은 점차 완화되었지만 불편한 짐을 지고 전쟁과 평화 사이의 어두운 곳을 헤쳐 나가야 할 필요는 늘 있었다. 봉쇄 정책은 놀라운 성공을 가져다주었지만 그러한 승리를 거두는 데 수십 년이 걸렸다.

이번 10년간 미국의 과제는 정점에 도달한 중국이 자신의 의지를 전 세계에 관철시키지 못하도록 막는 것이다. 그러나 전략적 긴급성에는 반드시 전략적 인내가 뒤따라야 한다. 위험 구간 통과에 대해 미국이 받는 보상은 한 세대 또는 그 이상의 기간에 걸쳐 미국의 우위를 결정적으로 입증하는 기나긴 싸움에 들어서는 입장권에 불과할 수 있다. 이는 빠르고 결정적인 해법을 좋아하는 나라에게는 미흡하기 짝이 없는 보상처럼 보일지 모른다. 그러나 오늘날 미국과 세계가 직면하고 있는 위험의 관점에서 보면 확실히 받을 만한 보상이다.

질서에서 혼돈으로
이행하는 시기의 경고장

안병진, 경희대 미래문명원 교수

올해부터 향후 약 10년간 우리가 직면할 세계는 어떤 모습일까? 이 질문에 대한 답이 대한민국 정부, 기업, 개인 앞에 펼쳐질 길을 규정한다. 어떤 길을 선택하든 각 운명을 결정지을 수도 있는 중요한 판단이 될 가능성이 매우 높다. 피터 포가니Peter Pogany 같은 석학이 이미 지적했듯이 우리 발밑의 세상은 이미 기존 질서가 붕괴하고 혼돈의 시기로 이행했을 수 있기 때문이다.

이 2020년대 10년의 위험성에 대해 이 책은 시의적절한 경고를 내놓고 있다. 마치 잠수함의 토끼처럼 이후 더 험악해질 세계를 예고한다. 이 책은 미중 경쟁을 '100년의 마라톤'이라고 보는 견해도 한가하다고 거부한다. 오히려 지금 세계는 미중 간 '10년의 맹렬한 단거리'라는 비유로 이해해야 한다고 주장한다. 더 나아가 국제정치학계의 잘 알려진 명제로, 신흥 패권국이 기존 패권국에 도전할 때 전쟁의 위험이 커진다는 투키디데스 함정에 대해서도 도발적으로 도전한다.

이 책의 저자들은 세상이 이러한 단순한 패권 이행론으로 설명하기에는 더 복합하다고 지적한다. 그들이 보기에 중국이 위험한 건 기존 질서에 도전할 만큼 충분히 강하기 때문만은 아니다. 그와 동시에 이미 상승의 정점을 지나 기회 구조가 사라져 가는 것에 대한 불안이 공존하는 데서 오늘날 진정한 위험이 도사리고 있다고 주장한다. 그런 견지에서 자신들의 테제를 '정점에 이른 강대국의 함정론'이라 부른다. 향후 약 10년간의 위험한 시기 및 그 이후 긴 '신냉전'의 험난한 세계를 관리하기 위해 과거 냉전으로부터 얻은 교훈에 기초해 전략을 펼쳐야 한다고 주장한다.

저자들의 이러한 주장은 오늘날 워싱턴과 학계에서 기존의 중국에 대한 '건설적 관여'에서 '맞춤형 봉쇄'로 분명히 전환된 추세를 정확히 반영한다. 오늘날 미국은 내부에 서로 다양한 이념적, 전략적 스펙트럼의 차이가 있지만 기본적으로 중국이 비자유주의 이념에 기초한 공세적 외교 안보 전략을 펼친다는 위기 인식에는 초당적 합의가 존재한다. 그리고 이에 맞서기 위해 우주, 반도체, 양자 암호, 디지털 등 경제 안보 전반에 걸친 외과 수술식 디커플링 전략이 필요하다는 공감대가 있다. 이는 오늘날 인플레이션 감축 법안, 반도체 공급망 협의체, 쿼드 등 다차원의 행보로 나타난다. 대구대 김양희 교수는 이를 '보호주의의 진영화'라는 개념으로 설명한다.

이 저자들은 그간 워싱턴과 학계에 존재하는 '차가운 평화론'

이나 '내부 국가 건설론'보다 훨씬 예리하게 현실을 인식하고 있다. 한때 파리드 자카리아Fareed Zakaria CNN 평론가 같은 키신저의 제자들은 오늘날 세계의 상호 얽힘을 강조하며 체제 간 적대적 대결의 성격을 애써 과소평가해 왔다. 그러다가 러시아의 우크라이나 침공이라는 열전의 발발과 중국과 러시아의 더 긴밀해진 전략적 협력 관계 속에서 더 이상 차가운 평화와 같은 표현을 사용하기 어렵게 되었다. 그리고 과거 오바마 정부의 건설적 관여파인 벤 로즈Ben Rhodes 백악관 국가안보 부보좌관 같은 이는 한때 패권적 개입을 줄이고 미국 내 국가 건설에 더 주력할 것을 강조해 왔다. 하지만 오늘날 우크라이나와 대만 방어 및 첨단 군사 무기 혁신의 긴급성이란 현실 앞에서 곤혹스러워하고 있다. 인권, 평화 등 '보편적' 자유주의를 추구하는 세계관에서 나오는 정의의 전쟁 필요성과 기존 패권적 개입의 에너지를 국내 진보화로 돌려야 하는 필요성 사이에서 딜레마에 봉착했기 때문이다.

　이들이 공히 범하는 오류는 오늘날 세계는 그간 자유주의 국제 질서가 안정적으로 유지되던 시기가 아니라 권위주의 체제의 이념과 지정학 그리고 강대국 지위를 향한 욕망의 거대한 도전에 직면한 혼돈의 시기라는 걸 단순히 전략적 경쟁 정도로 과소평가한다는 점이다. 오늘날은 실존적 운명을 건 체제 대결과 동시에 기후, 공급망 등에서 서로 이해가 얽힌 협력의 필요성 사이에서 좌충우돌하는 모순적 시대다. 이러한 시기에는 분노, 혐오, 균열, 위선, 오인 등 각종 감정이 들끓는다.

이 책 저자들의 중국의 불안정성에 대한 비판은 음미할 내용
이 많다. 다만 신냉전론에 가까운 현실 인식도 협소하다는 비판을
면하기는 어렵다. 저자들의 신냉전적인 인식은 시진핑의 중국을 마
치 푸틴의 러시아처럼 취급하는 시각에서 드러난다. 사실 저자들
주장에 가장 들어맞는 사례는 러시아다. 러시아는 기존 질서에 도
전할 일정한 힘은 있지만 기존 화석연료 기반의 퇴행적 체제라는
점에서 신재생 에너지의 미래라는 측면에서 보면 시간이 없다. 반
면에 중국은 비록 너무 일찍 미국 패권 대체라는 샴페인을 터뜨린
어리석은 제국이지만 그들이 정점에 이르렀는지 여부는 논란의 소
지가 있다.

중국을 거론하기 전에 미국의 정점은 언제인가도 동시에 생각
해 볼 필요가 있다. 로버트 브레너Robert Brenner 같은 경제학자는 미
국의 정점을 1970년대 초 실질적 이윤율이 저하되기 시작하는 시
기로 본다. 그 이후 미국은 패권 퇴조의 긴 하강기라고 평가할 수
있다. 중국은 1970년대 초 미국과 같은 정점에 도달한 걸까? 단순
히 인구, 환경, 자원 등만이 아니라 경제의 거시적 사이클 순환과 신
재생 에너지 패권 전쟁에 대한 정치 경제학적 분석이 필요할 것이
다. 특히 저자들의 미중 간의 현재와 미래의 갈등 분석에서 기후라
고 하는 지구적 차원의 전례 없는 압도적 변수는 체계적으로 다루
지 않아 아쉬움이 있다.

하지만 저자들이 냉전으로부터 얻은 교훈에 기초해서 향후 10
년의 험난한 시기를 관리하기 위해 제안한 전략은 오늘날 워싱턴의

전략가들이 경청할 사항이 많다. 배제적 경제 클럽의 조직, 유연하고 실용적인 자유주의 네트워크는 물론이고 상대를 자극해서 전략적 실수를 유도하라는 지침 등 풍부한 교훈은 우리의 상상력을 자극한다.

물론 이 책의 저자들은 과거 미국의 냉전 시대 자유주의 전략가들의 특징을 고스란히 가지고 있다. 향후 전략에서 중국의 불안감만큼 중요한 건 미국의 불안감이라는 자기 성찰의 요소일 것이다. 과거 냉전 시절 미국은 베를린 방어라는 강박관념이 너무 강해 소비에트의 모든 행보를 이 프리즘으로 단순히 해석하다가 과잉 반응과 오판을 자주 범했다. 3차 대전 직전까지 갔던 이른바 쿠바 미사일 위기도 사태를 냉정하게 이해하지 못하고 소비에트의 베를린 장악을 위한 성동격서로 오판하기도 했다(이에 대해서는 안병진,《예정된 위기》를 참조). 향후 신냉전과 협력의 모순적 국면에서 미국은 중국의 강대국 지위 불안을 고려하는 것만큼 내부 불안과 그에 따른 오판을 동시에 줄이는 것이 필요하다. 즉 대만 이슈에서는 저자들 주장처럼 미국의 방어력을 2030년 전에 시급히 구축하는 것만이 아니라 상호 오인의 요소를 줄여 나가야 한다는 점도 매우 중요하다.

이러한 몇 가지 추가로 검토해야 할 점에도 불구하고 저자들의 향후 전망은 음미할 내용이 많다. 저자들은 아무리 향후 위험한 10년을 잘 관리해도 미중 간의 갈등은 오랜 냉전으로 이어질 가능성이 높다고 본다. 필자 또한 일각의 낭만적 논자들과 달리 앞으로 본격적인 혼돈의 시대를 수십 년 겪고 나서 2050년경에 가서야 오늘날 미중 간의 갈등 양상과 매우 다른 또 다른 질서의 윤곽이 드러날 것으로 본다. 조엘 웨인라이트Joel Wainwright 오하이오대학교 교수 등은 이를 기후 위기 대응을 둘러싼 새로운 지구적 정치 질서의 전개 양상으로《기후 리바이어던Climate Leviathan》이란 책에서 예리하게 분석한 바 있다.

오늘날 신냉전과 협력의 모순적 국면이 향후 10년간 거칠어지고 그 이후에도 장기간 지속한다면 이는 한반도에도 큰 파장을 낳는다. 20세기 베를린은 미국과 소비에트가 마치 유증기가 가득 찬 곳에서 서로 담뱃불을 붙일까 노심초사하던 곳이다. 오늘날 21세기의 베를린이 바로 대만이다. 그리고 남중국해나 우크라이나 등 21세기판 쿠바(3차 대전의 위험성)가 사방에 널려 있다. 우리는 과연 '21세기 쿠바'라는 비유에서 완전히 별개인가? 우리가 살고 있는 대한민국도 사드 사태에서 경험하였듯이 단지 북한과의 대치만이 아니라 미중 간의 거대한 패권 경쟁에 연루되어 있다.

우리는 향후 위험스러운 약 10년에 대한 국가 대전환의 새로운 길을 찾아야 한다. 그리고 그 출발은 정부와 기업과 개인이 우리가 직면한 뉴 노멀New Normal 세계에 대한 감각과 다양한 시나리오에 열린 사고를 가져야 한다. 이를 위한 하나의 조치로 모든 조직에 구성원 전체의 미래 시나리오적 사고를 위한 위원회를 설치하는 일부터 시작하면 어떨까? 그 속에서 미래로의 틈새를 발견하고 창출해 나가는 전략을 공동체 전체가 같이 다듬어 나가면 어떨까? 사실 대

만 문제만 하더라도 그 다양한 시나리오는 일부 정책 결정자들만의
관심사가 아니라 한 사회 전체의 미래 시나리오적 DNA가 필요한
사항이다. 대만 문제는 한반도의 다양한 갈등과 심지어 전쟁 연루,
반도체 위기와 기회, 해상 공급망 교란, 문화 수출과 갈등 등 다양한
이슈를 포함하기 때문이다.

우리야말로 이 위험스러운 10년간의 구간을 슬기롭게 헤쳐 나
가야 한다. 저자들은 이 험난한 세상이 긴장감을 가지고 혁신을 해
나갈 동력을 주기도 한다고 말한다. 이는 우리에게도 마찬가지이
다. 이 위험하고 혼돈스러운 세계에서는 자기만의 안전한 항구에
정박해 있는 게 아니라 팽팽한 긴장감과 지혜를 가지고 험난한 폭
풍우 속을 헤쳐 나가야 한다. '침착하고 강하게Be Calm and Strong'.

감사의 말

이 책은 우리가 집필할 수 있도록 지원해 준 존스홉킨스대학교 고등국제관계학 대학원과 터프츠대학교 및 미국기업연구소(AEI) 등 여러 비범한 연구기관들이 낳은 결과물이다. 특히 미국기업연구소는 우리가 연구소의 외교 및 국방정책팀 정기 세미나에서 처음으로 이 저술 프로젝트의 구상을 떠올렸다는 점에서 이 책의 산실이나 다름없다. 이 책은 또 우리의 견해를 형성하도록 도움을 준 수많은 사람과의 의견 교환의 산물이기도 하다. 설사 그들이 우리와 극심하게 의견을 달리했을지라도 말이다. 그러한 도움을 준 이들은 불완전하게나마 다음과 같다. 제임스 베이커James Baker, 사샤 베이커Sasha Baker, 주드 블랑셰트Jude Blanchette, 제이슨 블레싱Jason Blessing, 댄 블루멘털Dan Blumenthal, 타룬 차브라Tarun Chhabra, 잭 쿠퍼Zack Cooper, 매킨지 이글런Mackenzie Eaglen, 니컬러스 에버슈타트Nicholas Eberstadt, 찰스 에델Charles Edel, 프랜시스 개빈Francis Gavin, 마이클 그린Micheal Green, 아드리 구하Adri Guha, 토비 하쇼Toby Harshaw, 조너선 힐먼Jonathan Hillman, 로버트 케이건Robert Kagan, 콜린 칼Colin Kahl, 클론 키친Klon Kitchen, 레베카 리스너Rebecca Lissner, 오리아나 스카일라 마스트로Oriana Skyla Mastro, 앤드류 메이Andrew May, 이반 몽고메리Evan Montgomery, 대니얼 플랫카Danielle Pletka, 미라 랩 후퍼Mira Rapp-Hooper, 엘리 래트너Ely Ratner, 메리 사로트Mary Sarotte, 코리 셰이크Kori Schake, 앤드류 쉬어러Andrew Shearer, 제임스 스타브리디스James Stavridis, 제임스 스타인버그James Steinberg, 제이크 설리번Jake Sullivan, 토머스 라이트Thomas Wright 등이다. 《포린어페어스Foreign Affairs》의 댄 커츠 필런Dan Kurtz-Phelan과 《포린폴리시Foreign Policy》의 캐머런 아바디Cameran Abadi, 《애틀랜틱The Atlantic》의 프래션트 라오Prashant Rao 등은 우리가 이 책에 등장하는 몇 가지 아이디어를 발전시키기 시작한 원고를 실어 주었다. 노턴출판사에서는 존 글루스먼John Glusman 및 헬렌 토메이즈Helen Thomaides와 함께 일하게 되어 즐거웠다. 우리의 에이전트인 래피 사갈린Rafe Sagalyn과도 즐겁게 일했다. 존 볼턴John Bolton(널리 알려진 그 존 볼턴이 아니라)과 자크 휠러Zach Wheeler, 에밀리 카Emily Carr 등은 조사 작업에 귀중한 도움을 주었다. 당연한 일이지만 이전의 프로젝트에서와 마찬가지로 이번 프로젝트에서도 우리가 받을 만한 것보다도 훨씬 더 큰 전략적 인내를 해 준 가족에게 가장 큰 감사를 전한다.

주

들어가는 말

1. David Crenshaw and Alicia Chen, " 'Heads Bashed Bloody': China's Xi Marks Communist Party Centenary with Strong Words for Adversaries," *Washington Post*, July 1, 2021.

2. Kristin Huang, "Mainland Chinese Magazine Outlines How Surprise Attack on Taiwan Could Occur," *South China Morning Post*, July 2, 2021.

3. Jennifer Zeng, July 13, 2021, https://twitter.com/jenniferatntd/-status/1414971285160005634?s=11의 트윗에서 링크된 비디오를 참조하라.

4. Sarah Sorcher and Karoun Demirjian, "Top U.S. General Calls China's Hypersonic Weapon Test Very Close to a Sputnik Moment," *Washington Post*, October 27, 2021.

5. "Rise of China Now Top News Story of the 21st Century," Global Language Monitor, December 30, 2019, https://languagemonitor.com/top-words-of-21st-century/global-language-monitor-announces-that-truth-is-the-top-word-in-the-english-language-for-the-21st-century/.

6. Yan Xuetong, "Becoming Strong: The New Chinese Foreign Policy," *Foreign Affairs*, July/August 2021; Clyde Prestowitz, *The World Turned Upside Down: America, China, and the Struggle for Global Leadership* (New Haven, CT: Yale University Press, 2021); Oystein Tunsjo, *The Return of Bipolarity in World Politics* (New York: Columbia University Press, 2018); Graham Allison, *Destined for*

War: Can America and China Escape Thucydides's Trap? (Boston: Houghton Mifflin Harcourt, 2017); Kai-Fu Lee, *AI Superpowers: China, Silicon Valley, and the New World Order* (Boston: Mariner Books, 2018); Gideon Rachman, *Easternization: Asia's Rise and America's Decline from Obama to Trump and Beyond* (New York: Other Press, 2017); Ian Bremmer, "China Won: How China's Economy Is Poised to Win the Future," *Time*, November 2, 2017.

7. "Biden Warns China Will 'Eat Our Lunch' on Infrastructure Spending," BBC. com, February 12, 2021, https://www .bbc .com/news/business-56036245.

8. Kishore Mahbubani, *Has China Won? The Chinese Challenge to American Primacy* (New York: Public Affairs, 2020).

9. 예를 들어 Rush Doshi, *The Long Game: China's Grand Strategy to Displace the American Order* (Oxford: Oxford University Press, 2021); Pavneet Singh, Eric Chewning, and Michael Brown, "Preparing the United States for the Superpower Marathon with China," Brookings Institution, April 2020, https://www.brookings.edu/research/preparing-the-united-states-for-the-superpowermarathon-with-china/; Michael Pillsbury, *The Hundred-Year Marathon: China's Secret Strategy to Replace America as the Global Superpower* (New York: St. Martin's, 2016)를 참조하라.

10. Xi Jinping, "Uphold and Develop Socialism with Chinese Characteristics," *Palladium Magazine*, January 5, 2013, https://palladiummag.com/2019/05/31/xi-jinping-in-translation-chinas-guiding-ideology/.

11. Sebastian Horn, Carmen M. Reinhart, and Christoph Trebesch, "China's Overseas Lending," *Journal of International Economics*, 133 (November 2021): 1–32

12. 우리는 Michael Beckley and Hal Brands, "Competition with China Could Be Short and Sharp: The Risk of War Is Greatest in the Next Decade," *Foreign Affairs*, December 17, 2020; Michael Beckley and Hal Brands, "Into the Danger Zone: The Coming Crisis in U.S.-China Relations," American Enterprise Institute, January 2021; 그리고 Hal Brands and Michael Beckley, "China Is a Declining Power—and That's the Problem," *Foreign Policy*, September 24, 2021 에서 처음 이런 입장의 주장을 발표했다. 몇몇 분석가도 비슷한 주제를 말했지만 중국의 궤적에 대한 통념은 대부분 그대로 남아 있다. 통찰력 있는 도전을 위해서는 Dan Blumenthal, *The China Nightmare: The Grand Ambitions of a*

Decaying State (Washington, DC: AEI Press, 2020); Jude Blanchette, "Xi's Gamble: The Race to Consolidate Power and Stave Off Disaster," Foreign Affairs, July/August 2021를 참조하라.

13. Robert Strassler, ed., *The Landmark Thucydides: A Comprehensive Guide to the Peloponnesian War* (New York: Simon & Schuster, 2008); and Allison, *Destined for War*; A.F.K. Organski, *World Politics* (New York: Knopf, 1968)를 참조하라.

14. Ed Imperato, *General MacArthur: Speeches and Reports 1908–1964* (Paducah, KY: Turner, 2000), 122.

15. Bill Gertz, "U.S. Pacific Intel Chief: Coming Chinese Attack on Taiwan Could Target Other Nations," *Washington Times*, July 8, 2021.

Part 1 단 하나의 초강대국을 꿈꾸는 중국

1. 중국몽

1. Xi Jinping, "Secure a Decisive Victory in Building a Moderately Prosperous Society in All Respects and Strive for the Great Success of Socialism with Chinese Characteristics for a New Era," Xinhua, October 18, 2017, http://www.xinhuanet.com/english/download/Xi_Jinping's_report_at_19th_CPC_National_Congress.pdf.

2. Xi Jinping, "Uphold and Develop Socialism with Chinese Characteristics," *Palladium Magazine*, January 5, 2013, https://palladiummag.com/2019/05/31/xi-jinping-in-translation-chinas-guiding-ideology/.

3. Avery Goldstein, *Rising to the Challenge: China's Grand Strategy and International Security* (Stanford: Stanford University Press, 2005); Andrew Nathan and Andrew Scobell, *China's Search for Security* (New York: Columbia University Press, 2014).

4. PPS-39, "To Review and Define United States Policy Toward China," September 7, 1948, *Foreign Relations of the United States, 1948*, Vol. II: Document No. 122 (Washington, DC: U.S. Department of State, Office of the Historian). Hereafter cited as *FRUS*, followed by year, volume, and document number.

5. "GDP (Constant 2010 US$)—hina," World Bank, https://data.worldbank.org/indicator/NY.GDP.MKTP.KD?locations=CN, accessed April 29, 2021.

6. Alyssa Leng and Roland Rajah, "Chart of the Week: Global Trade Through a U.S.-China Lens," Lowy Institute, *The Interpreter*, December 18, 2019.

7. John Garnaut, "Engineers of the Soul: Ideology in Xi Jinping's China," *Sinocism*, January 16, 2019, https://sinocism.com/p/engineers-of-the-soul-ideology-in.

8. Susan Shirk, *China: Fragile Superpower* (New York: Oxford University Press, 2008), 8.

9. "The 'One Simple Message' in Xi Jinping's Five Years of Epic Speeches," *South China Morning Post*, November 2, 2017; Elizabeth Economy, *The Third Revolution: Xi Jinping and the New Chinese State* (New York: Oxford University Press, 2018).

10. "China's Xi Says Political Solution for Taiwan Can't Wait Forever," Reuters, October 6, 2013.

11. "China Won't Give Up 'One Inch' of Territory Says President Xi to Mattis," BBC News, June 28, 2018.

12. Jennifer Lind, "Life in China's Asia: What Regional Hegemony Would Look Like," *Foreign Affairs*, March/April 2018; Zbigniew Brzezinski, *The Grand Chessboard: American Primacy and Its Geostrategic Imperatives* (New York: Basic Books, 1997), 60.

13. Xi Jinping, "New Asian Security Concept for New Progress in Security Cooperation," May 21, 2014, https://www.fmprc.gov.cn/mfa_eng/zxxx_662805/t1159951.shtml.

14. Tom Mitchell, "China Struggles to Win Friends over South China Sea," *Financial Times*, July 13, 2016. 또 Aaron Friedberg, "Competing with China," *Survival*, June/July 2018, 22를 참조하라.

15. Fu Ying, "The U.S. World Order Is a Suit That No Longer Fits," *Financial Times*, January 6, 2016.

16. Daniel Tobin, "How Xi Jinping's 'New Era' Should Have Ended U.S. Debate on Beijing's Ambitions," Center for Strategic and International Studies, May 2020.

17. "Commentary: Milestone Congress Points to New Era for China, the World," Xinhua, October 24, 2017, http://www.xinhuanet.com/english/2017-10/24/c_136702090.htm.

18. Hu Xijin, "What Drives China-U.S. Game: Washington Believes Being Poor Is Chinese People's Fate," *Global Times*, September 6, 2021.

19. 예를 들면 "Full Text: China's National Defense in the New Era," Xinhuanet, July

24, 2019, http://www.xinhuanet.com/english/2019-07/24/c_138253389.htm.

20. Doshi, *The Long Game: China's Grand Strategy to Displace the American Order* (Oxford: Oxford University Press, 2021); Michael Pillsbury, *The Hundred-Year Marathon: China's Secret Strategy to Replace America as the Global Superpower* (New York: St. Martin's, 2016)를 참조하라.

21. Nadege Rolland, *China's Vision for a New World Order*, National Bureau of Asian Research, January 2020, 6.

22. Liza Tobin, "Xi's Vision for Transforming Global Governance," *Texas National Security Review*, November 2018; Timothy Heath, Derek Grossman, and Asha Clark, *China's Quest for Global Primacy* (Washington, DC: RAND Corporation, 2021).

23. Andrew Nathan, "China's Challenge," in *Authoritarianism Goes Global: The Challenge to Democracy*, ed. Marc Plattner and Christopher Walker (Baltimore: Johns Hopkins University Press, 2016), 30–31.

24. Henry Kissinger, *Diplomacy* (New York: Simon & Schuster, 1994), 21.

25. Jeffrey Goldberg, "The Obama Doctrine," *The Atlantic*, April 2016.

26. Fareed Zakaria, "The New China Scare," *Foreign Affairs*, January/February 2020.

27. Stockholm International Peace Research Institute, Military Expenditure Database, https://www.sipri.org/databases/milex, accessed August 2021.

28. Department of Defense, *Military and Security Developments Involving the People's Republic of China, 2020*, https://media.defense.gov/2020/Sep/01/2002488689/-1/-1/1/2020-DOD-CHINA-MILITARY-POWER-REPORT-FINAL.PDF.

29. Nick Childs and Tom Waldwyn, "China's Naval Shipbuilding: Delivering on Its Ambition in a Big Way," IISS Military Balance Blog, May 1, 2018; Geoffrey Gresh, *To Rule Eurasia's Waves: The New Great Power Competition at Sea* (New Haven, CT: Yale University Press, 2020); "Navy Official: China Training for 'Short Sharp War' with Japan," USNI News, February 18, 2014.

30. Anthony Esguerra, "U.S. Expert Tells China to 'Stop Shitting' in Contested Waters. Literally," *Vice*, July 13, 2021.

31. Felipe Villamor, "Duterte Says Xi Warned Philippines of War Over South China Sea," *New York Times*, May 19, 2017; Ely Ratner, "Course Correction: How to

Stop China's Maritime Advance," *Foreign Affairs*, July/August 2017.

32. Paul Shinkman, "China Issues New Threats to Taiwan: 'The Island's Military Won't Stand a Chance,' " *U.S. News & World Report*, April 9, 2021.

33. Liu Xin and Yang Sheng, "Initiative 'Project of the Century': President Xi," *Global Times*, May 5, 2017.

34. Peter Ferdinand, "Westward Ho—the China Dream and 'One Belt, One Road': Chinese Foreign Policy under Xi Jinping," *International Affairs*, 92, no. 4 (July 2016): 941–957.

35. Daniel Markey, *China's Western Horizon: Beijing and the New Geopolitics of Eurasia* (New York: Oxford University Press, 2020), 168.

36. Sheena Greitens, "Dealing with Demand for China's Global Surveillance Exports," Brookings Institution, April 2020, 2.

37. Jacob Helberg, *The Wires of War: Technology and the Global Struggle for Power* (New York: Simon & Schuster, 2021).

38. Elsa Kania, " 'AI Weapons' in China's Military Innovation," Brookings Institution, April 2020; Julian Gewirtz, "China's Long March to Technological Supremacy," *Foreign Affairs*, August 27, 2019.

39. "Xi Urges Breaking New Ground in Major Country Diplomacy with Chinese Characteristics," Xinhua, June 24, 2018; Daniel Kliman, Kristine Lee, and Ashley Feng, *How China Is Reshaping International Organizations from the Inside Out* (Washington, DC: Center for a New American Security, 2019).

40. Hal Brands, "Democracy vs. Authoritarianism: How Ideology Shapes Great-Power Conflict," Survival, October/November 2018, 61–114.

41. Xi Jinping, "Uphold and Develop Socialism with Chinese Characteristics," January 5, 2013, https://palladiummag.com/2019/05/31/xi-jinping-in-translation-chinas-guiding-ideology/.

42. Jojje Olsson, "China Tries to Put Sweden on Ice," *The Diplomat*, December 30, 2019.

43. Anne-Marie Brady, "Magic Weapons: China's Political Influence Activities under Xi Jinping," Woodrow Wilson International Center for Scholars, September 2017, https://www.wilsoncenter.org/article/magic-weapons-chinas-political-influence-activities-under-xi-jinping.

44. "China Is Becoming More Assertive in International Legal Disputes," *The*

Economist, September 11, 2021.

45. Toshi Yoshihara and James Holmes, *Red Star over the Pacific: China's Rise and the Challenge to U.S. Maritime Strategy* (Annapolis, MD: U.S. Naval Institute Press, 2018).

46. Jay Solomon, "Clinton Presses, Courts Beijing," *Wall Street Journal*, October 29, 2010.

47. Andrew Nathan and Andrew Scobell, "How China Sees America: The Sum of Beijing's Fears," *Foreign Affairs*, September/October 2012.

48. Jude Blanchette, *China's New Red Guards: The Return of Radicalism and the Rebirth of Mao Zedong* (New York: Oxford University Press, 2019), 127.

49. James Mann, *About Face: A History of America's Curious Relationship with China from Nixon to Clinton* (New York: Vintage Books, 2000), 358.

50. Fu Ying, "After the Pandemic, Then What?," China-US Focus, June 28, 2020, https://www.chinausfocus.com/foreign-policy/after-the-pandemic-then-what.

51. Barbara Demick, "The Times, Bloomberg News, and the Richest Man in China," *New Yorker*, May 5, 2015를 참조하라.

52. Wang Jisi and Kenneth Lieberthal, *Addressing U.S.-China Strategic Distrust*, Brookings Institution, March 2012, 11.

53. Blanchette, *China's New Red Guards*, 128.

54. Li Ziguo quoted in Evan Osnos, "Making China Great Again," *New Yorker*, January 1, 2018.

55. Wang and Lieberthal, *Addressing U.S.-China Strategic Distrust*, 10–11; Evan Osnos, "The Future of America's Contest with China," *New Yorker*, January 13, 2020.

56. Samuel Kim, "Human Rights in China's International Relations," in *What if China Doesn't Democratize? Implications for War and Peace*, ed. Edward Friedman and Barrett McCormick (New York: M.E. Sharpe, 2000), 130–131.

57. Graham Allison, *Destined for War: Can America and China Escape Thucydides's Trap?* (Boston: Houghton Mifflin Harcourt, 2017), 151.

58. Zhou Xin, "Xi Jinping Calls for 'New Long March' in Dramatic Sign that China Is Preparing for Protracted Trade War," *South China Morning Post*, May 21, 2019.

59. Marshall to Donald Rumsfeld, May 2, 2002, Department of Defense Freedom

of Information Act Electronic Reading Room; Michael Green, *By More than Providence: Grand Strategy and American Power in the Asia-Pacific Since 1783* (New York: Columbia University Press, 2016).

60. Nicholas Spykman, *America's Strategy in World Politics: The United States and the Balance of Power* (New York: Harcourt and Brace, 1942), 20–22.

61. Allison, *Destined for War*, 108.

62. Michael Schuman, *Superpower Interrupted: The Chinese History of the World* (New York: Public Affairs, 2020), 4.

63. Schuman, *Superpower Interrupted*, 311.

64. Minxin Pei, "Assertive Pragmatism: China's Economic Rise and Its Impact on Chinese Foreign Policy," IFRI Security Studies Department, Fall 2006, https://www.ifri.org/sites/default/files/atoms/files/Prolif_Paper_Minxin_Pei.pdf.

65. Joshua Kurlantzick, *State Capitalism: How the Return of Statism Is Transforming the World* (New York: Oxford University Press, 2016), 83.

66. Timothy Heath, "What Does China Want? Discerning the PRC's National Strategy," Asian Security, Spring 2012, 54–72; Nathan and Scobell, *China's Search for Security*; Brands, "Democracy vs. Authoritarianism"를 참조하라.

67. John Garver, *China's Quest: The History of the Foreign Relations of the People's Republic of China* (New York: Oxford University Press, 2016), 499.

68. Doshi, *Long Game*; Zhang Liang, *The Tiananmen Papers: The Chinese Leadership's Decision to Use Force Against Their Own People—In Their Own Words*, ed. Andrew Nathan and Perry Link (New York: Public Affairs, 2001), 457.

69. Joshua Kurlantzick, "China's Charm Offensive in Southeast Asia," *Current History*, September 2006.

70. Yan Xuetong, "From Keeping a Low Profile to Striving for Achievement," *Chinese Journal of International Politics*, April 2014, 155–156.

71. Jeffrey Bader, *Obama and China's Rise: An Insider's Account of America's Asia Strategy* (Washington, DC: Brookings Institution Press, 2012), 80.

72. Yan, "From Keeping a Low Profile to Striving for Achievement"; Doshi, *Long Game*.

73. Osnos, "Future of America's Contest"; Rush Doshi, "Beijing Believes Trump Is Accelerating American Decline," *Foreign Policy*, October 12, 2020.

74. Kurt Campbell and Mira Rapp-Hooper, "China Is Done Biding Its Time: The

End of Beijing's Foreign Policy Restraint?" *Foreign Affairs*, July 15, 2020.

75. "China Says U.S. Cannot Speak from 'A Position of Strength,' " BBC News, March 19, 2021.

76. Office of the Director of National Intelligence, *Annual Threat Assessment of the U.S. Intelligence Community*, April 9, 2021, https://www.dni.gov/files/ODNI/documents/assessments/ATA-2021-Unclassified-Report.pdf.

77. Chris Buckley, " 'The East is Rising': Xi Maps Out China's Post-Covid Ascent," *New York Times*, March 3, 2021.

78. Yuen Yuen Ang, "Chinese Leaders Boast about China's Rising Power. The Real Story Is Different," *Washington Post*, April 13, 2021.

79. Buckley, " 'East is Rising' "; William Zheng, "Xi Jinping Says China Is 'Invincible,' Regardless of Challenges Ahead," *South China Morning Post*, May 6, 2021.

2. 정점에 도달한 중국

1. 이 사안에 대해서는 Chao Deng and Liyan Qi, "China Stresses Family Values as More Women Put Off Marriage, Childbirth," *Wall Street Journal*, April 19, 2021; Grady McGregor, "Is China's Population Growing or Shrinking? It's a Touchy Topic for Beijing," *Fortune*, April 30, 2021; "China Set to Report First Population Decline in Five Decades," *Financial Times*, April 27, 2021; Alicia Chen, Lyric Li, and Lily Kuo, "In Need of a Baby Boom, China Clamps Down on Vasectomies," *Washington Post*, December 9, 2021를 참조하라.

2. "Report by Four Chinese Marshals," July 11, 1969, Digital Archive, Cold War International History Project, https://digitalarchive.wilsoncenter.org/document/117146.pdf?v=81762c8101f0d237b21dca691c5824e4.

3. Margaret MacMillan, *Nixon and China: The Week That Changed the World* (New York: Penguin, 2007)를 참조하라.

4. Andrew J. Nathan and Andrew Scobell, *China's Search for Security* (New York: Columbia University Press, 2012).

5. Gordan H. Chang, *Friends and Enemies: The United States, China, and the Soviet Union, 1948–1972* (Redwood City, CA.: Stanford University Press, 1990).

6. Henry Kissinger, *Years of Upheaval* (Boston: Little, Brown, 1982), 233.

7. Zbigniew Brzezinski, *Power and Principle: Memoirs of the National Security*

Adviser, 1977–1981 (New York: Farrar, Straus and Giroux, 1983), 412.

8. Jinglian Wu, *Understanding and Interpreting Chinese Economic Reform*, 2nd ed. (Singapore: Gale Asia, 2014).

9. Barry J. Naughton, *The Chinese Economy*, 2nd ed. (Cambridge, MA: MIT Press, 2018), 179.

10. Arvind Subramanian and Martin Kessler, "The Hyperglobalization of Trade and Its Future," Working Paper 13–6 (Washington, DC: Peterson Institute for International Economics, 2013).

11. World Bank, *World Development Indicators* (Washington, DC: World Bank, 2021).

12. 비교할 만한 훌륭한 해석은 Francis Fukuyama, *Political Order and Political Decay: From the Industrial Revolution to the Globalization of Democracy* (New York: Farrar, Straus and Giroux, 2014); David Lampton, *Following the Leader: Ruling China, from Deng Xiaoping to Xi Jinping* (Berkeley: University of California Press, 2014)를 참조하라.

13. Ruchir Sharma, "The Demographics of Stagnation: Why People Matter for Economic Growth," *Foreign Affairs*, March/April 2016.

14. United Nations, Department of Economic and Social Affairs, Population Division, *World Population Prospects: The 2019 Revision*, Online ed., rev. 1 (New York: United Nations, 2019).

15. United Nations, Department of Economic and Social Affairs, Population Division, *World Population Prospects: The 2019 Revision*.

16. Fang Cai and Dewen Wang, "Demographic Transition: Implications for Growth," in *The China Boom and Its Discontents*, ed. Ross Garnaut and Ligang Song (Canberra: Asia-Pacific Press, 2005), 34–52; Wang Feng and Andrew Mason, "Demographic Dividend and Prospects for Economic Development in China," paper presented at UN Expert Group Meeting on Social and Economic Implications of Changing Population Age Structures, Mexico City, August 31– September 2, 2005; David E. Bloom, David Canning, and Jaypee Sevilla, *The Demographic Dividend: A New Perspective on the Economic Consequences of Population Change* (Santa Monica, CA: RAND, 2003).

17. Alan Fernihough and Kevin Hjortshoj O'Rourke, "Coal and the European Industrial Revolution," *Economic Journal*, 131, no. 635 (April 2021): 1135–1149.

18. Gavin Wright, "The Origins of American Industrial Success, 1879–1940,"

American Economic Review, 80, no. 4 (September 1990): 651–668.

19. Gordon C. McCord and Jeffrey D. Sachs, "Development, Structure, and Transformation: Some Evidence on Comparative Economic Growth." NBER Working Paper 19512 (Cambridge, MA: National Bureau of Economic Research, 2013).

20. United Nations, Department of Economic and Social Affairs, Population Division, *World Population Prospects: The 2019 Revision*, Online ed., rev. 1 (New York: United Nations, 2019).

21. Stein Emil, Emily Goren, Chun-Wei Yuan, et al., "Fertility, Mortality, Migration, and Population Scenarios for 195 Countries and Territories from 2017 to 2100: A Forecasting Analysis for the Global Burden of Disease Study," *The Lancet*, 396, no. 10258 (October 2020): 1285–1306; Stephen Chen, "China's Population Could Halve Within the Next 45 Years, New Study Warns," *South China Morning Post*, September 30, 2021.

22. Yong Cai, Wang Feng, and Ke Shen, "Fiscal Implications of Population Aging and Social Sector Expenditure in China," *Population and Development Review*, 44, no. 4 (December 2018): 811–831.

23. Nicholas Eberstadt and Ashton Verdery, "China's Shrinking Families: The Demographic Trend That Could Curtail Beijing's Ambitions," *Foreign Affairs*, April 7, 2021.

24. Guangzong Mu, "Birth Rate Falling Below 1 Percent an Early Warning," *China Daily*, December 29, 2021.

25. Amanda Lee, "China Population: Concerns Grow as Number of Registered Births in 2020 Plummet," *South China Morning Post*, February 9, 2021; Mu, "Birth Rate Falling Below 1 Percent an Early Warning."

26. Mary Hanbury, "Adult Diaper Sales in China Could Exceed Infant Diaper Sales by 2025, Research Suggests," *Business Insider*, November 29, 2021.

27. 예를 들어 "Is China's Population Shrinking?" *The Economist*, April 29, 2021; Eric Zhu and Tom Orlik, "When Will China Rule the World? Maybe Never," Bloomberg, July 5, 2021을 참조하라.

28. Mu, "Birth Rate Falling Below 1 Percent an Early Warning."

29. Cheryl Heng, "China Census: Millions of 'Bare Branch' Men Locked Out of Marriage Face Cost of One-Child Policy," *South China Morning Post*, May 17, 2021.

30. Chao Deng and Liyan Qi, "China Stresses Family Values as More Women Put Off Marriage, Childbirth," *Wall Street Journal*, April 19, 2021.

31. Valerie Hudson and Andrea den Boer, *Bare Branches: The Security Implications of Asia's Surplus Male Population* (Cambridge, MA: MIT Press, 2004).

32. Nathan Chow, "Understanding China," DBS Bank, April 9, 2018.

33. Penn World Table, Version 10.0, https://www.rug.nl/ggdc/productivity/pwt/?lang=en.

34. Chris Buckley and Vanessa Piao, "Rural Water, Not City Smog, May Be China's Pollution Nightmare," *New York Times*, April 11, 2016.

35. China Power Team, "How Does Water Security Affect China's Development?" *China Power*, August 26, 2020, https://chinapower.csis.org/china-water-security/; Jing Li, "80 Percent of Groundwater in China's Major River Basins Is Unsafe for Humans, Study Reveals." *South China Morning Post*, April 11, 2018; David Stanway and Kathy Chen, "Most of Northern China's Water is Unfit for Human Touch," *World Economic Forum*, June 28, 2017.

36. Charles Parton, "China's Acute Water Shortage Imperils Economic Future," *Financial Times*, February 27, 2018; China Power Team, "How Does Water Security Affect China's Development?" Center for Strategic and International Studies, https://chinapower.csis.org/china-water-security/.

37. "China Needs Nearly $150 Billion to Treat Severe River Pollution," Reuters, July 25, 2018; "China Starts 8,000 Water Clean-Up Projects Worth US $100 Billion in First Half of Year," *South China Morning Post*, August 24, 2017.

38. Tsukasa Hadano, "Degraded Farmland Diminishes China's Food Sufficiency," *Nikkei Asia*, April 4, 2021.

39. "China's Inefficient Agricultural System," *The Economist*, May 21, 2015.

40. Dominique Patton, "More Than 40 Percent of China's Arable Land Degraded: Xinhua," Reuters, November 4, 2014.

41. Edward Wong, "Pollution Rising, Chinese Fear for Soil and Food," *New York Times*, December 30, 2013.

42. "Halting Desertification in China," World Bank, Results Brief, July 26, 2021; Jariel Arvin, "Worst Sandstorm in a Decade Chokes Beijing," *Vox*, March 16, 2021; Daniel Rechtschaffen, "How China's Growing Deserts Are Choking the Country," *Forbes*, September 18, 2017; Josh Haner, Edward Wong, Derek

Watkins, and Jeremy White, "Living in China's Expanding Deserts," *New York Times*, October 24, 2016.

43. Jasmine Ng, "China's Latest Crackdown Targets Binge Eating and Wasting Food," Bloomberg News, November 1, 2021.

44. Jude Clemente, "China Is the World's Largest Oil and Gas Importer," *Forbes*, October 17, 2019.

45. International Energy Agency, *World Energy Outlook* (Paris: International Energy Agency, 2016).

46. Daron Acemoglu and James Robinson, *Why Nations Fail: The Origins of Power, Prosperity, and Poverty* (New York: Crown, 2012).

47. Fukuyama, *Political Order and Political Decay*.

48. Andrew J. Nathan, "What Is Xi Jinping Afraid Of?" *Foreign Affairs*, December 8, 2017; N.S. Lyons, "The Triumph and Terror of Wang Huning," *Palladium Magazine*, October 11, 2021.

49. Tom Mitchell, Xinning Liu, and Gabriel Wildau, "China's Private Sector Struggles for Funding as Growth Slows," *Financial Times*, January 21, 2019. 또 Nicholas Lardy, *The State Strikes Back: The End of Economic Reform in China* (Washington, DC: Peterson Institute for International Economics, 2019)를 참조하라.

50. Jean C. Oi, *Rural China Takes Off: Institutional Foundations of Economic Reform* (Berkeley: University of California Press, 1999).

51. James Areddy, "Former Chinese Party Insider Calls U.S. Hopes of Engagement 'Naive,' " *Wall Street Journal*, June 29, 2021; Elizabeth C. Economy, *The Third Revolution: Xi Jinping and the New Chinese State* (New York: Oxford University Press, 2018).

52. "China Is Conducting Fewer Local Policy Experiments under Xi Jinping," *The Economist*, August 18, 2018.

53. "What Tech Does China Want?" *The Economist*, August 14, 2021.

54. Daniel H. Rosen, "China's Economic Reckoning: The Price of Failed Reforms," *Foreign Affairs*, July/August 2021.

55. David. H. Autor, David Dorn, and Gordon H. Hanson, "The China Shock: Learning from Labor-Market Adjustment to Large Changes in Trade," *Annual Review of Economics*, 8 (October 2016): 205–240.

56. Daniel C. Lynch, *China's Futures: PRC Elites Debate Economics, Politics, and*

Foreign Policy (Stanford: Stanford University, Press, 2015), chap. 2.

57. Jeremy Diamond, "Trump: 'We Can't Continue to Allow China to Rape Our Country,'" CNN, May 2, 2016; Tania Branigan, "Mitt Romney Renews Promise to Label China a Currency Manipulator," *The Guardian*, October 23, 2012.

58. Global Trade Alert, https://www.globaltradealert.org.

59. Global Trade Alert, https://www.globaltradealert.org/country/all/affected-jurisdictions_42/period-from_20090101/period-to_20210509.

60. Sidney Lung, "China's GDP Growth Could Be Half of Reported Number, Says US Economist at Prominent Chinese University," *South China Morning Post*, March 10, 2019; Yingyao Hu and Jiaxiong Yao, "Illuminating Economic Growth." IMF Working Paper No. 19/77 (Washington, DC: International Monetary Fund, 2019); Wei Chen, Xilu Chen, Chang-Tai Hsieh, and Zheng Song, "A Forensic Examination of China's National Accounts." NBER Working Paper No. w25754 (Cambridge, MA: National Bureau of Economic Research, 2019); Luis R. Martinez, "How Much Should We Trust the Dictator's GDP Estimates?" University of Chicago Working Paper (Chicago: University of Chicago, August 9, 2019).

61. Salvatore Babones, "How Weak Is China? The Real Story Behind the Economic Indicators," *Foreign Affairs*, January 31, 2016.

62. The Conference Board, "Total Economy Database," https://www.conference-board.org/data/economydatabase, accessed May 2021.

63. Guanghua Chi, Yu Liu, Zhengwei Wu, and Haishan Wu, "Ghost Cities Analysis Based on Positioning Data in China," Baidu Big Data Lab, 2015; Wade Shepard, *Ghost Cities of China* (London: Zed Books, 2015).

64. "A Fifth of China's Homes Are Empty. That's 50 Million Apartments," Bloomberg News, November 8, 2018. 또 James Kynge and Sun Yi, "Evergrande and the End of China's 'Build, Build, Build' Model," *Financial Times*, September 21, 2021를 참조하라.

65. Nathaniel Taplin, "Chinese Overcapacity Returns to Haunt Global Industry," *Wall Street Journal*, January 10, 2019; *Overcapacity in China: An Impediment to the Party's Reform Agenda* (Beijing: European Chamber of Commerce in China, 2016).

66. Koh Qing, "China Wasted $6.9 Trillion on Bad Investment post-2009," Reuters,

November 20, 2014.

67. "The Lives of the Parties: China's Economy Is More Soviet Than You Think," *The Economist*, December 15, 2018.

68. 요점은 Barry Naughton, *The Rise of China's Industrial Policy, 1978 to 2020* (Boulder: Lynne Rienner, 2021)에 잘 나와 있다.

69. Global Debt Monitor, Institute of International Finance, July 16, 2020.

70. Logan Wright and Daniel Rosen, *Credit and Credibility: Risks to China's Economic Resilience* (Washington, DC: Center for Strategic and International Studies, October 2018), 1.

71. "The Coming Debt Bust," *The Economist*, May 7, 2016.

72. Kan Huo and Hongyuran Wu, "Banks Raise Dams, Fend Off Toxic Debt Crisis," *Caixin*, December 1, 2015; Frank Tang, "China Estimates Shadow Banking Worth US$12.9 Trillion As It Moves to Clean Up High-risk Sector," *South China Morning Post*, December 7, 2020.

73. Kellee S. Tsai, *Back-Alley Banking: Private Entrepreneurs in China* (Ithaca, NY: Cornell University Press, 2004); Frank Tang, "China's P2P Purge Leaves Millions of Victims Out in the Cold, with Losses in the Billions, As Concerns of Social Unrest Swirl," *South China Morning Post*, December 29, 2020.

74. "Total Credit to the Non-Financial Sector," Bank for International Settlements, https://stats.bis.org/statx/srs/table/f1.2, accessed August 9, 2021.

75. Daniel H. Rosen, "China's Economic Reckoning: The Price of Failed Reforms," *Foreign Affairs*, July/August 2021.

76. 이 단락의 요점에 대한 더 자세한 논의와 출처는 Michael Beckley, *Unrivaled: Why America Will Remain the World's Sole Superpower* (Ithaca, NY: Cornell University Press, 2018), 48–52를 참조하라.

77. National Science Board. *Science and Engineering Indicators 2020* (Arlington, VA: National Science Foundation, 2020).

78. Andrew Imbrie, Elsa B. Kania, and Lorand Laskai, "Comparative Advantage in Artificial Intelligence: Enduring Strengths and Emerging Challenges for the United States," CSET Policy Brief, January 2020; Will Hunt, Saif M. Khan, and Dahlia Peterson, "China's Progress in Semiconductor Manufacturing Equipment: Accelerants and Policy Implications," CSET Policy Brief, March 2021.

79. Saif M. Khan and Carrick Flynn, "Maintaining China's Dependence on Democracies for Advanced Computer Chips," Brookings Institution, Global China, April 2020.

80. Xiaojun Yan and Jie Huang, "Navigating Unknown Waters: The Chinese Communist Party's New Presence in the Private Sector," *China Review*, 17, no. 2 (June 2017): 38.

81. Daniel Lynch, *China's Futures: PRC Elites Debate Economics, Politics, and Foreign Policy* (Stanford: Stanford University Press, 2015).

82. Tom Holland, "Wen and Now: China's Economy Is Still 'Unsustainable,' " *South China Morning Post*, April 10, 2017.

83. Jane Cai, "Chinese Premier Li Keqiang Warns of Challenges over Jobs, Private Sector, Red Tape," *South China Morning Post*, May 2021.

84. Chris Buckley, "2019 Is a Sensitive Year for China. Xi Is Nervous," *New York Times*, February 25, 2019; Chris Buckley, "Vows of Change in China Belie Private Warning," *New York Times*, February 14, 2013.

85. Sui-Lee Wee and Li Yuan, "China Sensors Bad Economic News Amid Signs of Slower Growth," *New York Times*, September 28, 2018.

86. Lingling Wei, "Beijing Reins in China's Central Bank," *Wall Street Journal*, December 8, 2021.

87. 데이터는 Shanghai's Hurun Research Institute에서 나온 것이다. 이들 데이터에 대한 보고는 David Shambaugh, "China's Coming Crack Up," *Wall Street Journal*, March 6, 2015; Robert Frank, "More than a Third of Chinese Millionaires Want to Leave China," CNBC, July 6, 2018; Robert Frank, "Half of China's Rich Plan to Move Overseas," CNBC, July 17, 2017을 참조하라.

88. Christian Henrik Nesheim, "2 of 3 Investor Immigrants Worldwide Are Chinese, Reveals Statistical Analysis," *Investment Migration Insider*, February 25, 2018.

89. 중국노동통신China Labour Bulletin에서 입수할 수 있는 데이터. https://clb.org.hk. 보도에 대해서는 Javier C. Hernandez, "Workers' Activism Rises as China's Economy Slows. Xi Aims to Rein Them In," *New York Times*, February 6, 2019; "Masses of Incidents: Why Protests Are So Common in China," *The Economist*, October 4, 2018을 참조하라.

90. Chen Tianyong이 Li Yuan, "China's Entrepreneurs Are Wary of Its Future,"

New York Times, February 23, 2019에서 인용했다.

91. Adrian Zenz, "China's Domestic Security Spending: An Analysis of Available Data," *China Brief*, 18, no. 4 (March 12, 2018).

92. Sheena Chestnut Greitens, "Domestic Security in China under Xi Jinping," *China Leadership Monitor*, March 1, 2019.

93. Simina Mistreanu, "Life Inside China's Social Credit Laboratory," *Foreign Policy*, April 3, 2018.

94. Richard McGregor, *Xi Jinping: The Backlash* (London: Penguin Ebooks, 2019), chap. 2.

3. 닫히는 포위의 고리

1. Jeff Smith, "The Simmering Boundary: A 'New Normal' at the India-China Border? Part 1," Observer Research Foundation, June 13, 2020; Robert Barnett, "China Is Building Entire Villages in Another Country's Territory," *Foreign Policy*, May 7, 2021.

2. 그 배경과 충돌은 Jeffrey Gettleman, Hari Kumar, and Sameer Yasir, "Worst Clash in Decades on Disputed India-China Border Kills 20 Indian Troops," *New York Times*, June 16, 2020; Charlie Campbell, "China and India Try to Cool Nationalist Anger After Deadly Border Clash," *Time*, June 20, 2020; Michael Safi and Hannah Ellis-Petersen, "India Says 20 Soldiers Killed on Disputed Himalayan Border with China," *The Guardian*, June 16, 2020; H.B. discussion with Indian official, July 2021를 참조하라.

3. Andrew Chubb, "China Warily Watches Indian Nationalism," *China Story*, December 22, 2020.

4. "Defence Ministry Approves Purchase of 33 New Fighter Jets Including 21 MiG-29s from Russia," *Hindustan Times*, July 2, 2020; "Huawei and ZTE Left Out of India's 5G Trials," BBC News, May 5, 2021; Joe Biden, Narendra Modi, Scott Morrison, and Yoshide Suga, "Our Four Nations Are Committed to a Free, Open, Secure, and Prosperous Indo-Pacific Region," *Washington Post*, March 13, 2021; Michele Kelemen, "Quad Leaders Announce Effort to Get 1 Billion COVID-19 Vaccines to Asia," NPR, March 12, 2021.

5. Sudhi Ranjan Sen, "India Shifts 50,000 Troops to Chinese Border in Historic Move," Bloomberg, June 27, 2001; H.B. discussion with Indian official, July

2021.

6. Ken Moriyasu, "India and Vietnam Will Define the Future of Asia: Kurt Campbell," *Nikkei Asia*, November 20, 2021.

7. Gettleman, Kumar, and Yasir, "Worst Clash in Decades."

8. C. Vann Woodward, "The Age of Reinterpretation," *American Historical Review*, 66, no. 1 (October 1960): 1–16.

9. Kori Schake, *Safe Passage: The Transition from British to American Hegemony* (Cambridge, MA: Harvard University Press, 2017).

10. Richard Javad Heydarian, *The Indo-Pacific: Trump, China, and the New Struggle for Global Mastery* (New York: Palgave Macmillan, 2020), 160.

11. G. John Ikenberry, *Liberal Leviathan: The Origins, Crisis, and Transformation of the American World Order* (Princeton, NJ: Princeton University Press, 2011).

12. Toshi Yoshihara and Jack Bianchi, *Seizing on Weakness: Allied Strategy for Competing with China's Globalizing Military* (Washington, DC: Center for Strategic and Budgetary Assessments, 2021), 44; Andrew J. Nathan and Andrew Scobell, *China's Search for Security* (New York: Columbia University Press, 2012).

13. Yoshihara and Bianchi, *Seizing on Weakness*, esp. 44; Robert Ross, "China's Naval Nationalism: Sources, Prospects, and the U.S. Response," *International Security*, 34, no. 2 (Fall 2009): 46–81.

14. Thomas Christensen, *The China Challenge: Shaping the Choices of a Rising Power* (New York: Norton, 2015), xv.

15. Christensen, *China Challenge*, xiv.

16. "Bush Lays Out Foreign Policy Vision," CNN, November 19, 1999; David Lampton, *Same Bed, Different Dreams: Managing U.S.-China Relations, 1989–2000* (Berkeley: University of California Press, 2001).

17. Robert B. Zoellick, "Whither China: From Membership to Responsibility?" U.S. Department of State, September 21, 2005.

18. Art Pine, "U.S. Faces Choices on Sending Ships to Taiwan," *Los Angeles Times*, March 20, 1996.

19. Thomas Lippman, "Bush Makes Clinton's China Policy an Issue," *Washington Post*, August 20, 1999.

20. H.B. conversation with U.S. intelligence official, May 2016; Aaron Friedberg, Beyond Air-Sea Battle: The Debate over U.S. Military Strategy in Asia (New

York: Routledge, 2014).

21. James Mann, *About Face: A History of America's Curious Relationship with China from Nixon to Clinton* (New York: Vintage Books, 2000), 293–296; Dan Kliman and Zack Cooper, "Washington Has a Bad Case of China ADHD," *Foreign Policy*, October 27, 2017.

22. Richard Bernstein and Ross Munro, *The Coming Conflict with China* (New York: Vintage, 1998); Aaron L. Friedberg, *A Contest for Supremacy: China, America, and the Struggle for Mastery in Asia* (New York: Norton, 2011).

23. Prashanth Parameswaran, "U.S. Blasts China's 'Great Wall of Sand' in the South China Sea," *Diplomat*, April 1, 2015.

24. Eric Heginbotham, Michael Nixon, Forrest E. Morgan, et al., *The U.S.-China Military Scorecard: Forces, Geography, and the Evolving Balance of Power* (Santa Monica, CA: RAND Corporation, 2015).

25. "China Challenging U.S. Military Technological Edge: Pentagon Official," Reuters, January 28, 2014.

26. Brian Wang, "Google's Eric Schmidt Says U.S. Could Lose Lead in AI and Basic Science Research to China," *Next Big Future*, November 1, 2017.

27. Giuseppe Macri, "Ex-NSA Head: Chinese Hacking Is 'The Greatest Transfer of Wealth in History,'" *Inside Sources*, November 4, 2015.

28. Michael Pillsbury, *The Hundred-Year Marathon: China's Secret Strategy to Replace America as the Global Superpower* (New York: Griffin, 2015); Kurt Campbell and Ely Ratner, "The China Reckoning: How Beijing Defied American Expectations," *Foreign Affairs*, March/April 2018.

29. David Larter, "White House Tells the Pentagon to Quit Talking About 'Competition' with China," *Navy Times*, September 26, 2016.

30. *National Security Strategy of the United States of America*, December 2017, https://trumpwhitehouse.archives.gov/wp-content/uploads/2017/12/NSS-Final-12-18-2017-0905.pdf; *Summary of the 2018 National Defense Strategy of the United States of America*, https://dod.defense.gov/Portals/1/Documents/pubs/2018-National-Defense-Strategy-Summary.pdf; "U.S. Strategic Framework for the Indo-Pacific," February 2018, https://trumpwhitehouse.archives.gov/wp-content/uploads/2021/01/IPS-Final-Declass.pdf.

31. U.S. Department of State, Policy Planning Staff, *The Elements of the China*

Challenge, November 2020; Iain Marlow, "U.S. Security Bloc to Keep China in 'Proper Place,' Pompeo Says," Bloomberg News, October 23, 2019.

32. Christopher Wray, Remarks at Hudson Institute, July 7, 2020, https://www.fbi. gov/news/speeches/the-threat-posed-by-the-chinese-government-and-the-chinese-communist-party-to-the-economic-and-national-security-of-the-united-states.

33. Haspel Remarks at University of Louisville, September 26, 2018, https://www. cia.gov/stories/story/remarks-for-central-intelligence-agency-director-gina-haspel-mcconnell-center-at-the-university-of-louisville/.

34. Josh Rogin, *Chaos Under Heaven: Trump, Xi, and the Battle for the 21st Century* (Boston: Houghton Mifflin, 2021); Bethany Allen-Ebrahimian, "Special Report: Trump's U.S.-China Transformation," Axios, January 19, 2021.

35. John Bolton, "The Scandal of Trump's China Policy," *Wall Street Journal*, June 17, 2020.

36. "Internal Chinese Report Warns Beijing Faces Tiananmen-Like Global Backlash over Virus," Reuters, May 4, 2020; Laura Silver, Kat Devlin, and Christine Huang, "Unfavorable Views of China Reach Historic Highs in Many Countries," Pew Research Center, October 6, 2020.

37. Demetri Sevastopulo, "Biden Warns China Will Face 'Extreme Competition' from U.S.," *Financial Times*, February 7, 2021.

38. Jim Garamone, "Biden Announces DOD China Task Force," *Defense News*, February 10, 2021; Alex Leary and Paul Ziobro, "Biden Calls for $50 Billion to Boost U.S. Chip Industry," *Wall Street Journal*, March 31, 2021.

39. Biden's Remarks at Munich Security Conference, February 19, 2021, https:// www.whitehouse.gov/briefing-room/speeches-remarks/2021/02/19/remarks-by-president-biden-at-the-2021-virtual-munich-security-conference/.

40. Steven Lee Myers and Chris Buckley, "Biden's China Strategy Meets Resistance at the Negotiating Table," *New York Times*, July 26, 2021.

41. Dai Xu, "14 Misjudgments: China's '4 Unexpected' and '10 New Under-standings' About the U.S.," May 26, 2020, https://demclubathr.files.wordpress. com/2020/06/what-china-doesnt-realize-us-china-relations-in-2020-dai-xu-weibo-may-26-2020.pdf.

42. Election Study Center, National Chengchi University, "Taiwanese/Chinese

Identification Trend Distribution," January 25, 2021, https://esc.nccu.edu.tw/PageDoc/Detail?fid=7800&id=6961.

43. "Taiwan to Boost Defense Budget 10% in Face of China Pressure," *Nikkei Asia*, August 13, 2020; Gabriel Dominguez, "Taiwan Developing New Asymmetric Warfare Concepts to Counter China's Growing Military Capabilities, Says Pentagon," *Janes Defence News*, September 2, 2020; Drew Thompson, "Hope on the Horizon: Taiwan's Radical New Defense Concept," *War on the Rocks*, October 2, 2018.

44. "Taiwan Says It Will Fight to the End if Attacked as China Sends More Jets," *The Guardian*, April 7, 2021; Yimou Lee, "Taiwan's Special Defence Budget to Go Mostly on Anti-Ship Capabilities," Reuters, October 5, 2021.

45. Michael Crowley, "Biden Backs Taiwan, but Some Call for Clearer Warning to China," *New York Times*, April 8, 2021.

46. Felix Chang, "The Ryukyu Defense Line: Japan's Response to China's Naval Push into the Pacific Ocean," Foreign Policy Research Institute, February 8, 2021; Ken Moriyasu, "U.S. Eyes Using Japan's Submarines to 'Choke' Chinese Navy," *Nikkei Asia*, May 5, 2021; Makiko Inoue and Ben Dooley, "Japan Approves Major Hike in Military Spending, with Taiwan in Mind," *New York Times*, December 23, 2021.

47. Mark Episkopos, "Japan Is Investing Big in Its F-35 Stealth Fighter Fleet," *National Interest*, May 6, 2021.

48. Dzirhan Mahadzir, "U.S. Marine F-35Bs to Embark on Japan's Largest Warship," USNI News, September 30, 2021.

49. "Japan, U.S. Defence Chiefs Affirm Cooperation on Taiwan: Kyodo," Reuters, March 21, 2021; "Japan Deputy PM Comment on Defending Taiwan if Invaded Angers China," Reuters, July 6, 2021; "U.S. and Japan Draw Up Joint Military Plan in Case of Taiwan Emergency," Reuters, December 24, 2021.

50. Birch T. Tan, "Understanding Vietnam's Military Modernization Efforts," *The Diplomat*, November 25, 2020.

51. Michael Beckley, "The Emerging Military Balance in East Asia: How China's Neighbors Can Check Chinese Naval Expansion," *International Security*, 42, no. 2 (Fall 2017): 78–119.

52. H.B. discussion with senior U.S. naval official, January 2018.

53. Jon Grevatt, "Indonesia Announces Strong Increase in 2021 Defence Budget," *Janes*, August 18, 2020.

54. Koya Jibiki, "Indonesia Looks to Triple Submarine Fleet After Chinese Incursions," *Nikkei Asia*, May 30, 2021.

55. Joel Gehrke, "Philippines's Duterte Rebukes Top Diplomat for Profanity-Laced Message to China: 'Only the President Can Curse,' " *Washington Examiner*, May 4, 2021.

56. "Philippines Beefs Up Military Muscle in Wake of Alleged Chinese Aggression in South China Sea," ABC News, April 21, 2021.

57. Bill Hayton, "Pompeo Draws a Line Against Beijing in the South China Sea," *Foreign Policy*, July 15, 2020.

58. Keith Johnson, "Australia Draws a Line on China," *Foreign Policy*, May 4, 2021.

59. "'Inconceivable' Australia Would Not Join U.S. to Defend Taiwan," Reuters, November 13, 2011.

60. William Mauldin, "India's Narendra Modi Emphasizes Security Ties in Address to Congress," *Wall Street Journal*, June 8, 2016.

61. Abishek Bhalla, "Indian Navy Ends Jam-Packed Year with Vietnamese Navy in South China Sea," *India Today*, December 27, 2020; "Anti-Ship Version of Supersonic Cruise Missile Testfired from Andaman Nicobar Islands," *New Indian Express*, December 1, 2020; Tanvi Madan, "Not Your Mother's Cold War: India's Options in U.S.-China Competition," *Washington Quarterly*, Winter 2021.

62. Giannis Seferiadis, "EU Hopes for Tech Alliance with Biden After Trump Huawei 5G Ban," *Nikkei Asia*, January 12, 2021.

63. Abhijnan Rej, "France-led Multination Naval Exercise Commences in Eastern Indian Ocean," *The Diplomat*, April 5, 2021; Antoine Bondaz and Bruno Tertrais, "Europe Can Play a Role in a Conflict Over Taiwan. Will It?" *World Politics Review*, March 23, 2021; Josh Rogin, "China Is Testing the West. We Shouldn't Back Down," *Washington Post*, December 23, 2021.

64. Li Jingkun, "Xi Jinping's U.K. Visit Rings in a Golden Age of Bilateral Ties," *China Today*, November 10, 2015; Lionel Barber, "Boris Johnson's 'Global Britain Tilts toward Asia,' " *Nikkei Asia*, March 23, 2021.

65. Dalibor Rohac, "The Czechs are Giving Europe a Lesson on How to Deal with

China," *Washington Post*, September 3, 2020.

66. "Canada Launches 58-Nation Initiative to Stop Arbitrary Detentions," Reuters, February 15, 2021.

67. Luke Patey, *How China Loses: The Pushback Against Chinese Global Ambitions* (Oxford: Oxford University Press, 2021); Vincent Ni, "EU Efforts to Ratify China Investment Deal 'Suspended' after Sanctions," *The Guardian*, May 4, 2021.

68. William Pesek, "Singapore's Trade-War Worries Bad for Everyone," *Asia Times*, October 4, 2019.

69. 예를 들면 Mitsuru Obe, "Decoupling Denied: Japan Inc Lays Its Bets on China," *Financial Times*, February 16, 2021.

70. Andrea Kendall-Taylor and David Shullman, "China and Russia's Dangerous Convergence: How to Counter an Emerging Partnership," *Foreign Affairs*, May 3, 2021; Hal Brands and Evan Braden Montgomery, "One War Is Not Enough: Strategy and Force Planning for Great-Power Competition," *Texas National Security Review*, 3, no. 2 (Spring 2020): 80-92.

71. 이 단락과 앞 단락에서 인용한 "무한하다no limits"는 Hal Brands, "The Eurasian Nightmare: Chinese-Russian Convergence and the Future of American Order," *Foreign Affairs*, February 25, 2022에서 도움 받았다.

72. 우리는 이 통찰을 준 피터 피버Peter Feaver에게 감사한다.

73. Reid Standish, "China in Eurasia Briefing: How Far Will Beijing Go in Backing Putin?" *Radio Free Europe/Radio Liberty*, March 2, 2022.

74. 이 아이디어는 Jared Cohen and Richard Fontaine, "Uniting the Techno-Democracies: How to Build Digital Cooperation," *Foreign Affairs*, November/December 2020; Hal Brands and Zack Cooper, "The Great Game with China is 3D Chess," *Foreign Policy*, December 30, 2020; Steve Holland and Guy Faulconbridge, "G7 Rivals China with Grand Infrastructure Plan," Reuters, June 13, 2021을 참조하라.

75. "GDP Per Capita (current US$)," World Bank, https://data.worldbank.org/indicator/NY.GDP.PCAP.CD, accessed May 2021.

76. Michael Beckley, *Unrivaled: Why America Will Remain the World's Sole Superpower* (Ithaca, NY: Cornell University Press, 2018), 34.

77. "Top China Generals Urge More Spending for U.S. Conflict 'Trap,'" Bloomberg

News, March 9, 2021.

78. "Has the Wind Changed? PLA Hawks General Dai Xu and General Qiao Liang Release Odd Articles," GNews, July 11, 2020, https://gnews.org/257994/; 약 간 다른 번역은 "Xi's Intellectual Warriors Are Outgunning 'Realists' of Deng Xiaoping Era," *Business Standard*, August 19, 2020; Dai Xu, "14 Misjudgments" 를 참조하라.

79. Minnie Chan, " 'Too Costly': Chinese Military Strategist Warns Now Is Not the Time to Take Back Taiwan by Force," *South China Morning Post*, May 4, 2020.

80. Katsuji Nakazawa, "Analysis: China's 'Wolf Warriors' Take Aim at G-7," *Nikkei Asia*, May 13, 2021.

81. Steven Lee Myers and Amy Qin, "Why Biden Seems Worse to China than Trump," *New York Times*, July 20, 2021.

82. Amanda Kerrigan, "Views from the People's Republic of China on U.S.-China Relations Since the Beginning of the Biden Administration," Center for Naval Analyses, September 2021.

83. Richard McGregor, "Beijing Hard-Liners Kick Against Xi Jinping's Wolf Warrior Diplomacy," Lowy Institute, July 28, 2020.

4. 몰락하는 강대국의 위험

1. Paul Kennedy, *The Rise and Fall of the Great Powers: Economic Change and Military Conflict from 1500 to 2000* (New York: Random House, 1987), 209.

2. A.J.P. Taylor, *The Struggle for Mastery in Europe, 1848–1918* (New York: Oxford University Press, 1954), xxxii.

3. Marc Trachtenberg, "A Wasting Asset: American Strategy and the Shifting Nuclear Balance, 1949–1954," *International Security*, 13, no. 3 (Winter 1988–89): 41.

4. Annika Mombauer, *Helmuth von Moltke and the Origins of the First World War* (New York: Cambridge University Press, 2001), 172.

5. Robert Strassler, ed., *The Landmark Thucydides: A Comprehensive Guide to the Peloponnesian War* (New York: Simon & Schuster, 2008), 65.

6. Jack S. Levy, "Declining Power and the Preventive Motivation for War," *World Politics*, 40, no. 1 (October 1987), 83; A.F.K. Organski, *World Politics* (New York: Knopf, 1968).

7. Graham Allison, *Destined for War: Can America and China Escape Thu-*

cydides's Trap? (Boston: Houghton Mifflin Harcourt, 2017); Robert Strassler, ed., *Landmark Thucydides*, 16.

8. Gideon Rachman, "Year in a Word: Thucydides' Trap," *Financial Times*, December 19, 2018.

9. Donald Kagan, *On the Origins of War and the Preservation of Peace* (New York: Anchor, 1996), 44; Donald Kagan, *The Outbreak of the Peloponnesian War* (Ithaca, NY: Cornell University Press, 1969).

10. 이 부분의 기초 데이터와 선택 기준 및 특정 사례에 대한 자세한 설명은 Michael Beckley, "When Fast-Growing Great Powers Slow Down: Historical Evidence and Implications for China," National Bureau of Asian Research, January 2021 을 참조하라.

11. 유명한 J곡선 혁명론과 유사점이 있다. 이 이론은 수십 년간의 비참한 상태를 겪은 후가 아니라 경제 둔화가 지속적인 팽창에 뒤이어 나타날 때 폭동이 일어난다고 주장한다. James C. Davies, "Toward a Theory of Revolution," *American Sociological Review*, 27, no. 1 (February 1962): 5–19.

12. John Chipman, *French Power in Africa* (Oxford: Blackwell, 1989); Pierre Lellouche and Dominique Moisi, "French Policy in Africa: A Lonely Battle Against Destabilization," *International Security*, 3, no. 4 (Spring 1979): 108–133; Andrew Hansen, "The French Military in Africa," Council on Foreign Relations, February 8, 2008.

13. Walter LaFeber, *The Clash: U.S.-Japanese Relations Throughout History* (New York: Norton, 1997), 366; Jennifer Lind, "Pacifism or Passing the Buck? Testing Theories of Japanese Security Policy," *International Security*, 29, no. 1 (Summer 2004): 92–121.

14. David O. Whitten, "The Depression of 1893," EH.net, https://eh.net/encyclopedia/the-depression-of-1893/; Charles Hoffman, "The Depression of the Nineties," *Journal of Economic History* (June 1956): 137–164.

15. David Healy, *U.S. Expansionism: The Imperialist Urge in the 1890s* (Madison: University of Wisconsin Press, 1970), 27.

16. Marc-William Palen, "The Imperialism of Economic Nationalism, 1890–1913," *Diplomatic History*, 39, no. 1 (January 2015): 157–185.

17. Benjamin O. Fordham, "Protectionist Empire: Trade, Tariffs, and United States Foreign Policy, 1890–1914," *Studies in American Political Development*, 31, no.

2 (October 2017): 170–192.

18. Healy, *U.S. Expansionism*, 176; Walter LaFeber, *The New Empire: An Interpretation of American Expansion, 1860–1898* (Ithaca, NY: Cornell University Press, 1963); Kevin Narizny, *The Political Economy of Grand Strategy* (Ithaca, NY: Cornell University Press, 2007), chaps. 2–4.

19. Patrick McDonald, *The Invisible Hand of Peace: Capitalism, the War Machine, and International Relations Theory* (New York: Cambridge University Press, 2009); Kent E. Calder, *Crisis and Compensation: Public Policy and Political Stability in Japan* (Princeton, NJ: Princeton University Press, 1988)를 참조하라.

20. Dietrich Geyer, *Russian Imperialism: The Interaction of Domestic and Foreign Policy, 1860–1914* (New Haven, CT: Yale University Press, 2009), 205.

21. Peter Gatrell, *Government, Industry and Rearmament in Russia, 1900–1914* (New York: Cambridge University Press, 1994), 21, 24.

22. Dale Copeland, *Economic Interdependence and War* (Princeton, NJ: Princeton University Press, 2015), 108; Brian Taylor, *Politics and the Russian Army: Civil-Military Relations, 1689–2000* (Cambridge, UK: Cambridge University Press, 2003), 69; Stephen Anthony Smith, *Russia in Revolution: An Empire in Crisis, 1890 to 1928* (New York: Oxford University Press, 2017), 18.

23. 다음 단락들은 베클리의 "급성장하는 강대국이 주춤할 때When Fast-Growing Great Powers Slow Down"에서 끌어온 것이다.

24. Valerie Bunce and Aida Hozic, "Diffusion-Proofing and the Russian Invasion of Ukraine," *Demokratizatsiya* 24, no. 4 (Fall 2016): 435–446.

25. Anders Aslund, *Russia's Crony Capitalism: The Path from Market Economy to Kleptocracy* (New Haven, CT: Yale University Press, 2019), 240; Kathryn Stoner, *Russia Resurrected: Its Power and Purpose in a New Global Order* (New York: Oxford University Press, 2021).

26. E. Wayne Merry, "The Origins of Russia's War in Ukraine: The Clash of Russian and European Civilization Choices for Ukraine," in Elizabeth A. Wood, William E. Pomeranz, E. Wayne Merry, and Maxim Trudolyubov, eds., *Roots of Russia's War in Ukraine* (New York: Columbia University Press, 2015), ch. 1.

27. Elias Gotz, "It's Geopolitics, Stupid: Explaining Russia's Ukraine Policy," *Global Affairs*, 1, no. 1 (2015): 3–10.

28. Samuel Charap and Timothy J. Colton, *Everyon Loss: The Ukraine Crisis and*

the Ruinous Contest for Post-Soviet Eurasia (New York: Routledge, 2017).

29. Christopher Miller, *Putinomics: Power and Money in Resurgent Russia* (Chapel Hill: University of North Carolina Press, 2018): 140–145; Daniel Treisman, "Why Putin Took Crimea: The Gambler in the Kremlin," *Foreign Affairs*, May/June 2016; Gotz, "It's the Geopolitics, Stupid."

30. Copeland, *Economic Interdependence and War*, chaps. 4–5; Adam Tooze, *The Wages of Destruction: The Making and Breaking of the Nazi Economy* (New York: Penguin, 2008).

31. Bernard Wasserstein, *Barbarism and Civilization: A History of Europe in Our Time* (New York: Oxford University Press, 2007), 13–14; Paul Kennedy, *The Rise of the Anglo-German Antagonism, 1860–1914* (London: Allen & Unwin, 1980), 464; Taylor, *Struggle for Mastery*, xxvii; Angus Maddison, *The World Economy: Historical Statistics* (Paris: OECD, 2003), table 1b, 48–49.

32. David Calleo, *The German Problem Reconsidered: Germany and the World Order, 1870 to the Present* (New York: Cambridge University Press, 1980).

33. 이것이 비스마르크가 1871년 알자스와 로렌의 합병을 실수라고 여긴 이유다. 프랑스가 지속적으로 적대감을 갖게 했기 때문이다.

34. Charles Kupchan, *The Vulnerability of Empire* (Ithaca, NY: Cornell University Press, 1994), 370.

35. Taylor, *Struggle for Mastery*, 372–402; Fritz Fischer, *Germany's Aims in the First World War* (New York: Norton, 1967); "Bernhard von Bulow on Germany's 'Place in the Sun,' " 1897, https://ghdi.ghi-dc.org/sub_document.cfm?document_id=783.

36. Eyre Crowe, "Memorandum on the Present State of British Relations with France and Germany," January 1, 1907, https://en.wikisource.org/wiki/Memorandum_on_the_Present_State_of_British_Relations_with_France_and_Germany.

37. Kennedy, *Rise of the Anglo-German Antagonism*, 420.

38. Immanuel Geiss, *German Foreign Policy 1871–1914*, Vol. IX (London: Routledge, 1976), 121.

39. Kennedy, *Rise of the Anglo-German Antagonism*, 55.

40. Copeland, *Economic Interdependence*, 125.

41. Annika Mombauer, *The Origins of the First World War: Diplomatic and Military Documents* (Manchester, UK: Manchester University Press, 2013), 33; Taylor, *Struggle for Mastery*, 403–482.

42. Kennedy, *Rise and Fall*, 213–214.

43. Mombauer, *Helmuth von Moltke*; Jack Snyder, "Civil-Military Relations and the Cult of the Offensive, 1914 and 1984," *International Security*, 9, no. 1 (Summer 1984): 108–146.

44. Dale Copeland, *The Origins of Major War* (Ithaca, NY: Cornell University Press, 2001), 70; Allison, *Destined for War*, 80–81; Hew Strachan, *The First World War: Volume I: To Arms* (New York: Oxford University Press, 1993).

45. Stephen Van Evera, "The Cult of the Offensive and the Origins of the First World War," *International Security*, 9, no. 1 (Summer 1984): 81.

46. Martin Gilbert, *The First World War: A Complete History* (New York: Henry Holt, 1994), 5–14.

47. Copeland, *Economic Interdependence*, esp. 126–131; Max Hastings, *Catastrophe 1914: Europe Goes to War* (New York: Vintage, 2013), 12.

48. Volker Berghahn, *Imperial Germany: Economy, Society, Culture, and Politics* (NewYork: Berghahn, 2005), 266.

49. Van Evera, "Cult of the Offensive," 69, 66, 68; Fischer, *Germany's Aims*.

50. Annika Mombauer, *Origins of the First World War: Controversies and Consensus* (New York: Routledge, 2013), 16를 참조하라.

51. Konrad H. Jarausch, "The Illusion of Limited War: Chancellor Bethmann Hollweg's Calculated Risk, July 1914," *Central European History*, 2, no. 1 (March 1969): 58.

52. Mombauer, *Origins of the First World War: Diplomatic and Military Documents*, 459; Copeland, *Origins of Major War*, 79–117; Immanuel Geiss, "The Outbreak of the First World War and German War Aims," *Journal of Contemporary History*, 1, no. 3 (July 1966): 75–91.

53. Hastings, *Catastrophe 1914*, 81.

54. Jarausch, "Illusion of Limited War," 48.

55. Jack Snyder, "Better Now than Later: The Paradox of 1914 as Everyone's Favored Year for War," *International Security*, 39, no. 1 (Summer 2014): 71.

56. G.C. Allen, *A Short Economic History of Modern Japan, 1867–1937* (New York: Palgrave Macmillan, 1981), 91.

57. Kenneth Pyle, *Japan Rising: The Resurgence of Japanese Power and Purpose* (New York: PublicAffairs, 2007), 163.

58. LaFeber, *The Clash*, 148; Akira Iriye, *The Origins of the Second World War in Asia and the Pacific* (New York: Routledge, 1987).

59. Masato Shizume, "The Japanese Economy During the Interwar Period: Instability in the Financial System and the Impact of the World Depression," *Bank of Japan Review*, May 2009, chart 1.

60. Iriye, *The Origins of the Second World War*, 6.

61. Nobuya Bamba, *Japanese Diplomacy in a Dilemma: New Light on Japan's China Policy, 1924–1929* (Ontario: UBC Press, 2002), 56, 62.

62. Herbert Bix, *Hirohito and the Making of Modern Japan* (New York: Harper, 2001), 227.

63. Akira Iriye, "The Failure of Economic Expansion: 1918–1931," in *Japan in Crisis: Essays on Taisho Democracy*, ed. Bernard Silberman and H.D. Harootunian (Princeton, NJ: Princeton University Press, 1974), 265.

64. S.C.M. Paine, *The Japanese Empire: Grand Strategy from the Meiji Restoration to the Pacific War* (New York: Cambridge University Press, 2017), 110–113.

65. Christopher Thorne, *The Limits of Foreign Policy: The West, the League, and the Far Eastern Crisis of 1931–1933* (London: Macmillan, 1972), 32; Michael Green, *By More than Providence: Grand Strategy and American Power in the Asia-Pacific Since 1783* (New York: Columbia University Press, 2016), 152.

66. James Crowley, *Japan's Quest for Autonomy: National Security and Foreign Policy, 1930–1938* (Princeton, NJ: Princeton University Press, 1966), 208; Michael Barnhart, *Japan Prepares for Total War: The Search for Economic Security, 1919–1941* (Ithaca, NY: Cornell University Press, 1987).

67. Kenneth Colegrove, "The New Order in East Asia," *Far Eastern Quarterly*, 1, no. 1 (November 1941): 6.

68. Green, *By More than Providence*, 156.

69. 특히 Bix, Hirohito, 308; Crowley, *Japan's Quest for Autonomy*, 286–290; J.W. Dower, *Empire and Aftermath: Yoshida Shigeru and the Japanese Experience, 1878–1954* (Cambridge, MA: Harvard University Press, 1988), 139를 참조하라.

70. Pyle, *Japan Rising*, 176.

71. Bix, *Hirohito*, 374; Eri Hotta, *Japan 1941: Countdown to Infamy* (New York: Vintage, 2013), esp. 23–57.

72. S.C.M. Paine, *The Wars for Asia, 1911–1949* (New York: Cambridge University

Press, 2012), 185.

73. Waldo Heinrichs, *Threshold of War: Franklin D. Roosevelt and American Entry into World War II* (New York: Oxford University Press, 1988), 7; Barnhart, *Japan Prepares*, 91–114.

74. Pyle, *Japan Rising*, 192.

75. 특히 Iriye, *Origins of the Second World War*를 참조. 또 Robert Dallek, *Franklin Roosevelt and American Foreign Policy, 1932–1945* (New York: Oxford University Press, 1995); Rana Mitter, *Forgotten Ally: China's World War II, 1937–1945* (Boston: Houghton Mifflin, 2013)를 참조하라.

76. Jonathan Utley, *Going to War with Japan, 1937–1941* (New York: Fordham University Press, 2005), 16.

77. Dallek, *Franklin Roosevelt*, passim; Heinrichs, *Threshold of War*, 10; Gerhard Weinberg, *A World at Arms: A Global History of World War II* (New York: Cambridge University Press, 2020), 260.

78. Paine, *Japanese Empire*, 153; Barnhart, *Japan Prepares*, 162–262.

79. Jeffrey Record, *Japan's Decision for War in 1941: Some Enduring Lessons* (Carlisle Barracks, PA: Strategic Studies Institute, 2009), 25.

80. Ernst Presseisen, *Germany and Japan: A Study in Totalitarian Diplomacy, 1933–1941* (The Hague: Springer, 1958), 241–243.

81. Heinrichs, *Threshold of War*, 183.

82. Heinrichs, *Threshold of War*, 182; Scott Sagan, "The Origins of the Pacific War," *Journal of Interdisciplinary History*, 18, no. 4 (Spring 1988): 903–908.

83. Paine, *Japanese Empire*, 148–149; Bix, *Hirohito*, 400, 406–407; LaFeber, *The Clash*, 197–200; Hosoya Chihiro, "Britain and the United States in Japan's View of the International System, 1937–1941," in *Anglo-Japanese Alienation, 1919–1952*, ed. Ian Nish (New York: Cambridge University Press, 1982).

84. Sagan, "Origins," 912.

85. Ikuhiko Hata, "Admiral Yamamoto's Surprise Attack and the Japanese Navy's War Strategy," in *From Pearl Harbor to Hiroshima: The Second World War in Asia and the Pacific, 1941–45*, ed. Saki Dockrill (New York: St. Martin's, 1994), 65.

86. Hotta, *Japan 1941*, 201.

87. Sagan, "Origins," 893.

88. Adam Tooze, *The Deluge: The Great War, America, and the Remaking of the*

Global Order, 1916–1931 (New York: Penguin, 2014), 3.

5. 폭풍의 조짐

1. John Feng, "China's Xi Jinping Says Soon No Enemy Will Be Able to Defeat the Country," *Newsweek*, May 6, 2021.

2. Sheena Chestnut Greitens, "Internal Security & Grand Strategy: China's Approach to National Security Under Xi Jinping," Statement before the U.S.-China Economic & Security Review Commission, January 2021.

3. Xi Jinping, "National Security Matter of Prime Importance," Xinhua, April 15, 2014, http://www.xinhuanet.com//politics/2014-04/15/c_1110253910.htm.

4. Xi Jinping, "Safeguard National Security and Social Stability," *Qiushi*, April 25, 2014, http://en.qstheory.cn/2020-12/07/c_607612.htm.

5. Xi, "Safeguard National Security and Social Stability."

6. Alastair Iain Johnston, "China's Contribution to the U.S.-China Security Dilemma," in *After Engagement: Dilemmas in U.S.-China Security Relations*, ed. Jacques Delisle and Avery Goldstein (Washington, DC: Brookings Institution, 2021), 92–97.

7. "The CCP Central Committee-Formulated Proposal for the 14th Five-Year National Economic and Social Development Plan, and 2035 Long-Term Goals," Xinhua, http://www.xinhuanet.com/2020-10/29/c_1126674147.htm.

8. Jude Blanchette, "Ideological Security as National Security," CSIS, December 2, 2020.

9. Sheena Chestnut Greitens, *Preventive Repression: Internal Security & Grand Strategy in China Under Xi Jinping*, unpublished manuscript, 2021.

10. Sheena Chestnut Greitens, "Counterterrorism and Preventive Repression: China's Changing Strategy in Xinjiang," *International Security*, 44, no. 3 (Winter 2019–20): 9–47.

11. This paragraph and the phrase "Lenin trap" draw from Walter Russell Mead, "Imperialism Will Be Dangerous for China," *Wall Street Journal*, September 17, 2018.

12. Vladimir Ilich Lenin, *Imperialism as the Highest Stage of Capitalism* (Brattleboro, VT: Echo Point Books, 2020).

13. Sebastian Horn, Carmen M. Reinhart, and Christoph Trebesch, "China's

Overseas Lending," NBER Working Paper 26050 (Cambridge, MA: National Bureau of Economic Research, 2019).

14. Daniel H. Rosen, "China's Economic Reckoning: The Price of Failed Reforms," *Foreign Affairs*, July/August 2021.

15. Luke Patey, *How China Loses: The Pushback Against Chinese Global Ambitions* (Oxford: Oxford University Press, 2021)를 참조하라.

16. James Crabtree, "China's Radical New Vision of Globalization," *NOEMA*, December 10, 2020; "China's "Dual-Circulation" Strategy Means Relying Less on Foreigners," *The Economist*, November 7, 2020.

17. Andrew Rennemo, "How China Joined the Sanctions Game," *The Diplomat*, February 8, 2021.

18. Matt Pottinger, Testimony Before the United States–China Economic and Security Review Commission, April 15, 2021, https://www.uscc.gov/sites/default/files/2021-04/Matt_Pottinger_Testimony.pdf.

19. "Time Holds the Key to 6G," *NewElectronics*, December 14, 2020, https://www.newelectronics.co.uk/electronics-technology/time-holds-the-key-to-6g/232997/.

20. Michael Brown, Eric Chewning, and Pavneet Singh, "Preparing the United States for the Superpower Marathon with China," Brookings Institution, April 2020.

21. Chris Miller, "America Is Going to Decapitate Huawei," *New York Times*, September 15, 2020.

22. Richard Aboulafia, "China's Potemkin Aviation Can't Survive Without Washington's Help," *Foreign Policy*, February 16, 2021.

23. Julian Gewirtz, "The Chinese Reassessment of Interdependence," *China Leadership Monitor*, June 1, 2020.

24. Nina Xiang, "Foreign Dependence the Achilles' Heel in China's Giant Tech Sector," *Nikkei Asia*, January 31, 2021.

25. Gewirtz, "Chinese Reassessment."

26. Paul Mozur and Steven Lee Meyers, "Xi's Gambit: China Plans for a World Without American Technology," *New York Times*, March 20, 2021.

27. Mozur and Meyers, "Xi's Gambit."

28. Lingling Wei, "China's New Power Play: More Control of Tech Companies'

Troves of Data," *Wall Street Journal*, June 12, 2021; Emily Weinstein, "Don't Underestimate China's Military-Civil Fusion Efforts," *Foreign Policy*, February 5, 2021.

29. Matt Pottinger and David Feith, "The Most Powerful Data Broker in the World Is Winning the War Against the U.S.," *New York Times*, November 30, 2021; also Jonathan Hillman, "China Is Watching You," *The Atlantic*, October 18, 2021.

30. Catherine Clifford, "Google CEO: A.I. Is More Important than Fire or Electricity," CNBC.com, February 1, 2018.

31. Hal Brands, "China's Lead in the AI War Won't Last Forever," Bloomberg Opinion, November 12, 2019; "Artificial Intelligence," Accenture, https://www.accenture.com/us-en/insights/artificial-intelligence-summary-index; Jim Garamone, "Esper Says Artificial Intelligence Will Change the Battlefield," DOD News, September 9, 2020.

32. Gregory Allen, "Understanding China's AI Strategy: Clues to Chinese Strategic Thinking on Artificial Intelligence and National Security," Center for a New American Security, February 2019.

33. Jonathan Hillman, *The Digital Silk Road: China's Quest to Wire the World and Win the Future* (New York: Harper Business, 2021).

34. Henry Ridgwell, "U.S. Warns Information-Sharing at Risk as Britain Approves Huawei 5G Rollout," Voice of America, January 29, 2020.

35. Hillman, *Digital Silk Road*, esp. 2–3; also Abigail Opiah, "China Mobile International Launches First European Data Centre," *Capacity*, December 20, 2019; Max Bearak, "In Strategic Djibouti, a Microcosm of China's Growing Foothold in Africa," *Washington Post*, December 30, 2019; Jonathan Hillman and Maesea McCalpin, "Huawei's Global Cloud Strategy," *Reconnecting Asia*, May 17, 2021.

36. Hillman, *Digital Silk Road*, 2–3.

37. Valentina Pop, Sha Hua, and Daniel Michaels, "From Lightbulbs to 5G, China Battles West for Control of Vital Technology Standards," *Wall Street Journal*, February 8, 2021.

38. Pop, Hua, and Michaels, "From Lightbulbs to 5G"에서 인용함.

39. Will Hunt, Saif M. Khan, and Dahlia Peterson, "China's Progress in Semi-

conductor Manufacturing Equipment: Accelerants and Policy Implications," CSET Policy Brief, March 2021.

40. Derek Scissors, Dan Blumenthal, and Linda Zhang, "The U.S.-China Global Vaccine Competition," American Enterprise Institute, February 2021.

41. Tim Culpan, "China Isn't the AI Juggernaut the West Fears," Bloomberg Opinion, October 11, 2021를 참조하라.

42. Varieties of Democracy Project, 2019, version 9, https://doi.org/10.23696/vdemcy19.

43. John Garver, *China's Quest: The History of the Foreign Relations of the People's Republic of China* (New York: Oxford University Press, 2016), 479.

44. World Bank, "World Development Indicators," GDP Per Capita Growth Rate, https://databank.worldbank.org/source/world-development-indicators, accessed August 10, 2021.

45. George J. Church, "China: Old Wounds Deng Xiaoping," *Time*, January 6, 1986 에서 인용함.

46. Samuel Huntington, *The Third Wave: Democratization in the Late Twentieth Century* (Norman: University of Oklahoma Press, 1993). 데이터에 대해서는 the Mass Mobilization Project, https://massmobilization.github.io를 참조하라.

47. M.E. Sarotte, "China's Fear of Contagion: Tiananmen Square and the Power of the European Example," *International Security*, 37, no. 2 (Fall 2012): 156–182; Karrie J. Koesel and Valerie J. Bunce, "Diffusion-Proofing: Russian and Chinese Responses to Waves of Popular Mobilizations Against Authoritarian Rulers," *Perspectives on Politics*, 11, no. 3 (September 2013): 753–768.

48. Christopher Walker and Jessica Ludwig, "The Long Arm of the Strongman: How China and Russia Use Sharp Power to Threaten Democracies," *Foreign Affairs*, May 12, 2021.

49. Elizabeth C. Economy, "Exporting the China Model," Testimony Before the U.S.-China Economic and Security Review Commission Hearing on The "China Model," March 13, 2020.

50. Sarah Repucci and Amy Slipowitz, *Freedom in the World 2021: Democracy Under Seige* (Washington, DC: Freedom House, 2021).

51. Robert Kagan, "The Strongmen Strike Back," *Washington Post*, March 14, 2019.

52. Yaroslav Trofimov, Drew Henshaw, and Kate O'Keeffe, "How China Is Taking over International Organizations, One Vote at a Time," *Wall Street Journal*, September 29, 2020을 참조하라.

53. Hal Brands, "How Far Will China's Surveillance State Stretch?" Bloomberg Opinion, August 12, 2020; Jonathan Kearsley, Eryk Bagshaw, and Anthony Galloway, " 'If You Make China the Enemy, China Will Be the Enemy': Beijing's Fresh Threat to Australia," *Sydney Morning Herald*, November 18, 2020.

54. 2019년 1월호 *Journal of Democracy*의 "The Road to Digital Unfreedom"이라는 제목으로 묶어서 나온 글을 참조하라.; Richard Fontaine and Kara Frederick, "The Autocrat's New Toolkit," *Wall Street Journal*, March 15, 2019.

55. Tiberiu Dragu and Yonatan Lupu, "Digital Authoritarianism and the Future of Human Rights," *International Organization*, 75, no. 4 (February 2021): 991–1017.

56. Sheena Chestnut Greitens, "Dealing with Demand for China's Global Surveillance Exports," Global China, Brookings Institution, April 2020.

57. Alina Polyakova and Chris Meserole, "Exporting Digital Authoritarianism: The Russian and Chinese Models," Brookings Institution Policy Brief, August 2019.

58. Andrea Kendall-Taylor, Erica Frantz, and Joseph Wright, "The Digital Dictators: How Technology Strengthens Autocracy," *Foreign Affairs*, March/April 2020.

59. Ross Andersen, "The Panopticon Is Already Here," *The Atlantic*, September 2020.

60. Jessica Chen Weiss, "A World Safe for Autocracy? China's Rise and the Future of Global Politics," *Foreign Affairs*, July/August 2019.

61. "Democracy Under Siege," Freedom House, 2021, https://freedomhouse.org/report/freedom-world/2021/democracy-under-siege.

62. Michael J. Mazarr, Abigail Casey, Alyssa Demus, et al., *Hostile Social Manipulation* (Santa Monica, CA: RAND Corporation, 2019); Jeff Kao, "How China Built a Twitter Propaganda Machine Then Let It Loose on Coronavirus," ProPublica, March 26, 2020.

63. Robert Kagan, *The Return of History and the End of Dreams* (New York: Knopf, 2008).

64. As Franklin Roosevelt warned in his 1940 State of the Union Address.

65. Zheng Bijian, "China's Peaceful Rise to Great Power Status," *Foreign Affairs*,

September/October 2005.

66. 여러 사례 중 두 가지는 Thomas J. Christensen, "Windows and War: Trend Analysis and Beijing's Use of Force," in *New Directions in the Study of China's Foreign Policy*, ed. Robert S. Ross and Alastair Iain Johnston (Stanford: Stanford University Press, 2006), chap. 3; M. Taylor Fravel, "Power Shifts and Escalation: Explaining China's Use of Force in Territorial Disputes," *International Security*, 32, no. 3 (Winter 2007-2008): 44-83을 참조하라.

67. Michael Peck, "Slaughter in the East China Sea," *Foreign Policy*, August 7, 2020.

68. Helene Cooper, "Patrolling Disputed Waters, U.S. and China Jockey for Dominance," *New York Times*, March 30, 2016.

69. Paul V. Kane, "To Save Our Economy, Ditch Taiwan," *New York Times*, November 10, 2011.

70. Michael O'Hanlon, "Why China Cannot Conquer Taiwan," *International Security*, 25, no. 2 (Fall 2000): 51-86.

71. Thomas Shugart, *First Strike: China's Missile Threat to U.S. Bases in Asia* (Washington, DC: Center for A New American Security, 2017).

72. Michael Beckley, "China Keeps Inching Closer to Taiwan," *Foreign Policy*, October 19, 2020.

73. Samson Ellis and Cindy Wang, "Taiwan Warns China Could 'Paralyze' Island's Defenses in Conflict," Bloomberg, September 1, 2021.

74. Thomas H. Shugart III, "Trends, Timelines, and Uncertainty: An Assessment of the State of Cross-Strait Deterrence," Testimony Before the U.S.-China Economic and Security Review Commission, February 18, 2021.

75. Mackenzie Eaglen and Hallie Coyne, "The 2020s Tri-Service Modernization Crunch," American Enterprise Institute, March 2021.

76. Sydney Freedberg, "U.S. 'Gets Its Ass Handed to It' in Wargames: Here's a $24 Billion Fix," *Breaking Defense*, March 7, 2019.

77. Oriana Mastro, "The Taiwan Temptation: Why Beijing Might Resort to Force," *Foreign Affairs*, July/August 2021, 61.

78. Mastro, "The Taiwan Temptation."

79. Xi Jinping, "Secure a Decisive Victory in Building a Moderately Prosperous Society in All Respects and Strive for the Great Success of Socialism with

Chinese Characteristics for a New Era," Delivered at the 19th National Congress of the Communist Party of China, October 18, 2017.

80. Gabriel Collins and Andrew S. Erickson, *U.S.-China Competition Enters the Decade of Maximum Danger: Policy Ideas to Avoid Losing the 2020s* (Houston: Baker Institute for Public Policy, Rice University, 2021), 35.

81. "A Conversation with US Indo-Pacific Command's Adm. Philip Davidson," American Enterprise Institute, March 4, 2021, https://www.aei.org/events/a-conversation-with-us-indo-pacific-commands-adm-philip-davidson/.

82. Alison Kaufman and Daniel Hartnett, "Managing Conflict: Examining Recent PLA Writings on Escalation Control," CNA China Studies, February 2016, 68. 예를 들어 Guangqian Peng and Youzhi Yao, eds., *The Science of Military Strategy* (Beijing: Military Science Publishing House, 2005), 327을 참조하라.

83. Tara Copp, "'It Failed Miserably': After Wargaming Loss, Joint Chiefs Are Overhauling How the U.S. Military Will Fight," *Defense One*, July 26, 2021.

84. Hal Brands and Evan Braden Montgomery, "One War Is Not Enough: Strategy and Force Planning for Great-Power Competition," *Texas National Security Review*, 3, no. 2 (Spring 2020): 80–92.

85. *Providing for the Common Defense: The Assessment and Recommendations of the National Defense Strategy Commission*, U.S. Institute for Peace, November 2018, 14. The members of this commission included several high-level appointees in the Biden administration. One of the authors of this book (Brands) was the lead author of the report.

86. The phrase is adapted from Eaglen and Coyne, "2020s Tri-Service Modernization Crunch."

Part 2 미국은 어떻게 중국을 봉쇄할 것인가

6. 냉전에서 얻은 교훈

1. Benn Steil, *Marshall Plan: Dawn of the Cold War* (New York: Simon & Schuster, 2018), 15.

2. Editorial Note, in *Foreign Relations of the United States, 1947*, Vol. III: Document No. 133 (Washington, DC: U.S. Department of State, Office of the Historian).

Hereafter cited as *FRUS*, followed by year, volume, and document number.

3. PPS-1, "Policy with Respect to American Aid to Western Europe," May 23, 1947, Box 7, Charles Bohlen Papers, Record Group 59, National Archives and Records Administration (NARA), College Park, MD; also John Lewis Gaddis, *George F. Kennan: An American Life* (New York: Penguin, 2011), 264–270.

4. Robert Jervis, *Perception and Misperception in International Politics* (Princeton, NJ: Princeton University Press, 2017), 239.

5. 이런 이유로 소련은 4장에서 제시한 사례에 포함될 조건을 기술적으로 충족하지 못한다. 그러나 이 장에서 보여 준 바와 같이 소련이 냉전 초기 미국에 제기했던 문제와 호전적이면서 불안정한 중국이 오늘날 야기하는 전략적 딜레마 사이에 는 여전히 밀접한 유사점이 있다.

6. Office of Strategic Services, "Problems and Objectives of United States Policy," April 12, 1945, *Declassified Documents Reference System* (DDRS).

7. Kennan to Secretary of State, February 22, 1946, *FRUS, 1946*, Vol. I: Document No. 475.

8. X (Kennan), "The Sources of Soviet Conduct," *Foreign Affairs*, July 1947, 566–582.

9. Harry S. Truman's Statement, February 6, 1946, American Presidency Project (APP), University of California–Santa Barbara.

10. Robert Pollard, *Economic Security and the Origins of the Cold War, 1945–1950* (New York: Columbia University Press, 1985), 151; Melvyn Leffler, *A Preponderance of Power: National Security, the Truman Administration, and the Cold War* (Stanford: Stanford University Press, 1992), 7.

11. Hal Brands, *The Twilight Struggle: What the Cold War Teaches Us About Great-Power Rivalry Today* (New Haven, CT: Yale University Press, 2022), 16; Marc Trachtenberg, *A Constructed Peace: The Making of the European Settlement, 1945–1963* (Princeton, NJ: Princeton University Press, 1999), 87–90, 96–99.

12. PPS 33, "Factors Affecting the Nature of the U.S. Defense Arrangements in the Light of Soviet Policies," June 23, 1948, *State Department Policy Planning Staff Papers*, Vol. 2 (New York: Garland, 1983), 289.

13. Samuel F. Wells, *Fearing the Worst: How Korea Transformed the Cold War* (New York: Columbia University Press, 2020), 251.

14. Memorandum for the Record, January 24, 1951, in *FRUS, 1951*, Vol. I:

Document No. 7; Marc Trachtenberg, "A Wasting Asset: American Strategy and the Shifting Nuclear Balance, 1949–1954," *International Security*, 13, no. 3 (Winter 1988–89): 5–49.

15. Harry S. Truman, Farewell Address, January 15, 1953, APP.

16. "President Harry S. Truman's Address Before a Joint Session of Congress," March 12, 1947, Avalon Project, Yale Law School, https://avalon.law.yale.edu/20th_century/trudoc.asp.

17. Harry S. Truman, *Years of Trial and Hope* (Garden City, NY: Doubleday, 1956), 124–128.

18. Harry S. Truman, Address, September 2, 1947, APP.

19. Harry S. Truman's News Conference, January 29, 1948, APP; John Lewis Gaddis, *Strategies of Containment: A Critical Appraisal of American National Security Policy during the Cold War* (New York: Oxford University Press, 2005), chaps. 2–3.

20. PPS-13, "Resume of World Situation," November 6, 1947, *FRUS, 1947*, Vol. I: Document No. 393.

21. G. John Ikenberry, *Liberal Leviathan: The Origins, Crisis, and Transformation of the American World Order* (Princeton, NJ: Princeton University Press, 2011), 199.

22. Gaddis, *Strategies of Containment*, 112.

23. Forrest Pogue, *George C. Marshall: Statesmen, 1945–1959* (New York: Penguin, 1989), 334를 참조하라.

24. Hal Brands, *What Good Is Grand Strategy? Power and Purpose in American Statecraft from Harry S. Truman to George W. Bush* (Ithaca, NY: Cornell University Press, 2014), 37–41; Shu Guang Zhang, *Deterrence and Strategic Culture: Chinese-American Confrontations, 1949–1958* (Ithaca, NY: Cornell University Press, 1992), 40–42.

25. Michael Schaller, "Securing the Great Crescent: Occupied Japan and the Origins of Containment in Southeast Asia," *Journal of American History*, 69, no. 2 (September 1982): 392–414.

26. Bruce to State, June 26, 1950, *FRUS, 1950*, Vol. II: Document No. 99; William Stueck, *The Korean War: An International History* (Princeton, NJ: Princeton University Press, 1995), passim, esp. 30–36.

27. Irwin Wall, *The United States and the Making of Postwar France, 1945–1954*

(New York: Cambridge University Press, 1991), 195.

28. Memorandum of Conversation, January 8, 1952, Box 99, President's Secretary's File, Harry S. Truman Presidential Library; Leffler, *Preponderance of Power*, 406–418.

29. Marshall in James Forrestal Diary, November 7, 1947, Box 147, James Forrestal Papers, Seeley Mudd Manuscript Library (SMML), Princeton University.

30. George Kennan, "Planning of Foreign Policy," June 18, 1947, Box 298, Kennan Papers, SMML.

31. Gaddis, *George F. Kennan*, 254–255; Joseph Jones, *The Fifteen Weeks, February 21–June 5, 1947* (New York: Harcourt, Brace & World, 1964); Dean Acheson, *Present at the Creation: My Years in the State Department* (New York: Norton, 1969), 212–225.

32. Dunn to Secretary, February 7, 1948, *FRUS, 1948*, Vol. III: Document No. 511; Dunn to Secretary, June 16, 1948, *FRUS, 1948*, Vol. III: Document No. 543; Kaeten Mistry, *The United States, Italy and the Origins of Cold War: Waging Political Warfare, 1945–1950* (New York: Cambridge University Press, 2014).

33. 미국 헌법은 전쟁을 선포할 권한을 의회에 부여하고 있기 때문에 어떠한 조약도 자동적으로 미국이 군사력을 사용하도록 보장할 수 없다. 북대서양조약The North Atlantic Treaty은 차선책이었다. 조약의 실행 문구는 다음과 같다. "회원국들은 유럽이나 북미의 회원국 가운데 하나 또는 그 이상의 국가를 향한 무력 공격은 회원국 모두에 대한 공격으로 간주할 것"이며, 각국은 "군사력 사용을 포함해서 필요하다고 여기는 행동으로 대응할 것"임에 동의한다.

34. "Meeting of the Secretary of Defense and the Service Chiefs with the Secretary of State 1045 Hours," October 10, 1948, Box 147, Forrestal Papers, SMML.

35. Michael Lind, *The American Way of Strategy: U.S. Foreign Policy and the American Way of Life* (New York: Oxford University Press, 2006), 107.

36. Leffler, *Preponderance of Power*; Robert Beisner, *Dean Acheson: A Life in the Cold War* (New York: Oxford University Press, 2006).

37. CIA, "Threats to the Security of the United States," September 28, 1948, CIA Freedom of Information Act Electronic Reading Room (CIA FOIA).

38. "The World Position and Problems of the United States," August 30, 1949, Box 299, Kennan Papers, SMML.

39. Office of the Secretary of Defense, Historical Office, "Almost Successful Recipe:

The United States and East European Unrest Prior to the 1956 Hungarian Revolution," February 2012, Electronic Briefing Book 581, National Security Archive; Gregory Mitrovich, *Undermining the Kremlin: America's Strategy to Subvert the Soviet Bloc, 1947–1956* (Ithaca, NY: Cornell University Press, 2000).

40. NSC-68, "United States Objectives and Programs for National Security," April 12, 1950, President's Secretary's Files (PSF), HSTL; "Statement by the President on the Situation in Korea," June 27, 1950, APP.

41. Trachtenberg, "Wasting Asset," 21.

42. "Estimated U.S. and Soviet/Russian Nuclear Stockpiles, 1945–94," *Bulletin of the Atomic Scientists*, December 1994, 59; Allan Millett, Peter Maslowski, and William Feis, *For the Common Defense: A Military History of the United States* (New York: Free Press, 2012), 467–491.

43. Memorandum for the President, August 25, 1950, Box 187, National Security Council Files, Truman Library.

44. Julian Zelizer, *Arsenal of Democracy: The Politics of National Security—From World War II to the War on Terrorism* (New York: Basic Books, 2010), 102에서 인용함.

45. Report on "Soviet Intentions" Prepared by Joint Intelligence Committee, April 1, 1948, *FRUS, 1948*, Vol. I, Part 2: Document No. 14.

46. NIE-17, "Probable Soviet Reactions to a Remilitarization of Western Germany," December 27, 1950, CIA FOIA.

47. Radio Report to the American People, April 11, 1951, APP; also Douglas to Lovett, April 17, 1948, *FRUS, 1948*, Vol. III: Document No. 73.

48. Stueck, *Korean War*, 205–206.

49. Beisner, *Dean Acheson*, 156; Dean Acheson, "Soviet Reaction to Free World's Growing Strength," *Department of State Bulletin*, October 20, 1952, 597.

50. Ambassador in France (Caffery) to Secretary of State, July 3, 1947, *FRUS, 1947*, Vol. III: Document No. 182.

51. Eisenhower to Harriman, December 14, 1951, Box 278, Averill Harriman Papers, Library of Congress; Trachtenberg, *Constructed Peace*, chap. 4.

52. NSC 135/3, "Reappraisal of United States Objectives and Strategy for National Security," September 25, 1952, Box 169, National Security Council File, Truman Library.

53. Table 3.1, "Outlays by Superfunction and Function: 1940–2024," in Office of Management and Budget, Historical Tables, 50–51, https://www.whitehouse.gov/wp-content/uploads/2019/03/hist-fy2020.pdf; Robert Bowie and Richard Immerman, *Waging Peace: How Eisenhower Shaped an Enduring Cold War Strategy* (New York: Oxford University Press, 1998).

54. NSC Meeting, December 21, 1954, *FRUS, 1952–1954*, Vol. II, Part 1: Document No. 143; Mira Rapp-Hooper, *Shields of the Republic: The Triumph and Peril of America's Alliances* (Cambridge, MA: Harvard University Press, 2020).

55. Giovanni Arrighi, "The World Economy and the Cold War, 1970–1990," in *The Cambridge History of the Cold War*, Vol. III, ed. Melvyn Leffler and Odd Arne Westad (New York: Cambridge University Press, 2010), 28.

56. Table 3.1, "Outlays by Superfunction and Function," 51–52; Aaron Friedberg, *In the Shadow of the Garrison State: America's Anti-Statism and Its Cold War Grand Strategy* (Princeton, NJ: Princeton University Press, 2000). 이것은 국방비 지출이 GNP의 약 6퍼센트를 맴돌던 1980년대 레이건 대통령 시절에도 마찬가지였다.

57. John Lewis Gaddis, *The Long Peace: Inquiries into the History of the Cold War* (New York: Oxford University Press, 1986)를 참조하라.

58. Herbert Meyer to William Casey, "What Should We Do About the Russians?" June 28, 1984, CIA FOIA.

59. 1970년대와 1980년대는 Hal Brands, *Making the Unipolar Moment: U.S. Foreign Policy and the Rise of the Post Cold War Order* (Ithaca, NY: Cornell University Press, 2016)를 참조하라.

60. Robert Kagan, *The Jungle Grows Back: America and Our Imperiled World* (New York: Knopf, 2018), 68–69.

7. 위험 구간 속으로

1. H.B. discussion with U.S. official, May 2021.

2. David Lynch, "Biden Orders Sweeping Review of U.S. Supply Chain Weak Spots," *Washington Post*, February 24, 2021; Carla Babb, "Pentagon Launches Effort to Better Address China Challenge," Voice of America, June 9, 2021.

3. Uri Friedman, "The New Concept Everyone in Washington is Talking About," *The Atlantic*, August 6, 2019.

4. "Remarks by President Biden in Press Conference," March 25, 2021, https://

www.whitehouse.gov/briefing-room/speeches-remarks/2021/03/25/remarks-by-president-biden-in-press-conference/.

5. Michael Beckley and Hal Brands, "America Needs to Rediscover Strategic MacGyverism," *National Interest*, March 27, 2021를 참조하라.

6. Bruce A. Bimber and Steven W. Popper, *What Is a Critical Technology?* (Santa Monica, CA: RAND, 1994).

7. George Modelski and William R. Thompson, *Leading Sectors and World Powers* (Columbia: University of South Carolina Press, 1996).

8. Stephen G. Brooks and William C. Wohlforth, "Power, Globalization, and the End of the Cold War: Reevaluating a Landmark Case for Ideas," *International Security*, 25, no. 3 (Winter 2000–2001): 35.

9. 예컨대 미국은 중국에서 조립되고 검수 받아 포장된(ATP) 후 미국에 다시 수출된 미국 반도체 칩에 25퍼센트의 관세를 부과한다. 중국에서 이루어지는 부가가치가 낮은 ATP 활동이 기술이전의 위험이 거의 없음에도 불구하고 이러한 관세는 인텔과 같은 미국 반도체 제조업체에 손해를 끼친다. 반면에 중국의 반도체 제조업체는 미국에 반도체를 거의 수출하지 않고 있어 이러한 관세의 영향을 덜 받는다.

10. Hal Brands, Peter Feaver, and William Inboden, "Maybe It Won't Be So Bad: A Modestly Optimistic Take on COVID and World Order," in *COVID-19 and World Order: The Future of Conflict, Competition, and Cooperation*, ed. Hal Brands and Francis J. Gavin (Baltimore: Johns Hopkins University Press, 2020), chap. 16을 참조하라.

11. Melissa Flagg, "Global R&D and a New Era of Alliances," Center for Security and Emerging Technology, June 2020, https://cset.georgetown.edu/research/global-rd-and-a-new-era-of-alliances/.

12. Aaron Friedberg가 "An Answer to Aggression: How to Push Back Against Beijing," *Foreign Affairs*, September/October 2020에서 언급한 요점이다.

13. Daniel Kliman, Ben Fitzgerald, Kristine Lee, and Joshua Fitt, "Forging an Alliance Innovation Base," Center for a New American Security, March 29, 2020.

14. 이 점에 관해 Derek Scissors, "The Most Important Number for China Policy," *AEIdeas*, January 3, 2022를 참조하라.

15. 핵심 기술 목록에 대해서는 Emma Rafaelof, "Unfinished Business: Export Control and Foreign Investment Reforms," U.S.-China Economic and Security

Review Commission, Issue Brief, June 1, 2021을 참조하라.

16. Rob Schmitz, "U.S. Pressures Europe to Find Alternatives to Huawei," NPR.org, February 15, 2020.

17. Stu Woo and Alexandra Wexler, "U.S.-China Tech Fight Opens New Front in Ethiopia," *Wall Street Journal*, May 22, 2021.

18. Brarini Chakraborty, "China Hints at Denying America Life-saving Coronavirus Drugs," Fox News, March 13, 2020.

19. Ivan Krastev and Mark Leonard, *The Crisis of American Power: How Europeans See Biden's America* (Berlin: European Council on Foreign Relations, 2021).

20. "Mapping the Future of U.S. China Policy," Center for Strategic and International Studies, https://chinasurvey.csis.org, accessed August 2021.

21. James A. Lewis, Testimony Before the Senate Committee on Commerce, Science and Transportation, "5G Supply Chain Security: Threats and Solutions," March 4, 2020.

22. 이 단락의 통계는 Michael Beckley, *Unrivaled: Why America Will Remain the World's Sole Superpower* (Ithaca, NY: Cornell University Press, 2018), chap. 3에 나온다.

23. Chris Miller, "Weaponizing Advanced Technology: The Lithography Industry and America's Assault on Huawei," paper prepared for the America in the World Consortium, June 2021.

24. Miller, "Weaponizing Advanced Technology."

25. Derek Scissors, "Partial Decoupling from China: A Brief Guide," American Enterprise Institute, July 2020.

26. Federal Bureau of Investigation, "China: The Risk to Academia," July 2019.

27. 예를 들어 미국의 사이버 사령부는 미국 네트워크를 보호하기 위해 이 접근 방식을 채택했다. Erica Borghard, "Operationalizing Defend Forward: How the Concept Works to Change Adversary Behavior," *Lawfare*, March 12, 2020을 참조하라.

28. Thomas Wright, "Joe Biden Worries that China Might Win," *The Atlantic*, June 9, 2021; Jacob Helberg, *The Wires of War: Technology and the Global Struggle for Power* (New York: Simon & Schuster, 2021)를 참조하라.

29. 이 단락은 Hal Brands and Charles Edel, "A Grand Strategy of Democratic Solidarity," *Washington Quarterly*, March 2021에서 도움 받았다.

30. Tim Hwang, "Shaping the Terrain of AI Competition," Center for Security and Emerging Technology, June 2020.

31. 후자의 주장에 대해서는 Derek Scissors, "Limits Are Overdue in the U.S.-China Technology Relationship," Statement to Senate Committee on the Judiciary, Subcommittee on Crime and Terrorism, March 4, 2020을 참조하라.

32. Daphne Psaledakis and Simon Lewis, "U.S. Will Not Leave Australia Alone to Face China Coercion—Blinken," Reuters, May 13, 2021.

33. Richard A. Clarke and Rob Knake, "The Internet Freedom League: How to Push Back Against the Authoritarian Assault on the Web," *Foreign Affairs*, August 12, 2019.

34. Dean Acheson, *Present at the Creation: My Years in the State Department* (New York: Norton, 1969), xvii.

35. United Nations Conference on Trade and Development, *Digital Economy Report 2019: Value Creation and Capture: Implications for Developing Countries* (New York: United Nations Publishing, 2019), 2.

36. Tom Wheeler, *Time for a U.S.—EU Digital Alliance* (Washington, DC: Brookings Institution, 2021).

37. Jonathan Hillman, *The Digital Silk Road: China's Quest to Wire the World and Win the Future* (New York: Harper Business, 2021), 226–233. "경합 지역swing states" 개념에 관해서는 Richard Fontaine and Daniel Kliman, "International Order and Global Swing States," *Washington Quarterly*, Winter 2013을 참조하라.

38. Hillman, *Digital Silk Road*, 228.

39. "Chinese Smartphone Brands Expanded India Market Share in 2020," Reuters, January 27, 2021.

40. James Rogers, Andrew Foxall, Matthew Henderson, and Sam Armstrong, *Breaking the China Supply Chain: How the "Five Eyes" Can Decouple from Strategic Dependency* (London: The Henry Jackson Society, 2020), 26.

41. Rajesh Roy, "India Offers $1 Billion in Perks to Entice Computer Makers from China," *Wall Street Journal*, February 24, 2021.

42. Rush Doshi, "Taiwan's Election Is a Test Run for Beijing's Worldwide Propaganda Strategy," *Foreign Affairs*, January 9, 2020.

43. Michael Crowley, "Biden Backs Taiwan, but Some Call for a Clearer Warning to China," *New York Times*, April 8, 2021.

44. Michael Mazza, "Shoot It Straight on Taiwan," *War on the Rocks*, August 3, 2021.

45. 예를 들어 Eric Sayers and Abe Denmark, "Countering China's Military Challenge, Today," *Defense One*, April 20, 2021을 참조하라.

46. Michael A. Hunzeker, "Taiwan's Defense Plans Are Going Off the Rails," *War on the Rocks*, November 18, 2021.

47. Captain R. Robinson Harris, U.S. Navy (Ret.), Andrew Kerr, Kenneth Adams, et al., "Converting Merchant Ships to Missile Ships for the Win," *Proceedings* (U.S. Naval Institute), January 2019.

48. 기본적인 비대칭에 관해서는 Elbridge Colby, *The Strategy of Denial: American Defense in an Age of Great-Power Conflict* (New Haven, CT: Yale University Press, 2021)를 참조하라.

49. Sulmann Wasif Khan, *Haunted by Chaos: China's Grand Strategy from Mao Zedong to Xi Jinping* (Cambridge, MA: Harvard University Press, 2018); Burgess Laird, "War Control: Chinese Writings on the Control of Escalation in Crisis and Conflict," Center for a New American Security, 2017; Alison Kaufman and Daniel Hartnett, "Managing Conflict: Examining Recent PLA Writings on Escalation Control," Center for Naval Analysis, 2016.

50. Jeffrey Engstrom, *Systems Confrontation and System Destruction Warfare: How the Chinese People's Liberation Army Seeks to Wage Modern Warfare* (Santa Monica, CA: RAND Corporation, 2018).

51. Chris Dougherty, *More than Half the Battle: Information and Command in a New American Way of War*, Center for a New American Security, May 2021.

52. Lee His-min and Eric Lee, "The Threat of China Invading Taiwan Is Growing Every Day. What the U.S. Can Do to Stop It," NBC News, July 9, 2021; James Timbie, "Large Numbers of Small Things: A Porcupine Strategy to Use Technology to Make Taiwan a Harder Target Against Invasion," Hoover Institution, September 2021.

53. Dan Blumenthal, "The U.S.-Taiwan Relationship Needs Alliance Management," *National Interest*, December 18, 2021을 참조하라.

54. Abhijnan Rej, "Marine Raiders Arrive in Taiwan to Train Taiwanese Marines," *The Diplomat*, November 11, 2020.

55. Michael Chase, Jeffrey Engstrom, Tai Ming Cheung, et al., *China's Incomplete*

Military Transformation: Assessing the Weaknesses of the People's Liberation Army (PLA) (Santa Monica, CA: RAND Corporation, 2015)를 참조하라.

56. "China Threatens to Nuke Japan over Possible Taiwan Intervention," *Times of India*, July 20, 2021.

57. 이 점에 대한 더 긴 논의는 Hal Brands, "Europe Needs to Embrace China's Threat to the World," Bloomberg Opinion, April 29, 2021; Franz-Stefan Gady, "How Europe Can Help Defend Taiwan," *Nikkei Asia*, December 17, 2021을 참조하라.

58. 예를 들어 Lonnie Henley, "PLA Operational Concepts and Centers of Gravity in a Taiwan Conflict," Testimony Before the U.S.-China Economic and Security Review Commission, February 2021을 참조하라.

59. 이 선택지의 균형 잡힌 평가를 위해서는 Sean Mirski, "Stranglehold: The Context, Conduct, and Consequences of an American Naval Blockade of China," *Journal of Strategic Studies*, 36, no. 3 (July 2013): 385–421을 참조하라.

60. Michele Flournoy, "How to Prevent a War in Asia," *Foreign Affairs*, June 18, 2020을 참조하라.

61. Elbridge Colby, "If You Want Peace, Prepare for Nuclear War: A Strategy for the New Great-Power Rivalry," *Foreign Affairs*, November/December 2018.

62. Joshua Rovner, "A Long War in the East: Doctrine, Diplomacy, and the Prospects for a Protracted Sino-American Conflict," *Diplomacy & Statecraft*, 29, no. 1 (January 2018): 129–142.

63. Maria Sheahan and Sarah Marsh, "Germany to Increase Defence Spending in Response to 'Putin's War'—holz," Reuters, February 27, 2022.

64. David Shlapak and Michael Johnson, *Reinforcing Deterrence on NATO's Eastern Flank: Wargaming the Defense of the Baltics* (Santa Monica: RAND Corporation, 2016).

65. Edward Fishman and Chris Miller, "The New Russian Sanctions Playbook: Deterrence Is Out, and Economic Attrition Is In," *Foreign Affairs*, February 28, 2022를 참조하라.

66. Hal Brands and Evan Braden Montgomery, "One War Is Not Enough: Strategy and Force Planning for Great-Power Competition," *Texas National Security Review*, 3, no. 2 (Spring 2020): 80–92.

67. 바이든 행정부 관리들이 지적했듯이 White House, "Press Briefing by Press Secretary Jen Psaki and National Security Advisor Jake Sullivan, February 11,

2022"를 참조하라.

68. Kori Schake, "Lost at Sea: The Dangerous Decline of American Naval Power," *Foreign Affairs*, March/April 2022; John Lewis Gaddis, *Strategies of Containment: A Critical Appraisal of American National Security Policy during the Cold War* (New York: Oxford University Press, 2005), 393–394.

69. Hal Brands, *The Twilight Struggle: What the Cold War Teaches Us About Great-Power Rivalry Today* (New Haven: Yale University Press, 2022), 43에서 인용함.

70. 예를 들어 "Chinese Engineers Killed in Pakistan Bus Blast," BBC.com, July 14, 2021을 참조하라.

71. "우발적인 전쟁"의 희소성에 대해서는 Marc Trachtenberg, "The 'Accidental War' Question," paper presented at Center for International Security and Cooperation, March 2000, http://www.sscnet.ucla.edu/polisci/faculty/trachtenberg/cv/inadvertent.pdf를 참조하라.

72. Jacob Stokes and Zack Cooper, "Thinking Strategically About Sino-American Crisis Management Mechanisms," *War on the Rocks*, September 30, 2020.

73. Kevin Rudd, "Short of War: How to Keep U.S.-Chinese Confrontation from Ending in Calamity," *Foreign Affairs*, March/April 2021.

74. 오바마 행정부는 그러한 행동으로 가끔 비난받았으며, 오바마 행정부의 전직 관리들은 오늘날에도 종종 그러한 행동을 옹호한다. Alex Ward, "Ben Rhodes is Worried About Joe Biden's Climate Change and China Policies," *Vox*, April 23, 2021을 참조하라.

8. 미중 경쟁의 전망과 대책

1. John F. Kennedy, Television and Radio Interview, December 17, 1962, American Presidency Project (APP).

2. David Brunnstrom and Humeyra Pamuk, "China, U.S. Can Coexist in Peace but Challenge is Enormous—White House," Reuters, July 6, 2021.

3. 2021년 3월 미국과 중국 관리들 사이 앵커리지 회의에서 일어난 일이다.

4. United Nations, Department of Economic and Social Affairs, Population Division, *World Population Prospects: The 2019 Revision*, Online ed., rev. 1 (New York: United Nations, 2019).

5. United Nations, Department of Economic and Social Affairs, Population Division, *World Population Prospects: The 2019 Revision*.

6. United Nations, Department of Economic and Social Affairs, Population Division, *World Population Prospects: The 2019 Revision*; Ruchir Sharma, "The Demographics of Stagnation: Why People Matter for Economic Growth," *Foreign Affairs*, March/April 2016, 18–24.

7. Yong Cai, Wang Feng, and Ke Shen, "Fiscal Implications of Population Aging and Social Sector Expenditure in China," *Population and Development Review*, 44, no. 4 (December 2018): 811–831.

8. Sebastian Horn, Carmen M. Reinhart, and Christoph Trebesch, "China's Overseas Lending." NBER Working Paper 26050 (Cambridge, MA: National Bureau of Economic Research, 2021).

9. Horn, Reinhart, and Trebesch, "China's Overseas Lending."

10. Christopher Miller, "One Belt, One Road, One Bluff," *American Interest*, May 23, 2017.

11. "The Belt-and-Road Express," *The Economist*, May 4, 2017.

12. Lee Jones and Shahar Hameiri, "Debunking the Myth of 'Debt-trap Diplomacy': How Recipient Countries Shape China's Belt and Road Initiative," Chatham House Research Paper, August 19, 2020.

13. Tanner Greer, "The Belt and Road Strategy Has Backfired on Xi," *Palladium Magazine*, October 24, 2020.

14. Horn, Reinhart, and Trebesch, "China's Overseas Lending," 33–34.

15. 가능성 있는 결과에 대한 탁월한 분석을 위해 Richard McGregor and Jude Blanchette, "After Xi: Future Scenarios for Leadership Succession in Post-Xi Jinping Era," a Joint Report of the CSIS Freeman Chair in China Studies and the Lowy Institute, April 22, 2021을 참조하라.

16. Alexandre Debs and H.E. Goemans, "Regime Type, the Fate of Leaders, and War," *American Political Science Review*, 104, no. 3 (August 2010), table 2.

17. Richard McGregor, *Xi Jinping: The Backlash* (Melbourne: Penguin, 2019).

18. 1990년대 덩샤오핑에서 장쩌민으로의 권력 이행은 완전히 공식적이지는 않았다. 덩샤오핑은 1989년 '은퇴'한 이후에 그의 유일한 공식 직함이 중국 브리지경기협회장이었음에도 불구하고 수년간 막후에서 통치를 계속했다. 2000년대 초 장쩌민에서 후진타오로의 권력 이행이 완전히 질서 있게 이루어진 것은 아니었다. 장쩌민은 2002년 중국공산당 총서기와 주석 직을 후진타오에게 넘겨주었으나 중앙군사위원회 의장(중국의 최고사령관에 해당) 직은 2004년까지 유지했다. 이

는 조지 H. W. 부시가 빌 클린턴의 대통령 취임 후 2년간 미군의 최고사령관 직을 유지하는 것이나 마찬가지다.

19. Yuhua Wang, "Can the Chinese Communist Party Learn from Chinese Emperors?" in *The China Questions: Critical Insights into a Rising Power*, ed. Jennifer Rudolph and Michael Szonyi (Cambridge, MA: Harvard University Press, 2018), chap. 7, table 1.

20. Wang, "Can the Chinese Communist Party Learn from Chinese Emperors?"

21. Stephen G. Brooks and William C. Wohlforth, "Power, Globalization, and the End of the Cold War: Reevaluating a Landmark Case for Ideas," *International Security*, 25, no. 3 (Winter 2000–2001): 46에서 인용함.

22. 이 단락은 Hal Brands and Zack Cooper, "America Will Only Beat China When Its Regime Fails," *Foreign Policy*, March 11, 2021의 분석을 바탕으로 한 것으로, 글은 제목보다 더 미묘한 내용을 담고 있다. 또한 여기에서 논의된 일부 원칙은 Hal Brands, *The Twilight Struggle: What the Cold War Teaches Us About Great-Power Rivalry Today* (New Haven, CT: Yale University Press, 2022)에서 도움받았다.

23. Memorandum for the President, December 15, 1950, Box 136, Paul Nitze Papers, Library of Congress.

24. Robert Kagan, *The Jungle Grows Back: America and Our Imperiled World* (New York: Knopf, 2018).

25. Hal Brands and Charles Edel, "A Grand Strategy of Democratic Solidarity," *Washington Quarterly*, March 2021.

26. Andrew Marshall, "Long-Term Competition with the Soviets: A Framework for Strategic Analysis," RAND Corporation, April 1972.

27. Rush Doshi, *The Long Game: China's Grand Strategy to Displace the American Order* (Oxford: Oxford University Press, 2021).

28. 이 문구는 Eugene Gholz, Benjamin Friedman, and Enea Gjoza, "Defensive Defense: A Better Way to Protect U.S. Allies in Asia," *Washington Quarterly*, Winter 2020에서 참조했다.

29. 냉정한 분석을 위해서는 Suzanne Mettler and Robert Lieberman, "The Fragile Republic," *Foreign Affairs*, September/October 2020을 참조하라.

30. Thomas Borstelmann, *The Cold War and the Color Line: American Race Relations in the Global Arena* (Cambridge, MA: Harvard University Press, 2003).

31. "Congress Is Set to Make a Down-Payment on Innovation in America," *The Economist*, June 5, 2021.

32. Eric Croddy, "China's Role in the Chemical and Biological Disarmament Regimes," *Nonproliferation Review*, 9, no. 1 (Spring 2002): 16–47을 참조하라. 더 최근에 중국은 홍콩 영토를 재흡수한 후 50년 동안 홍콩의 정치 체제를 바꾸지 않겠다는 약속을 지키지 않았다.

33. John Maurer, "The Forgotten Side of Arms Control: Enhancing U.S. Advantage, Offsetting Enemy Strengths," *War on the Rocks*, June 27, 2018.

34. John Lewis Gaddis, *The Long Peace: Inquiries into the History of the Cold War* (New York: Oxford University Press, 1986)를 참조하라.

35. Richard Nixon, "Asia After Vietnam," *Foreign Affairs*, October 1967을 참조하라.

36. Franklin Roosevelt, Address at Charlottesville, Virginia, June 10, 1940, https://www.mtholyoke.edu/acad/intrel/WorldWar2/fdr19.htm.

37. X (Kennan), "The Sources of Soviet Conduct," *Foreign Affairs*, July 1947, 566–582.

찾아보기